Leszek Kolakowski

Leben trotz Geschichte

Leszek Kolakowski

Leben trotz Geschichte

Lesebuch

R. Piper & Co. Verlag
München Zürich

Ausgewählt und eingeleitet von
Leonhard Reinisch

ISBN 3-492-02318-5

Gesetzt aus der Aldus-Antiqua
Gesamtherstellung H. Mühlberger, Augsburg
Printed in Germany

Inhalt

Vorwort

Leben trotz Geschichte – unter diese drei Wörter läßt sich Leszek Kolakowski nur mit sanfter Gewalt zwingen, und doch kennzeichnen sie ihn und sein Werk wie kaum drei andere, wobei man getrost das Verbindungswort trotz auch als Hauptwort Trotz setzen könnte.

In der Abenddämmerung des Kalten Krieges – 1957 – schrieb der dreißigjährige Philosoph in der Warschauer Zeitschrift *Nowa Kultura* den Essay *Verantwortung und Geschichte.* Es war noch kein Jahr seit dem polnischen Frühling im Oktober verstrichen, in dem er das Idol der Studenten und ein Sprecher des Volkes geworden war. Im Westen konstatierten wir überrascht und ein wenig verwirrt, daß in einem System, über dessen totalitären Charakter und dessen Unerbittlichkeit uns Philosophen wie Karl Jaspers und Hannah Arendt so eindringlich belehrt hatten, Stimmen wie Leszek Kolakowski zum Wort und mehr noch zum Druck kommen konnten. Verwirrt war vor allem der westdeutsche Bürger. Ihm war der Ostberliner 17. Juni 1953 Bestätigung für Hannah Arendts These von der Allmacht totalitärer Systeme und für Karl Jaspers' These »Lieber tot als rot« in *Die Atombombe und die Zukunft der Menschheit,* mit seiner Alternative von Menschheitstod durch Atomkrieg oder kommunistischer Weltsklavenherrschaft.

Um Kolakowskis damalige Wirkung im Westen zu verstehen, muß man sich an solche Zusammenhänge erinnern. Um den Kolakowski des Jahrzehnts davor zu verstehen, muß man sich an Faschismus und Nationalsozialismus, an Zweiten Weltkrieg und »slawisches Untermenschentum«, an die Ausrottung der polnischen Intelligenz – Kolakowskis Vater war eines der Opfer –, an die Befreiung Polens durch die Rote Armee, an die Teilung der Welt in Jalta und Potsdam, an die Zerstörung und Zerstückelung Deutschlands und vor allem an den Eisernen

Vorhang erinnern. Denn wie wir wurde Kolakowski von dieser Geschichte gebeutelt und geprägt. Erst im Widerstand gegen das Fatum Geschichte wurde er selbst und hat mit seinem Leben die Geschichte geprägt.

Leszek Kolakowski wurde am 25. Oktober 1927 in Radom geboren. Die Stadt ist – wenn auch von Kasimir dem Großen gegründet – keine der Fürstenstädte Polens. Sie lag bis 1918 zwischen den drei Großmächten Ostmitteleuropas, ihren Völkern und Religionen. Nach dem »Wunder an der Weichsel«, dem Sieg der Polen über die Rote Armee, mag in der Industriestadt Radom der polnische Nationalismus mit dem polnischen Schutzwall-Katholizismus eine besonders gute Ehe eingegangen sein. Der Marschall Pilsudski und der Nuntius Achille Ratti – bald darauf Papst Pius XI. – standen bezeugend und segnend an der Wiege des neuen Polen. In dieser Ehe und in der Doppelideologie von Antibolschewismus und – schon wegen der Verteidigung des oberschlesischen Gebietes – Antideutschtum gedieh der nationalistische Pilsudski-Faschismus. Die Eltern Kolakowskis waren Freidenker. Leszek wuchs in die Weltwirtschaftskrise und den Aufstieg Hitlers hinein. Als er fast zwölf Jahre alt war, wurde das Land von Hitler und Stalin erobert und geteilt. Damals ging er ins Gymnasium in Lodz. Die Mutter war tot, der Vater wurde an die Gestapo ausgeliefert und von ihr ermordet.

Logik und geschichtliche »Notwendigkeit« setzen in dieser von Eltern, Geburtsort und politischen Zeitumständen geprägten Biographie ihre Arbeit fort. Philosophie und Publizistik werden für den Zwanzigjährigen Studium und Aktivität. Sie heißen freilich im Lande von Stalins Satrapen Bierut Wissenschaft vom Marxismus und Agitprop. Der Gegner ist im Lande der wundertätigen Maria von Tschenstochau die katholische Kirche. Sie gilt dem jungen polnischen Kommunisten als der finstere Ort von Aberglauben, dogmatischer Verdummung und politischer Reaktion. Kolakowski interessiert aber auch der zweitausend Jahre alte Erfolg dieser Institution, die Kirchengeschichte und die christliche Theologie. Den Gegner mit seinen Waffen zu schlagen, hinter seine Schliche und Tricks zu kommen, erscheint ihm redlicher, als sich kenntnislos mit Marxens Diktum vom »Opium für das Volk« und der Kirche als Dienerin der Mächtigen zufrieden zu geben. Man kann sich den Kolakowski der Jahre 1951 bis 1955 durchaus als einen polnischen Apostaten vorstellen, der, ähnlich dem römischen Kaiser Julian, sein Volk von einem falschen Galiläerglauben befreien wollte. Was dem einen sein Neuhellenismus war dem anderen sein wissenschaftlicher Marxismus. Die Götter des Julian, die denen der Französischen Revolution gar nicht so unähnlich und gleichermaßen gestaltlos waren, hätten im leeren Tempel Kolakowskis durchaus Platz gefunden, in dem sich nur ein armer, einsamer, großer Beter befand: Spinoza.

Kolakowskis Leistung in jenen Jahren, in denen die Geschichte noch sein Leben total beherrschte, liegt in der Kompromißlosigkeit seines Nachdenkens. Er bekämpfte in Wort und Schrift rücksichtslos und leidenschaftlich die etablierte Kirche. Ihre Dogmen widerlegte er mit Argumenten der Vernunft, ihre Herrschaft denunzierte er als Machtmißbrauch über primitive Seelen. Die Geschichte in Gestalt der Staatsmacht und des gewitzten Professors Adam Schaff standen hinter und über ihm. Er kämpfte konform mit Partei und Staat gegen die Kirche und die Mehrzahl des Volkes, weil die Diktatur des Proletariats notwendigerweise den Klassenfeind bekämpfen, unterdrücken und – soweit möglich – umerziehen muß. Kolakowski hat sich in jenen Jahren um die atheistische Aufklärung verdient gemacht, besonders verdient, weil er in der Sache kenntnisreich und in der Leidenschaft jung war.

Man kann in unserer Zeit und unter Lebenden keine Damasкusstunde erfinden. Trotzdem spricht vieles dafür, daß Chruschtschows Rede vor dem XX. Parteitag für sehr viele junge Kommunisten – Kolakowski war damals achtundzwanzig Jahre – ein Ereignis war wie vor dem Krieg für viele Altkommunisten die Moskauer Prozesse und der Hitler-Stalin-Pakt. Man kann sich fragen, wieso bei einer derart kritischen Intelligenz wie der Kolakowskis der Slánsky-Prozeß, der Berliner Juniaufstand, ja die ganze Tyrannei im eigenen Lande, deren prominentestes Opfer Gomulka war, nicht schon längst Zweifel an der Rechtlichkeit seiner Herrschaft und der sie beherrschenden »Wissenschaft« gezeigt haben, doch könnte Kolakowski an seinen Schriften dieser Jahre Schritt für Schritt zeigen, wie er sie registrierte und vorsichtig anfangs, weniger vorsichtig später äußerte.

Wenn man heute mit Leszek Kolakowski über jene Arbeiten

spricht, die ihn in den späten fünfziger Jahren weltberühmt machten, unterbricht er barsch, als wollte man mit ihm über seine Probleme der Pubertät sprechen. (Deshalb hat er auch gewünscht, daß wir in dieses *Lesebuch* keinen Beitrag aus dieser Zeit aufnehmen; diese Beiträge sind vor einem Jahr in der Serie Piper in dem Band *Der Mensch ohne Alternative* neu aufgelegt worden.) Der Herausgeber hat diese Einschränkung akzeptiert, bedauert und eingesehen – akzeptiert aus Respekt vor dem Eigenwillen des Autors, bedauert, weil einige dieser Essays noch nach hundert Jahren lesenswert sind, eingesehen, weil jemand, der seitdem *durch soviel Formen geschritten*, durch Parteiausschlüsse, Redaktionsentzüge, Publikations- und Vorlesungsverbote gegangen, ohne Entzug der Staatsbürgerschaft nach dem Westen entlassen worden ist, aber für die Bürgerrechtler daheim so präsent ist, als säße er in einer Warschauer Wohnung oder Zelle, sich nicht als Reliquie seines jugendlichen Heldentums verehrt sehen will.

Kolakowskis Essays aus der ersten Zeit der Revolte gegen einen stalinistischen und (schon beginnend) leninistischen Dogmatismus sind auch heute noch nicht von den Adepten der deutschen Neuen Linken – von Rudi Dutschke bis Martin Walser oder den Nachfolgephilosophen der Frankfurter Schule (Holz, Schmidt) – akzeptiert worden. Diese Essays widersprechen dem dogmatischen Glauben »Marxismus ist Wissenschaft«, ihnen fehlt die romantische Blochsche Hoffnung: »Unsere Enkel fechten's besser aus«. Dabei sind diese Essays noch durchaus marxistisch und überschreiten kaum die einschlägige Terminologie und zugelassene Fragestellung. Kolakowski hat sich auch später, als er schonungslos die marxistischen Wurzeln des Stalinismus aufdeckte und die Aufhebung der Entfremdung als prinzipiellen Denkfehler über den Menschen und seine Möglichkeiten zeigte, nicht ganz von Marx abgewandt, sondern ihn in der Philosophie zwischen Kant und Nietzsche eingeordnet, so wie Newton in der Naturwissenschaft seinen Platz zwischen Galilei und Einstein hat. Marxismus als Wissenschaft – davon ist freilich keine Rede und war es wohl schon sehr früh nicht. Für Kolakowski, der sich mit der Scholastik ebenso wie mit der Reformation, mit dem dialektischen Materialismus ebenso wie mit Rationalismus und Positivismus, mit dem Mythos und dem Strukturalismus ebenso wie mit der Aufklärung, der Psychoanalyse und besonders dem Existentialismus auseinandergesetzt hat, schließlich auch mit Logistik und wissenschaftlicher Erkenntnistheorie, ist Marxismus keine Wissenschaft im heutigen Verständnis, kaum eine Philosophie, wohl eine Ideologie von großer geschichtlicher Wirksamkeit. Das ist nicht seine Entdeckung, das hat der Alltag in West und Ost längst bewiesen. Aber er hat zur Entlarvung und Enttarnung dieser »Wissenschaft« entscheidend beigetragen. Was die jungen »linken Philosophen« der *Nouvelle Philosophie* in Frankreich heute so marktgerecht ans Licht bringen, könnte man großzügig als erlaubtes Plagiat von Kolakowskis Enttarnungen in den Essays *Der Mythos der menschlichen Einheit, Die sogenannte Entfremdung* oder *Marxistische Wurzeln des Stalinismus* bezeichnen.

Kolakowski einen marxistischen Philosophen zu nennen, mag bis 1961 durchaus zulässig gewesen sein, obwohl sein Skeptizismus, sein »Teufelsglaube« ihm schon längst den Verdacht der Häresie eingebracht hatte. Sein Kampf gegen die katholische Dogmatik mochte ihn zunächst blind gemacht haben gegenüber der marxistischen Dogmatik. In den Jahren nach 1956, als er die Aufmerksamkeit der Hüter der Wahrheit und der Neider auf sich zog – seinen Lehrer Adam Schaff eingeschlossen –, entdeckte er im Widerstand deren Dogmatismus und vor allem die exekutierende Unmenschlichkeit. Es hat im Westen kein größeres Mißverständnis über Kolakowski gegeben als 1961. Damals hatte er in der Atheistenzeitschrift *Argumenty* den Essay *Kleine Thesen de sacro et profano* veröffentlicht. Er zeigte darin, wie moderne Katholiken in seinem Land erstarrte Formen und Formeln ihres Glaubens aufbrechen und damit neues Leben schaffen, während die andere Seite, der etablierte Marxismus-Leninismus, unfähig sei, daran zu lernen. Es war für jene Zeit nicht untypisch, daß die Veröffentlichung dieses in vieler Hinsicht provokanten Aufsatzes in Bayern verhindert wurde, weil man darin eine indirekte Propaganda für die These witterte, Katholiken dürften auch sozialistisch wählen.

Kolakowskis Lebensweg 1958 bis 1968 in Polen ist der von zunehmender Bedrohung begünstigte Weg der Selbstfindung. Gomulka ließ seinen unbequem gewordenen Helfer zur Macht für ein Jahr zu Spinozastudien in die Niederlande gehen. Zurückgekehrt erwarteten ihn Schikanen und Kompetenzverluste. Während an den Universitäten des Westens die Marxismuswelle ihrem Adorno-Bloch-Marcuse-Höhepunkt zustrebte, interessierten sich die Dozenten in Warschau und Prag für Existentialismus und kritischen Rationalismus. Die durch behördliche Behinderungen schmal gehaltene Bibliographie Kolakowskis aus jener Zeit zeigt die Existenzphilosophie – zumal Jaspers, Sartre und Heidegger – als Mittelpunkt seiner Interessen.

Spätere Biographen werden nachweisen, daß Kolakowski sich von Anfang an in einer Einbahnstraßen-Welt den Rückzug offenhielt, da er den Sackbahnhof kannte, und daß er Umwege nicht scheute, um an glaubhafte Ziele zu kommen. Wir können Grundzüge dieser Haltung schon in diesem Lesebuch nachweisen. – Die totalitäre Versuchung ist für jeden jungen Menschen groß, gestern wie heute. Davon haben katholische und protestantische, faschistische und kommunistische Proselytenmacher profitiert. Ihr Erfolg kam niemals aus totalen Erklärungen, sondern aus totalen Werten. Kolakowskis Weg zum stalinistischen Kommunismus war eine geschichtliche Zwangsläufigkeit des Achtzehnjährigen. Die Frage, wann ein junger Mensch schuldig wird, weil er Marx, Bismarck, Lenin, Hitler, Stalin gläubig folgte, ist unentschieden und unentscheidbar. Der Zeitpunkt der Mündigkeit des Lebens gegen die es bis dahin determinierende Geschichte ist unbestimmbar. Die meisten Menschen erleben ihn nicht, und es schmerzt sie nicht einmal; vielleicht kann man dies die Gnade der Geschichte nennen: die schmerzlichen Freuden geschichtlichen Bewußtseins und Handelns nicht erfahren zu haben.

Leben trotz Geschichte – Leszek Kolakowski hatte sich sehr früh vom marxistischen Gängelband des historischen Materialismus gelöst. Sein philosophischer Eros entzündete sich am jungen Marx und dessen Menschheitsbefreiungspathos. Hier konnte, durfte, sollte der Mensch die Welt verändern, Geschichte machen, war nicht nur ein Rädchen in einer Maschine, deren Gang nach eherner Gesetzlichkeit ablief zum unentfremdeten, in sich und mit den anderen ungeteilten Menschen. Dieser junge Marx des *Lebens* stand nicht nur zum alten Marx der *Geschichte* in einem synthetisch unaufhebbaren dialektischen Widerspruch, er war auch der Widersacher des praktizierten Sozialismus in der

Sowjetunion und ihrem neuen imperialen Satellitenreich. Denn sie brauchte und mißbrauchte ihn als Kirchenvater für den durch die Revolution von 1917 und die »Revolution« nach 1945 ins Werk gesetzten historischen Fortschritt und den hier beginnenden Aufhebungsprozeß der Entfremdung. Noch heute wird diese Interpretation als politische Rechtfertigungslehre von Millionen Menschen zumindest als Trost geglaubt, ob sie in Leipzig oder Brünn, Sopron oder Radom wohnen. Da sie sich ohnmächtig wissen, ihr Leben gegen die Geschichte zu kehren, lassen sie sich von der Geschichte sagen, daß sie deren beste Rädchen sind.

In unserer Zeit und unter totalitärer Macht gehören zum *Leben trotz Geschichte* Einsicht aus Liebe zur Wahrheit und Mut als Wille zur Freiheit. Beides ist selten in einem Menschen vereint. Einsicht, der es an Mut fehlt, kennzeichnet die Intellektuellen, Mut ohne Einsicht ist das Signum der anarchistischen und meist jugendlichen und deshalb verführbaren Rebellen. Im Westen halten sich viele Intellektuelle für Rebellen. Ihr Gratismut setzt sich für jene jugendlichen anarchischen Rebellen ein, deren Mangel an Einsicht sie zu Verbrechen verführt. Für Kolakowski, der Intellektueller und Rebell zugleich ist und auch wieder nicht ist, indem er Einsicht mit Mut verbindet, brauchen wir eine andere Kategorie. Die großen Vorbilder hat er selbst gezeigt: Erasmus und Spinoza. Sokrates gehörte als Größter hinzu, der Lehrer allen Philosophierens, der Offene, dem die Frage das Leben ist und alles Leben die Frage. Damit ist angedeutet, daß Kolakowski kein Schulphilosoph alter Tradition ist, so gut er die Geschichte der Philosophie kennt, aber auch kein Erkenntnistheoretiker im Sinne von denk- und sprachanalytischer Forschung, obwohl er auch auf diesem Gebiet anregend gewirkt hat. Kolakowski ist Philosophierender und damit weder Haupt noch Klient irgendeiner Schule. Indem er in den vielen Sprachen der Philosophie denkt und weiterdenkt, ist er weder Marxist noch Antimarxist, weder Materialist noch Idealist, weder Existentialist noch Strukturalist. Ist er deshab Eklektizist, was seine politischen Gegner gern behaupten? Keineswegs. Unter hundert Beiträgen zum gleichen Thema würde man ihn herausfinden durch den neuen Zugriff und die eigene Sprache. Er zeigt in einer dürren Zeit verwissenschaftlichter Philosophie, daß und wie wir philosophieren sollen.

Kolakowski hat vor zwanzig Jahren in *Verantwortung und Geschichte* den Irrweg gezeigt, den eine den Gang der Geschichte wissen wollende Gesellschaft beschreitet.

Für Kolakowski bedeuteten Christentum wie Marxismus, in der Praxis katholische Kirche und kommunistische Partei, in bezug auf Gesellschaft und Geschichte Gewaltmaßnahmen gegen ein unlösbares Dilemma. Es war das Dilemma zwischen einer nach göttlichem Ratschluß oder einem quasi-natürlichen immanenten Entwicklungsgesetz den Menschen zwingenden Geschichte und einem auf unendliche Erlösung oder die Aufhebung der Entfremdung hoffenden Menschen.

Kolakowski stand der christlichen Heilsmetaphysik und Heilsgeschichte als Schüler Spinozas mißtrauisch gegenüber, die christlichen Glaubensaxiome überzeugten ihn nicht. Mochten sich die Christen in Gottes ewigen Ratschluß hineinstürzen und im Jenseits erlöst glauben, sein Glaube war es nicht. Doch härter trafen ihn das Dilemma und der ungelöste Widerspruch von Mensch und Geschichte im Marxismus. Hier gab es keine Weltflucht, aber ein entdecktes Gesetz der Geschichte. Eine Menschheit, deren Geschichte sich nach dem ehernen Gesetz des historischen Materialismus in Klassenkämpfen vollzieht, macht – trotz des Endsieges der Unterdrückten – Ausbeuter und Ausgebeutete gleichermaßen zu Statisten der Weltgeschichte. Kolakowski stellte diesen Geschichtsmechanismus in Frage, als er sah, wie damit jede Willkür und Ungerechtigkeit der behördlichen Vollstrecker des marxistischen Sozialismus von vornherein gedeckt war und selbst die Behördenverwalter im guten Glauben an das sich vollziehende Geschichtsgesetz leben konnten. Zu einer Zeit, da man in Polen für solchen Frevel harte Strafen riskierte, rüttelte er an einer der zerbrechlichsten Säulen des Marxismus, dem historischen Materialismus. Im Westen wurde damals sehr leichtfertig über Freiheit und Geschichte geredet, da keiner zum Nachdenken darüber hart herausgefordert war. Kolakowskis Erinnerung daran, daß nicht die Geschichte uns, sondern wir die Geschichte machen, daß wir durch unser Tun und vor allem Unterlassen den heutigen und morgigen Tag schaffen, brachte die Freiheit als Verantwortung in eine neue Sicht. Die Stimme dieses um Freiheit Kämpfenden hatte mehr Gewicht in jener Zeit als später die der Schönredner in der Tradition der 48er Paulskirche aus der Frankfurter Schule. Denn die Sätze waren Anklage und Warnung zugleich.

Wenn man *Verantwortung und Geschichte* wieder liest, denkt man an die Paarung *Freiheit und Sozialismus.* Man möchte es heute wegen mancherlei Mißbrauchs gern verschweigen. Doch es bei Kolakowski zu verschweigen, wäre Unterschlagung. Er hat schon damals – und gewiß nicht zu seiner Freude – die marxistischen Wurzeln des Stalinismus aufgedeckt. Er wurde schon damals zum größten Ärgernis aller orthodoxen Marxisten und mußte dies hinnehmen wie den Beifall jener Geschäftemacher, die sich daran wie an einer Absolution bereichern.

Leszek Kolakowski ist ein politischer Philosoph. Das ist heute im Westen eine Rarität unter soviel erkenntnis- und sprachtheoretischen Spezialisten und marxistischen Ideologen. Doch setzt er damit eine gute Tradition fort. Alle großen Philosophen und Theologen (auch Kolakowski ist zu einem Gutteil Theologe) haben ihr Handwerk des Denkens politisch verstanden. Denn jedes Denken – Nach- und Vorausdenken –, das mehr ist als Matrizenwissenschaft oder politische Systemaffirmation, sondern Denken, bei dem Mensch und Gesellschaft, Geschichte und Zukunft, Wille und Wert eine Rolle spielen, ist unvermeidbar politisch. Ob Sokrates oder Aristoteles, Augustinus oder Thomas, Kant oder Hegel, Jaspers oder Sartre – ein Teil ihrer Schriften war mehr confessio, Bekenntnis, als Erkenntnis. Und dies gilt auch für Kolakowski. Er wird dadurch für die Kritik verwundbarer, er wird dadurch den philosophischen Nichtgebildeten zugänglicher, er wird dadurch kein Monument, sondern ein Mensch mit Feinden und Freunden.

Die Freunde Kolakowskis waren immer aufs neue durch seine stupende Vielseitigkeit fasziniert und irritiert. Die Systematik seines Werkes und die konsequente Entwicklungslinie seines Denkens zu erkennen, wird durch die Fülle der literarischen Formen, die Verschiedenheit der philosophischen Themen und nicht zuletzt das zufallsblinde Schicksal der Editionen erschwert. So ist bisher eines seiner wichtigsten und umfangreichsten religionsgeschichtlichen Werke, *Christen ohne Kirche,* lediglich in Frankreich in Übersetzung und fast unbeachtet veröffentlicht worden.

Die literarische Form zeigt Kolakowski als Schriftsteller von polnischem *esprit.* Frankreich war für die zwischen dem russischen und deutschen Riesen lebenden Polen eine stil-, mode- und kulturprägende Macht. Witz, Wortspiel, Freude an der dialogischen Form (sie war auch ein dialektisches Mittel gegenüber den Machthabern), an der hintergründigen Fabel, an der doppelsinnigen biblischen Geschichte, am erasmischen Traktat, an Sketch, Hörspiel, Theaterstück – das Vorbild französischer Moralisten schimmert durch. Doch wird es überdeckt durch die Kraft, die Leidenschaft, den Ernst dieses Polen. Die Formen sind Mittel und bisweilen Tarnkappen für seinen Zweck. Der hieß, seit er 1956 großjährig war, Enttarnung. 1962 wurde sein Theaterstück *Eingang und Ausgang* viermal in Warschau aufgeführt und dann verboten. Das Warten der Patienten auf den besseren Dentisten wurde von den Funktionären als Kritik an der Inkompetenz der Herrschenden durchschaut.

Seine Bilder sind so zahlreich wie die literarischen Formen, doch sind sie meist Sinnbilder. Der Priester tritt von Anfang an auf, zunächst als katholischer Kleriker, als Jesuit, dann als Symbolfigur für den Wahrer des rechten Glaubens, immer mehr zum Parteipriester werdend. Der Narr als Gegenbild ist er selbst, der über jede glatte Antwort des Klerikers sich in neues Fragen gestürzt sieht. Gott und der Teufel – das sind die anderen Hauptfiguren in Kolakowskis tragischem Welttheater, wobei Gott weit weniger zu sagen hat als der Teufel. Das entspricht dem Wirklichkeitssinn und der Ehrfurcht vor dem großen Unbekannten. »Was für eine Hoffnung bleibt uns noch, außer daß Gott wiedergeboren wird?« schrieb er mir zum Jahresende 1973. Die Christen aber mahnt er, den Teufel und die Erbsünde ernst zu nehmen, wenn sie Christen bleiben wollen.

Wenn wir nach Systematik des Werkes und Entwicklungslinie des Denkens fragen, wäre zunächst biographisch zu ergänzen, daß Kolakowski 1957 (wir sind davon ausgegangen) mit dem Essay *Verantwortung und Geschichte* den endgültigen Bruch mit dem orthodoxen historischen Materialismus vollzogen hat. Er stellte Humanismus und Moral gegen Determinismus und Parteilichkeit. Er wurde von Gomulka öffentlich kritisiert. War es Mitleid mit dem Lungenkranken oder Respekt vor diesem Charakter (auch solches wäre in Polen möglich), – ein Jahr lang durfte er in Holland Spinozastudien treiben, er erhielt nach der Rückkehr einen Lehrstuhl für Geschichte der Philosophie in

Warschau. 1962 ergänzte er in dem Essay *Ethik ohne Kodex* seine geschichtsphilosophische Marxismuskritik. Noch heftiger lehnt er sich darin gegen den Determinismus auf, verlangt er von den Erben der Vergangenheit, sich für Gegenwart und Zukunft verantwortlich zu fühlen, denn kein Weltgeist, keine List der Vernunft, keine Prophetie des kommenden Reiches der Einheit nimmt uns die Aufgabe ab, unser Leben menschenwürdig zu machen. Seine Warnungen blieben ungehört. Als er am zehnten Jahrestag des polnischen Oktobers – 1966 – vor seinen Studenten den Bankrott jener Erhebung von Posen und Warschau konstatierte, wurd er aus der Partei ausgeschlossen, weil er »auf das Niveau eines Sozialdemokraten gesunken ist«. Zwei Jahre später stand er wieder auf der Seite der Studenten in den Demonstrationen gegen antisemitische Machenschaften und Einschränkungen der Lehrfreiheit. Er verlor seinen Lehrstuhl. Überraschend erhielt er die Erlaubnis, mit polnischem Paß, mit Frau und Tochter nach dem Westen zu gehen. Hier lebt er seit Ende 1968, in Kanada zunächst, dann in den USA, schließlich in Oxford.

Die Episode von 1970, als Leszek Kolakowski auf Vorschlag von Jürgen Habermas in Frankfurt Nachfolger auf dem Adorno-Lehrstuhl werden sollte, wäre nicht erwähnenswert, würde sie nicht für ihn kennzeichnend sein. Die »Fachschaft des Philosophischen Seminars« protestierte gegen seine Berufung und warf ihm »mangelnde marxistische Linientreue« vor. Das orthodoxe Liniendenken hatte ihn sogar in jenem Land und in jener Stadt verfolgt, wo *kritische Theorie* scheinbar die Absage an jeden Dogmatismus versprach.

Aus dem *Lebensweg* der letzten zwanzig Jahre kann man auch einen geistigen Entwicklungsgang ablesen. Im Grunde hat sich Kolakowski einer selbstgewählten Devise immer mehr genähert, die lautet: Güte ohne Nachsicht, Mut ohne Fanatismus, Intelligenz ohne Verzweiflung und Hoffnung ohne Verblendung. Ein solcher Tugendkatalog erfüllt sich bei disziplinierten Menschen mit jedem Jahr und jeder neuen Erfahrung mehr und mehr. Es geht um die nur ein wenig umgetauften Kardinaltugenden, die keineswegs zufällig das Grundgerüst der Ethik Kolakowskis bilden. Wer, wie Kritiker es getan haben, bei Kolakowski von einer wachsenden Skepsis und sogar Resignation spricht, hat ihn mißverstanden. Die jüngsten Essays in diesem Buch sind Zeichen einer größeren Einsicht und Gelassenheit, eines weiteren Abstands und Horizonts, wie es dem älter werdenden Philosophen ansteht. Zugleich wird der Blick kritischer für Blendwerke, mit denen die neuen Priester der Macht ihren Kultdienst verrichten. Die Fülle der neuen Arbeiten erleichtert zugleich die Ordnung eines Werkes, dessen Vielseitigkeit und Vielschichtigkeit verwirrte.

Die drei Säulen von Kolakowskis Werk heißen: Christentum, Marxismus, Positivismus. Natürlich spielt auch der Existentialismus eine Rolle, doch weniger in einem systematischen als in einem die Objekte subjektiv durchleuchtendem Sinn. Dank der Ungenauigkeit des Begriffs könnte man Kolakowski heute in die Existenzphilosophie einordnen, ohne Widerspruch, aber auch ohne Verständnis.

Der Marxismus war lange Zeit die tragende und bestimmende Säule. Der Marxismus gab ihm den kritischen Geist und das bewegende Ziel. Auch wenn der Marxismus keine Wertlehre enthielt, so stand er doch für die Freiheit, Gerechtigkeit und Solidarität. Methodisch schien er allen anderen Denkschulen überlegen zu sein. Die alten thomistischen Scholastiker taten sich schwer gegen den dialektischen Feuerkopf. Da ihn vor allem der junge Marx interessierte, fand er auch Antworten auf die Fragen nach dem Menschen, nach Sinn und Wert. Der unauflösliche Widerspruch von übermenschlichem Geschichtswalten und menschlich zu verantwortender Freiheit entschied ihn zum *Leben trotz Geschichte* und gegen eine die Geschichte simulierende Parteiinstanz. Marxismus als Behörde empfand er zunächst noch ironisch. Später rechnete er mit folgenreichen Verführungen durch Marx ab und reihte ihn in die philosophische Ahnengalerie des 19. Jahrhunderts ein. Die Fortwirkungen nahm er deshalb nicht leicht. Sein bisher umfangreichstes Werk – *»Die Hauptströmungen des Marxismus«* in drei Bänden – ist der unsentimentale Abschied von einem Vater, der vieles durchschaute, dem aber die Liebe fehlte, auch die Liebe zur Wahrheit und der Mut zum Geständnis des Irrtums.

Kolakowskis Marxismusanalyse, die zugleich eine Marxismuskritik ist, wird viel Widerspruch finden, auch wenn heute das Interesse am Marxismus nicht mehr so groß ist wie noch vor zehn Jahren. Immerhin bleibt über und neben dem Marxismus die politische, ideologische und moralische Macht des Sozialismus in seinen vielen Ausformungen. Kolakowskis Abwendung von der tragenden Säule seines Jugendglaubens wird sich allerdings nicht mehr ändern. Er ist ein Apostat, ja der Apostat des Marxismus schlechthin geworden.

Mächtiger wurde die zweite Säule in Kolakowskis Denken. Der Apostat wurde vom Christentum umarmt und Teufel und Gott, Bibel und Mythos, Kirche und Christ ohne Kirche haben ihn nicht in Ruhe gelassen. Die Erinnerung an ein Gespräch über scholastische Philosophie vor zwanzig Jahren trügt nicht. Kolakowski sagte, wenn die Christen (Katholiken) die Erbsünde und den Teufel preisgeben, würden sie ihren Glauben und ein Stück Welt verraten. Von seinem Buch *Christen ohne Kirche,* einer Glaubensgeschichte der suchenden Menschen des siebzehnten Jahrhunderts, öffnet sich der Weg zu dem von seinen marxistischen Kritikern am heftigsten attackierten Buch *Die Gegenwärtigkeit des Mythos.* Sein einstiger Lehrer Adam Schaff konstatierte an diesem Band endgültig und glaubwürdig, daß Kolakowski kein marxistischer Philosoph mehr sei. Hier nimmt Kolakowski Abschied von der sozialen Utopie des Karl Marx und seiner Nachfolger und wendet sich einer neuen, eigenwilligen, in Umrissen skizzierten metaphysischen Philosophie zu. Anlaß dazu gab die wachsende Einsicht, daß die wichtigsten Ereignisse und Erfahrungen des menschlichen Lebens nicht aus einer gesellschaftlichen Theorie und nicht einmal aus der erlebten und erlittenen Geschichte verstanden werden und verstanden werden können. Geburt und Tod in ihrem Sinn, Liebe und Leid in ihrem Wert, menschliche Existenz gegenüber der Gleichgültigkeit der Welt können nicht bewältigt werden ohne jene Dimension, die man zaghaft Mythos, das Irrationale, Religion, Transzendenz, Metaphysik, Gott nennen mag. Dieser Versuch über *Die Gegenwärtigkeit des Mythos* bildet für Kolakowski selbst eine Zäsur in seinem Leben und Werk, hinter die er nicht zurückgehen mag.

Dennoch gehört in seine Biographie und sein Denken jene dritte Säule: der Positivismus. Sein Buch *Die Philosophie des Positivismus* hat Wurzeln, die bis zum Anfang der fünfziger Jahre zurückreichen. Als damaliger Vollzugsbeamter der Geschichte hatte er neben seinem ex officio-Gegner Katholizismus, insbesondere Neuthomismus, einen zweiten und im polnischen bürgerlich-intellektuellen Geistesleben bedeutsamen Feind anzuvisieren: den Neopositivismus. Ihn verfolgte er allerdings mit größerer Gelassenheit. Der *Wiener Kreis* wird oft, aber zu Unrecht als Anreger und Auslöser jener polnischen Philosophenschule zwischen den Kriegen angeführt. Was sich in Warschau und Lemberg um Twardowski, Lukasiewicz, Ajdukiewicz, Tarski und andere entwickelte, war eine eigenständige und, mit Schlick, Wittgenstein, Carnap verglichen, weniger radikale Variante der positivistischen Tradition. Wie beim Christentum spürte auch hier der neugierige und gründliche Kolakowski den Ursprüngen bis hin zu Comte nach. Als marxistischer Philosoph sah er in dieser Mensch und Geschichte, Sinn und Wert aussparenden und ins Reich der Literatur verweisenden und sich selbst letztlich auf die Sätze der Logik reduzierenden Wissenschaftsphilosophie eine Manifestation der bürgerlichen Kapitulation im Geiste. Zugleich entwickelte er bei dieser Beschäftigung als analytischer Kopf – ähnlich wie sein dominikanischer Widerpart Joseph M. Bochenski – ein emphatisches Interesse für die Ergebnisse der Wissenschaftsmethodologie, Logistik, Erkenntnistheorie, Sprachanalytik usw. Lenins Abbildtheorie in dessen *Materialismus und Empiriokritizismus* benutzte er nur kurze Zeit als Waffe gegen das Denken dieser *spätbürgerlichen* Gelehrten. Beide – Neuthomismus und Neopositivismus – haben ihn nicht nur in der Skepsis gegenüber Dogmatismus und Wertneutralismus geprägt, sondern – wichtiger noch – offen gemacht für die Vielfalt der Denkwege, die nicht nur in der Welt nebeneinander existieren, sondern auch in einem Kopf nebeneinander Platz haben.

So mag die *Offenheit* das entscheidende Kennzeichen des Philosophen Kolakowski und seiner Philosophie sein. Seine wichtigste Eigenschaft ist der *Mut in der Wahrheit.* Sein größter Sieg ist sein *Leben trotz Geschichte.* Die meisten von uns bleiben bis zum Tod Opfer der Geschichte und gewinnen bestenfalls eine personale Autonomie, wenn sie sich durch Glauben oder Weisheit eine Distanz zu Gesellschaft und Geschichte zu schaffen vermögen. Nur wenige vermögen die Geschichte so zu überwinden, daß sie selbst in sie gestaltend eingreifen. Viele tun es dann zum Unheil für Gesellschaft und Geschichte. Einige bringen ein wenig Heil und Licht, Glück und einen winzigen Fortschritt. Wenn wir Leszek Kolakowski zu ihnen zählen, dann deshalb, weil er in einer Zeit, in der sich die meisten einem fatalen Geschichtsdeterminismus weltanschaulicher und, schlimmer noch, praktizierender Art ausgeliefert fühlen, die Lüge und Würdelosigkeit solcher Haltung unablässig geißelt als den Verrat des Menschen an sich und seiner Zukunft.

Leonhard Reinisch

Zur Geschichte der Philosophie

Erasmus und sein Gott

In der Zeit, als Luther, gequält von religiösen Unruhen, für alle noch ein unbekannter Mönch war, genoß Erasmus schon in ganz Europa einen guten Ruf; im Jahre 1517 hatte er u. a. bereits »Lob der Torheit«, »Enchiridion«, »Adagia« sowie die Revision des griechisch-lateinischen Textes des Neuen Testaments, das »Novum Instrumentum«, vollendet. Jedes dieser vier Werke ließ einen anderen Aspekt seines Profils sichtbar werden, aber die Richtung der geistigen Entwicklung war in allen die gleiche. Sie gehörten lange zu den lebendigsten Texten des Jahrhunderts, wobei darauf hinzuweisen ist, daß vor Erasmus die Erfindung des Buchdrucks in den geistigen Umwälzungen und im kulturellen Leben Europas noch lange nicht eine solche Rolle gespielt hatte, wie seit dem Erscheinen seiner Werke.

Schriftsteller-Satiriker, christlicher Moralist, Verehrer und Verbreiter der antiken Literatur, Philologe – das sind, um es schematisch zu fassen, die vier Qualitäten des Erasmus, die in den vier Texten ihren Ausdruck fanden. Jedoch sind nicht alle seine Schriften heute in gleicher Weise lesbar, nur wenige ohne besonderen Kommentar. Lediglich das »Lob der Torheit« und die »Colloquia« rufen teilweise ein spontanes Verständnis bei heutigen Lesern hervor; andere erfordern eine Erklärung, sollen sie mit Nutzen gelesen werden. Sie werden ohne Mühe verständlich, wenn wir uns vergegenwärtigen, gegen wen sie sich richten und was für ein Modell des Christentums sie verbreiten sollen. Die unerhörte Aufregung, die der Text des »Enchiridion« Jahrzehnte hindurch hervorrief, ist bei der eigenen Lektüre des Textes, der ohne weiteres als banale christliche Morallehre erscheinen könnte, nicht wie von selbst verständlich. Wenn aber die Leitidee des Erasmus nicht aufhört, die Aufmerksamkeit der Historiker auf sich zu lenken, wenn das Interesse an seinen Worten ständig zu wachsen scheint, dann können wir frei weg sagen, daß sich dieser Sachverhalt durch die gegenwärtige Situation der christlichen Welt erklären läßt. Alle wahrhaft ökumenischen Tendenzen in der katholischen Gemeinschaft, alle Versuche, für das Christentum eine Formel zu finden, die es, wenn auch nur teilweise, von der konfessionellen Exklusivität befreien könnte, sind eine Fortsetzung der erasmischen Leitidee – und bis zu einem gewissen Grad wenigstens ist man sich dessen bewußt.

Es ist bekannt, daß in dem Augenblick, als der Versuch Luthers publik und wirksamer wurde – mehr als er das selbst irgendwann erwarten konnte –, allgemein die Überzeugung verbreitet war: die Ideen von Erasmus und Luther zielen in die gleiche Richtung. Luther selbst rechnete auf eine Unterstützung durch Erasmus. Aus einer späteren Sicht der Dinge begreifen wir – oder meinen zu begreifen – die wesentlichen Gründe jener Hoffnungen und Vermutungen, aber auch die wesentlichen Gründe dafür, daß jene Hoffnungen und Vermutungen sich nicht bestätigten.

Der Zustand der katholischen Kirche in den Jahren vor Luthers Rebellion ist zu bekannt und zu oft beschrieben worden, als daß es nötig wäre, ihn näher zu erläutern. Es waren die Zeiten jenes vollkommenen Abstiegs des Papsttums, den schon die antiklerikale Geschichtsschreibung vollständig ausgeschöpft hat und wofür auch die katholischen Historiker schon lange keine Entschuldigung mehr finden. Erasmus wurde unter dem Pontifikat Pauls II. geboren – des Papstes, der kein Latein konnte. Er studierte in den Jahren des Sixtus IV. – eines für den Nepotismus sprichwörtlichen Papstes, der die Kardinalshüte an alle seine Verwandten reichlich austeilte, die kirchlichen Würden überall hin verkaufte und sich um die Sache des Glaubens durch die Ernennung Torquamados zum Inquisitor verdient machte. Erasmus beendete seine Studien zu den Zeiten von Innozenz VIII., der im Vatikan die Ehe seines unehelichen Sohnes öffentlich feierte und sich u. a. durch eine Bulle, die sich mit den Hexen beschäftigt, berühmt machte. Literarisch wirksam und allgemein bekannt schließlich wurde Erasmus zur Zeit des blutigen Alexander VI., der als Jüngling ohne Priesterweihe zum Bischof wurde, die kirchlichen Würden verkaufte, um bald darauf die Käufer zu ermorden und die Würden erneut zu verkaufen, der im Vatikan Ballette der römischen Huren veranstaltete und, kurz zusammengefaßt, wohl kaum eine Gemeinheit und Sünde unterließ, die nicht in allen Katechismen sämtlicher Religionen der Erde erwähnt werden. Dann besetzte der große Julius II. den päpstlichen Stuhl mit Hilfe der bestochenen Kardinäle; sein Nachfolger Leo X., aus dem Hause der Medici und Sohn Lorenzos des Prächtigen, wurde dank seiner Schwester, die den Sohn von Innozenz VIII. heiratete, im Alter von vierzehn Jahren zum Kardinal ernannt.

In den letzten Jahrzehnten des 15. Jahrhunderts waren die Bestrebungen nach einer Reform der Kirche so lebendig und unter den christlichen Intellektuellen so allgemein, der Zustand, gegen den sie protestierten, so offensichtlich und so extrem, daß die Verschiedenartigkeit der reformatorischen Vorschläge kaum in den Blick kam; diese wurde in ihrer ganzen Fülle erst offenbar, als die Absonderung der Protestanten einen deutlich organisierten Charakter angenommen hatte.

Erasmus' reformatorische Ideen waren einfach, und von einem theologischen Standpunkt aus betrachtet bildeten sie die Fortsetzung jener »Religion der Gnade«, die sich im Rückbezug auf die Evangelien und die Briefe des Paulus in der Geschichte des Christentums ständig erneuert, sooft nur die Verweltlichung und der Bürokratismus der organisierten Kirche für irgendeinen Teil der christlichen Welt unerträglich werden. Das Christentum, so wie es Erasmus begriffen hat, ist vor allem durch seinen Widerstand gegenüber der Religion des Alten Testamentes charakterisiert, will sagen, gegenüber einer »Gesetzes-Religion«, in der das Verhältnis zwischen den Gläubigen und Gott eine Art von Handelsvertrag ist. Gemäß jener juristischen Interpretation hat Gott dem Menschen vorgeschrieben, eine gewisse Zahl von Pflichten zu erfüllen, und für ihre gewissenhafte Erfüllung eine entsprechende Belohnung versprochen. Es ist dann nicht verwunderlich, daß man sich von den verschiedenen Verpflichtungen freimacht, wenn man sie durch die Übernahme anderer ersetzen kann, und daß man allgemein mit Gott präzise rechnet und handelt oder andere rechtliche Auswege herausfindet, um den Geschäftspartner zu überlisten oder um für sich die günstigste Interpretation des Vertrages zu suchen, indem man seine Lücken und Zweideutigkeiten ausnutzt. Die Religion Christi ist nach dem Verständnis des Paulus vor allem durch die Abschaffung dieser gesetzlichen Ordnung charakterisiert. Sie soll ein Bund der Liebe sein, in dem es keine Kalkulationen gibt; der Bund mit Gott beruht nicht auf einem System gegenseitiger Verpflichtungen und Ansprüche, er ist ein nicht erzwungenes persönliches Bündnis, also grundsätzlich »irrational«, frei von juristischen Rechten und Begründungen; er beruht auf Vertrauen, nicht auf Kontrolle, auf gutem Willen, nicht auf Leistungsnachweis gegenüber dem Vorgesetzten oder Geschäftspartner, kurz gesagt: auf dem Glauben und nicht auf den Werken. Es ist also klar, daß eine hierarchisch aufgebaute Kirche innerhalb einer so verstandenen Religiosität nicht vorkommen kann. Die Kirche ist ein System von rechtlichen Verträgen, die den Gläubigen bestimmte Verpflichtungen auferlegen und ihnen dafür im Namen Gottes bestimmte Belohnung versprechen. Die Vermittlungsrolle der Kirche ist undenkbar ohne ein Gesetz, das die Verpflichtungen vorschreibt, unvorstellbar ohne ein Gesetz, das zwar verbal an der Idee der Liebe Gottes als Bedingung der guten Werke festhält, aber kein zutreffenderes Maß für die Beurteilung der menschlichen Wirksamkeit angibt als eben die Werke. Die unsichtbare und unnachweisbare Bindung des Gläubigen an die Person Gottes kann kein ausreichender Grund für die Existenz einer kirchlichen Organisation sein. Trotz alledem findet die Tradition der Religion der Gnade für so vieles eine sichere Bestätigung in den kanonischen Texten, daß die antikirchliche Opposition, die sich in subjektivistischen, »irrationalen« Interpretationen des Glaubens ausdrückt, immer und unabänderlich die gleichen ursprünglichen Schätze des Christentums benutzt, um gegen die Kirche ihre Position zu festigen.

In dieser Hinsicht trifft das leitende Motiv des jungen Luther zusammen mit den Zielvorstellungen des Erasmus. Die Abschaffung der »Werk-Religion«, d. h. praktisch, die Abschaffung der Kirche, die alle Werte des Christentums zu vermitteln beansprucht, die durch Simonie und Korruption zersetzt ist, kann nur geschehen durch die Rückkehr zu den Idealen des Evangeliums, zu dem Glauben, der allein rechtfertigt; das ist also kein »Glaube« im Sinne der »orthodoxen Überzeugungen«, wohl aber ein Glaube in der Bedeutung, die am deutlichsten in den Briefen des Paulus zum Ausdruck kommt: »*pistis*«, Vertrauen, also das Gefühl der Liebe des Sohnes zum Vater und das Sich-Ausliefern des Sohnes an Gott, der in uns trotz unserer Ungerechtigkeiten seine Kinder sehen will, wenn wir uns nur wirklich als Kinder fühlen. Übergehen wir alle Komplikationen, die mit der Lehre von der Rechtfertigung aus Glauben verbunden sind; es ist sicher, daß sie in ihrer grundsätzlichen Intention in den Gedanken von Erasmus genauso vorhanden ist wie in den früheren Texten Luthers.

Das Schrifttum von Erasmus richtet sich überall auf das gleiche Ziel: das Christentum wieder zu einer wirkungsvollen Bereitschaft zur Verwirklichung sittlicher Anweisungen werden zu lassen, die sich auf das Vertrauen zu Gott gründen, und die, wenn sie wirklich ohne Kalkulation und mit einem bereitwilligen Herzen ausgeführt werden, eigentlich alles, was im Christentum auf der Erde wichtig ist, ausmachen. Dabei handelt es sich um einfache Anweisungen, die für jeden zu verstehen sind, sie verlangen auch keinen ungewöhnlichen Heroismus und keine ungewöhnlichen Gaben, sie sind auf ein menschliches Maß zugeschnitten und an alle Menschen adressiert. Das Übrige hat keine Bedeutung mehr. Besonders die rituelle und zeremonielle Seite des Christentums, das System der kirchlichen Organisation, die Distinktionen der spekulativen Theologie und die dogmatischen Feinheiten – alles das ist von der Perspektive des Hauptzieles her gesehen gleichgültig. Dem Christentum liegt daran, anderen Gutes zu erweisen, aber nicht daran, mit seiner Güte zu prahlen und sich selbst anstatt Gott die Verdienste zuzuerkennen. So viel schließlich steckt zusammengefaßt in der ursprünglichen Intention, in dem Grundsatz, nach dem uns die Gnade Gottes und nicht die Werke vor Gott rechtfertigen.

Doch der Gegensatz zwischen den Absichten Luthers und der Erneuerungsarbeit des Erasmus zeigte sich sofort, als sich aus der nicht differenzierten reformatorischen Bewegung Umrisse einer neuen separatistischen kirchlichen Gemeinde abzuzeichnen begannen. Daß sich Erasmus nicht der Reformation anschloß, war nicht einfach das Ergebnis seiner – so oft von den Historikern beschriebenen – Vorsicht, seines Konformismus, seiner Nicht-Bereitschaft zu unwiderruflichen Entscheidungen, im

Grunde also seiner Charaktereigenschaften, sondern es bestand wirklich ein Gegensatz zwischen den christlichen Humanisten und der Reformation, der eine Anzahl grundsätzlicher Werte umfaßte, die sich in keiner Weise miteinander in Übereinstimmung bringen ließen. Für Erasmus war das Christentum weniger eine Gewalt gegen die menschliche Natur, vielmehr deren Veredelung, ein Entwicklungsantrieb für gewisse angeborene Neigungen dieser Natur. Der Mensch ist kein Wesen, das durch die Erbsünde völlig zerstört ist, er ist kein Gefäß des Bösen, das man vorher zertreten muß, damit sich dann an der bedrängten Natur die heiligende Kraft der unentgeltlichen Gnade offenbaren könnte. Trotz aller menschlichen Neigung zu Sünde und Verbrechen knüpft die Gnade, die dem Menschen hilft, von jenen Neigungen frei zu werden, an (um es so zu sagen) an die angeborenen Körner des Guten, die trotz allem aus der Katastrophe der Sünde herausgerettet sind. Die Gnade tötet also nicht die Natur, sondern reinigt und verklärt sie, das Christentum ist eine Fortsetzung der guten Seiten des natürlichen Menschen und nicht ein triumphaler Sieg der Übernatur über die Natur.

Auf dieser Überzeugung gründet sich das, was man gewöhnlich christlichen Humanismus nannte. Das Wort »Humanismus« hat so viele verschiedene Spielarten und ist so mit ideologischen und kritischen Inhalten umgeben, daß man es ohne nähere Erklärung wirklich nicht gebrauchen sollte. Sicherlich hat jene Regel nicht unrecht, die empfiehlt, den Inhalt des Wortes Humanismus in seiner ursprünglichen Bedeutung zu verwenden, und zwar in Abgrenzung zu jenen völlig »heidnischen« Schriftstellern und Philosophen, für die es in der Welt grundsätzlich keine anderen Werte gibt als die, die durch menschliche Bemühungen gewonnen worden sind, den Menschen dienen und auf die menschlichen Bedürfnisse bezogen sind. Dennoch spricht nichts dagegen, sich des gleichen Wortes auch in anderer Bedeutung zu bedienen – nämlich in der Bedeutung, mit der sich die Kultur der Renaissance charakterisieren läßt, die die fundamentalen christlichen Werte akzeptiert, die für das stehen, was unabhängig vom Menschen und ohne seinen Anteil erschaffen wurde, zugleich aber berücksichtigt, daß die menschliche Natur von sich aus zu den hervorragendsten sittlichen und geistigen Leistungen fähig ist. Der Gegensatz zwischen dem so verstandenen christlichen Humanismus und den Ideen der Reformation – der lutherischen wie auch der sozial radikalen – kommt besonders deutlich angesichts des Erbes der antiken Kultur zum Vorschein. Die christlichen Humanisten beteiligen sich an der umfassenden Arbeit, die die geistigen Schätze der vorchristlichen Welt zugänglich machen, reinigen und ohne Entstellungen zeigen soll; sie tun es nicht ohne Furcht und ohne das Gefühl der innerlichen Zusammenhanglosigkeit und glauben, daß das Heidentum, als gerade die »Naturkräfte« für sich allein, die noch nicht durch eine gelungene Einverleibung geheiligt sind, sich auf die berühmtesten Werke auf allen Gebieten der Kultur erstrecken kann. Sie verbreiten die Grundvorstellung von Plato als einem unbewußten Christen (so Ficinus und andere florentinische Platoniker), Sokrates subsumieren sie beinahe unter christliches Märtyrertum (so Erasmus). Die weltliche Kultur steht nicht darum, weil sie weltlich ist, im Verdacht; es ist nämlich nicht wahr, daß die Natur und die natürlichen Fähigkeiten durch den Satan monopolisiert sind. Obwohl der Mensch durch eigene Schuld verdorben ist, ist er doch ein göttliches Geschöpf, und ein Werk der durch Gott geschaffenen Natur kann nicht einfach nur böse sein.

Die Überzeugung von der Möglichkeit, den Glauben an die Allmacht der Gnade mit dem Glauben an die »Natürlichkeit« des Christentums zu versöhnen – so kann man in etwa die spezifische Stellung von Erasmus charakterisieren. Sie erlaubt ihm, über den scholastischen Wortstreit zu spotten und gleichzeitig die antike Kultur zu propagieren, sie ermöglicht ihm, die Gemeinheit in der Kirche und im Klerus, vor allem im Ordensklerus, zu enthüllen und gleichzeitig in eigener Überzeugung das echte Christentum zu verteidigen – das Christentum, das allein durch die sittlichen Qualitäten jedes Christen bestimmt ist.

Darum verkörpert die Sittlichkeitslehre des Erasmus im 16. Jahrhundert sehr deutlich eine »dritte Kraft« der christlichen Welt. Sie stellt sich gegen die lutherische Hoffnung auf eine automatische Verbesserung durch organisatorischen Umbruch und gegen die lutherische Verachtung aller Anstrengungen des

»natürlichen Menschen«. Sie propagiert zugleich das Muster eines christlichen Lebens, das, entgegen der kirchlichen Moralität, seine Werte nicht durch Rituale und zeremonielle Gebräuche, scholastische Gelehrsamkeit und vorgeschriebene Werke verwirklicht, sondern sozusagen zu einer moralischen Praxis wird, in der die gute Absicht und das gute Werk immer notwendigerweise miteinander verbunden sind. Mit anderen Worten: für das erasmische Christentum ist die Hoffnung, man könne die Erlösung durch die Vermehrung lobenswerter Werke erwerben (um die Kraft des Geldes gar nicht erst zu erwähnen), gleichermaßen fremd wie die Meinung der Mystiker, allein die (unnachprüfbare) Reinheit des Herzens – ohne ihre sichtbaren Manifestationen in den Verhältnissen zum Nächsten – sei imstande, uns im Gericht die Rechtfertigung zu erwirken.

Unaufhörlich muß man daran erinnern, daß für die erasmische Tradition die gleichzeitige Anerkennung von zwei Voraussetzungen konstitutiv ist: die erste, die uns erlaubt, an das natürliche Gut-Sein und an den Wert der menschlichen Natur (und damit auch der natürlichen Vernunft) zu glauben, die zweite, die die Erlösung der Gnade als der verursachenden Kraft zuschreibt und anempfiehlt, sich vertrauensvoll der Liebe Gottes auszusetzen, anstatt sich vor seinem Antlitz »verdient« machen zu wollen. Die erste Voraussetzung wurde von der gesamten jesuitischen Morallehre übernommen, die die katholische Geschichtsschreibung darum in die Geschichte des christlichen Humanismus einzufügen bereit ist. Wenn jedoch das Wort »Humanismus« in den Streitigkeiten irgendwelchen Sinn haben soll, dann kann es nur die Bestrebung bedeuten, die auf die Aufrechterhaltung beider Voraussetzungen zielt. Die späteren Abwandlungen der Lehre des Christentums zeigen, daß dort, wo sich die erste Voraussetzung gegenüber der zweiten verselbständigte, dies eine Rückkehr zu der gesetzlichen Religion der Werke bedeutet, d. h. zu solch einem System, in dem die moralischen Werte postenartig in einer Preisliste aufgeführt sind. Verselbständigt sich die zweite Voraussetzung gegenüber der ersten, dann entsteht ein Gefühl der Unverantwortlichkeit des Menschen für sein eigenes Leben und ein trostloses Vertrauen auf die unbegreiflichen Urteile Gottes, von denen nur soviel bekannt ist, daß sie in keiner Verbindung stehen zu den menschlichen »verdienstlichen« Bestrebungen, und mit denen dann jeder wie mit einem glücklichen Zufall rechnen kann, sich aber um seinen Anteil an der eigenen Erlösung nicht zu kümmern braucht. Diese zwei Voraussetzungen sind ideale Modelle für die jesuitische und calvinistische Moralität, jedenfalls so, wie sie sich ihre Gegner vorstellen. Man kann immer wieder nachweisen, daß weder aus calvinistischer Voraussetzung »folgt«, es sei dem Menschen erlaubt, sich sorglos auf göttliche Dekrete zu verlassen und sich von aller Verantwortlichkeit für seine Taten frei zu halten, noch daß aus der jesuitischen Gnadentheorie »folgt«, jeder könne sich mit Hilfe kleiner ritueller Formalitäten selbst erlösen; man kann sogar beweisen, daß in beiden Fällen die wichtigsten lehrhaften Texte vor solchen Interpretationen geschützt sind. Es ist auch eine Tatsache, daß es eine lehrmäßige Fehlentwicklung unabhängig von den Intentionen der Lehrer gibt und daß die calvinistische Kritik des Jesuitentums genausoviel gutes Recht und genausoviele schlagende Beispiele zu ihrer Unterstützung hatte wie die jesuitische Kritik am Calvinismus.

Eigentlich resultiert daraus die »starke Seite« der erasmischen Tradition, daß sie eine Formel des Christentums zu finden versucht, die von beiden Seiten gegen zumeist bequeme Interpretationen einer moralischen Trägheit abgesichert ist, daß sie also ein Modell sucht, das sowohl die hemmungslose rituelle Religiosität als auch die bequeme Religiosität der unwiderstehbaren Gnade vereitelt. Obwohl der Versuch klar und fest in seiner polemischen Orientierung dasteht, ist er besonders schwach und höchst gefährlich als theologische Lehre; sie zwingt nämlich zu einer gleichzeitigen Bewahrung zweier Grundsätze, die in dem Himmel der Begrifflichkeit reiner Theologie auf den ersten Blick unvereinbar zu sein scheinen. Darum ist die leichte Anwendbarkeit des erasmischen Standpunktes so scheinbar, wie auch seine Schlichtheit nur scheinbar ist. Die erasmische Tradition empfiehlt den Christen, sich so zu verhalten, als ob alles abhängig wäre von ihren Bestrebungen, und gleichzeitig zu glauben, daß nichts von ihren Bestrebungen abhinge. Weniger auffallend ist dieser Widerspruch, wenn wir ihn als besonderen Fall einer allgemeinen Schwierigkeit der Sittlichkeitslehre betrachten, die alle sittlichen Werte der eigenen Bestrebung des Menschen zuschreibt und zugleich nicht daran glaubt, daß das Ergebnis jener Bestrebung und sogar die Fähigkeit zu ihr allein vom Menschen abhängig sei; die Schwierigkeit betrifft gleichermaßen die stoische wie die christliche Sittlichkeitslehre.

Das Verständnis des Christentums in sittlichen und individuellen, nicht aber dogmatischen und rituellen Kategorien hat es mit sich gebracht, daß später, in der Epoche der religiösen Polarisationen Europas, als sich Sekten herausbildeten und vermehrten und als die Glaubenskontroversen das religiöse Leben zu beherrschen begannen, die Leitidee des Erasmus zum festen Rückhalt aller konfessionslosen christlichen Entwürfe wurde. Auf Erasmus berufen sich die ersten Dissidenten des Luthertums, die deutschen Spiritualisten; von seinen Grundsätzen zehren spanische antikirchliche Mystiker; bei ihm suchen die Antitrinitarier Argumente. Alle während der Zeit religiöser Kriege und Spannungen zerstrittenen Konfessionen suchen einen Weg zurück zur mythischen Schlichtheit der Evangelien, wollen das Christentum von Bekenntnissen und Katechismen befreien, gestehen ihm nur moralischen Inhalt zu – sie alle erneuern darin ununterbrochen die erasmischen Formeln. Erasmus wird zu einem Symbol für das ganze Christentum, das sich als moralische Einstellung konstituieren möchte und den Wert institutionalisierter kirchlicher Bündnisse verwirft oder ungültig macht. Er inspiriert eine Religiosität, die keinen Kompromiß mit den Sitten der »Welt« will, aber er verlangt auch keine Weltflucht und verkündigt keine Lebensverachtung, sondern vertraut den natürlichen Möglichkeiten des Menschen. Dieser Standpunkt sollte sich aufspalten und die verschiedenen Kräfte offenbaren, die in ihm verhüllt sind. Wir können jetzt wohl kaum das verwirrte Schicksal der erasmischen Tradition in der Gedankenwelt Europas verfolgen. Es genügt, nur die Fragen anzudeuten, die für das Verständnis des »Enchiridion« wichtig sind – eines der bedeutendsten Texte des Christentums der Renaissancezeit. Jener gerade besprochene Standpunkt macht als eine Kraft, die eine überkonfessionelle Stellung einzunehmen versucht und das dogmatische und rituelle Christentum zugunsten des sittlichen überwindet, die Verurteilungen und Verbote verständlich, die sich besonders nach seinem Tode gegen sein Werk richteten, als die praktischen Konsequenzen seiner Lehre im religiösen Leben aller europäischen Länder offenkundig wurden.

Jedoch – wiederholen wir zum Schluß auch diesen Einwand – die Anhänger des Erasmus waren keine Rebellen, die einen Bruch mit der Kirche provozierten. Die Berühmtesten von denen, die sich im 16. Jahrhundert zu seinen Gedanken bekannten, verließen die römisch-katholische Kirche nicht demonstrativ und traten nicht zu den reformatorischen Gemeinden über. Weder Coornhert noch Modrzewski schlossen sich der Reformation als einer neuen Körperschaft an. Am wenigsten lag ihnen am Aufbau separatistischer Gemeinden mit eigenen, sich gegenüber dem Katholizismus unterscheidenden Zeremonien, mit eigenem dogmatischen System und – wie rasch ans Tageslicht kam – mit eigener Intoleranz. Die erasmische Tradition formierte diejenigen, die auf eine ganze Reform des christlichen Lebens hofften, nicht also auf neue Gemeinden, und die eigene Heiligkeit, eigene Unfehlbarkeit und eigene Exklusivität außerhalb der Muttergemeinde heranbilden wollten. Sie sahen den Zerfall der Kirche, doch sie fühlten sich nicht veranlaßt, ihren Zusammenbruch zu minimalisieren. Gleichzeitig rechneten sie damit, daß die vereinten Bestrebungen der »wirklichen« Christen, die anders als die Päpste und die kurialen Würdenträger die verborgenen Gründe der christlichen Werte kannten, imstande sein würden, eine Erneuerung der Kirche trotz ihrer Führung heraufzuführen. Mit neuen Kirchen, die – wie alle neu entstandenen Gruppierungen – statt des Versuches einer Verbesserung des wirklichen Lebens eher eine noch größere konfessionelle Exklusivität versprachen, wollten sie also kein Bündnis schließen. Für Erasmus ist die Kirche kein in sich Genüge findendes Ziel, dem alle anderen Werte untergeordnet sein sollen; sie ist, im Gegenteil, ein Werkzeug, das um so brauchbarer ist, je mehr sie ihren Gläubigen die unverdorbenen Werte des Evangeliums zu vermitteln imstande ist. Eine Religiosität, die zum Nutzen der Kirche und als Organisation und Machtsystem bestand, war ihm völlig fremd. Er wollte die Kirche nicht vernichten, er wollte ihr nur ihre geistigen Mittel nehmen, mit denen sie lediglich ihr eigenes Machtsystem perpetuierte. Zugleich konnte er sich auf seine Treue gegenüber den christlichen Ideen berufen, er konnte zeigen, daß er nur »bauen, nicht zerstören« wollte, daß er kein Rebell, sondern nur ein Lehrer der Weisheit des Evangeliums war. Aber für seine Gegner war die zerstörerische Funktion seiner sanftmütigen Moralität offensichtlich. Es ließ sich nicht verbergen, daß sein Gedanke letzten Endes jeden, der den damit verbundenen Voraussetzungen konsequent folgen wollte, zu der Alternative zwang: das Christentum oder die Kirche, das Evangelium oder die organisierte Religion. Erasmus hat die Alternative nie ausgesprochen, sicherlich war er sich ihrer nie ausdrücklich bewußt, bestimmt glaubte er an die Möglichkeit einer wesentlichen Reform der Kirche im Geist des Evangeliums. Dennoch wußten die folgenden Generationen von Reformatoren, daß eine solche Alternative tatsächlich auftauchen kann und daß Erasmus sie implicite formuliert hat.

Das Werk des Erasmus war nicht wirkungslos, obwohl es den Anschein haben könnte, sein Ideal des Christentums sei letztlich nur eine jener zahlreichen Utopien geblieben, die in der Geschichte der Kirche erschienen und ohne sichtbaren Einfluß auf das kirchliche System wieder vergingen. Offensichtlich führte seine Lehre nicht zur Vernichtung des Systems, gegen das sie sich richtete. Sie hatte jedoch zur Folge, daß einige Regeln des christlichen Glaubens wieder zum Vorschein gekommen und zum natürlichen Bestand kirchlicher Redeweise geworden sind; sie bewirkte ferner, daß die ziemlich deutlichen Entstellungen dieser kirchlichen Redeweise sich verflüchtigt haben. Alle inneren Versuche der Reform und Kritik, die in der katholischen Kirche seit den Zeiten des Erasmus unternommen worden sind, schöpfen aus derselben Quelle und verrichten mehr oder weniger bewußt sein Werk. Alle Versuche wiederum, die in der Kirche, wenn auch nur partikular, zur Verbesserung ihrer sklerotischen Erstarrungserscheinungen unternommen wurden, erwiesen sich als Bestrebungen, die ihrerseits wieder verdammt wurden, um nach einiger Zeit in milderer und vereinfachter Form durch die Orthodoxen von neuem aufgenommen zu werden. Auch gegenwärtige Verbesserungsbestrebungen in der Kirche fallen unter das Erbe des Erasmus; alles, was überhaupt die starre Exklusivität des Bekenntnisses, das System der Intoleranz und Repression attackiert – alles das ist eine Fortsetzung der Lehre des Erasmus. Insoweit kann man sagen, daß gerade das Gedankengut des Erasmus auch bei denen Aufmerksamkeit verdient, die selbst außerhalb des Christentums stehen, denen aber das Schicksal des Christentums nicht gleichgültig sein kann; schließlich gehört das Christentum zu derselben Geschichte und Kultur, zu der wir alle gehören.

Zum Begriff der Gegenreformation

Wenn wir vom *Begriff* Gegenreformation reden, setzen wir voraus, daß die Gegenreformation kein Eigenname ist. Gemäß der aristotelischen Erkenntnislehre gibt es keine Begriffe, die den Eigennamen entsprechen; anders ausgedrückt wird der Name nicht auf das einzelne geschichtliche Phänomen bezogen, sondern auf eine *Gattung*, auf einen Prozeß, der zu verschiedenen Zeiten, in verschiedenen Kirchen oder ideologischen Organismen vorkam und vorkommen kann. Eine solche Betrachtungsweise ist nicht originell. In der Geschichtsschreibung findet man dieselbe Tendenz, z. B. beim Begriff der Reformation. So zieht es der hervorragende französische Protestantismusforscher Emil Léonard vor, von der Reformation als einem fortwährenden Vorgang in der Geschichte des Christentums zu sprechen. In diesem Sinne ist der Begriff *Gegenreformation* weniger Begriffen wie »Barock« oder »Romantik« ähnlich; vielmehr erinnert er an Begriffe wie »Idealismus« oder »Symbolismus« und mehr noch an solche, die zwar am Anfang ein bestimmtes einziges Phänomen identifizierten, sich jedoch später verallgemeinert haben: Begriffe wie »Deismus«, »Alexandrismus« oder »Renaissance« (so ist oft von der karolingischen oder muslimischen Renaissance die Rede). Die Gegenreformation des 16. und 17. Jahrhunderts umfaßt bekanntlich alle Kulturgebiete: bildende Kunst, Musik, Dichtung, Philosophie, Theologie, politisches Leben, Kirchenorganisation. Zweifellos darf die ganze Aktivität der Kirche in dieser Epoche als Gegenreformation in dem Sinne bezeichnet werden, daß sie durch die Notwendigkeit bestimmt und angeregt war, Schisma und Häresie zu bekämpfen. Wenn aber ein Ideenhistoriker von der Epoche der Gegenreformation, von der Kultur der Gegenreformation redet, möchte er üblicherweise mehr ergreifen, als bloß eine Zeitperiode der Kirchengeschichte herauszuschneiden, etwas mehr tun, als dem gesamten

Leben der Kirche in der Zeit ihres Gegenangriffes einen Namen zu geben. Was mir in diesem Zusammenhang besonders wichtig scheint, ist der Unterschied zwischen zwei Arten unseres Verhaltens: auf der einen Seite die streng defensiven Reaktionen, die durch den Willen bestimmt sind, den status quo unberührt zu bewahren oder die verlorenen Machtgebiete wiederzugewinnen, auf der anderen Seite die neuen Erscheinungen, die mit besserem Recht als Gegenreformation im eigentlichen Sinne zu bezeichnen sind. Es handelt sich um jene Umwandlungen, die in der Kirche und im katholischen religiösen Leben auftreten und die als Versuche, sich an die durch die Reformation erzeugte Lage anzupassen, gedeutet werden dürfen. Eine solche Begrenzung des Wortes erlaubt uns, die wichtigsten Veränderungen in der katholischen Kultur zu erfassen und den Begriff zugleich auf analoge Erscheinungen in anderen »ideologischen« Organismen zu übertragen. In diesem Sinne ist die Gegenreformation hauptsächlich eine interne Erscheinung in einem religiösen Körper; wenn wir vom Europa des 16. Jahrhunderts sprechen, soll also das Wort nicht (wie es einige Historiker getan haben) als vielfältige Kritik an der großen Reformation angewandt werden, wenn es auch wahr ist, daß wir in der zweiten Reformation einige scheinbare und einige echte Tendenzen, zum Katholizismus zurückzukehren, beobachten können.

Als ich an der Geschichte der religiösen Ideen des 17. Jahrhunderts arbeitete, bildete ich mir zuerst ein vereinfachtes ideelles Modell der Gegenreformation. Mit seiner Hilfe versuchte ich eine gewisse Regelhaftigkeit, einen dreiphasigen Rhythmus, zu erfassen, der sich in der Geschichte der religiösen Konflikte hartnäckig wiederholt.

Eine Reformbewegung in der Kirche, die in echten Aspirationen der Gläubigen verwurzelt ist und als eine Bedrohung der Einheit angesehen werden darf, kann normalerweise nur durch eine Gegenreform bekämpft oder überwunden werden, die sich gewisse Ideen und Losungen des Gegners aneignet, diesen Ideen jedoch eine solche Deutung und einen bestimmten Gültigkeitsbereich gibt, um sie innerhalb der ideologischen und organisatorischen Disziplin festzuhalten. Die wirksame Gegenreformation muß sich mit denselben Ideen nähren, die sie zu zerstören versucht; sie muß sich die Substanzen, die den Organismus mit

Zersetzung bedrohen, einverleiben und zähmen; sie muß die fremden Körper durch Verdauung neutralisieren, die Elemente der Reformbewegung assimilieren und ihre reformatorische Struktur zerbrechen, um ihre zum Separatismus leitende Energie unschädlich zu machen. Da aber diese Aneignungsaktivität ein Werk der einzelnen ist, die die angeeigneten Ideen auf verschiedene Weisen ausdrücken können – stärker oder schwächer, mit mehr oder weniger Begrenzungen, mit mehr oder weniger Färbung ihrer eigenen persönlichen Neigungen –, ist die in Verwirrungsperioden oft auftretende Situation ganz verständlich, daß die auf die Lehre gerichteten Erscheinungen der Reformation und der Gegenreformation kaum unterscheidbar sind und es schwer festzustellen ist, wer der Zerstörer der Kirche und wer ihr Retter oder Verteidiger ist. Gewöhnlich wissen wir das erst aus der historischen Perspektive, sobald die Konflikte nicht mehr weiterleben.

Nun aber geschieht es normalerweise, daß die dem Kirchenorganismus einverleibten und scheinbar unschädlich gemachten Ideen eine eigene Trägheit haben und durch sie eine Tendenz offenbaren, die dem Organismus gesetzten Grenzen zu überschreiten und aufs neue separatistische oder häretische Situationen zu erzeugen. Die Versuche einer inneren Reform, seien sie auch völlig orthodox gedacht und genau an die Ordnung angepaßt, die der Kirche ihre Identität, ihre Kontinuität, ihre soziale Individualität sichert, sind nie von dem Risiko frei, daß ihre Folgen die angeordneten Grenzen übertreten und die Bedrohung einer neuen separatistischen Bewegung bringen. So unterliegt natürlicherweise diese besondere Art der Reformation, nämlich die Gegenreformation, demselben Geschick wie die Reformation, und in ihrer zweiten Phase erzeugt sie oft kraft eigener Trägheit Bewegungen, die wiederum eine gegen sie gerichtete Antwort erfordern.

So stellt die Gegenreformation weder eine bloß defensive Wirkung gegen die Reformation noch eine Nachahmung der Reformation dar, sondern einen Versuch, den Feind mit dessen eigener Waffe zu schlagen. Es ist darum nicht erstaunlich, daß sich die Anstifter der katholischen Reformation mit großen Schwierigkeiten den Weg durch den Widerstand des konservativen Milieus bahnten und manche von ihnen der Zensur, dem Häresieverdacht und Gefängnis nicht entgingen.

Diese abstrakten Erwägungen sollen nun mit Beispielen belegt werden, die den Mechanismus zeigen, der die geistigen Leistungen der Gegenreformation in eine zuerst mögliche und schließlich wirkliche Quelle genau derselben Art von Häresie umwandelt, die die Gegenreformation zu zerstören vorhatte.

In den lateinischen Ländern wirkte die ideologische Korrosion der Kirche hauptsächlich in drei Richtungen und nahm, grob gesagt, drei Hauptformen an: Humanismus, Protestantismus und Mystizismus. Die katholische Kultur erzeugte drei entsprechende Hauptströmungen, von denen sich jede auf den assimilatorischen Kampf mit einer dieser drei Bedrohungen konzentrierte: Jesuitismus, Jansenismus und orthodoxe spanische und französische Mystik. Man braucht nicht zu betonen, daß es sich um keine bewußte Verteilung der Aufgaben unter verschiedenen Gruppen, wie in der Armee, handelte; es waren spontane Initiativen, die unabhängig voneinander in der Kirche entstanden. Diese drei Kräfte der Gegenreformation lebten natürlicherweise nicht konfliktlos miteinander, da in jeder die Ansteckung mit den Ideen eines anderen Feindes vorlag. Keiner von denen, die als Urheber dieser Bewegungen gelten, konnte seine historische Rolle ohne große Schwierigkeiten und Verfolgungen spielen. Die Ideen, die sie in Bewegung setzten, blieben selbstverständlich in den folgenden Generationen nicht unverändert, und in allen drei Fällen wurden diese Ideen in ihren späteren Formen Opfer der offiziellen päpstlichen Verdammung, wenn auch die Schärfe solcher Verurteilung nicht immer dieselbe war (ich denke hier an zwei anti-jansenistische Bullen, an das anti-jesuitische Dekret Innozenz XI. und seine anti-quietistische Bulle). Es kommt hier nicht darauf an, die Geschichte der Konflikte, die sich über eine sehr lange Zeit erstreckt, zu verfolgen, sondern die allgemeine Ähnlichkeit der ideologischen Prozesse in den späteren Phasen der Bewegungen zu zeigen. Die Anfangsformen sowohl des Jesuitismus wie des Jansenismus unterscheiden sich bekanntlich von ihren späteren Stereotypen. In der ersten und auch der zweiten Generation der Jesuiten findet man mystische Neigungen, die später unter äußerem Druck fast verschwinden. Auch an den Quellen des Jansenismus, bei Saint-Cyran, beobachten wir starke mystische Neigungen, die im Jansenismus der vierziger und fünfziger Jahre schon verschwunden sind.

Mein erstes Beispiel ist der spanische Illuminismus (die Bewegung der Alumbrados). Auf der iberischen Halbinsel war er, so darf man nach dem bekannten Forscher der Bewegung, Marcel Bataillon, sagen, ein Ersatz des Protestantismus, der in dem Sinne mit der klassischen Reformation verwandt war, daß er wie diese den echten, »innerlichen« Glauben wiederzuerleben forderte. Der Illuminismus wollte auch zu dem ursprünglichen paulinischen Begriff von *pistis*, die vielmehr Vertrauen als »Glauben« im Sinne einer Überzeugung hieß, zurückzukehren. Damit zeichnete er sich durch dieselbe Geringschätzung der »zeremoniellen«, liturgischen Seite des religiösen Lebens und der »Werke« im pejorativen lutherischen Sinne aus. Er war andererseits von der protestantischen Bewegung dadurch verschieden, daß er auf den experimentalen, unmittelbaren Verkehr mit Gott Nachdruck legte, die in der frühen Phase Luthers eine Rolle spielte, später aber an Bedeutung verlor. Nach Bataillon darf Alcazars Aussage, die diese Hoffnung ausdrückte – »Liebe zum Gott im Menschen *ist* Gott« –, als die konstitutive Formel des spanischen Illuminismus gelten. Darum konzentrierte im Kontrast zur lutheranischen Religiosität der Illuminismus die religiösen Werte nicht um die Idee der verdorbenen Natur und der Erbsünde, sondern um die Hoffnung auf *theosis*, auf Vergöttlichung des Menschen, die die Zerstörung jeder Anhänglichkeit an die Welt der endlichen Dinge in der Seele voraussetzte. Geringachtung der »äußeren« Religiosität, eine Art ikonoklastischer Ideologie, mangelndes Interesse an Sakramenten und organisierter Gesellschaft, dies alles war natürlich Folge derselben Einstellung.

Dies war die erste, die »offensive« Phase des Prozesses. Die zweite Phase nahm die Form einer Gegenreformation an, die spezifisch gegen diese Reformtendenz gerichtet war: der katholische spanische Mystizismus, der später durch die Karmeliter und Oratorianer nach Frankreich übertragen wurde. Wir sprechen hier nur über seine Funktion in der Kirchengeschichte, ohne natürlich dadurch seinen geistlichen Wert in Frage zu stellen. Kirchengeschichtlich war es ein Versuch, die Häresie sich auf eine

Weise anzueignen, daß ihre wesentlichen geistigen Inhalte übernommen und ihre gefährlichen Seiten begrenzt werden. Die mystische Religiosität sollte streng innerhalb der geschlossenen Welt der kontemplativen Kloster gehalten werden. Der orthodoxe Mystizismus nahm die schon kirchlich verurteilten mystischen oder erasmischen Formeln – wie die Formel von der Identität des Glaubens und der Liebe – nicht an, übernahm jedoch deren wirklichen Gehalt. Er erkannte an, daß der Glaube ausreiche, um mit Gott vereinigt zu sein, und dies setzte voraus, daß der Glaube nicht dem Bereich der Überzeugung angehöre, sondern eine völlige geistige Umwandlung des Menschen darstelle. Auch sei der Glaube eine übernatürliche Gabe und eine Bedingung der mystischen Liebe. In dieser mystischen Strömung leitet zwar der Antagonismus zwischen Natur und Gnade – die Eigentümlichkeit der reformierten Theologie – nicht zu den verurteilten protestantischen Lehren, weder zur Formel *sola fide impius iustificatur* noch zur Doktrin der doppelten Prädestination. Und doch wird in ihr die Kraft der Hauptidee, die der Reformation ihre geistige Dynamik verliehen hatte, aufbewahrt: wir sollen jede »natürliche« Unterstützung auf dem Wege der Erlösung wegwerfen, wir sollen auf unsere eigenen Fähigkeiten und Kräfte verzichten; denn die Forderung der »Verinnerlichung« des religiösen Lebens setzt voraus, daß wir uns völlig auf Gottes Hilfe verlassen und nur auf göttliches Wirken in unseren Seelen rechnen.

Diese Strömung der Gegenreformation lebte und blühte, trotz Widerstand, einige Jahrzehnte und gab der Kirche einige hervorragende Geister. Sie kam gewaltsam zu Ende, als sie die Klostermauern überschritten hatte und zu einer Bewegung der Laien geworden war, von Laien, die eine von äußerer Disziplin völlig befreite Religiosität suchten; diese Bewegung, der Quietismus, stellt die dritte Entwicklungsphase dar. Wenn wir die sexuelle Seite des Quietismus beiseite lassen, bemerken wir, daß manche wichtige Formel, deretwegen die Quietisten verdammt worden sind, in der Überlieferung der orthodoxen Mystik aufzufinden ist. Der Quietismus wurde nicht seiner Doktrin wegen verurteilt, sondern weil er den Versuch einer mystischen Religiosität darstellte, die aus den organisatorischen Grenzen, in denen sie unschädlich geblieben war, ausbrach und nach Universalisierung trachtete. Die Verurteilung des Quietismus hat ein wichtiges Kapitel in der katholischen Geistesgeschichte abgeschlossen und paralysierte auf lange Zeit die mystischen Tendenzen innerhalb des Katholizismus. So hat sich die Gegenreformation als eine Quelle der Häresie erwiesen.

Das Geschick des Jansenismus weist dasselbe dynamische Schema mit verschiedenem doktrinalen Inhalt auf. Der reife Jansenismus hatte schon die mystischen Neigungen verloren. Er war ein Versuch der gegenreformatorischen Aneignung der kalvinistischen Werte in der Epoche, in der der ursprüngliche Bund der Mystik mit der Reformation schon längst vorüber war, eine Allianz, die in Frankreich nur für die Anfangsphase der Reformation charakteristisch war. Für Nicole zum Beispiel war der Genuß der mystischen Ekstase nur eine irreführende Geistesbesänftigung, wo die Teufelshand oft gespürt werden konnte. Der Zentralpunkt der jansenistischen Religiosität läßt sich von der Doktrin her in dem Gedanken ausdrücken, daß die verdorbene Natur den Menschen nicht zu Gott führen könne. Pascal sagt, daß man aus allen Körpern und allen Seelen zusammen keine einzige Bewegung der Liebe herausziehen könne; die Liebe ist übernatürlich, kommt von der anderen Ordnung. Daß die verdorbene Natur unfähig ist, den Menschen zu Gott zu leiten, ist ein echt protestantischer Gedanke; er kann aber in verschiedene Richtungen entfaltet werden und verschiedene Gestalten annehmen. Nach Luthers Tod ging er mindestens in zwei Richtungen auseinander. Die mystische Strömung in der Reformation war eine der möglichen Deutungen; die extreme Form dieser Strömung forderte die Notwendigkeit einer völligen Zerstörung aller natürlichen Kräfte und die vollkommene Passivität, sie betrachtete sogar die menschliche Individualität selber als eine Art der Seinspathologie. Der eigentliche Jansenismus hingegen ist eine ganz andere Variante derselben Idee – keine mystische, sondern eine existentielle. Die jansenistische Bewegung versuchte theologisch, in der Kirche und innerhalb ihrer dogmatischen Grenzen eine Art Religiosität einzupropfen, die uns zu glauben verbietet, daß die göttliche Gnade unsere Natur einfach veredelt oder emporhebt, daß sie unsere natürlichen Energien und Triebe zur Erlösung lenkt, sie auf den guten Weg richtet usw. Das Wirken der Gnade vergewaltigt vielmehr die natürlichen Kräfte und natürlichen Begehren, diese Vergewaltigung aber mündet nicht in eine mystische Kenosis, in die Zerstörung der Individualität. Sie bezweckt im Gegenteil die Erlösung der Individualität, und diese Erlösung setzt eine intensiv erlebte Erfahrung der eigenen Sündhaftigkeit voraus. Die mystische Religiosität kümmert sich kaum um Skrupel, Gewissensbisse, Bedauern; sie löst das ganze religiöse Leben in einem undifferenzierten Akt auf, womit sich die Seele völlig auf den göttlichen Willen verläßt. Die jansenistische Frömmigkeit sammelt dagegen alle religiösen Werte um die Idee der Erbsünde und der menschlichen Verkommenheit und weigert sich – im Unterschied zum jesuitischen Christentum –, an die automatische Wirksamkeit der liturgischen Werke zu glauben. Darauf hat Arnaulds *Fréquente Communion,* eine Art ideologischen Manifests des Jansenismus, Nachdruck gelegt. Dieselbe Tendenz ist auch in dem zu bemerken, was die Historiker »Kontritionismus« nennen, das heißt in der Weigerung oder zumindest im Widerwillen, den Unterschied zwischen »*attritio*« und »*contritio*« als zwischen zwei ungleichen, aber wertvollen Formen der Reue anzunehmen. Die erste bedeutete eine unvollkommene, durch Furcht oder Scham motivierte Reue, die zweite eine vollkommene, durch die reine Liebe zu Gott und durch das Bedauern, Gott beleidigt zu haben, erregte Reue. Nun sollen servile Motivierungen im religiösen Leben als für moralische Verbesserung wertlos weggeworfen werden (ein Thema, das wir schon bei Luther finden). Dieselbe Einstellung schloß auch das Mißtrauen der Jansenisten gegen die Scholastik und die Anwendung der rationalen Mittel zur Unterstützung des Glaubens (kosmologische Gottesbeweise) ein. Im allgemeinen war der Nachdruck auf die Unterscheidung zwischen Glauben und Wissen ein besonderer Fall ihres Mißtrauens gegen »natürliche« Kräfte im Streben nach religiösen Werten. Der Jansenismus war eine Art der Gegenreformation, die wichtige Komponenten des kalvinistischen Glaubens in die katholische Religiosität zu übernehmen und zu integrieren versuchte, und zwar jene, die dem Kalvinismus seine Kraft gaben. Er wollte damit die französische »Intelligenz«, d. h. vor allem die Juristen und den niederen säkularisierten Klerus, erreichen. Seine Komponenten waren der Abscheu gegen die »billige Frömmigkeit«, ein religiöses Leben, das durch Pflicht und Disziplin beherrscht war, die anti-scholastische Haltung, die Weigerung, mit natürlichen Begierden, mit dem Instinkt zu paktieren, der Geist der Ernsthaftigkeit. Daß der Jansenismus verurteilt wurde, lag trotz der Behauptungen seiner Apologeten nicht nur an jesuitischen Intrigen, einem Komplott oder an der Politik der Krone, sondern auch an seinen gefährlichen Tendenzen für die Kirche. Ihm fehlte jede Elastizität, und er besaß einen Rigorismus, der keinen Platz für Ausnahmen und Milderungen zuließ. Er war ein Katholizismus für die geistige Elite. Er konnte weder zur herrschenden Form der Religiosität werden, außer wenn man die Kirche in eine Sekte der Heiligen hätte umwandeln wollen, noch konnte er wie der Mystizismus in Klöster eingeschlossen werden, da er nie eine Bewegung des regulären Klerus war. Und wenn es auch wahr ist, daß gewisse jansenistische Formeln später durch Leute, die mit der Bewegung nichts zu tun gehabt hatten, übernommen worden sind, darunter sogar Jesuiten, mußte die grundsätzliche Verurteilung doch gültig bleiben.

Die dritte wichtige Form der Gegenreformation des 17. Jahrhunderts ist der Jesuitismus. Er darf, mindestens in der entwikkelten Form, als ein Assimilationsversuch zum säkularistischen Humanismus betrachtet werden. (Es gibt auch die Meinung, daß er seine Karikatur war; den Jesuitismus jedoch nur durch Pascals *Provinciales* zu kennen, heißt, ihn gar nicht oder sehr einseitig zu kennen.) Der Jesuitismus darf sogar die Gegenreformation par excellence genannt werden, da er eine gut kodifizierte Technik und die klar formulierten Regeln der gegenreformatorischen Aktivität besaß. Diese Regeln empfahlen u. a., daß der Beichtvater oder der geistige Berater die Unterstützungspunkte in den existierenden psychologischen und sozialen Bedingungen ausfinden und sie auf eine Weise lenken sollte, daß die fertigen, »gegebenen« menschlichen Energien und alle natürlichen Kräfte zum Besten des Christentums, der Erlösung und der Kirche ausgebeutet, anstatt vergewaltigt oder zerstört wurden. Natürlich setzte die Technik voraus, daß die »Natur«, richtig gelenkt, ein mögliches Reservoir des Guten ist. Der berühmte Streit um den »chinesischen Ritus«, um die Praktiken der jesuitischen Missionare in China, ist ein besonders auffallendes Beispiel dafür, man kann aber kaum eine Form spezifisch jesuitischer Aktivität finden, wo dieselbe Technik nicht angewandt worden wäre. Die Regel der Flexibilität beherrschte dieses Werk; sie schloß ein, daß aus aller Art an menschlichen »natürlichen« Kräften und Begierden etwas für die Sache Gottes, der Kirche und des Sünders herausgezogen werden könne. »Etiam errores prosunt at sanitatem«, sagte Ignatius. Der Jesuitismus enthielt eine prinzipielle Zustimmung zur Verschiedenheit der Lebensformen und der Religiosität. Ignatius schrieb, es sei eine sehr gefährliche Sache, alle Leute zu zwingen, demselben Weg zur Vollkommenheit zu folgen; wer dies tut, versteht nicht, wie verschieden und wie zahlreich die Gaben des Heiligen Geistes sind.

Der Reformation gegenüber stand der weltliche Humanismus auf dem entgegengesetzten Pol in der Schlüsselfrage: wie weit dürfen wir der menschlichen Natur und den natürlichen Fähigkeiten (die Macht der Vernunft eingeschlossen) vertrauen? Der entwickelte Jesuitismus war ein Versuch, so weit wie möglich die humanistische Rehabilitierung der Natur innerhalb des nachtridentinischen Katholizismus einzugliedern. Als eine Variante der Gegenreformation war er in folgendem Sinne »einfacher«: Wenn wir den theologischen Hauptantagonismus zwischen der katholischen und der kalvinistischen Religiosität dychotomisch auf die Kernfrage – für oder gegen die unwiderstehliche Gnade – zurückführen, dann bemerken wir, daß der Jesuitismus naturgemäß katholisch war, während der Jansenismus zu vielen Winkelzügen und Zweideutigkeiten Zuflucht nehmen mußte, um innerhalb der katholischen Orthodoxie zu bleiben. Erasmus' Hauptleistung – die Anerkennung der natürlichen Güte der Natur und das Prinzip der Rechtfertigung durch den Glauben gleichzeitig zu behalten – ist letztlich mißlungen. Die beiden Ideen haben sich dramatisch in die einseitigen, einander streng entgegengesetzten Tendenzen entzweit, und Jesuitismus und Kalvinismus erweisen sich als zwei extreme Formen dieser Zerteilung. Der christliche Humanismus im erasmianischen Sinne, der diese beiden Ideen versöhnen wollte, hat im 17. Jahrhundert in der katholischen Kirche praktisch aufgehört zu existieren. Der Glaube, daß die natürlichen Kräfte auf eine Weise gebraucht werden können, die dem Menschen auf dem Wege zur Erlösung hilft, wurde bei den Jesuiten zur

Quelle ihres Vertrauens an die Zuverlässigkeit der rationalen Argumente in religiösen Fragen als auch ihrer Offenheit und Zustimmung zur Vielheit der Formen und zur Ausdrucksverschiedenheit im religiösen Leben. Es hat sich jedoch auch in diesem Fall herausgestellt, daß die Grenzen, innerhalb derer diese Flexibilität für die Kirche annehmbar war, überschritten wurden; die offizielle Verurteilung der jesuitischen »Laxisten« war eine Reaktion gegen die wirkliche Gefahr. Der Jesuitismus hat nichtsdestoweniger seine gegenreformatorische Handlungsfähigkeit bis heute beibehalten. Die Spekulation ist plausibel, daß die Kirche größere Erfolge im missionarischen Werk erreicht hätte, wenn sie den Jesuiten mehr Freiheit in ihren Evangelisierungsmethoden gegeben hätte; vielleicht hätte sie auch weniger Verluste am Anfang des 20. Jahrhunderts hinnehmen müssen, wenn sie im Anti-Modernist-Streit die jesuitische Linie anstatt der absoluten Starrheit Pius' X. gewählt hätte.

Ich gebrauche Beispiele, um den Begriff klarer zu machen. Es ist wahr, daß fast alle wichtigen philosophischen oder religiösen Initiativen früher oder später gewisse katholische Aneignungsversuche provozierten, die sich aber aus verschiedenen Gründen nicht immer erfolgreich erwiesen. Von den protestantischen Übersetzungen angeregt, übersetzten katholische Schriftsteller die Bibel und verfaßten dichterische Psalmenparaphrasen; von der libertinen Literatur stimuliert, schrieben sie katholische moralisierende Romane. Der von Malebranche und seiner Schule unternommene Versuch, die kartesianische Philosophie katholisch zu assimilieren, endete mit einer Niederlage mindestens in dem Sinne, daß der Haupteinfluß des Kartesianismus sicher als anti-christlich beurteilt werden muß. Dasselbe darf von der in Huets Werken sichtbaren Leistung, den Skeptizismus katholisch zu zähmen, gesagt werden. Das Bedürfnis, neue Strömungen zu assimilieren, die in der Philosophie, ja auf allen Kulturgebieten, außerhalb der Kirche oder sogar gegen die Kirche entstehen, ist permanent, und die Fähigkeit der Kirche, solche Aneignung durchzuführen, ist für ihr Leben entscheidend. Die Kirche mußte enorme Verluste dadurch hinnehmen, daß sie sich so lange als unfähig erwies, sich die Resultate der modernen Wissenschaft anzueignen, und daß sie so spät die dringenden sozialen Fragen im 19. Jahrhundert aufgegriffen und beantwortet hat. Immerfort bemerken wir, daß in unserem Jahrhundert die gegenreformatorischen Versuche im unaufhörlichen Konflikt mit den Kräften der Reaktion erscheinen. Pius X. war ein typischer Papst der Reaktion, Johannes XXIII. ein typischer Papst der Gegenreformation. Die Politik Pius X. erlaubte der Kirche, eine gewisse Zeit den Schein der erzwungenen Einheit aufrechtzuerhalten. Da sie aber die intellektuellen Eliten von sich abstieß und sich selbst der Werkzeuge des geistigen Einflusses beraubte, hat sie riesige Schäden erlitten. Die unter Johannes XXIII. initiierte Gegenreformation hat eine gewisse Wiedergeburt der Vitalität des Katholizismus in unserer Kultur erzeugt – mit der mehr und mehr offensichtlichen Gefahr, daß besondere Elemente dieser Bewegung sich der Kontrolle entziehen und die Einheit der Kirche bedrohen. Man darf natürlich der Meinung sein, daß diese Gefahr, wie bedeutend auch immer, kleiner ist, wenn man sie mit der umgekehrten Gefahr der totalen Starre vergleicht; die letzte könnte zu der Lage führen, daß die Kirche zu einer geschlossenen Enklave in der Zivilisation herabsinkt, die das Christentum weder versteht noch verstehen will. Beide Bedrohungen lauern stets auf das Christentum, seit es die Position verlor, ideologische Kriterien auf allen Kulturgebieten vorzuschreiben. Niemand kann berechnen, welche Bedrohung im gegebenen Moment größer ist. Es gibt auch keine allgemeingültige Formel, die es dem Christentum ermöglicht, das Band zwischen dem Glauben des einfachen Volks und den Intellektuellen zu erhalten (dieses Band war, wie Gramsci richtig bemerkte, die entscheidende Kraft der katholischen Kirche). In unserem Jahrhundert unternahm die katholische Kultur, freilich mit bedeutender Verspätung, große Anstrengungen, wichtige kulturelle Erscheinungen, die außer ihr entstanden sind, sich zu eigen zu machen: die Lebensphilosophie und die Evolutionstheorie, sozialistische Ideen, Existenzphilosophie. Es gibt sogar so etwas wie eine paradoxale christliche Rezeption des Positivismus; sie kommt im Aufgeben der Scholastik und der realistischen Metaphysik und in einer Deutung der Religion, die den Glauben vom Wissen radikal absondert, zum Ausdruck. Dieses Paradox erscheint nicht zum erstenmal in der Geschichte des Christentums; eine Weltauffassung, die den wissenschaftlichen Phänomenalismus mit dem prinzipiell als irrational angesehenen Glauben verbindet, finden wir schon im 17. Jahrhundert, z. B. bei Mersenne. Eine ähnliche Kombination erschien auch später in den Situationen, wo die christlichen Philosophen dem unüberwindlichen Wachsen des Rationalismus entgegengehen mußten und sich gezwungen sahen, einige seiner Erfolge als unwiderruflich anzuerkennen. David Humes Positivismus und die Weise, wie er Glauben und Wissen trennte, war für den vorromantischen Mystiker Hamann die Quelle der philosophischen Inspiration, und von ihm ging diese Entgegensetzung von Christentum und Vernunft bis zu Kierkegaard weiter. Selbstverständlich waren die Optionen verschieden, das Prinzip der Absonderung aber war dasselbe.

Der katholische Modernismus selber war eine Form der Gegenreformation. Er strebte danach, das Ganze der modernen Wissenschaft und der industriellen Zivilisation innerhalb des Christentums anzunehmen, indem er den Glauben zu seiner irrationalen persönlichen und subjektiven Form zurückführen wollte. Die Zerstörung des Modernismus auf so rücksichtslose Weise fügte der Kirche bedeutenden Schaden zu. Die modernistischen Ideen aber, wenn auch nicht genau in den Formeln, wie sie in der Enzyklika *Pascendi* verurteilt worden sind, haben sich als sehr lebensfähig und hartnäckig erwiesen. Sie kehren heute in verschiedenen Versionen wieder und sollen einer Erneuerung des Christentums dienen. Sie erscheinen als Versuche, das Christentum zu befähigen, auf die riesigen Probleme unserer Kultur zu antworten. Wie weit diese Versuche sich als erfolgreich herausstellen werden, können wir nicht wissen. Beide Reaktionsweisen – zerstörender Widerstand und gegenreformatorische Aneignung – erzeugen ihre eigenen Gefahren. Man kann Zeichen beobachten, daß die Gefahr der zu weit fortgetriebenen Aneignungsversuche im Katholizismus mehr und mehr gefühlt wird, was vielleicht das sich immer bewegende Pendel nach der anderen Seite schwingen läßt.

Spinoza: Selbstmord- oder Selbsterhaltungsmetaphysik?

Mein Hauptgedanke ist im Titel enthalten. Ich glaube, daß Spinozas Moralphilosophie auf zwei sich gegeneinander abgrenzenden Prinzipien aufgebaut ist: der moralischen Bejahung der Individualität oder dem Selbsterhaltungsprinzip und einer Tendenz, die auf ihre Zerstörung oder metaphysische und moralische Entwirklichung abzielt. In bezug auf die spinozistische Weltauffassung ist dieser Widerspruch nicht zufällig. Er wurzelt in den zwei zusammenstoßenden Tendenzen seiner Seinslehre. Er darf auch als Konflikt zwischen Ontologie und Physik gedeutet werden. Er läßt sich – in bezug auf historische Quellen – auf den Widerspruch zwischen der neuplatonischen Theorie des Absoluten und der kartesianischen Naturphilosophie zurückführen. Wenn ich hier auch diese Interpretation durch keine detaillierte Textanalyse begründen kann, ist mein Standpunkt sicher für alle, die mit dieser Philosophie vertraut sind, vollkommen verständlich.

Spinozas Metaphysik soll als Fortsetzung einer Strömung gelten, der in der europäischen Philosophie Parmenides den ersten Anstoß gegeben hat. Wenn wir an die religionsphilosophische Theorie von Mircea Eliade glauben dürfen, nach der jede religiöse Tätigkeit sich endgültig auf den Versuch, die Zeit unbeweglich zu machen oder das zeitlose Sein zu ergreifen, zurückführen läßt, dann darf auch diese Metaphysik als eine Fortsetzung dessen betrachtet werden, was im Herzen der religiösen Erfahrung schon immer stand. Sie versuchte in abstrakten Begriffen etwas auszudrücken, was einst in der mythologischen Erzählung und in den anschaulichen Symbolen ausgedrückt wurde, und sie kann es, wie es scheint, nicht ohne Widersprüche erledigen.

Was in der Fundamentalidee dieser, bis auf Parmenides zurückgreifenden, Metaphysik vorausgesetzt wurde, war nicht nur der Glaube, daß wir vernünftig von einem zeitlosen – im Unterschied von einem immerdauernden – Sein reden können. Sie setzte überdies voraus, daß »zu sein« im eigentlichen Sinne soviel wie »zeitlos zu sein« heißt oder, um dasselbe auf umgekehrte Weise auszusagen, daß »in der Zeit zu sein« so gut wie »nicht zu sein« heißt. Daß das absolute Sein zeitlos (und nicht immer dauernd) bleibt, ist definitionsmäßig wahr, da zu seiner Absolutheit notwendigerweise auch seine vollkommene Aktualität gehört; es gibt in ihm folglich keinen Unterschied zwischen *potentia* und *actus*. Ein zeitliches Seiendes dagegen, wenn es sogar ewig (im Sinne von immer dauernd) wäre, müßte doch sein Verhältnis zu sich selbst mit Hilfe des Gedächtnisses oder der Vorwegnahme vermitteln, und folglich könnte es kein »totum simul«, könnte es keine reine Aktualität sein.

Und hier liegt die Schwierigkeit: Falls das zeitlose Sein wirklich ist, ist es überhaupt möglich, daß es nicht auch das *einzige* Sein sei? Ist es nicht so, daß unter der Annahme seines Bestehens alles partikulär Seiende (und das heißt: alle begrenzten, zeitlichen Wesen) in einem nebelhaften Sinn irreal oder eine Täuschung ist? Dann erhebt sich aber sofort die natürliche Frage: wessen Täuschung? Des Absoluten selber? Es kann doch keine Täuschungen hegen. Sind sie also ihre eigene Täuschung? Sie müssen doch *sein,* um den Täuschungen zum Opfer zu fallen. Und so kehren wir zu der scheinbar widersinnigen, lächerlichen und schwindelerregenden Frage des armen Arztes von Anton Tschechows *Drei Schwestern* zurück: »Vielleicht existieren wir überhaupt nicht, vielleicht scheint es uns nur, daß wir existieren?« – eine Frage, der wir im Rahmen der normalen logischen Disziplin keinen klaren Sinn zu geben imstande sind, die aber psychologisch, empathisch verständlich ist.

Dieselbe Zweideutigkeit entsteht auch auf dem Boden der christlichen Philosophie, falls man ihr eine vollkommene Konsequenz geben will. Daß »Deus est quodammodo omnia«, daß Gott auf eine gewisse Weise alles ist, wird in dieser Philosophie angenommen; der Ausdruck kommt von Thomas von Aquin. Wenn wir aber weiterzudringen versuchen und wenn wir »quo modo?«, auf welche Weise? fragen, kommen wir leicht zu dem Schluß, den Meister Eckhart ausgesagt hat: Gott und Sein sind dasselbe, folglich sind alle Geschöpfe nichts, und zwar nicht etwas Unbedeutendes oder überhaupt etwas, sondern das reine Nichts, *purum nihil* (die Formel, die bekanntlich von Papst Johannes XXII., 1329 als der Ketzerei verdächtig, frech und schlecht klingend verurteilt wurde). Es folgt überdies daraus – da die gesamte in der Welt wirkende Energie göttlicher Herkunft ist –, daß auch das Böse von Gott stammt, oder vielleicht, daß der Unterschied zwischen dem Guten und dem Bösen keine Begründung im Sein hat. Diese philosophische Zerstörung der zufälligen Wesen, das heißt der gesamten Geschöpfe, schließt auch die Zerstörung der menschlichen Subjektivität ein. Damit aber kann die ganze Vielfältigkeit der Welt der geschaffenen Dinge nicht sogar als Täuschung bezeichnet werden und wird völlig unbegreifbar. Es gibt keine Lösung, außer vielleicht die Zustimmung zum Widerspruch, das heißt außer dem Anerkennen, daß unsere Logik auf die Erwägungen über das unendliche Sein unanwendbar ist, und zwar deshalb, weil unsere Sprache auf diesem Gebiet keine Genauigkeit erreichen kann, und wenn sie nicht genau ist, verfällt sie verhängnisvoll in Widersprüche. Es kommt aber nur selten vor, daß Philosophen diesen letzten Schluß ausdrücklich anzunehmen wagen, wie es Cusanus getan hat.

Dies ist die Kernfrage des Neuplatonismus: Was für einen ontologischen Status kann der Welt der endlichen Dinge (alle Subjektivität eingeschlossen) gegeben werden unter der Voraussetzung, daß *zu sein* soviel heißt wie *unendlich zu sein* und daß es uns erlaubt ist, den Begriff der aktuellen, der erfüllten Unendlichkeit zu benutzen? Und das ist auch *die* Frage Spinozas par excellence: eine Frage, die er nie gelöst hat, wobei er sich dessen bewußt war, daß er sie nicht gelöst hat. Er mußte freilich nicht auf die hoffnungslose Frage antworten, was eine unendliche Subjektivität wäre, da es für ihn keine gab. Er stellt aber an ihren Platz eine andere, genau so hoffnungslose Frage: Was ist das Attribut des Denkens, das keine Subjektivität ist und das dem absoluten Sinn zugeschrieben wird?

Nun ist bei Spinoza diese, von Hegel in bezug auf Spinoza »Akosmismus« benannte, Tendenz, die geschaffene Welt zu entwirklichen, äußerst stark. Wir spüren hier, in der »Ethik«, eine unwiderlegbare Konsequenz, der jedoch ein umgekehrter Gedankengang entgegentritt. Zu sagen, daß die Welt Gott ist, bemerkte Thomas Hobbes, läuft auf das gleiche hinaus, wie zu sagen, daß es keinen Gott gibt. Man könnte aber vielleicht den umgekehrten Anspruch erheben: so zu sagen heißt, daß es keine Welt gibt. Was kann dies aber eigentlich bedeuten?

Daß es bei Spinoza keinen logischen Übergang von der Substanz bis zur Welt der *modi* (unendliche *modi* eingeschlossen) gibt, erscheint in der Architektonik seiner Metaphysik als Konsequenz seines Beweisstils, nämlich des ontologischen Gottesbeweises. Dieser Beweis ist dasselbe wie der Lehrsatz, daß die Existenz in einer analytischen Wahrheit festgestellt werden kann und tatsächlich wird (in diesem einzigen Fall des absoluten Seins). Der ontologische Beweis ist nichts weniger als ein Satz, der gleichzeitig existentiell und analytisch sei: eine Verbindung, die sowohl für Kant als auch für die ganze empiristische Philosophie logisch unmöglich ist. Nun setzt bei Spinoza dieser Beweis nicht nur eine logisch unwiderlegbare Notwendigkeit des Seins der Substanz fest, sondern auch die Tatsache, daß es nur eine einzige Substanz geben kann. Der Grund dafür ist, daß durch sich selbst zu sein, »per se esse«, dem »per se concipi posse« (durch sich selbst begriffen werden zu können) gleicht – eine Gleichung, die der charakteristisch spinozistischen Identifizierung der ontischen und der logischen Ordnung folgt. Auf der anderen Seite heißt nur durch sich selbst begriffen werden zu können, »per se solum concipi posse«, soviel wie durch keine anderen Begriffe bestimmbar zu sein. Es scheint, daß diese Voraussetzung besagt, daß Gott als *das* bestimmt wird, was nicht bestimmt werden kann (also eine Antinomie, die der von Poincaré hervorgehobenen Antinomie analog ist: der Antinomie der kleinsten Zahl, die keinesfalls mit Hilfe von weniger als hundert Worten definiert werden kann).

Dieser Beweis setzt, um gültig zu sein, den alten nominalistischen Gedanken voraus, nach dem das Attribut mit der Substanz (und überhaupt jede Eigenschaft mit dem Ding, dem sie gehört) identisch ist, das heißt, keinen besonderen ontologischen Status hat. Es ist aber gleichzeitig vorausgesetzt, daß der Unterschied der Attribute keine *distinctio rationis*, kein nur vernunftmäßiger Unterschied ist, da man in diesem letzten Fall annehmen müßte, daß jedes Attribut, um wirklich zu sein, die Existenz der menschlichen Vernunft, also eines *modus*, verlangt; das letzte ist aber unmöglich; darum scheint mir die Deutung, die dem Spinoza in diesem Punkte die Lehre von Maimonides zuschreibt, unhaltbar. Diese Verneinung des ontischen Unterschiedes zwischen der Substanz und den Attributen ermöglicht es Spinoza, zu argumentieren, daß ein mit unendlich vielen Attributen ausgestattetes Sein nur ein einziges sein könne, andernfalls gäbe es mehrere Wesen, die dieselben Attribute teilen, müßten diese Wesen aber, kraft derselben Identifizierung, auch identisch sein. Daß es unendlich viele Attribute geben müsse, ist uns dank dem Begriff des vollkommensten Seins bekannt. Daß wir von jenen nur zwei kennen, soll (wie es Spinoza in einem Brief an Schuler erklärt) daraus folgen, daß sich unsere Denkfähigkeit nur darauf erstreckt, was in der Idee des Körpers enthalten ist, und diese Idee nur zwei Attribute begreift. Diese Erklärung scheint aber der sonst explizit ausgesagten Behauptung entgegenzustehen, nach der die Ursache aller Dinge Gott als das von unendlich vielen Attributen zusammengesetzte Wesen ist.

Wenn wir schon wissen, daß jedes endliche Ding an beiden Attributen teilhat, das heißt, daß alles, was ist, zugleich Körper und Idee ist, ohne aufzuhören, dasselbe Ding zu sein, und daß dabei diese zwei Aspekte jedes Dinges völlig unabhängig bleiben, wissen wir weder, worin diese Teilhabe besteht, noch auf welche Weise es möglich ist, daß endliche Dinge irgendeinen eigenen Seinsstatus haben. Wir wissen zwar, daß jede Erkenntnis, die die Gewißheit bringt – also die einzige, die verdient, ausgeübt zu werden –, *von Gott* zu den Dingen schreitet und nicht umgekehrt, daß also Gott keineswegs aus seinen Wirkungen erkannt werden könne, oder – was das Gegenstück desselben ausmacht – daß die Dinge ohne Gott nicht erkannt werden können. Spinoza nimmt das Prinzip an, das einst Descartes in Antwort auf Gassendis Einwände vorbrachte, das aber bei Descartes keine große Bedeutung hat, wohl aber in der früheren pantheistischen Tradition (z. B. bei Eriugena) bekannt war: das Prinzip, wonach das unendliche Sein kein negativer Begriff, kein Mangel an der Grenze sei (wie es z. B. Hobbes behauptete, der deshalb diesen Begriff als wesenhaft unverständlich erklärte), sondern im Gegenteil eine Bejahung, ein *positivum* darstellte; jede Begrenzung erscheint gerade als Negation des Unendlichen, nicht umgekehrt. So steht es bei Spinoza mit den Dingen in ihrem Verhältnis zu Gott. Auf den ersten Blick ist aber gar nicht klar, was es bedeutet, daß die Dinge Modifikationen der einzigen Substanz, d. h. ihre Begrenzungen (*determinationes* bei Spinoza oder *limitationes* bei Descartes) sind. Gewiß hat dieser Begriff der Begrenzung, wie alle Kategorien der Metaphysik Spinozas, einen sowohl räumlichen wie logischen Sinn, aber sogar der räumliche Sinn ist nicht offensichtlich. Es ist nicht klar, was der Gedanke besagt, daß die Dinge nicht einfach begrenzt sind, sondern als Begrenzungen der unendlichen Substanz definiert werden sollen. Es ist klar, daß für Spinoza Dinge keine *Teile* der Substanz sind; Substanz ist keine Sammlung von Dingen, sie ist unteilbar; die Dinge sollen als Teile des unendlichen *modus* gelten, der letzte aber gehört, wie wir sonst wissen, der *natura naturata* zu. Die ausgedehnte, die körperliche Substanz ist ebensowenig aus Teilen zusammengesetzt, wie eine Linie aus den ausdehnungslosen Punkten zusammengesetzt ist. Auch ist sie keine *materia prima*, da in ihr keine Potentialität besteht, da sie reine Aktualität ist. Sie ist ein unteilbares und zeitloses Ganzes, ein Individuum. In ihr Teile zu unterscheiden, d. h. besondere Dinge in der Erkenntnis zu ergreifen, ist die Aufgabe der empirischen Anschauung, die aber gerade ein Resultat der Abstraktion ist. Das abstrakte Wissen, das darin besteht, Dinge als begrenzt und abgesondert zu betrachten, ist wohl für praktische Zwecke unentbehrlich, sonst aber wesentlich entstellende Weise des Erkennens.

Diese Doktrin war besonders den Angriffen der Rationalisten als widersinnig ausgesetzt. Seit Pierre Bayle konzentrierte sich die rationalistische Kritik auf diesen Punkt: Es folgt doch daraus, schrieb Bayle, daß alle Dinge wesentlich dasselbe sind, daß dieselbe Substanz ein Substratum der Inhärenz der sich widersprechenden und unvereinbaren Eigenschaften ist, und zwar in ihren beiden Attributen: dasselbe Ding ist gleichzeitig rund und quadratisch, derselbe Gott als Henker tötet sich selbst als Opfer, und derselbe Gott, modifiziert in der deutschen Armee, macht sich selbst in Form der türkischen Armee nieder. Jede Verschiedenheit der Dinge wird aufgehoben, das Widerspruchsprinzip wird als ungültig erklärt, und damit offenbart sich die ganze Konstruktion als leeres Hirngespinst.

Nun – Hirngespinst oder nicht – gehört diese Idee zu dem ureigentlichen Gedankenvorrat der neuplatonischen Überlieferung und auch zur Tradition der niederländischen Mystik. Sie ist älter als Philosophie und kann in der klassischen religiösen Literatur Indiens gefunden werden, wenn sie Spinoza auch in einer teilweise scholastischen, teilweise kartesianischen Sprache ausdrückt. Sie besagt: es gibt nur ein einziges Konkretum, und es hat keine Teile. Was uns Teil zu sein dünkt, erscheint so nur im Resultat der empirischen, d. h. abstrakten Erkenntnis, einer solchen, die die Wirklichkeit künstlich auf abgesonderte Fragmente zerteilt, eine verkrüppelte (*mutilata*) Erkenntnis. Jedes Ding ist wesentlich das Ganze, das im Erkennen modifiziert wurde. Wie in einer Linie existieren keine Punkte *in actu* – sie sind Durchschnitte, keine Teile –, so sind die vermeintlichen Konkreta des empirischen Wissens nur nützliche Fiktionen. Nach Spinoza ist das Maß, d. h. die Quantität, lediglich eine Denkweise, eine subjektive Operation. Nur im Resultat unserer eigenen Eingriffe wird den Dingen eine Quantität, eine Begrenzung zugeschrieben. In der Realität stecken sie ebensowenig wie die Sinnesqualitäten.

Gibt es überhaupt für Spinoza so etwas wie ein *principium individuationis* innerhalb der ausgedehnten Substanz? Es scheint, als ob Spinoza dieses Prinzip zu retten versuchte, indem er auf herkömmliche kartesianische Weise Bewegung und Ruhe als diese (einzigen) Eigenschaften herbeirief, die die gesonderten Körper auszeichnen. Im übrigen ist diese Ausflucht mit der Behauptung unvereinbar, wonach die Teile in der Natur nur subjektiv unterschieden werden können, da die Natur an sich keine Teile kennt.

Es gibt keine Lösung dieser Inkonsequenz, keinen Ausweg, der, um den Spinozismus in inneren Einklang zu bringen, zugleich das Eigentlichste und das Eigentümlichste an ihm nicht vernichtete. Dreimal fragte in den Briefen an Spinoza Walter von Tschirnhaus, vielleicht der scharfsinnigste unter den damaligen Kritikern, wie man aus einer einzigen Substanz die Vielheit der Dinge ableiten könne, und endlich gestand der Philosoph, daß er nicht wisse, wie diese Sache – die doch eine Schlüsseldeutung für seine Lehre hatte – genügend zu erklären sei. Einige Kommentatoren wiesen in diesem Zusammenhang auf den Begriff der *modi infiniti*, der vermittelnden Glieder zwischen der Substanz und den einzelnen Seienden, hin; doch dieses Zwischenglied kann die Lücke nicht schließen. So wenig wir auch von den *modi infiniti* wissen mögen, wissen wir doch, daß sie geschaffen sind und als unendliche Sammlung aller einzelnen Dinge – innerhalb der beiden Attribute – gelten sollen. Der Übergang von dem zeitlosen und unteilbaren Gott zu dem *modus infinitus*, der teilbar und zeitlich (ewig, aber im Sinne von unendlich dauernd) ist, bleibt ebenso rätselhaft wie jener zu den besonderen Dingen. Diese Kategorie erhellt das Verhältnis zwischen Gott und Welt ebensowenig, wie bei Descartes die *glandula pinealis* das Körper-Seele-Verhältnis löst: wo immer auch die Seele ihren Sitz hat, bleibt ihr Verkehr mit dem Körper innerhalb der kartesianischen Metaphysik ebenso unbegreiflich. Vom Standpunkt der Substanz – und das ist der einzige Standpunkt, von dem sich die Wahrheit eröffnet – wird die Unterschiedlichkeit der Dinge bei Spinoza verwischt, sie muß als Täuschung, zumindest als nur subjektiv betrachtet werden. Die empirische Erkenntnis, obgleich für das Leben unerläßlich, ist eine gebrechliche, eine *mutilata cognitio*. Andererseits gibt es einen *conatus ad suum esse conservandum*, einen allgemein wirkenden Trieb, der jedem einzelnen Ding innewohnt und als ein ebenso unerschütterliches Gesetz wie das Gesetz der Unteilbarkeit der Substanz erscheint. Diese zwei sind unvereinbar und in unaufhebbarem Widerspruch zueinander und bilden doch zusammen das Rückgrat der Philosophie. Dieser Widerspruch kann innerhalb Spinozas Denken nicht beseitigt werden, in allen Teilen seiner Konstruktion erscheint er wieder.

Dieser Widerspruch war wahrscheinlich auch dafür verantwortlich, daß die Ausstrahlung dieser Philosophie so zweideutig war. Man sieht es, wenn man zwei Hauptströmungen in der Rezeption seiner Philosophie gegenüberstellt: die deutsche pantheistische und die französische freidenkerische Strömung.

Das *principium individuationis* wird aber noch rätselhafter, wenn man es innerhalb des Attributs des Denkens erwägt, an dem doch auch jedes Ding teilnimmt. Trotz der aufklärerischen, pan-psychistischen Deutungen, die auch einige Kritiker des 19. Jahrhunderts (Kuno Fischer, Tönnies, Empiriokritizisten) übernahmen, ist das allumfassende Attribut *cogitatio* keine universelle *psyche*; ebensowenig hängt es vom menschlichen Denken über Dinge ab. Es ist eine allgegenwärtige Intelligibilität der Welt, die Welt als Erkenntnisobjekt. Es ist aber keine relative, sondern eine absolute Eigenschaft der Welt, und sie existiert, unabhängig davon, ob jemand an sie denkt, sie darf auch nicht bloß als eine Möglichkeit, erkannt zu werden, gedeutet sein. Eine solche Interpretation würde voraussetzen, daß etwas Mögliches, eine Potentialität, in Gott ist, was dem Begriff Gott als reiner Aktualität entgegenstünde. Man könnte diese Seite des Spinozismus dadurch zu erklären versuchen, daß man sie mit Heideggers Seinsbegriff in Beziehung bringt: das *Sein* ist bei Heidegger so verfaßt, daß es sich uns öffnet, doch gehört dieses Öffnen zu seiner eigenen Konstruktion und hängt nicht von uns ab. Daß für Spinoza jeder Körper auch eine Idee ist, bedeutet weder, daß jeder Körper mit Bewußtsein ausgestattet wird, noch daß seine Existenz von unserem Wissen abhängt. Es geht hier um die Teilnahme an der objektiven Logik des Seins, um etwas, das wir als ein Wissen ohne wissendes Subjekt bezeichnen können.

Spinoza versuchte vielleicht auf solche Weise, die unlösbare Schwierigkeit des Kartesianismus zu vermeiden: Wie ist es möglich, die Einwirkung der körperlichen Dinge auf die Seele in den sinnlichen Empfindungen und die umgekehrte Einwirkung des menschlichen Willens auf den Körper in freien Handlungen zu erklären, wo wir doch wissen, daß es zwischen beiden Substanzen keine gegenseitigen Einwirkungen gibt? Die von Geulincx, Malebranche und anderen Okkasionalisten gebotene Lösung setzte voraus, daß mangels solcher Einwirkungen Gott allein der unmittelbare Urheber aller Veränderungen in der Seele sein könne und daß Er in jedem Fall die Bestände der Seele mit denen der körperlichen Welt in Einklang bringe. Auf solche Weise wurde die kartesianische Substanzlehre gerettet, allerdings um den Preis eines Weltbildes, wo Gott die einzige Umwelt der menschlichen Seele bildet, so daß es keinen natürlichen Verkehr zwischen der Seele und dem physischen Universum gibt. Spinozas Lehre von der allgemeinen Intelligibilität läßt uns derselben Schwierigkeit auf die genau umgekehrte Weise ausweichen: sie macht alle Dinge zu Teilnehmern desselben Attributes, das den menschlichen Geist ausmacht.

Gleichwohl erzeugte diese Lösung am Ort der gerade beseitigten Schwierigkeit eine neue und nicht weniger peinliche. Nicht nur die erwähnte Frage des *principium individuationis* innerhalb des Attributs *cogitatio* wird unbeantwortbar, sondern auch eine zweite: wie kann man die spezifische Idee des menschlichen Körpers, die definitionsgemäß mit diesem Körper identisch ist, also die Seele, ontologisch unterscheiden? In diesem Fall ist »die Idee« nicht nur das »objektive Wissen« vom Körper, dessen Idee sie ist, sondern auch dessen bewußtes Erlebnis, eine Subjektivität. Wir wissen doch, daß in *diesem* Sinne nicht alle Dinge »Ideen« sind. Wie ist also die Besonderheit der menschlichen Seele zu begreifen?

Darauf, daß die Subjektivität innerhalb von Spinozas Philosophie überhaupt keinen Platz habe, wurde wiederholt von Kritikern hingewiesen: unter ihnen Mendelssohn, Hegel und Maine de Biran. Tatsächlich unterscheidet sich die Seele von den Ideen anderer Körper nur dadurch, daß ihr Gegenstand, ihr Ideatum, der menschliche Körper ist. Sie ist also ein Wissen vom Körper, es gibt aber keine Gründe, es als ein anderes Wissen zu verstehen als das Wissen, das ein Stein von sich hat – und das heißt die objektive Teilnahme an der subjektlosen Logik der Natur. Es hilft uns nicht, in diesem Zusammenhang die andere Kategorie, die der »Idee einer Idee« herbeizurufen, da sich diese Kategorie ebenfalls auf alle Dinge erstreckt. So haben wir bei Spinoza nur das festgestellte Axiom: »Der Mensch denkt«, ohne zu wissen, was für einen Sinn dies hat. Und schließlich wissen wir nicht, wie die spezifisch menschliche Form der »animatio«, die an sich selber gerichtete Subjektivität, auf dem Boden dieser Metaphysik gerettet werden könnte.

Wenn es kein *principium individuationis* im Denkattribut gibt (und was ein solches Prinzip sein könnte, stellen wir uns noch weniger vor als im Fall der Ausdehnung), finden wir auch keine konzeptuellen Werkzeuge, um im Einklang mit der Doktrin die Gegenwärtigkeit der subjektiven Welt anzunehmen. Wir dürfen nur vermuten, daß die Wahrnehmungs- und Erkenntnisprozesse nicht darin bestehen, daß in ihnen die Dinge ihrer Materialität beraubt werden, sondern darin, daß wir sozusagen mit der intelligiblen Seite der Wirklichkeit selber verkehren.

Die Welt der Ideen kann bekanntlich in keinen ursächlichen

Zusammenhang mit der Welt der Körper gebracht werden, obschon in beiden immer dasselbe vorkommt, da die Ideenordnung das objektive Wissen von dem darstellt, was mit dem Körper geschieht. Unter dieser Annahme scheint es aber klar, daß die menschliche Subjektivität nichts anderes sein kann als Bewußtsein von dem, was mit dem menschlichen Körper geschieht. So ist Spinozas Mensch, wie schon Jacobi bemerkte, nur Beobachter seiner eigenen Bewegungen, nicht aber deren Autor (der Mensch als denkendes Wesen ist ja nie der Urheber von irgend etwas, das in der körperlichen Welt vorkommt). Doch ist damit die Stellung des Beobachters innerhalb dieser Metaphysik keineswegs gerechtfertigt, da die Subjektivität selber völlig unerklärbar bleibt.

Spinozas Schwierigkeit ist – wie gesagt – die Rückseite derjenigen, die uns bei Descartes begegnet. Bei Descartes handelte es sich darum, wie unter der Annahme, daß in der Wahrnehmung nur der Wahrnehmende selbst direkt wahrgenommen wird, die Wirklichkeit der Welt hergestellt werden kann. Bei Spinoza: wie findet man, wenn man als Ausgangspunkt die Ordnung der intelligiblen Natur annimmt, den Weg zur Subjektivität? In beiden Fällen ist dieser Wiederaufbau künstlich. Vielleicht führt uns dies zur Konklusion, daß eine philosophische Sprache, die beide Gebiete gleichzeitig umfassen möchte, unmöglich ist.

Die Unsterblichkeit oder Ewigkeit, die der Seele versprochen wird, ist für Spinoza gewiß kein ewiges Leben des persönlichen Selbstbewußtseins. Es ist vielmehr das außerzeitliche Dauern jeder Idee – da jede an demselben ewigen Attribut des Denkens teilnimmt, unklar wie es auch sein möge, wie man widerspruchlos von ihrer individuellen Existenz überhaupt reden darf. Unabhängig von der Frage, wie weit Spinoza in diesem Punkte die Überlieferung des arabischen Neuplatonismus mit seinem Glauben an die Unsterblichkeit einer einzigen universellen Vernunft (nicht aber eines persönlichen Geistes) fortsetzt, war für ihn die Vereinigung mit Gott durch intellektuelle Liebe das höchste Ziel, dem der Mensch nachstreben kann und soll. Die Vernunft, deren Ausübung unser Hauptwert ist, erscheint sozusagen als ein Empfänger, der auf die Wellen der

Ewigkeit eingestellt ist: Liegt es doch in der Natur der Vernunft, daß sie die Dinge *sub specie aeternitatis* erkennt.

Diese Vereinigung mit Gott setzt den Verzicht auf das Person-Sein voraus. Gleichzeitig ist aber Selbst-Bejahung, Bewahrung der Individualität des Körpers und der Seele, ihre Anerkennung als Werte an sich, ein natürlicher Trieb, der allen Dingen zugehört (und zwar deshalb, weil das Wesen des Dinges seiner Definition gleicht und die Definition die Existenz feststellt). Die Vernunft nimmt diesen Trieb als eine notwendige Komponente der Natur an, wie überhaupt alles in der Natur. Selbstmord ist naturwidrig, stellt Spinoza explizit fest; der geistige Selbstmord scheint aber naturwüchsig oder naturgemäß, indem uns die Vernunft dazu bewegt, mit Gott eins zu werden. Wie ein besonderer Modus – das menschliche Individuum – gleichzeitig seine Selbstbewahrung und sein Verschmelzen im zeitlosen Sein begehren kann, begreifen wir nicht. Es kommt oft vor, daß Menschen einander widersprechende Begierden hegen; Spinoza aber hat sich nie klargemacht, daß hier ein Widerspruch vorlag, und noch weniger, daß er im Fundamentalwiderspruch seiner Metaphysik verankert war. In der Tat stecken die Wurzeln dieser zwei Tendenzen: sich über die Welt im Akt der mystischen Union hinwegzusetzen und sich selbst in der Welt zu bejahen, in Spinozas Unfähigkeit, zwei Weltauffassungen in Übereinstimmung zu bringen. In der einen erscheint die Welt als unteilbare, zeitlose Substanz, in der jede Unterschiedlichkeit aufgehoben wird, in der anderen wird sie als *modus infinitus*, als unendliche Menge der in der Zeit lebenden, endlichen und zerstörbaren Individuen begriffen. Es gibt keine Synthese zwischen diesen Welten und keinen Übergang von einer zur anderen; darum gibt es auch keine Synthese zwischen der Ethik, die in der mystischen Selbstzerstörung gipfelt, und der Selbsterhaltungsethik, keinen Einklang zwischen der Einstellung eines Mystikers und der eines Freidenkers.

In diesem Sinne stellt Spinozas Philosophie eine Niederlage dar. Es ist aber eine philosophisch höchst bedeutende Niederlage, keine triviale Verwirrung. Es ist die Niederlage eines Menschen, der daran geglaubt hat, daß die *absolute Wahrheit* sich in der diskursiven Sprache ausdrücken lasse oder daß das Absolute intellektuell gezähmt werde, in derselben Sprache wie die empirische Welt beschrieben werden könne. Dieser Widerspruch Spinozas ist ein Widerspruch der Philosophie par excellence, denn in der Philosophie sind nur die Niederlagen wichtig. Was völlig kohärent ist, ist entweder trivial oder uninteressant, es ist keine Philosophie im herkömmlichen Sinne.

Vor hundert Jahren, zweihundert Jahre nach Spinozas Tod, hat Ernest Renan eine diesem Jahrestage gewidmete Vorlesung in Den Haag gehalten. Er schlug darin vor, diese Philosophie als das Modell einer säkularisierten rationalistischen Religion zu begreifen, einer Religion ohne das Übernatürliche; sie könnte – wie er sagte – eine bedeutende soziale Rolle spielen, da sie für die gebildeten Schichten annehmbar ist und ihre Autorität verstärken würde; diese Autorität sei nämlich dadurch untergraben, daß die Gebildeten immerfort im Volk die traditionelle Religion nähren, an die sie selber nicht mehr glauben.

Ich glaube nicht, daß Renan recht hat. Die rationalistische Religion ist weder wünschbar noch möglich; sie ist ein Widerspruch im Begriff. Das Geschick der Philosophie Spinozas war einer von vielen Beweisen – und nicht der geringste – dafür, daß die Idee einer Vernunftreligion hoffnungslos ist, daß es nicht in unserer Macht liegt, das Absolute und das Empirische, das Unendliche und das Endliche in derselben Sprache zu beherrschen, beide gleichzeitig als unser intellektuelles Eigentum in ein und demselben Sinne zu besitzen, kurz, sich Gott und Welt in demselben Akt anzueignen.

Zur Kulturphilosophie

Intellektuelle contra Intellekt

Die gesamte geistige und technische Kultur unserer Welt beruht auf dem Glauben an die Universalität der Vernunft im doppelten Sinn des Begriffs. Universalität der Vernunft kann einmal bedeuten, daß dieselben Regeln der zweiwertigen Logik und die Regeln empirischer Verifikation gleichermaßen auf alle Fragen anwendbar sind, die sich der menschlichen Vernunft stellen mögen. Sie kann zweitens bedeuten, daß der Wert jeden Wissens ganz und gar von der korrekten Anwendung dieser Gesetze abhängt und von seinen ethnischen, sozialen, religiösen und psychologischen Ursprüngen unabhängig ist, so daß prinzipiell alle Menschen fähig sind, nach denselben Gesetzen zu denken, das heißt, daß alle Fragen, die der Vernunft zugänglich sind, auch Kommunikation, Diskussion und Dialog erlauben.

Der Glaube an die Universalität der Vernunft in diesem doppelten Sinn hat sich erst langsam, in Jahrhunderten und nicht ohne Schwierigkeiten herausgebildet. Wir finden die volle Ausprägung dieses Glaubens in der entwickelten bürgerlichen Kultur des 17. Jahrhunderts. Es ist ohne weiteres deutlich, daß sich die erstgenannte Gestalt dieses Glaubens nicht logisch zwingend aus der zweiten ergibt, das heißt, daß man die zweite annehmen und zugleich die erste verwerfen kann, ohne sich zu widersprechen. Die Angriffe gegen die Universalität der Vernunft zielen bald auf die erste, bald auf die zweite Variante, und sie unterscheiden sich so in Ergebnis und Motivationen, daß es zweifelhaft ist, ob man ihnen allen einfach denselben geschichtlichen Sinn verleihen kann.

Die Kritik an der Universalität der Vernunft im ersten Sinn, das heißt die Bestreitung der universellen Anwendbarkeit der Regeln »positiven« Denkens, war auf natürliche Weise mit der Verteidigung des religiösen Glaubens gegen rationalistische und skeptische Zersetzung verbunden. Aber diese Kritik hatte keineswegs immer die gleiche gesellschaftliche Funktion. Die Kritik an der Vernunft kann die Verteidigung eines Establishments mit ideologischen Ansprüchen sein, das sich vor rationalem Skeptizismus schützen muß. Sie kann eine Waffe der unterdrückten und ungebildeten Klassen sein, denen die Mittel rationaler Diskussion unzugänglich sind; intellektuelle Strenge, Logik und die Bildung selbst, monopolisiert in den privilegierten Schichten, erscheinen diesen Klassen häufig als tückisches Teufelszeug, und darum setzen sie ihre eigene geistige Armut als Zeichen ihrer Überlegenheit gegen die bestehende gesellschaftliche Ordnung.

Jedes Establishment schützt sich gegen Kritik, aber nicht alle gebrauchen zu diesem Zweck antiintellektuelle Ideologien. Jede Kritik am Establishment ist Kritik an einer bestimmten geheiligten Tradition, aber nicht jede Kritik dieser Art untergräbt die Tradition des universalistischen Rationalismus. In der Geschichte des Christentums finden wir viele Beispiele eines aggressiven Anti-Rationalismus, der bald als ein Mittel erscheint, das der herrschende Apparat im Kampf um seine Selbsterhaltung der Kritik der Intellektuellen entgegensetzt, bald als Waffe der ungebildeten ausgebeuteten Klassen im Angriff auf die geheiligte Ordnung und deren kulturellen und intellektuellen Überbau. Das Christentum hat sich einerseits in Frontstellung gegen die weltliche und rationalistische Kultur als eine Bewegung unaufgeklärter Menschen definiert, die ihrer Unwissenheit die Weihe eines Zeichens höherer Erleuchtung göttlichen Ursprungs gegeben haben. Gleichzeitig hat es sich andererseits in Frontstellung gegen den jüdischen Partikularismus als eine Bewegung von universaler Geltung begriffen. Jene erste Variante christlichen Selbstverständnisses, wie sie sich in den Paulusbriefen artikuliert, beinhaltete gleichermaßen heftige Angriffe gegen die heidnische Geisteskultur wie auch den Glauben an eine grundlegende Einheit der Menschen, damit ein Element, das geeignet war, mit dieser Kultur auszusöhnen, und es effektiv auch tat. Die Geschichte des Christentums ist von hier aus gesehen chronisch gespalten: Es lebt mit dem Bewußtsein, in Hinsicht auf die vorausgegangene Kultur einen radikalen Bruch zu bilden, und hält zugleich den Glauben an die Einheit menschlichen, in Gott geheiligten Wesens fest, und dieser Glaube begünstigt die Anerkennung der Vernunft als einer universalen Gabe. Deshalb kam es bald zur Assimilation der hellenischen Kultur, und neben der demonstrativen Vernunftfeindschaft, wie sie verbreitet bei den Schriftstellern begegnet, die die »plebejische Seite« christlicher Tradition vertreten, bestand praktisch von Anfang an der Anpassungswille derer, die die heidnische Kultur als natürliche Vorbereitung der übernatürlichen Revolution betrachteten und das christliche Gedankengut den Erfordernissen und der gesellschaftlichen Stellung der aufgeklärten privilegierten Klassen anglichen.

Diese Zwiespältigkeit – der Glaube an die grundlegende Diskontinuität menschlicher Kultur, auf wunderbare Weise unterbrochen durch die Auferstehung Christi, neben einem Glauben daran, daß die menschliche Natur im Grunde gut ist, was eine teilweise Anerkennung der heidnischen Kultur ermöglicht – ist tief angelegt im Christentum, dessen ganze Geschichte diese Zwiespältigkeit bestätigt. In dem Augenblick, als dann eine neue städtische Kultur entsteht – mit der unvermeidlichen Folge der Emanzipation der Intellektuellen –, verteidigt das christliche Establishment zunächst seine antiintellektuelle Überlegenheit gegenüber der weltlichen Weisheit, am Ende aber assimiliert es diese Weisheit mit außergewöhnlichem Geschick und macht sie zu seinem eigenen Werkzeug. In der Kontroverse des 11. Jahrhunderts zwischen Dialektikern und Anti-Dialektikern sehen wir die Situation in wohl nie wiederkehrender Schärfe. Petrus Damianus schrieb in dem kleinen Traktat *De perfectione monachorum*, daß Mönche, die weltliche Wissenschaften studieren, jenen gleichen, die einem ehrbaren Weibe davonlaufen um einer Hure willen, und in dem Traktat *De sancta simplicitate scientiae inflanti anteponenda* entdeckte er, daß der Teufel der erste Grammatiklehrer war, da er unsere Vorfahren lehrte, das Wort »Gott« im Plural zu gebrauchen (»eritis sicut Dei«). Darin lag eine sehr treffende Einsicht. Vier Jahrhunderte später, vom Ende des 15. bis zum Ende des 17. Jahrhunderts, gehörten die Grammatiker aufgrund ihrer philologischen Bibelanalyse zur Vorhut des kritischen Angriffs auf die Tradition: angefangen bei Antonio de Lebrixa und Erasmus bis hin zu Spinoza und Richard Simon war ihre Arbeit – ungeachtet der Vielfalt ihrer Motive – einer der stärksten Faktoren, die zur ideologischen Zersetzung des Christentums beigetragen haben.

Als jener offene Anti-Intellektualismus, der die Tradition vor rationaler Kritik bewahrte, erst einmal spürbar geschwächt war, gelang es dem Christentum, das philosophische Erbe der Antike mitsamt seiner ausgebildeten Logik auf seine Weise aufzunehmen und umzusetzen und seine eigenen Waffen daraus zu schmieden. Als das thomistische Prinzip, die Glaubenswahrheit sei »supra non contra rationem«, sich in der Kirche durchgesetzt hatte und die Orthodoxie, wie sich zeigte, mit strenger Logik ebenso erfolgreich operieren konnte wie ihre Gegner, wurde der militante Irrationalismus häufiger zur Waffe plebejischer Bewegungen, die die gottlose »Vernunft« als Verbündeten der gesellschaftlich Privilegierten angriffen. Natürlicherweise gerieten Reformen und revolutionäre Bewegungen der unterdrückten Klassen immer dann, wenn Bildung ein Privileg, rationale Philosophie und Theologie zum ideologischen Schutzschild dieses Privilegs geworden waren, zu Angriffen auf die Vernunft. Intellektuelle, die diesem Anti-Intellektualismus Ausdruck verliehen, stellten die Vernunft gewöhnlich nicht der Unvernunft gegenüber sondern die pervertierte menschliche Vernunft dem lebendigen Glauben der Wiedergeborenen. Savonarola war überzeugt, daß jedes Mütterchen vom Lande mehr weiß als Plato und Aristoteles, da sie das Allerwichtigste, heidnischer Weisheit Unzugängliche weiß – sie kennt den Erlöser. Luther schrieb, daß, wer immer versucht, mit der menschlichen Logik die Dreieinigkeit zu erfassen, unvermeidlich aufhören werde, sie zu glauben. Peter Gonesius, ein Vertreter des frühen polnischen Antitrinitarismus, meinte, jeder, der sich mit Dialektik abgibt, sei so gut wie ein Türke usw.

Die Polemik der Reformation gegen den Wert der Vernunft hielt sich normalerweise in Grenzen; wogegen man sich wandte, war nicht jeder Vernunftgebrauch schlechthin, sondern die scholastische Methode, den Glauben mit rationalen Mitteln zu rechtfertigen, das heißt, die Anwendung der Vernunft auf religiöse Fragen. Die Kritik am Intellekt, der versucht, göttliche Geheimnisse zu erforschen, und der sich einbildet, die Wahrheit des Glaubens wirklich verstehen oder rechtfertigen zu können, diese Kritik folgte aus dem tief zugrundeliegenden Mißtrauen, das die Reformation der menschlichen Natur und den natürlichen Fähigkeiten des Menschen gegenüber hegte. Diese Kritik verband sich mit dem Gedanken einer demokratischen Kirche, einer Kirche, die befreit ist von der Trennung zwischen dem gebildeten Klerus und der unwissenden Masse der Gläubigen, die in ihrem Verhältnis zu Gott eines menschlichen Mittlers bedarf: in Fragen des Glaubens sind alle Menschen gleich unwissend oder – was dasselbe ist – gleich wissend. Der scholastischen Vernunft zu vertrauen, heißt, den Menschen in seinem Hochmut zu bestärken, und insofern kann dieses Vertrauen den Glauben des Glaubenden nicht nur nicht kräftigen, sondern muß ihn pervertieren. Der schlichte Glaube, den die feinen Unterscheidungen der Theologen gleichgültig lassen und den die wachsende Zahl von Argumenten und Gegenargumenten nicht rührt, widersteht der Versuchung besser als die scholastische Weisheit, die die göttlichen Geheimnisse lächerlich macht, indem sie versucht, sie mit ihren Syllogismen zu beweisen.

Gewiß, die Kritik an der unbegrenzten Anwendbarkeit der Vernunft ist kein spezifisches Charakteristikum der Reformation. Alle Strömungen des Christentums (ausgenommen der späte Deismus, der zweifellos nicht mehr zu irgendeiner Art von Orthodoxie gehört) haben vorausgesetzt, daß es wenigstens einige Glaubenselemente gibt, die nur durch Offenbarung erkannt werden können. Die Philosophen hingegen waren sehr verschiedener Meinung über die Anwendbarkeit der Vernunft im Bereich der Religion – von denen, die (wie Anselm) glaubten, daß so gut wie jeder religiöse Gegenstand eine rationale Begründung finden könne, bis hin zu jenen, die jede rationale Beweismöglichkeit auf diesem Gebiet bestritten haben. Christlich-pantheistische Mystiker wie Eckhart oder reine Pantheisten wie Cusanus bestritten jegliche Beweiskraft der Aristotelischen Logik außerhalb der endlichen Welt, und sie argumentierten, daß die Reflexion über die göttliche Wirklichkeit nicht dem Prinzip des Widerspruchs unterworfen sei. Die Nominalisten des 14. Jahrhunderts lehnten die Versuche ab, Glauben in Wissen zu wandeln, und darin folgten ihnen ihre Erben – die Begründer der Reformation im 16. Jahrhundert. Und alle späteren Bemühungen, den Glauben gegen rationale Kritik zu schützen – von Pascal bis Kardinal Newman –, machten immer wieder die

Grenzen geltend, denen die universale Anwendbarkeit der Prinzipien wissenschaftlichen Denkens unterworfen ist; Philosophen, die derart argumentierten, suchten zu zeigen, daß die Vernunft die ihr gesetzten Grenzen überschreitet, sooft sie beansprucht, über Fragen zu entscheiden, die dem Glauben vorbehalten sind.

Diese Art von Kritik an der Vernunft kann nicht eigentlich Anti-Intellektualismus genannt werden. Sie ist nicht Kritik am Intellekt, sondern eher Kritik am Szientismus, das heißt Kritik an der Überzeugung, daß alle bedeutenden Probleme mit wissenschaftlichen Methoden gelöst werden können, ja, daß es gerade die Lösbarkeit durch wissenschaftliche Methoden ist, was einem Problem den Sinn gibt, und daß wir uns zu keiner Überzeugung bekennen dürfen, die sich dieser Bedingung nicht unterwirft. In unserem Jahrhundert ist die so verstandene Kritik an der Universalität der Vernunft ein immer wiederkehrendes Thema der Philosophie, und es begegnet auch außerhalb des spezifisch religiösen Denkens in der intuitionistischen Philosophie, in der gesamten Lebensphilosophie und ebenso im Existentialismus (besonders bei Jaspers und Marcel). Daß die analytische Vernunft und die strengen Maßstäbe, die die Naturwissenschaften setzen, unanwendbar sind auf die Reflexion über Gott, über die menschliche Existenz (in der speziellen existentialistischen Bedeutung des Wortes), über das Sein als Ganzes, das die Summe des Seienden transzendiert – dieser Gedanke, sage ich, gehört nicht in die anti-intellektuelle, sondern in die anti-szientistische Tradition. Andernfalls müßte man alles, was kulturgeschichtlich nicht exakt in den Rahmen des positivistischen Szientismus paßt, dem Anti-Intellektualismus zurechnen.

Kritik am universalen Anspruch der analytischen Vernunft kann basieren und basiert, wie wir wissen, in der Regel auf rationalen Argumenten. Ein scharfer Trennungsstrich sollte gezogen werden zwischen der Kritik an den universalen Ansprüchen der analytischen Vernunft und der eigentlich antiintellektuellen Kritik, der die Idee zugrunde liegt, daß in Fragen, die rationale Diskussion und Widerspruch zulassen, die letzte Entscheidung von sozialen, ethnischen, religiösen oder psychologischen Bindungen abhängt und daß der Gegenstand von Auseinandersetzungen nicht die »Wahrheit« im landläufigen Sinn ist, sondern die Funktion, die Bedeutung oder der Ursprung der Ideen.

Es ist eine Sache zu behaupten, daß die Meditation über jene Seiten der Existenz, die sich diskursivem Denken entziehen, berechtigt und fruchtbar sein kann – und eine andere, zu beanspruchen, daß es in zentralen gesellschaftlichen, religiösen, philosophischen Fragen ein »richtig« und »falsch« gibt, das nicht aus Beweisführungen folgt, sondern ursprunghaft oder funktional begründet ist, und daß das »richtig« dieser Art anderen als Wahrheit höherer Ordnung auferlegt werden kann, unabhängig davon, ob gängige Argumentationsweisen möglich sind oder nicht. Kritik an der Universalität der Vernunft im ersten Sinn ist nicht unbedingt eine Gefahr für die Kultur, da sie weder die Möglichkeit von Verständigung in Frage stellt noch den Wert normaler Argumentation in Bereichen bestreitet, die wissenschaftlicher Untersuchung zugänglich sind. Die Kritik an der Universalität der Vernunft im zweiten Sinn ist gefährlich. Dieser zweite Universalismus geht davon aus, daß alle Menschen teilhaben an der gleichen »natürlichen Vernunft« – um in der aristotelisch-scholastischen Sprache zu sprechen, oder um es modern auszudrücken, daß Grundstrukturen des Denkens in allen Menschen gleich angelegt sind (ohne von vornherein den Ursprung dieser Identität festlegen zu wollen) und daß wir darum an eine Kontinuität und Universalität der geistigen Kultur des Menschen glauben dürfen, was ein Verstehen möglich macht und den Ideen der Kritik und der Toleranz eine rationale Grundlage gibt. Wenn die Universalität der Vernunft dieses Sinns hinfällig werden soll, sind Fanatismus, Intoleranz und Gesprächsverweigerung die unvermeidliche Folge.

Während einer langen Zeit in der Geschichte des Christentums ist freilich die Unterscheidung dieser beiden Arten von Angriffen auf die Vernunft nicht klar formuliert worden. In der Reformationszeit haben wir es mit beiden Arten der Kritik zu tun, derart miteinander verflochten, daß nur eine historische Analyse sie trennen kann. In der Tat haben die Reformatoren nicht nur die Versuche kritisiert, Logik und Beweisführung auf Fragen anzuwenden, die dem Glauben vorbehalten waren. Sie kritisierten oft die heidnische Kultur als Ganzes, eben als »heidnisch«, das heißt, sie leugneten deren intellektuelle und moralische Verdienste, einfach, weil sie von Heiden kamen, das heißt, aus »natürlichen« Quellen und nicht aus göttlicher Inspiration. Das ist der Punkt, an dem wir die Bedeutung der Kontroverse zwischen Erasmus und Luther erkennen. Der Streit über die heidnischen Tugenden, das heißt über die Frage, ob die moralischen Werte der vorchristlichen Welt wirklich als Wert anerkannt werden (wie Erasmus fordert), obwohl sie aus den natürlichen Fähigkeiten des Menschen hervorgegangen sind, oder ob sie grundsätzlich nicht anerkannt werden dürfen – diese Kontroverse war Teil einer umfassenderen, die in der Philosophie den Wert heidnischen Denkens und heidnischer Logik zum Mittelpunkt hatte. Die Ansichten über diesen Punkt gingen weit auseinander. Die Extremisten der Reformation behaupteten, daß ein Heide einfach als Heide nicht recht haben könne und daß es, um das zu behaupten, keinerlei Untersuchung bedarf; ähnlich wie der Teufel per definitionem ein Lügner ist und deshalb lügt, selbst wenn er die Wahrheit sagt. Vereinfachend können wir sagen, daß der Gedanke vom begrenzten Wert der Vernunft an sich und daß insbesondere die Regeln, nach denen die religiösen Fragen der Kompetenz der analytischen Vernunft entzogen sein sollten, aus der bürgerlichen Kultur des neuzeitlichen Christentums hervorgingen, während plebejische Strömungen des Christentums eher anti-intellektuell im eigentlichen Sinne sind: Sie bestreiten jede Kontinuität der Kultur und verwerfen alle Kriterien – geistiger oder moralischer Art –, die allgemein gelten könnten und unabhängig wären von dem Gegensatz: Heidentum – Christentum.

Die Frage, ob es Kriterien für die Bewertung geistiger Leistung gibt, die allgemein, für alle Gesellschaften und alle Epochen gültig sind, diese Frage ist bekanntlich ganz und gar nicht überholt; im Gegenteil: unser Jahrhundert beweist ihre zunehmende Bedeutung. Als Hugo Grotius, einer der hervorragendsten Köpfe der christlichen bürgerlichen Kultur, schrieb, es gäbe zwar eine christliche Theologie, aber keine christliche Chirurgie, christliche Geometrie oder gar eine christliche Politikwissenschaft, artikulierte er ein Problem, das in unserem Jahrhundert in fast der gleichen Form wiedererstehen sollte. Die Gegensätze heidnisch-christlich wie die Gegensätze »jüdisch-arisch«, »bürgerlich-proletarisch«, »schwarz-weiß« dienen, wenn sie auf die

Kultur insgesamt, besonders aber auf intellektuelle Werte bezogen werden, dazu, den inneren Zusammenhang der menschlichen Kultur und die Einheit der menschlichen Gattung in Frage zu stellen; der Glaube, daß solche oder ähnliche Entgegensetzungen irgendwo gelten (überflüssig zu sagen, einige von ihnen gelten tatsächlich in verschiedenen Kulturbereichen), dieser Glaube gehört zu den größten Bedrohungen der Menschheit.

Freilich, es gibt einen so begriffenen Gegensatz, den zwischen bürgerlicher und proletarischer Kultur, oder genauer, der Kultur der ausgebeuteten Klasse und der Ausbeuter, auch in frühen Formen des Sozialismus. Es besteht eine verblüffende Ähnlichkeit zwischen der geistigen Struktur der anarchistischen Bewegung des 19. Jahrhunderts, besonders bei Bakunin und den Bakuninisten und der, die man aus verschiedenen christlichen plebejischen Bewegungen kennt. Bakunin ist in diesem Punkt nicht frei von Widersprüchen. Seine Idee jedoch von der »Revolte des Lebens gegen die Wissenschaft«, seine Angriffe gegen die Universitäten als Bollwerke des Elitarismus, seine Hoffnung auf das Lumpenproletariat als Sturmspitze der Revolution – all das bildet ein bestehendes Ganzes. Der polnische Anarchist Jan Waclaw Machajski (der meist russisch schrieb) war in dieser Hinsicht noch radikaler als Bakunin. Er behauptete, die marxistische Idee des Sozialismus sei nur das Produkt der Sonderinteressen der Intelligenz, die lediglich darauf aus sei, sich an die Stelle der bestehenden privilegierten Klassen zu setzen und das System der Ungleichheit und Ausbeutung unangetastet zu lassen. Deshalb müsse die egalitäre Gesellschaft vor allem die Intelligenz ihres Kapitals berauben, und das heißt: ihrer Bildung. Denn Bildung, der privilegierten Minderheit vorbehalten, sei für sie eine Waffe im Kampf um die eigenen Privilegien. Man kann auch noch krassere Formulierungen bei anderen weniger bekannten Anarchisten finden. Eine Abneigung gegen Intellekt und Wissenschaft besteht auch in einigen Arbeiterbewegungen des 19. Jahrhunderts, namentlich unter den Proudhonisten.

Georges Sorel hat zu Beginn unseres Jahrhunderts am klarsten all die Einwände formuliert, die die proletarische Bewegung – das heißt die Arbeiterbewegung – gegen die Tradition des Intellektualismus, Rationalismus und gegen die Intellektuellen als solche vorbringen kann und vorbringen sollte. Es sind kurz zusammengefaßt die folgenden:

Erstens: Der Intellektualismus ist unfähig, sich über den Kult utilitaristischer Werte zu erheben; er zerstört auf natürliche Weise die traditionelle Stammessolidarität zugunsten einer Gesellschaftsform von effizienter und rationaler Produktivität, während nur in irrationalen, stammesgebundenen Gemeinschaften sich die höchsten menschlichen Werte entfalten können: Aufopferungsfähigkeit, Heroismus, Geringschätzung sofortigen Profits. Der Intellektualismus beschreibt die Gesellschaft in Formulierungen, die den Theorien vom Gesellschaftsvertrag entsprechen, aber genau deswegen haben menschliche Würde und spontane Solidarität keinen Raum in seinen Konzeptionen.

Zweitens: Die Vernunft ist eine natürliche Verbündete deterministischer Lehren; sie strebt danach, die Welt als ein System zu begreifen, dessen Entwicklung wesentlich von Naturgesetzen bestimmt wird, und schwächt so den menschlichen Glauben an die Willensstärke und die Möglichkeit von Kreativität.

Drittens: Der Intellektualismus und die Vernunft selbst sind natürliche Verbündete des sozialen Reformismus gegenüber der Idee der Revolution. Denn partielle Veränderungen und stufenweise Reformen können rational gerechtfertigt, vorhergesehen, geplant und organisiert werden. Die Apokalypse einer Weltrevolution jedoch kann keine Unterstützung durch rationalistische Lehren und keine rationale Rechtfertigung erwarten; sie braucht den Mythos, der allein fähig ist, die für den Kampf notwendige Energie des Proletariats zu organisieren. Folglich liegt eine große Aufgabe des Proletariats darin, sich nicht durch die Werte der rationalen bürgerlichen Kultur blenden zu lassen und sich vor dem Schicksal der Germanen zu bewahren, die von den besiegten Römern lernen wollten und sich deren Kultur unterwarfen, statt sie zu überwinden; oder vor dem Schicksal der Reformation, die sich ihrer eigenen Energie beraubte, als sie die Werte des Humanismus in sich aufnahm.

Viertens: Werte des Intellektualismus gehören nicht nur den privilegierten Klassen, sondern stellen sich selbst auch in den Dienst des Privilegs, entsprechend der Voraussetzung, daß die höchsten menschlichen Werte gerade die sind, die nur einer privilegierten Elite eigen sind, und rechtfertigen deswegen Ungleichheit und Unterdrückung als notwendige Bedingungen für ein Gedeihen der Kultur.

Es gibt in Sorels Angriffen einige klare Einsichten, die nicht außer acht gelassen werden dürfen. Nicht nur, daß Wertgefüge, die er gerne einander entgegensetzte, sich in der Tat durch die Kulturgeschichte hindurch immer gegenübergestanden haben; wir können auch nicht sicher sein, ob sie sich nicht beständig widersprechen müssen und ob überhaupt eine Kultur möglich ist, in der diese Art von Intellektualismus, die Sorel bekämpfte, uneingeschränkt herrschen würde – eine Kultur, die in jeder Hinsicht szientistisch und utilitaristisch wäre. Es ist unbestreitbar, daß Intellektualismus und Vernunftgläubigkeit natürliche Feinde eines Glaubens an den Wert der Tradition sind – das Bindeglied ist offensichtlich, historisch gesichert und logisch klar. Aber es ist ebenso unbestreitbar, daß wir uns kaum vorstellen können, wie gewisse wesentliche Werte, die für die Gesellschaft unaufgebbar sind, ohne eine gewisse Verehrung der Tradition wirklich überdauern sollten. Obwohl der Rationalismus als solcher nicht notwendig deterministische Anschauungen einschließt, so liegt des weiteren doch auf der Hand, daß die psychologische und geschichtliche Affinität zwischen beiden zu deutlich ist, als daß sie einfach unterschlagen werden dürfte. Sie rührt daher, daß rationalistische Ideologien nicht einfach nur die »Vernunft« mit Nachdruck als Wesensmerkmal der menschlichen Art ansprechen, sondern die Grundüberzeugung in sich tragen, die Vernunft sei unbegrenzt fähig, die Welt in sich aufzunehmen, die Überzeugung, daß »im Prinzip« alles der rationalen Interpretation unterworfen werden kann. Daher haben rationalistische Ideologien eine natürliche Tendenz zu glauben, daß die Welt auf allen Gebieten prinzipiell vorherbestimmt werden kann, und stehen der Idee der »Kreativität« (im Bergsonschen Sinne) feindlich gegenüber. Der Determinismus ist ein natürlicher Verbündeter des Rationalismus. Andererseits kann er eine entmutigende Lehre für jene sein, die an den Wert menschlicher Initiative glauben möchten, ohne Rücksicht darauf, ob gewisse angeblich historische Gesetze deren Erfolg gewährleisten oder nicht. Tatsächlich war der Determinismus Teil des revolutionären Marxismus, der in der Epoche der Zweiten Internationale das Übergewicht hatte, und viele marxistische

Theoretiker jener Tage (wie Plechanov, Kautsky, Labiola) wollten zeigen, daß historischer Determinismus keineswegs der Notwendigkeit individuellen Einsatzes widerspricht, sondern im Gegenteil diesen Einsatz zwingend fordert, weil er den Kämpfern die Gewißheit gibt, daß die Geschichte auf ihrer Seite steht (bzw. daß sie auf seiten der Geschichte stehen). In dieser Hinsicht jedoch scheint Gramscis Gedanke genauer zu treffen – daß nämlich der Glaube an die historischen Gesetze, die den Sieg des kämpfenden Proletariats garantieren sollen, eher dem Umstand entspricht, daß die proletarische Klasse noch unfähig ist zu eigenständiger Initiative und Rückhalt in Lehren braucht, die den Sieg verheißen statt zum Kampf zu rufen.

Aber worin Sorel und Anarchisten mit gleichen Gedanken immer recht haben mögen, es hat sein Recht nur, wenn es als Korrektiv der expansivsten Form von Intellektualismus entgegengehalten wird: derjenigen Ideologie, die nur die Werte gelten läßt, die in der Tradition des Utilitarismus anerkannt sind, und nur die Überzeugungen für zulässig erklärt, die den Bedingungen szientistischer Theorien entsprechen. Aber die Aufforderungen Sorels, alle Brücken zur »bürgerlichen« Kultur abzubrechen – einer der Gründe für den ziemlich unerfreulichen Erfolg seiner Schriften bei den italienischen Faschisten –, sind deswegen doch keineswegs durch Argumente zu rechtfertigen, die am Wert der Tradition und nicht-utilitaristischer Zielsetzungen festhalten. Daß die menschliche Vernunft vor einigen Fragen, die dem Menschen unbequem sind und denen er sich dennoch nicht entziehen kann, kapitulieren muß; daß es unmöglich ist, unaufgebbare Hoffnungen des Menschen rational zu rechtfertigen; daß allgemeiner Determinismus eine Ideologie ist wie jede andere – aus alledem kann die Aufforderung, aus der kulturellen Kontinuität auszubrechen, nicht abgeleitet werden. Sorel kann nur ein Beispiel für die Verirrungen sein, zu denen Intellektuelle neigen, wenn sie sich einmal selbst eingeredet haben, Solidarität mit den unterdrückten Klassen erfordere, das zu bewundern – und nicht zu heilen –, was das größte Unglück dieser Klassen gewesen ist, nämlich ihr Unvermögen, an der Entwicklung der Geisteskultur teilzuhaben.

Es ist ebenso unbestreitbar, daß die Position der Intellektuellen eine Art Privileg ist, und jene, die ihr Ideal in einer absoluten Gleichstellung der Menschen in jeder Hinsicht sehen, müssen die Zerstörung der Kultur fordern. Wenn die Gleichheit in jeder Hinsicht der höchste Wert ist, ist die wichtigste Aufgabe der Gesellschaft, alle Menschen auf das Niveau der Unaufgeklärtesten zu drücken. Das ist in etwa das Ideal einiger totalitärer Utopien des 18. Jahrhunderts, das genaue Gegenteil der Lehre, die Marx den wissenschaftlichen Sozialismus nannte. Denn diese Lehre richtet sich darauf, das Privileg der Herrschaft über die Produktionsmittel abzuschaffen und *insofern* auch das Bildungsprivileg, als es aus dem Privileg des Eigentums erwächst, und das bedeutet, jedem Zugang zur Kultur zu schaffen. Aus diesem Grund waren Bildungskult und Bildungsstreben zu der Zeit charakteristische Züge der Arbeiterbewegung, als sie unter dem beherrschenden Einfluß der marxistischen Theorie stand. Im Gegensatz dazu suchten Bewegungen, die Gleichheit in jeder Hinsicht zum Leitgedanken hatten, Kultur und Bildung eher zu zerstören als zu verbreiten. Denn selbst wenn wir an die berühmte Trotzkische Vorhersage glauben wollten, in einer sozialistischen Welt würde jedermann das geistige Niveau eines Aristoteles, Goethe und Marx erreichen können, müßten wir annehmen, daß die ungebildete Schicht der Bevölkerung zunächst einmal das Niveau ihrer derzeitigen Eliten erreichen müßte, um dies Ideal zu erfüllen, und daß demzufolge die kulturellen Unterschiede auch dann noch lange fortbestehen müßten, wenn die Unterschiede in den Eigentumsverhältnissen schon beseitigt sein sollten. All das widerspricht jedoch geradewegs den Idealen eines Anarchismus und all jener Utopien, deren zugrundeliegende Motivation eher Neid als Streben nach Gerechtigkeit war und die sich deshalb das Ziel setzten, die ganze Menschheit auf das Niveau der ungebildetsten Schicht hinabzuziehen und derart die Unbildung als einzig wahren Weg zur Befreiung der Menschheit feierten.

Es scheint, als würde der Einfluß dieser Geisteshaltung in unserer Kultur eher zu- als abnehmen. Sie hat sich allezeit aus der offenbar vernünftigen Beobachtung entwickelt, daß geistige Kultur mit materiellen Privilegien verbunden ist. In der Tat wissen wir, daß durch die Geschichte hindurch Ungleichheit und Ausbeutung immer wieder die Quelle kulturellen Fortschritts waren oder – was das gleiche ist – daß die Bedingung dieses

Fortschritts die freie Zeit gewesen ist, deren sich eine Minderheit erfreuen konnte, weil sie der Masse vorenthalten blieb.

Einige Formulierungen von Marx könnten vermuten lassen, daß er an den besonderen Klassencharakter der Kultur insgesamt glaubte. Aber es ist sicher, daß der Marxismus in seiner Grundidee den Sozialismus als Fortsetzung der geistigen Arbeit der Menschheit begreift, als Erben und nicht Zerstörer der existierenden – speziell der bürgerlichen – Kultur auf intellektuellem, künstlerischem und technologischem Gebiet. Den allermeisten Intellektuellen der letzten Jahrzehnte des 19. und der ersten zwei Jahrzehnte unseres Jahrhunderts bedeutete der Zugang zum marxistischen Sozialismus den Zugang zur universalen Kultur. Der Sozialismus stellte sich selbst als Träger des geistigen Universalismus dar, ebenso der Marxismus, begriffen als ideologische und theoretische Ausführung des Sozialismus. Für die Intellektuellen der Zweiten Internationale bedeutete (mit wenigen Ausnahmen), ein Sozialist oder der Sache der Arbeiterklasse verpflichtet zu sein, nicht, für eine wesentlich andere Kultur einzutreten, die den geistigen Zusammenhalt der Menschheit sprengen würde und andere Denkgesetze und Sittlichkeitswerte hätte. Ganz im Gegenteil: es war das Proletariat, das – entsprechend der Marxschen Idee – geistiger Erbe all dessen sein sollte, was die privilegierten Klassen geschaffen, was sie als ihr Privileg festgehalten hatten und was sie nicht länger behalten konnten. Es war keine Rede von einer wesentlich anderen »proletarischen Kultur«, die als ganze im Gegensatz stand zur »bürgerlichen Kultur« und ihren Werten. In dieser Hinsicht teilte auch die russische Linke der Zweiten Internationale die Grundüberzeugung von der inneren Einheit aller Kultur. Das beweist die eindeutig ablehnende Haltung Lenins und Trotzkis zu Theorie und Praxis des sowjetischen »Proletkult«; dessen Vertreter nahmen an, das Proletariat werde, einmal zur Macht gelangt, kraft seiner besonderen Sendung nicht etwa die Errungenschaften der bestehenden Kultur in sich aufnehmen und bereichern, sondern aus dem Nichts eine völlig neue, eigene Kultur begründen, in der alle früheren institutionellen Formen gesellschaftlichen Lebens ihre Gültigkeit ebenso verlieren würden wie die bis dahin geschaffenen Maßstäbe geistiger und künstlerischer Wertung. Der »Proletkult« war eine unfruchtbare Erscheinung; er blieb ein historisches Kuriosum, das keinerlei bemerkenswerte Wertmaßstäbe setzte. Jedoch wurde er weniger um der traditionellen sozialistischen Idee eines kulturellen Universalismus willen abgeschafft als vielmehr infolge des wachsenden nationalistischen Charakters des neuen Staates. Dieser Staat, statt Träger des Universalismus zu sein, wurde zum Erben des großrussischen Chauvinismus. So anerkannte die sowjetische Kultur das Prinzip einer bedingten kulturellen Kontinuität, während sie gleichzeitig diese Kontinuität ganz oder doch teilweise auf spezifisch russische Erscheinungen einschränkte, die alsbald zur idealen Verkörperung der neuen sozialistischen Kultur emporstilisiert wurde. Gerade der sozialistische Kunstkanon der stalinistischen Ära erwies sich als Dogmatisierung des kleinbürgerlichen Geschmacks der neuen privilegierten Klasse, die sich fast völlig gegen die bürgerliche Tradition des Westens abkapselte.

Diese heute so offensichtliche Tatsache war in den Vorkriegsjahren keineswegs so klar. Deshalb wurden viele westliche Intellektuelle – besonders in den Jahren der Weltwirtschaftskrise und der faschistischen Bedrohung – immer noch bewegt von den traditionellen Ideen des Universalismus, wenn sie sich dem Marxismus und Sozialismus anschlossen, deren Träger die Sowjetunion sein sollte. Das Bedürfnis nach Glauben an die Existenz einer Bewegung, die diesen Universalismus repräsentiert, war so außerordentlich stark, daß es selbst die klügsten Köpfe blind gegen Tatsachen machte, die – wie es heute scheint – selbst dem oberflächlichsten Beobachter hätten auffallen müssen. Aus der heutigen Perspektive scheint die Reaktion vieler westlicher Intellektueller auf die Moskauer Prozesse etwa unglaublich. Diese plumpen, ungeheuerlichen Schauspiele voller Widersprüche, in denen Dummheit, Grausamkeit und Verlogenheit gen Himmel schrien, erhielten Unterstützung oder Verständnis von Männern wie Romain Rolland, Barbusse, Brecht oder Feuchtwanger. Es ist unmöglich, heute ohne Grauen das Buch von Sidney und Beatrice Webb zu lesen – Leuten von brillantem Geist und in ihrer Unbestechlichkeit über jeden Zweifel erhaben –, die in Tagen des grausamsten stalinistischen Terrors das demokratische Sowjetregime und seine Überlegenheit gegenüber der britischen Demokratie feierten. Dennoch, diese

Blindheit, so unglaublich sie uns heute scheint, erwuchs aus dem Wunsch zu glauben, daß es auf Erden immer noch eine Macht gäbe, die die traditionelle Sehnsucht nach kulturellem Universalismus repräsentiert oder verkörpert, dessen Träger die Arbeiterklasse werden sollte. Das waren unverzeihliche und ungeheuerliche Fehler, aber diese Haltung schloß nicht notwendig einen Anti-Intellektualismus ein.

Ganz anderer Art waren diese Bekehrungen der Intellektuellen zum Hitler-Faschismus oder Stalinismus, die bewußte Hinwendungen zur Barbarei waren, als solche begriffen und gewollt. Tatsächlich gab es im Grunde keine andere Hinwendung zum Hitler-Faschismus, da ihn nicht der phraseologische Schleier der universalistischen Tradition umgab, den der Stalinismus sich zunutze machte. Jedoch zog der Stalinismus auch einige als die Verkörperung des traditionellen marxistischen Universalismus an, während er andere als der Vormarsch der »herrlichen Asiaten« faszinierte, die gerufen waren, die verwesende europäische Kultur zu zerstören. Es bleibt einiges rätselhaft an den Konversionen dieser Art, ähnlich dem Problem der aktiven Hitler-Anhänger in intellektuellen Kreisen. Unsere Generation, die den Fall von Männern des Kalibers eines Hamsun oder Hauptmann gesehen hat; die Texte von Heidegger liest, der seine Metaphysik in den Dienst fanatischer Krimineller gestellt hat; zu deren Lebzeiten der Nobelpreisträger Lenard seine berühmte rassistische »Deutsche Physik« schrieb; eine Generation, die Zeuge der Kollaboration (und nicht etwa nur der durch Angst erpreßten Beihilfe) gewesen ist, zu der sich hervorragende Schriftsteller mit faschistischen Gangstern eingelassen haben – diese Generation kann sich nicht zufriedengeben mit der simplen (freilich wahren) Feststellung, daß jedes System und jede Bewegung Intellektuelle findet, die ihnen dienen. Es sieht so aus, als gäbe es in vielen Intellektuellen so etwas wie die »Naphtha-Komponente« (aus dem *Zauberberg*): eine unabhängige Intelligenz, durch ihre Unabhängigkeit selber gefesselt, auf der Suche nach einer Autorität, die fremden, nicht intellektuellen Quellen entspringt. Sehnsucht nach Barbarei, Gewaltkult und Autoritätskult sind unter Intellektuellen keine Neuentdeckungen. Ähnliches findet sich in der Geschichte der ersten Bekehrungen zum Christentum unter den Intellektuellen Roms;

sie schlossen sich dem neuen Glauben im Bewußtsein seiner Einfachheit an und akzeptierten ihn gerade als solchen mit dem Gefühl, sich freiwillig einer höchsten Autorität zu unterwerfen, beschämt sozusagen durch ihre »menschliche« Weisheit und bereit, ihr zugunsten der »Torheit des Glaubens« abzuschwören. Die Epoche der Reformation und der Gegenreformation bietet ebenfalls Beispiele solch einer Haltung. Beim Studium der Religionsgeschichte des 17. Jahrhunderts hat mich zum Beispiel betroffen, daß eine obskure französische Wahrsagerin, eine völlige Ignorantin, Antoinette Bourignon, plötzlich als die Verkörperung der höchsten göttlichen Weisheit und als geistige Autorität anerkannt wurde – anerkannt von den Spitzen der intellektuellen Elite Europas wie Johannes Komensky, Swammerdam, Poiret. Das Verhältnis der Florentiner Humanisten zu Savonarola war das gleiche. Wir können Konversionen dieser Art in psychoanalytischer Begrifflichkeit als Rache des Es am übermäßig entwickelten Ich erklären oder, in soziologischer Terminologie, als Folge der Entfremdung, die fast jeder Intellektuelle erfährt und die ihn zwingt, nach einer anderen Gemeinschaft als der der elitären »Gelehrtenrepublik« zu suchen – nach einer Gemeinschaft, die ihm das Gefühl von Vertrauen, von geistiger Geborgenheit und Autorität vermittelt, das die intellektuelle Arbeit so nicht gibt. Was immer die Erklärung ist, man kann überzeugt sein, daß jede religiöse oder soziale Bewegung, mag sie auch den aggressivsten Anti-Intellektualismus predigen, begeisterte Unterstützung durch einige Intellektuelle finden wird, die in der bürgerlichen Zivilisation des Westens groß geworden sind und deren Werte ostentativ verwerfen, um sich der Herrlichkeit gesunder Barbarei zu beugen.

Der Sozialismus sowjetischer Prägung ist heute für diese Art Konversionen kein Anziehungspunkt mehr. Er ist vom Maoismus und von der Begeisterung für die Entwicklungsländer abgelöst worden, die in den Augen mancher Intellektueller wie Erlöser dastehen, die der Menschheit neue Wege weisen. Es scheint fast unglaublich, daß der Kult des puren Primitivismus, verbunden mit dem Glauben an eine Wiedererweckung der Menschheit durch ihre am wenigsten weit entwickelten Schichten, gemeinhin unter dem Etikett »Marxismus« auftreten konnte. Ich behaupte nicht, es gäbe gegenwärtig nur einen

»wahren« Marxismus im Unterschied zu verschiedenen anderen, »entstellten« oder »verfälschten« Formen; ich glaube im Gegenteil, daß es mehrere unvereinbare Versionen oder Spielarten gibt, die in bestimmter Hinsicht beanspruchen können, die marxistische Tradition weiterzuführen. Dennoch gibt es zweifellos, bestimmte Elemente der marxistischen Weltanschauung, die so klar formuliert sind und so offensichtlich zum Kern der Lehre selbst gehören, daß es nur noch grotesk wäre, wollte man sie in Frage stellen und sich zugleich zum Marxismus bekennen. Marx' Gedanke, daß das Industrieproletariat der hochentwickelten Länder Träger der sozialistischen Veränderungen sein würde, gehört zu diesen zentralen Elementen. Man kann der Meinung sein, daß die soziale Entwicklung unseres Jahrhunderts es nicht mehr erlaubt, an dieser Hoffnung festzuhalten; aber in diesem Fall muß man zugeben, daß die marxistische Lehre auf die Verhältnisse der Gegenwart nicht mehr anwendbar ist, daß sie uns nichts mehr zu bieten hat. Aber es ist nicht mehr als ein Spiel mit Worten, wenn man die These »marxistisch« nennt, die Menschheit werde aus Unterdrückung, Ausbeutung und Elend durch Massen ungebildeter Bauern der am weitesten zurückgebliebenen Länder der Erde befreit. Marxismus ohne das industrielle Proletariat ist so etwas wie Christentum ohne Gott, und obwohl es selbst das heute gibt, besteht kein Grund, es für etwas anderes zu halten als für ein Spiel mit Worten.

Wir wollen jedoch das Randproblem von Schulbezeichnungen lassen. Ich behaupte, daß zeitgenössische Bekehrungen von Intellektuellen zum Maoismus oder ähnlichen Bekenntnissen nicht einfach als ein Akt der Solidarität mit den Armen und Unterdrückten betrachtet werden kann – im Gegensatz zu jener Wendung, mit der sich Intellektuelle einst dem klassischen Marxismus anschlossen. Das war die Hinwendung zu einer Bewegung, die die Kontinuität der kulturellen Entwicklung, Achtung vor errungenem Wissen und geistigen Werten zu repräsentieren schien. Die gegenwärtige Begeisterung der Intellektuellen für bäuerliche und lumpenproletarische Bewegungen und für Bewegungen, die von der Ideologie nationaler Minoritäten getragen sind, ist eine Begeisterung für das, was daran reaktionär und kulturfeindlich ist: für die Verachtung der Bildung, für den Kult der Gewalt, für den Geist der Rache, für Rassismus (der auch als Rassismus einer diskriminierten Minorität, wie in Teilen der amerikanischen Negerbewegung, Rassismus bleibt). Denn es ist eines, die Partei diskriminierter Schichten der Menschheit bei ihrem Kampf um die Überwindung von Elend und Erniedrigung zu ergreifen, und ein anderes, jede Art Barbarei und Gewalt zu unterstützen, wenn sie nur von einer diskriminierten Schicht ausgehen, und jede Bewegung als »progressiv« zu feiern, wenn sie nur beansprucht, ein »Feind der Bourgeoisie« zu sein (als ob faschistische Bewegungen nicht oft genug ihre Kraft aus dem Aufstand des diskriminierten Lumpenproletariats gewonnen, die »anti-bürgerliche« Phraseologie nicht verwendet hätten). Es ist eines, die westlichen Demokratien zu kritisieren, weil sie die armen Länder ausbeuten oder dem Elend in der Dritten Welt nicht abhelfen, und ein anderes, diese Kritik zum Vorwand für eine Bewunderung der finstersten Diktaturen zu machen, wenn sie die »Weiße Welt« nur mit Zerstörung bedrohen. Es ist eines, für gleiche Bildungschancen zu kämpfen, und ein anderes, vor schwarzen Rassisten zu knien, die die bestehende intellektuelle Tradition als »irrelevante weiße Bildung« brandmarken (Zitat aus der Proklamation der Black Students Union) und in der kulturellen Rückständigkeit der schwarzen Bevölkerung ein Zeichen für besondere Überlegenheit sehen. Gewiß kann man nicht einfach ausschließen, daß die gegenwärtigen Bewunderer der Barbarei eine Realtendenz im historischen Prozeß repräsentieren und daß alle technologischen und geistigen Errungenschaften der Moderne in einem beispiellosen Zusammenbruch, mit dem verglichen der Fall des römischen Weltreiches gerade ein Stolpern gewesen wäre, untergehen könnten und der überlebende Teil der Menschen auf Jahrhunderte hinaus zurückgeworfen wird in Primitivität und Elend. Derlei apokalyptische Visionen bereiten, nebenbei, der kindischen Einbildungskraft mancher Intellektueller ein angenehmes Grauen. Aber sie haben wenig mit der Idee zu tun, der unterdrückten und leidenden Menschheit zu helfen.

Wir haben gegenwärtig, im Lichte der ethnologischen Forschung des 20. Jahrhunderts, allen Grund anzunehmen, daß grundlegende Denkmuster unverändert durch die Geschichte des Menschengeschlechts hindurch bestehen und unabhängig sind von allen Wechselfällen menschlicher Zivilisation. Es ist in diesem Zusammenhang, so wichtig es philosophisch gesehen auch sein mag, unerheblich, wie dieser Universalismus erklärt werden kann: aus genetischen Gegebenheiten (man kann zum Beispiel anführen, daß die Grundregeln probabilitischen Denkens lediglich ausdrücken, wie bedingte Reflexe bewirkt und wieder aufgehoben werden), aus der Natur der Sprache, durch Rückführung auf einen göttlichen Willen oder durch die Strukturen der transzendentalen Rationalität. Obgleich diese Grundmuster aber allen Menschen aller Kulturen und Zeiten gemeinsam sind, steht es mit dem *Bewußtsein* dieser Universalität doch anders. Aus der Tatsache, daß uns allen dieselbe Logik gemein ist, folgt nicht automatisch, daß wir uns dessen bewußt sind. Im Gegenteil: das Bewußtsein einer solchen Gemeinschaft erwächst aus einer bestimmten Kultur, und vielleicht können wir überhaupt nur aus dem besonderen Blickwinkel unserer Kultur diese tatsächlich existierende Gemeinsamkeit wahrnehmen. Daß aber dieses Bewußtsein an bestimmte spezielle Erkenntnisbedingungen gebunden ist, macht es schwierig, das Allgemeine und das Besondere in unserem Bewußtsein zu trennen, da wir, um unsere Teilhabe an universalen Mustern zu begreifen, vielleicht zu einer besonderen Zivilisation gehören müssen. Wahrscheinlich wären wir gar nicht fähig zu entdecken, was in uns selbst allgemein menschlich ist, wenn wir im allgemeinen nicht den Glauben an die Überlegenheit und den ausschließlichen Wert unserer Kultur (die doch immer die unsere ist) verloren hätten. Wir stellen uns heute vor, daß wir fähig sind, spezifische Werte aller Jahrhunderte und Zivilisationen aufzunehmen, daß wir gleichzeitig Japaner des 12. Jahrhunderts, Azteken des 15. Jahrhunderts, antike Griechen, Polynesier, Höhlenbewohner von Altamira sein könnten. Aber diese Offenheit, diese Flexibilität oder Aufnahmefähigkeit ist das Ergebnis dieser einen Zivilisation, die eine Art von Gleichgültigkeit den ihr eigentümlichen Werten gegenüber hervorgebracht hat. Unser Universalismus ist ein anderer Name für unseren Indifferentismus, für den Mangel an Glauben an irgendwelche besonderen kulturellen Werte. In Kulturen, die sich der Universalität von Denkmustern nicht bewußt waren (selbst wenn die Menschen sie tatsächlich nachvollzogen), konnte das Zugehörigkeitsgefühl zum eigenen Kulturbereich viel totaler und allumfassender sein, als es uns möglich ist. Wir machen gewöhnlich einen Unterschied zwischen der Erkenntnisordnung und der Wertordnung, zwischen dem, was *wahr* ist (das heißt: erwiesen mit Hilfe der allgemeingültigen Regeln der deduktiven und probabilistischen Logik), und dem, was *gültig* ist (und nur durch Berufung auf die Tradition als solches erwiesen werden kann). Diese Unterscheidung jedoch kann niemals alle Zweifel daran beseitigen, was in unserer Kultur zu welchem Bereich gehört. Der Glaube an die Allgemeingültigkeit gewisser kultureller Muster (eingeschlossen Denkmuster) läuft dem Bedürfnis nach »totalem Engagement« oder »globaler Zugehörigkeit« zu einer bestimmten Kultur oder Subkultur oder militanten Gruppe entgegen (vorausgesetzt, daß auch Gruppen mit bestimmten Sonderinteressen normalerweise Ideologien von allgemein menschlicher Relevanz vertreten). Vorbehaltloses Engagement fällt schwer, wenn wir uns bewußt sind, mit unseren Feinden einige grundlegende Werte gemeinsam zu haben – selbst intellektuelle. Das Gefühl des vorbehaltlosen Engagements erlaubt den Anspruch, daß das, was im Hinblick auf die erwähnten allgemeingültigen Kriterien des Denkens falsch zu sein scheint, doch richtig sein oder sich doch, gemessen an höchsten Werten, als Wahrheit höherer Ordnung erweisen kann. Stark militante Gruppen – mögen sie religiös oder politisch sein, mag es sich um ein bedrohtes Establishment oder eine revolutionäre Bewegung handeln – zeigen oft diese Tendenz, jede Art von Universalität zu bestreiten. Wenn nun aber alle Gruppen, die sie bestreiten und dazu einer entsprechenden Ideologie bedürfen, Intellektuelle finden, die diesem Bedürfnis entsprechen, so scheint es, als könnte das teilweise aus der besonderen gesellschaftlichen Situation der Intellektuellen selbst erklärt werden. Mit anderen Worten, man kann sagen, daß Intellektuelle nicht nur zufällig anti-intellektualistischen Tendenzen Ausdruck verleihen, die aus verschiedenen Milieus hervorgehen, sondern daß die eigene Situation der Intellektuellen selbst solche Tendenz in gleicher Weise fördert. Genau deswegen, weil die gesellschaftliche Funktion der Intellektuellen die Anerkennung allgemeingültiger Denkmuster als obligatorischer Normen wesentlich einschließt, sind die Intellektuellen außerstande, eine Gruppe zu bilden, die ihren Gliedern jenes Gefühl totalen Engagements oder jenes Zugehörigkeitsbewußtsein vermittelt, das viele religiöse oder politische Gruppen geben können. Kurz: was gewöhnlich »Entfremdung« der Intellektuellen genannt wird, ihr – oft beschriebenes – Gefühl, »entwurzelt«, nicht dazugehörig zu sein, kann ideologische Bedürfnisse hervorbringen, die sich darin äußern, daß sie sich anti-intellektuellen Tendenzen in bestehenden Bewegungen anschließen und ihnen Ausdruck verleihen.

Dieses Gefühl des Nicht-Dazu-Gehörens kann außergewöhnlich stark sein und wird nicht nur durch die besondere Situation der Intellektuellen hervorgerufen, sondern durch alle Umstände, die das Leben in zeitgenössischen Gesellschaften mehr und mehr von rational organisierten technologischen und administrativen Systemen abhängig machen, die die letzten Reste des Sippenverbandes und jede Unmittelbarkeit der Kommunikation zerstören. Die Sehnsucht nach rückhaltlosem Engagement und der Wunsch, sich aus einer Gesellschaft zurückzuziehen, in der die Kommunikation mehr und mehr von jenen Systemen vermittelt wird, sind bestimmende Motive vieler philosophischer, religiöser, politischer und gesellschaftlicher Erscheinungsformen unserer Kultur. Das Individuum kann versuchen, dieses Bedürfnis auf verschiedene Weise zu befriedigen: durch politisches Engagement, durch Mystik, durch Drogen (ich will nicht behaupten, daß alle diese Formen des Engagements die gleiche gesellschaftliche Bedeutung oder den gleichen Wert haben, sondern nur, daß ähnliche individuelle Motivationen in ihnen wirksam sein können). Drogen können, auf der Ebene des Individuums, ein Mittel sein, aus der Einheit der Kultur auszubrechen, ein verzweifelter Versuch, in die verlorene Unmittelbarkeit zur Welt zurückzukehren – aber die Ideologie der Droge kann zugleich Bedingungen gesellschaftlicher Art für einen solchen Ausbruch geltend machen (man kann amerikanische Revolutionäre sagen hören, das amerikanische Establishment kämpfe aus politischen Gründen gegen die Droge, weil sie es den Menschen ermögliche, sich von den verinnerlichten, durch Erziehung eingeprägten Werten des Establishments zu befreien; die Werte und Vorstellungen sind so tief eingewurzelt und internalisiert, daß es scheinbar keine Möglichkeit gibt, sich von ihnen zu befreien, als die Droge).

Die Intellektuellen sind nicht gerufen, die Welt zu regieren.

Ihre wichtigste Funktion ist es, den Bestand der menschlichen Geisteskultur zu bewahren und als gemeinschaftliches Gut weiterzugeben; mit anderen Worten, ihre Arbeit ist bedeutungsvoll nur unter der Voraussetzung, daß trotz aller Kämpfe und Konflikte alle Menschen an einer wesentlich gleichen Geistesstruktur teilhaben und daß alle Weltkonflikte nicht die Kontinuität und den Zusammenhang der Leistungen menschlichen Geistes zerstören können. Diese Idee einer Universalität der Vernunft impliziert den Begriff von *Wahrheit*, der sich von dem Begriff der *Gültigkeit* unterscheidet, wie er auf Werte, Institutionen, Mythologien und Sittengesetze angewandt wird. Sie impliziert nicht, daß normative Kriterien, die für andere Bereiche gelten (zum Beispiel im Bereich der Mythologie), nicht auch angewandt werden dürften, aber sie verbietet, daß die Kriterien der Wahrheit durch Engagement ersetzt werden. Dieses Verbot zu mißachten bedeutet, was man treffend den Verrat der Intellektuellen nennen könnte. Die Idee, daß die Menschheit sich von ihrem geistigen Erbe »befreien« und eine »qualitativ andere« Wissenschaft oder Logik begründen solle, ist der Wegbereiter eines bildungsfeindlichen Despotismus.

Erkenntnistheorie des Strip-tease

I. Über die Weisheit der Bibel

Nur unschuldige Wesen, die sich mit der Papiermütze des Zynismus tarnen, stellen sich vor, daß das, was uns zur Strip-tease-Schau hinzieht, keiner Erläuterung bedürfe. Diese Seelen bilden sich ein, daß sie Wissen und Weisheit über das Leben vor der Welt ausbreiten, wenn sie alle menschlichen Motivierungen mit drei oder vier Worten benennen können, die der Bezeichnung der Habgier, des Machttriebes sowie der genitalen Unternehmungslust dienen. Wodurch sie jedoch ihre kindliche Reinheit und grenzenlose Harmlosigkeit offenbaren, die ob der tatsächlichen Anwesenheit des Bösen in der Welt ahnungslos sind. Verhält es sich doch so, daß jene simplen und kaum verhüllten Motive, die der augenscheinlichen Empirie des vor-reflektiven Lebens zugänglich sind, lediglich die Welt der allernaivsten Erfahrung bilden. In Wahrheit ist es nicht nur die hoffnungslose Verflechtung von verschiedenen in einem Unterfangen mitwirkenden Motiven, welche die Frage nach dem »Primat« eines beliebigen unter ihnen entmutigend heikel erscheinen läßt, nicht nur ihre Ambivalenz, ihre gegenseitigen Behinderungen und Bekräftigungen. Detaillierte Blicke fördern es schon seit geraumer Zeit, der Plebs zum Gespött, zutage, daß das, was einfach und bekannt ist, verfilzt und rätselhaft zu sein pflegt und daß die in ihrer Offenkundigkeit fast zum Greifen nahen menschlichen Motive klebrige Verknäuelungen der sonderbarsten Tendenzen in sich bergen, deren Klärung die Psychoanalytiker, Metaphysiker und Religionswissenschaftler nach den nebulösen Erstlingen des Menschentums, des organischen Lebens, ja des Seins schlechthin greifen läßt.

Und wenn einer sagen wollte, daß ich, um den Anblick eines nackten Bauches zu erklären, metaphysische Abgründe bemühe, so möge er sich des billigen Witzes enthalten eingedenk dessen, was er in der Kindheit, in Unkenntnis der Schwere des Problems, von seinem Katecheten gelernt hat.

In der Tat, gemäß dem im Buch *Genesis* überlieferten Wissen war die Erkenntnis der eigenen Nacktheit die erste Information, in deren Besitz unsere Ureltern dank der verbotenen Frucht gelangten.

Am Anfang besagten Buches können wir nämlich lesen, daß beide nackt waren und sich dessen nicht schämten; des weiteren, daß sie, sobald sie die Frucht vom Baum der Erkenntnis gekostet hatten, erkannten, daß sie nackt seien, und sich im Gebüsch vor dem Blick des Herrn verbargen, sich ihrer Nacktheit, nicht aber ihres gerade begangenen Verbrechens schämend; hernach, daß Gott an der Scham ob ihrer Nacktheit erkannt habe, daß seine Hausgenossen sein Verbot übertreten haben, und schließlich: daß Adam und Eva erst nach ihrer Vertreibung aus dem Paradiese in körperlicher Liebe zusammenkamen.

Diese Geschichte verdient Aufmerksamkeit, denn es läßt sich aus ihr die ganze Nacktheitstheorie gewinnen, die in der großartigen mythenbildenden Arbeit der antiken Hebräer verborgen und die für unsere Kultur von Bedeutung ist.

Die Prinzipien dieser Theorie sind, wie man sieht, die folgenden:

1. Die scheinbar natürliche menschliche Nacktheit kann nicht ohne besonderes Wissen als Nacktheit, als separate Tatsache bemerkt werden. Anders ausgedrückt: Die Nacktheit erscheint im Bewußtsein nicht »von sich aus«, das heißt, sie erscheint nur in ihrer Opposition zum »Bekleidetsein« als wahrnehmbares Faktum. Mit einem Wort: Die Nacktheit ist kein natürliches, sondern ein Kulturphänomen.

2. Das gleiche wie über die Nacktheit läßt sich auch über die Scham ob der Nacktheit sagen. Hierzu eine außerbiblische Bemerkung: Die Scham bedeutet ein bestimmtes Verhältnis zu sich selbst als zu dem Gegenstand fremder Blicke, genauer, sie ist ein Minderwertigkeitsgefühl angesichts des eigenen Selbst, das in einer schmachvollen und lächerlichen Lage von anderen erblickt wird. Die Regeln, welche die eine oder andere Situation als eine schmachvolle oder lächerliche beurteilen heißen, sind selbstverständlich kein Produkt der »Natur«; die Scham ist die

Entzweiung des Selbstbewußtseins, das vor sich selbst als das Objekt fremder Wahrnehmung erscheint, welches zugleich die Erinnerung an die Identität jenes Objektes und der eigenen erlebten Subjektivität bewahrt (diese Frage erwägt Sartre im einzelnen in der Analyse eines Individuums, das beim Belauschen durchs Schlüsselloch ertappt wird[1]. Diese Entzweiung ermöglicht ihrerseits das sekundäre Auftreten einer »Scham vor sich selbst«, einer Scham ohne Zuschauer.

Mithin verhält es sich nicht so, daß die Scham die Folge der Nacktheit ist; im Gegenteil, die Scham ermöglicht erst die Nacktheit als wahrnehmbaren Umstand, das heißt die Nacktheit schlechthin.

3. Das Wissen von der Nacktheit ist jedoch nicht erfahrbar, beruht auch nicht auf einer Übereinkunft. Daß man sich der Nacktheit zu schämen habe, also daß es die Nacktheit gebe, erfährt der Mensch zwar nicht von sich aus, aber auch nicht aus der Beobachtung; dieses Wissen mußte in einem universalen Geist enthalten gewesen sein, erst von dort aus konnte es in die feindselige Frucht einsickern und durch ihr Wirken das verbrecherische Paar erleuchten. Oder anders: Sie haben die Nacktheit nicht kraft einer Konvention aufgestellt, sondern haben die bereits vorweg in einer allumfassenden Vernunft enthaltene und »gegebene« Nacktheit erkannt. Solcherart läßt sich das einmal erworbene Wissen nicht kraft einer sekundären Konvention ungültig machen oder verändern, vielmehr bleibt seine Wahrheit irreversibel. Mithin ist die Scham ohne Zuschauer gleichfalls legitimiert worden, denn sie ist die Scham vor dem allgegenwärtigen Zuschauer, vor dem allsehenden Auge.

4. Die Idee der Nacktheit war nach dem Verbot der erste Nachrichtenbeitrag zu den Beständen des menschlichen Wissens. Indem Gott das Verbot aussprach, trat er nur als abstrakter Gesetzgeber auf, in der Erfahrung der Scham dagegen (zumal sich unsere Ureltern nicht voreinander, sondern vor dem Schöpfer schämten) offenbarte er sich erstmalig als Person, im existentiellen Kontakt. Die Verfassung des Paradieses – arm zwar an Inhalt, dafür aber äußerst klar – war allerdings das erste interpersonale Kommuniqué der Geschichte (in der Redaktion des zweiten Kapitels der *Genesis*), das nächste aber war der

Kontakt anläßlich der Entdeckung der Nacktheit oder der Scham ob der Nacktheit.

Die erste anthropologische Lehre beruhte auf der Zusammenstellung zweier Situationen: nackt – bekleidet. Diese Klassifikation führt in der Verbindung mit dem Bewußtsein, daß Gott den Menschen nackt erschuf und daß man sich der Nacktheit zu schämen hat, unweigerlich zu folgendem Schluß: Die Nacktheit ist gleicherweise natürlich wie schmachvoll, somit ist der Naturzustand schmachvoll, oder aber es ist schmachvoll, ein natürlicher Mensch zu sein.

5. Sofern das erste Paar erst nach der Vertreibung den Liebeskontakt erfuhr, muß man folgern, daß die Identifikation der Nacktheit als Nacktheit die Voraussetzung aller prokreativen Maßnahmen war. Mithin müssen wir nicht nur annehmen – worauf Kierkegaard hinwies –, daß die Erbsünde die kausale Bedingung für die Vermehrung der Menschheit selbst sei, sondern darüber hinaus, daß der Liebesverkehr jeweils mit dem Selbstbewußtsein der schmachvollen Situation, die durch die Nacktheit entsteht, verbunden sein müsse, sofern die Schmach der Nacktheit irreversibel ist. Somit wird dieser Verkehr zur Rückkehr zum Naturzustand, der zuvor als schmachvoller Zustand bekannt war. Die Rückkehr ist demnach scheinbar, denn es besteht keine Möglichkeit, in den Zustand unschuldiger Unwissenheit zurückzukehren, vielmehr kann man nur die im Schuldgefühl sichtbaren, verstandenen und enthüllten Umstände selbst wiederherstellen.

Der biblische Mythos hat die Situation, die sich in der Mittelmeerkultur verfestigt hat, großartig kodifiziert. Diese Situation fügt sich zu folgendem Bild:

Die Nacktheit bedeckt mit Schmach, aber dieser Umstand gründet weder in einer Übereinkunft, noch ist er die Folge einer solchen: Er ist gemäß einer transzendentalen Form hergebracht und gegeben.

Das Wissen, daß die Nacktheit mit Schmach bedeckt, entspringt nicht der Natur, es muß erlernt werden; die Aneignung dieses Wissens ist der erste Akt der Denaturalisierung des Menschen. Die Identifikation der Nacktheit im Unterschied zum Bekleidetsein ist das Fundament der Kultur (in Opposition zur Natur).

Präsent ist das allsehende Auge, das folglich unsere Kleidung durchdringt und jeden von uns ständig nackt oder natürlich oder schmachbedeckt sieht.

Jedes dieser Prinzipien ist von den übrigen logisch unabhängig, ein jedes will somit gesondert anerkannt werden. Zusammen konstituieren sie eine kohärente Ganzheit, die sich mit den Worten ausdrücken läßt: Die Wahrheit des Menschen ist seine Schmach. In der Tat ist der wahre oder der natürliche Mensch der unwissentlich schmachbedeckte Mensch (da er seinen Zustand noch nicht kennt, dieser aber gemäß der göttlichen Norm gegeben ist); der seine Schmach verbergende Mensch ist der Kulturmensch. Die Schmach ist zwar verborgen, aber nicht genichtet, da ja das allwissende Auge wacht. Nicht nur Wahrheit und Nacktheit sind verwandt geworden (was sich in den Ausdrücken »nackte Wahrheit«, »nackte Tatsache« usw. niedergeschlagen hat und auch in der Etymologie des griechischen Wortes A-letheia, der Heidegger so viel Beachtung schenkte: Wahrheit als Un-verborgenheit, Ent-bergung), zugleich auch Wahrheit und Schmach. (Wenn wir sagen »Schein und Wirklichkeit«, geben wir mit dem Wort selbst zu verstehen, daß der Schein schön, die Wirklichkeit aber häßlich sei; solcherart gebrauchen wir auch fast ausschließlich die Wendung: »Er hat sein wahres Gesicht gezeigt« u. ä.) So sind wir zu dem Schluß gekommen – der so formuliert zwar humoristisch, im geistigen Hintergrund unseres Gedankens jedoch gegenwärtig ist –, daß der Mensch *in Wahrheit* nackt ist, die Kleidung dagegen seine Wahrheit *verbirgt*. Die Rückkehr zur Wahrheit ist die Rückkehr zur Schmach, die nunmehr bereits unausweichlich bekannt ist. Wir müssen folglich zwischen Schmach und Betrug oszillieren. (Werden wir im Himmel bekleidet oder vielmehr nackt sein? Ich weiß nicht, ob einer der *doctores* der Kirche, die über die Bedingungen der Auferstehung der Leiber gehandelt haben, diese Frage beachtete.)

II. Ausnutzung der Husserlschen Autorität

Welche ist die tatsächliche Herkunft jener imaginären Konstruktion? Woher rührt ursprünglich die Überzeugung, daß man sich der Nacktheit zu schämen habe und daß die Kleidung ein Verbergen sei? Wir wissen nichts Glaubwürdiges zu dieser Frage anzuführen. Seit jedoch Descartes in seinen *Prinzipien*, Puffendorf in *De officio* sowie Husserl in *Die Frage nach dem Ursprung der Geometrie* die sonderbarste Wissenschaft der Welt legitimierten, nämlich die transzendental begriffene Geschichte, also eine Geschichtsschreibung, die man betreiben kann ohne Kenntnis eines einzigen Faktums – und sie haben sie sachlich und allen Ernstes legitimiert –, steht es jedem frei, sich in einer faktenlosen Situation diesem mühevollen Wagnis zu unterziehen. Diese Legitimation ist nützlich, namentlich seit der Zeit, da sich die – besonders von Malinowski in der Ethnologie eindringlich formulierte – Überzeugung allgemein durchgesetzt hat, daß der Gebrauch des Wortes »ursprünglich« in seiner absoluten Bedeutung (wie ursprüngliches Wissen, ursprüngliche Sprache, ursprünglicher Zustand des Menschen usw.) jedes wissenschaftlichen Sinnes entbehre und als Relikt der evolutionistischen Metaphysik gelten müsse[2]. Im Grunde kann die wissenschaftliche Forschung innerhalb der eigenen Normen die Frage nach dem absolut primären Zustand irgendeiner menschlichen Institution nicht stellen, keine derartige Frage läßt eine Antwort erwarten, welche die Form einer Hypothese hätte, die sich mit Hilfe von vorstellbaren Daten verifizieren ließe. Die wissenschaftliche Forschung hat sich vom absoluten Anhaltspunkt gelöst; die Interpretation der Sitten und der Kenntnisse der sogenannten archaischen Völker auf dem Weg einer Konfrontation mit den Maßstäben unseres modernen Wissens (wie Frazer) oder unserer Moral (wie Morgan) büßte zuerst dank der Überlegungen Durkheims, darauf der Malinowskis und schließlich der Lévi-Strauss' ihre Glaubwürdigkeit ein. Zusammen mit dem vermeintlich endgültigen (das heißt gegenwärtig gültigen) Maßstab der Beurteilung verschwand die absolute Anfänglichkeit des untersuchten Prozesses, welchem im Endeffekt – wohl ein für allemal – der Ausgangs- und Endpunkt genommen wurde.

Das natürliche Ergebnis dieses gleicherweise unumgänglichen wie nützlichen Verzichts (wenn man die Metaphysik von rekonstruierenden Hypothesen unterscheiden will) war das erneute Zurückströmen der Fragen nach der Endgültigkeit in das Meer der Philosophie, in dem andere, nicht minder erbarmungslose Gesetze gelten, deren Strenge sich aber auf einer bedeutend größeren zeitlichen Skala offenbart. Dank dessen hat die erwähnte transzendentale Geschichtsschreibung eher an Impetus gewonnen, als daß sie klein beigegeben hätte; ihre Aspirationen gehen allerdings nicht dahin, das Unbekannte aufgrund bekannter Fakten zu rekonstruieren, sondern dahin, ein rationales Verständnis eines beliebigen Kulturprozesses zu erlangen unter Umständen, unter denen jenes eine Rekonstruktion des ursprünglichen Zustandes verlangt, die jedoch mit historisch legitimen Mitteln unerreichbar ist. Sie schafft demnach konstruierte Genesen, die den Fakten einen Sinn verleihen, obgleich sie selber keine Faktizität beanspruchen.

So also vermuten wir, daß die rudimentäre Bekleidung in jenem nicht hypothetischen, sondern modellhaften Primärzustand den greifbarsten Unterschied zwischen dem Menschen und dem Rest der organischen Welt darstellte. Ich sage: den greifbarsten, eingedenk dessen, daß alle anderen kraß sichtbaren Besonderheiten der Gattung, sogar die morphologischen, zwar hinreichten, daß der primitive Blick mit den ersten Spuren des Selbstbewußtseins jedes Einzelexemplar der eigenen Gattung ohne Fehl identifizierte, nicht aber, daß die Gattung sich nicht nur dessen bewußt wurde, anders zu sein als die übrigen, sondern daß der Grad ihres Andersseins sie bereits aus dem Königreich der Tiere hinausgeführt hatte. Etwas anderes nämlich ist es, die eigene Gattung im Unterschied zu den übrigen zu identifizieren, was auch die niedrigsten, zumindest die zweigeschlechtlichen Lebewesen in ihrem Verhalten vermögen, und etwas anderes, das für die Menschheit konstitutive, wenngleich verschleierte Bewußtsein des Hinaustretens aus der ganzen bestehenden organischen Welt zu erlangen. Es ist ebenfalls klar, daß dasjenige, was im modernen oder auch antiken Wissen für dieses Hinaustreten relevant ist (*animal risibile, animal rationale* usw.), oder das, was für uns über die Qualität der neuen Wende in der Evolution entscheidet, sich aus anderen Merkmalen zusammensetzt als aus denen, die es der Gattung an ihren Quellen erlaubt haben, sich als eine aus der animalischen Welt hinaustretende zu erkennen. Die Kleidung ist das krasseste der Merkmale, die im Augenblick der Wende zugänglich waren – ein krasseres (bezüglich der qualitativen Besonderheit) als Körperbau und Bewegungen, beispielsweise die Zweibeinigkeit, ein krasseres sogar als die Werkzeuge. Nichts Phantastisches also in der Vermutung, daß der Gebrauch der Kleidung in einem solchen Maße mit der Geburt jenes Selbstbewußtseins des Hinaustretens simultan war, daß er im archaischen Bewußtsein ein elementares Erkennungszeichen konstituierte, um welches herum sich die Opposition zwischen der menschlichen Welt und dem gesamten Rest des Tierstaates fixierte. Mithin trug es sich an der Grenze der menschlichen Welt so zu, daß die Kleidung denjenigen, die diese Grenze im Bewußtsein überschritten, nicht nur als Symbol, sondern als zentrale Realität der neuen Welt, als deren Kristallisationspunkt erschien. Die Zugehörigkeit des Menschen zur Tierwelt in dieser oder jener oder sonst einer Hinsicht konzentrierte sich mithin in der Nacktheit. Der nackte Mensch war Tier, die Nacktheit war die Ansicht jenseits der gerade überschrittenen Grenze. Die Nacktheit zeugte davon, daß man trotz allem zur alten Welt gehörte. Somit ist die Nacktheit ein Schandmal, die Kleidung ist das Verbergen des weiterhin vorhandenen Tierseins, ist das Verbergen der schmählichen Wahrheit über den Menschen.

Somit konnte die im biblischen Mythos enthaltene, bereits aufgezeichnete Intuition geboren werden: Die Wahrheit des Menschen ist seine Schmach. Wir sind Tiere, denen es gelingt, das eigene Tiersein durch Kleidung zu verbergen. In dem Maße, in dem es uns gelingt, die eigene Nacktheit zu vergessen, vergessen wir auch das eigene Tiersein. Aber der Scharfsinn des Wahrheitssuchenden erinnert uns mit Leichtigkeit daran, daß *die Kleidung eine Maske* ist, Schein ist, eine Art, die peinliche Wahrheit über sich vor sich selbst zu verbergen.

Die Intentionen artikulieren sich nach und nach. Von Geburt an ist der allwissende Gott dank seines durchdringenden Blickes Zeuge unserer Schmach, das heißt eben unseres Tierseins. Die Natürlichkeit ist durch Sündhaftigkeit gezeichnet. Von daher ist die Wahrheitssuche selbst suspekt; der Forschersinn der erkennenden Vernunft zieht – unklar zwar, ohne endgültige Formeln – einen Sündenschweif hinter sich her. Die *libido sciendi* entspringt einem teuflischen Impuls.

Der Nackte ist somit wahr, aber der Bekleidete ist mehr wert als der Nackte. Wer nackt mit einem Bekleideten gesprochen hat, der weiß es gewiß: Im Gespräch mit dem Bekleideten kann der Nackte nie recht bekommen. Der Nackte ist wahrhaftig, doch ohne Würde; er ist vertiert, kann mithin nicht gewinnen.

III. Die Entzweiung der Natur

Wir müssen uns also unentwegt mit zwei widersprüchlichen, aber entsprechend den beiden Seiten jenes Bildes, welches wir mit den Worten »Natur« und »Kultur« oder ähnlichen stets in unserem Gedächtnis haben, miteinander korrespondierenden Stereotypen der Nacktheit auseinandersetzen. Der eine Stereotypus zeigt uns selbst als Tiere, die zur Tarnung verkleidet sind. Er setzt somit voraus, daß die Nacktheit der natürliche Zustand des Menschen sei, die Kleidung jedoch eine täuschende Kostümierung. Im Gegensatz dazu läßt uns der zweite Stereotypus das Menschsein durch die Kultur bestimmen, also anerkennen, daß die Kleidung auf nämliche Weise zum menschlichen Sein gehöre wie die Zweibeinigkeit, die Fähigkeit zu lachen, die artikulierte Sprache, die Fähigkeit, Werkzeuge herzustellen; in diesem Bild ist es gerade die Kultur, die die Natur des Menschen ausmacht, eine Vor-Kultur; also ist auch die Nacktheit selbst entweder eine Form von Kleidung oder das Vor-Menschsein schlechthin oder auch die Abwesenheit des Menschseins. Jener zweite Stereotypus ist keine von Anthropologen geprägte Theorie, sondern ein elementares Produkt einer rudimentären Kultur. Die »Natur« tritt mithin in unserem Vokabular als Gegensatz der Kultur in Erscheinung, gleichzeitig aber auch als ihr Synonym, und diese Ambivalenz entsteht nicht infolge einer Sprachverwirrung oder Schludrigkeit der Umgangssprache – die ansonsten die glänzendste Intelligenz ihr eigen nennen kann –, sie ist das Ergebnis der unheilbaren Ambivalenz, die wir dem eigenen Körper gegenüber erfahren, welcher von der Kultur beherrscht wird und schon in einer zivilisierten Gestalt gegeben ist, gleichzeitig aber als Antikultur, als Vor-Kultur, als Tiersein bekannt ist. In der Tat, sowohl die Nudisten, welche versichern, daß sie zur Natur zurückkehren wollen, als auch die entrüsteten Moralprediger, die im Nudismus eine widernatürliche Ausschweifung sehen, haben jeweils einseitiges Recht, das sich jedoch keinesfalls in einer nicht einseitigen Synthese verbinden läßt. Daher ist auch das seit Jahrhunderten mit dem Wort Natur oder seinen Entsprechungen betriebene Jonglieren nicht müßig, und die Historiker, die heute eine Unzahl an Bedeutungsvarianten unterscheiden, in denen dieses Wort auftritt, wären naiv, wenn sie diesen Umstand zum Anlaß nehmen würden, über die Unzulänglichkeit der Philosophen in Dingen der Definition zu klagen. Die sprichwörtliche Naturverherrlichung des 18. Jahrhunderts (einschließlich der natürlichen Nacktheit der Wilden), die Verachtung der Natur als einer unmoralischen und dunklen des 19. Jahrhunderts, die Rehabilitierung der vorgeblichen Natur des 20. Jahrhunderts, die diesmal als eine Kulturform im Rahmen des allgemeinen Relativismus entdeckt wird, das alles stellt nicht nur die einzelnen Phasen einer ideologischen Distanz oder eines Mangels an Distanz gegenüber der eigenen Zivilisation dar, es bedeutet auch verschiedene Phasen der Anwendung des Naturstereotypus, entsprechend dem ersten oder dem zweiten seiner divergierenden Gesichter.

Diese Ambivalenz tritt in unserem Verhältnis analog zur menschlichen Sexualität auf, sofern es uns gelingt, über jene als über ein gesondertes Gebiet zu denken. Lernen wir doch seit langem, daß das sexuelle Verhalten des Menschen so stark an das Getriebe der Zivilisation gefesselt sei, daß es schier unmöglich scheint, jenes ohne weiteres als das Ergebnis der hormonalen Verfassung des Körpers anzusehen, welche in der vorzivilisatorischen Welt »gegeben« ist; auch bedeuten uns die Anthropologen nicht erst seit heute, daß die Teilung in Geschlechter in den menschlichen Gemeinschaften eine soziale und zivilisatorische Scheidung sei – so als ob die Art der getragenen Wäsche den Körperbau bestimme, nicht aber umgekehrt. Ich möchte mit dieser Denkweise jetzt nicht rechten und stimme denen zu, die sagen, daß Worte wie »Mann« oder »Frau« ihren Sinn nicht im bloßen Bezug auf den jeweiligen Gegenstand haben, sondern nur im Hinblick auf das Gesamt der Zeichen, die in der gegebenen Sozietät eine Funktion haben, und daß sie nicht einfach Wesen mit fertigen, von der Natur gegebenen anatomischen Unterschieden trennen, vielmehr Wesen, die gemäß ihren verschiedenen sozialen Funktionen separiert sind. Ich bemerke nur, daß die völlige Kulturalisierung der Natur ebenso einen Versuch zur Befreiung der menschlichen Natur darstellt wie – im anderen Extrem – die Reduktion der Kultur auf fertige biologische Bedingungen und daß sie die im gängigen Naturbegriff unvermeidlich enthaltene Disharmonie ebensowenig zu treffen vermag. Man kann sagen, daß Malinowski, indem er von seinen Wilden berichtete, sie seien »keusch«, da sie ihre *pudenda* im öffentlichen Leben sorgfältig verhüllen, unbewußt gewisse Überreste des eigenen Morganismus verriet, eine notorische Neigung, die fremde Zivilisation nach den eigenen Standardbegriffen zu bewerten; die Schüler von Lévi-Strauss werden diesen Fehler nicht mehr begehen, da sie im strengen Relativismus ausgebildet sind.

Wenn jedoch etwas das Gipfelprodukt einer ganz bestimmten Zivilisationsformation ist, so ist es eben jener indifferente Relativismus, der in seiner Intention dem eigenen Brauch genauso distanziert gegenübersteht wie jedem anderen auch. Bekanntlich fesselt uns die Zivilisation, der wir angehören, desto starrer an die eigene Folklore, zwingt uns um so stärker die Überzeugung von der Absolutheit der eigenen Sittennorm auf, macht uns um so unfähiger zur Relativierung unserer selbst, je schwächer sie entwickelt, je stärker sie stagniert ist. Die Bemühung um Objektivierung aller Kulturen als gleichrangig, mit der eigenen an der Spitze, ist das Produkt einer bereits verfeinerten westeuropäischen Zivilisation und kann nur begrenzt als Emanzipation von ihren Erkenntnisregeln gelten. Der Universalismus und die Aufgeschlossenheit gegenüber anderen Kulturen sind ebenfalls partielle Eigenschaften einer Kultur, was zwar nicht bedeutet, daß sie fiktiv und notwendigerweise verfehlt seien, vielmehr, daß sie von einer bestimmten ideologischen, zivilisatorisch bedingten Eigennützigkeit ausgehen, welche nicht als absolut freier und primärer erkenntnistheoretischer Ausgangspunkt gelten kann. Die ideologische Grundlage wiederum kann eine zweifache sein: Sie beruht darauf, daß jener Universalismus, Relativismus und die Fähigkeit zu unbeschränkter Objektivierung bald den Glauben an die Existenz einer mustergültigen menschlichen Natur, die eine jede Kultur auf ihre Weise realisiert (oder verdirbt), bald den totalen Historismus verraten, das heißt die ablehnende Geste gegenüber jeglichen Werten, eine Art skeptischen Nihilismus, der programmäßig einzig und allein zur indifferenten Beobachtung auf Kosten wertenden Engagements fähig ist. Doch in beiden Versionen – der utopischen wie der skeptischen – ist ein solcher Universalismus zugleich ein Versuch, den bereits beschriebenen verborgenen Konfliktcharakter spontan entstandener Vorstellungen des Menschen über die eigene Natur zu umgehen. Die paradigmatische Auffassung der menschlichen Natur ist nämlich nicht funktional, gleichsam gelähmt, wenn sie Eigenschaften oder Neigungen dieser Natur zu Worte kommen läßt, die gegenläufig und zugleich originär sind. Andererseits kann die beobachtende Vernunft, die zum Rang eines Monopolinhabers der menschlichen Erkenntnistätigkeit avanciert ist, die Sinnhaftigkeit von Erwägungen der ursprünglichen Qualitäten des Menschseins überhaupt nicht anerkennen, weil sie darin Relikte eines Begriffsrealismus oder von etwas noch Ärgerem erblickt. Mithin hat der Universalismus, ob er nun der Ideologie der Hoffnung oder vielmehr der Mutlosigkeit Ausdruck gibt, stets Schwierigkeiten mit einer solchen Rekonstruktion der menschlichen Natur, in der ihre fundamentale Inkohärenz greifbar gemacht würde. Das Verständnis der Nacktheit erfährt die Folgen dieser Situation an sich selbst. Die Nacktheit kann entweder als Teil der viel betrauerten unschuldigen und mustergültigen Ausgangsnatur des Menschen verstanden oder als eines der gleichrangigen und im gleichen Maße indifferenten Kulturphänomene betrachtet werden. Um den Widerspruch, der in der Erfahrung der Nacktheit enthalten ist, in Wahrheit zu erfassen (die Nacktheit als wahre, tierhafte Version des Menschseins, die in der Kleidung verborgen ist; die Nacktheit als Sonderfall der Kleidung, als Kleidung Null, die nur innerhalb einer bestimmten Zivilisation besteht – und außerhalb der Zivilisation gibt es kein Menschsein[3], muß man etwas fast Unmögliches vollbringen: Man muß sich mit der eigenen Kultur identifizieren und ihr gegenüber zugleich eine objektivierende Distanz wahren. Die Identifikation ist notwendig, um den rein zivilisatorischen Sinn der Nacktheit in der Erfahrung zu erhalten; die Distanz ist notwendig, um die Kleidung als Verkleidung des Tieres zu behandeln und die Nacktheit als Entlarvung des Menschen. Doch eignet eine solche Quasi-Schizophrenie, die in klarer Artikulation eine heikle Sache wäre, der nicht artikulierten gängigen

Erfahrung, und erst sie erklärt die wichtigsten Kennzeichen der Strip-tease-Schau.

IV. Die dialektische Struktur der Wahrnehmung beim Strip-tease

Kehren wir zum Anfang zurück: Die Vermutung, daß die Strip-tease-Fans sexuelle Erregung suchen und daß das eine ausreichende Erklärung für sie sei, ist geradezu simpel. Es gibt nämlich keinerlei »natürlichen« Zusammenhang zwischen Nacktheit und sexueller Erregung; dieser Zusammenhang muß jedesmal durch die Kultur mitgeschaffen werden und erklärt nichts, bleibt vielmehr selbst Gegenstand der Frage. (In der viktorianischen Zeit war jedes Fleckchen entblößter Frauenhaut eine erotische Allusion. Wenden wir dagegen ein: »Die Mode hat sich geändert«, dann geben wir eher Anlaß zu neuem Fragen, als daß wir irgend etwas erklären.) Darüber hinaus heißt uns die Teilnahme zahlreicher Frauen an solchen Veranstaltungen zumindest nach zusätzlichen Interpretationen suchen, sofern wir die absurde Annahme vermeiden wollen, es gehe um lesbische Neugier.

Erwägen wir somit vor allem zwei Komponenten, die im Genuß des Zuschauers vorhanden sind: Die eine rührt aus dem Akt der Identifikation mit der Darstellerin – ähnlich wie in jedem anderen Theater –, besitzt demnach einen klassisch-kathartischen Charakter und ist in diesem Fall die Projektion exhibitionistischer Wünsche. Die zweite dagegen setzt eine intensiv erlebte Fremdheit der Darstellerin als einer anderen Person voraus, die gleichsam zu der exhibitionistischen Betätigung gezwungen ist.

Sehen wir uns die erste Komponente an: Die exhibitionistische Neigung, also die Lust, sich vor anderen zu entblößen, muß kein eindeutig pathologischer Zug sein. Margaret Mead erzählt, daß ein Einwohner eines kleinen Dorfes in Neuengland eine göttliche Botschaft empfangen habe, dernach jeder Einwohner des Dorfes das tun solle, wozu er Lust habe. Daraufhin haben alle auf der Stelle ihre Kleider abgeworfen und seien wie Tiere in alle Richtungen auseinandergelaufen, tierische Schreie ausstoßend. Niemand sei auf einen besseren Einfall gekommen[4].

Der in uns schlummernde Exhibitionismus, dessen Sublimierungen uns die Psychoanalytiker im künstlerischen Schaffen zu verfolgen lehrten, kann als Wunsch zur Rückkehr ins Tiersein verstanden werden, das schwer zugänglich ist, uns jedoch als unsere »eigene Wahrheit« erscheint; somit verbirgt er das Erfahren seiner selbst als eines maskierten Tieres, welches das ihm vom Zivilisationskostüm aufgezwungene Gefühl des Unbehagens nicht loswerden kann. Die exhibitionistische Projektion entspringt dem Wunsche, das strenge Tabu zu zerstören, das uns verbietet, uns selbst wahrhaft, das heißt als Tier zu erkennen zu geben. Das Gefühl der »Fremdheit« der Kultur liegt auf dem Grunde des Exhibitionismus, also ist auch die Projektion der Strip-tease-Schau eine Art Ersatz-Befreiung von der Kultur oder Ersatz-»Rückkehr zu sich selbst«, zur Selbstidentifikation[5]. Es setzt voraus, daß wir uns im Unbewußten für Tiere halten und daß wir gleichsam in die Tierwelt zurückkehren »müßten« oder zumindest ein bestimmter Teil unser selbst; gleichzeitig jedoch, daß dieses Tiersein ein Geheimnis ist und daß die asketische Zucht der Kultur eben dazu dient, die Entbergung dieses Geheimnisses zu verhindern. Die exhibitionistische Projektion ist ein Versuch, das anvertraute Geheimnis zu verraten.

Sehen wir uns die zweite Komponente an: Auch sie ist zwiegesichtig. Sie ist der Blick auf den anderen, der seinen schmählichen Zustand enthüllt, somit also eine Art Sadismus, wobei dieses Wort mit der Erlaubnis vieler Sexuologen in einem sexuell neutralen Sinn verstanden werden darf (das heißt in einem Sinn, der den sexuellen Sadismus dem Freudschen Schema gemäß als Kombination zweier genetisch unabhängiger Neigungen sieht und den sogenannten infantilen Sadismus als ein selbstverständliches Phänomen, für dessen Zusammenhang mit den reproduzierenden Tätigkeiten Freud keine Argumente lieferte). So wie der Wunsch, in der projizierenden Bewegung zur eigenen animalischen Wahrheit zurückzukehren, mit dem Wunsch, das Geheimnis preiszugeben, verknüpft ist, verbindet sich in der entfremdenden Bewegung der mit fremder Schmach genährte Sadismus mit dem Wunsch, das Geheimnis zu entbergen, also mit Erkenntnisneugier. Die Neugier, sofern sie tatsächlich aus dem sogenannten Orientierungsreflex herleitbar ist,

ist jedoch nicht auf beliebige rein konservierende Funktionen reduzierbar, sondern muß – ebenfalls biologisch lokalisiert – als eine Art Expansionstrieb aufgefaßt werden, kraft dessen sich der Organismus vor Bedrohung schützt und seine vitalen Potenzen durch eine Exploration der Umwelt erweitert, die für die Selbsterhaltung neutral ist. In der menschlichen Haut hat dieser Expansionstrieb eine bedeutende Autonomie erlangt, nämlich einen Zustand, in dem er als uneigennütziges Bedürfnis der Umweltkenntnis in Erscheinung tritt, welches vom Bedürfnis seiner gewinnbringenden Ausnutzung unabhängig ist. Er ist somit zu einer selbständigen Fähigkeit, Neugier zu erwekken, zu einem Forschersinn, einem Wahrheitsstreben geworden, die keiner Rechtfertigung bedürfen. Es gibt tatsächlich eine Affinität zwischen der Wahrheitssuche und dem Sadismus; in der Freude, die uns bei der Entdeckung von etwas erkenntnismäßig Wertvollem zuteil wird, finden wir ähnliche Züge wieder wie in der gemeinen Freude über eine Gewalttat – auf nämliche Weise, wie wir im Schaffensakt, in dem sich eine unwiederholbare Persönlichkeit für andere äußert, stets einen Zug exhibitionistischen Exzesses entdecken können. Doch wir dürfen diese Affinitäten in beiden Fällen vernachlässigen. Es bleibt nichtsdestoweniger offenbar, daß Sadismus und Erkenntnisdrang in einer Emotion miteinander verflochten sind, die in der Strip-tease-Schau erfahren wird. Eine Komponente dieser Emotion ist die nämliche Art von Neugier, mit der das Kind seine Puppe aufschlitzt, um zu sehen, was darinnen ist. Falls diesem Spiel, wie die Freudianer meinten, eine sadistische Lust innewohnt, so ist es eine, die sich von der Genugtuung, welche die Erkenntnis gewährt, nicht unterscheiden läßt. Wenn wir die Nacktheit als schmähliches Geheimnis des Menschen empfinden, zugleich aber als seine verborgene Wahrheit, so ist die Entblößung für den Zuschauer nicht nur ein sadistisches Spiel, sondern auch eine Erkenntnisexploration, ähnlich einer Expedition ins Exotische.

Betrachten wir die beiden Komponenten gemeinsam: Das Selbstbewußtsein des »Menschseins« ist gespalten in die Teilhabe an zwei gegensätzlichen – und als gegensätzlich bekannten – Ordnungen, der Natur und der Kultur. Die Nacktheit ist zum Symbol der ersten Wahrheit über den Menschen geworden, zum Symbol des Tierseins. Im nämlichen Akt der Selbstkonstitution des Menschen ist die Kleidung zum Symbol der zweiten Wahrheit geworden, welche die erste verbirgt, doch zugleich – eben als Verkleidung – entbirgt. Das menschliche Individuum identifiziert sich mit beiden Ordnungen, wobei es ihre Diskrepanz mehr oder weniger bewußt zur Kenntnis nimmt. Die Identifikation mit der Ordnung der Natur (die jedoch nur als Glied der Opposition bekannt ist) drückt sich im exhibitionistischen Wunsch aus und besitzt den Wunsch, das eigene Geheimnis preiszugeben, als Erkenntniskorrelat; beide Wünsche sind sich dessen bewußt, daß sie das Tabu der ersten Ordnung verletzen. Die Identifikation mit der Ordnung der Kultur (die ebenfalls nur als ein Glied der Opposition bekannt ist) kommt als sadistischer Wunsch zu Wort, die Schmach der fremden Natürlichkeit möge sich vor mir, dem in der Kultur Seßhaften (das heißt Bekleideten), zeigen; ich erfahre dabei die durch den Kontrast verstärkte eigene Identität mit der höheren, übertierischen Daseinsweise; die Expansion uneigennütziger Neugier ist das Erkenntniskorrelat dieser Identifikation. Beim Strip-tease werden diese beiden gegenläufigen Identifikationsbewegungen, jede doppelt bestimmt, dank dem oszillierenden Spiel zwischen Projektion und Entfremdung zu einer einzigen, nicht unmittelbar trennbaren Emotion. Deswegen ist das Strip-tease ein – selbstverständlich mißglückter oder infolge von Unaufmerksamkeit oder Zerstreutheit nur scheinbar geglückter – Versuch einer Synthese der beiden rivalisierenden Ordnungen, die das Menschsein mitbestimmen. Das Strip-tease ist zwar kein besonders bedeutsamer Bestandteil der modernen Kultur – man kennt mehr solcher Versuche der besagten Synthese –, ist jedoch eine willkommene Illustration.

V. Selbstverteidigung

Ich antworte auf drei Einwände. Der erste ist grobschlächtig, kann jedoch laut werden. Er sieht so aus: Was ist dann also der Mensch? Ein Tier, dem man mit Gewalt einen Hut auf den Schädel gedrückt hat? Ein Elefant, der gegen den Stachel löckt? Ich antworte: Der Elefant hat sich den Stachel weder zugespitzt, noch treibt er sich selbst damit an. Die Restriktionen der Kultur, die als Zwang an der Natur erfahren werden, sind gleicherweise ein menschliches Produkt wie die Natur selbst, die nur als Gegenglied des vermeintlichen Quälers identifiziert wird. Die Anwesenheit eines bestimmten Systems sexueller Restriktionen ist eine notwendige Bedingung jeglicher menschlichen Zivilisation – fast keiner der Anthropologen stellt diese Verbindung in Zweifel; wenn sich alle Zucht und die sie schützenden sakralen Rücksichten plötzlich im kollektiven Bewußtsein der Gesellschaft verflüchtigen würden, wenn die Übermacht unseres Super-Ich plötzlich auf allgemeiner Skala ihre Wirksamkeit verlöre, wäre die gesamte menschliche Zivilisation innerhalb zweier Generationen ein Trümmerfeld. Unter diesem Gesichtspunkt sind die Unterschiede zwischen den puritanischen und liberalen Sittenkodexen unbedeutend, verglichen mit der Entfernung, die sie beide von einem vorstellbaren Zustand totaler Freiheit trennt; dieser Umstand wird leicht übersehen, weil die Verbote, die den gemeinsamen Bestand puritanischer wie liberaler Kodexe bilden, so selbstverständlich erscheinen, daß sie häufig überhaupt nicht formuliert zu werden pflegen, so daß ihre Vielfalt nicht augenfällig wird. Nichtsdestoweniger läßt sich der Umstand, daß selbst jene gelockerten Regeln ebensolche sind, nämlich partielle Vollstrecker des Zwanges, den die Kultur ausübt, nicht leugnen. Daher scheinen mir alle Philosophien der Harmonie suspekt, die in der Kultur oder in einem spezifischen menschlichen Geist »nur einen veredelnden Überbau« sehen, der anmutig über den tierischen Korpus geworfen wird (wie die Thomisten und alle hylemorphistischen Schulen lehren). Näher der Wahrheit scheint mir Schelers Standpunkt, der in der Kultur einen Akt asketischer Negation sieht, die der Mensch seinem eigenen Körper gegenüber ausspricht[6].

Der zweite Einwand betrifft das Strip-tease selbst. Er lautet: Jeder, der sich zu einer Strip-tease-Schau begibt, weiß sehr wohl darüber Bescheid, daß er darin sexuelle Erregung suche; es ist somit nachgerade lächerlich, das Problem so zu erklären, als wäre jenes einfache, nichtsdestoweniger allgemein wirksame und allgemein bekannte Motiv überhaupt nicht anwesend. Ich antworte, daß mir dieser Umstand nicht unbekannt ist und ich nicht beabsichtige, ihn zu verbergen. Auch lasse ich mich keineswegs von dem Wunsch, Selbstverständlichkeiten zu leugnen, oder von der Neigung zum Paradoxen leiten. Ich sage dagegen, daß sexuelle Motivierung im Verständnis des eigenen Verhaltens bei den Menschen seit dem Augenblick, da unsere Kultur bestimmte Formen des Sexualhungers legitimiert und ihn aus dem Dunkel hervorgeholt hat, auf bedeutend geringeren Widerstand stößt und leichter bewußtgemacht wird. Daraus ergibt sich jedoch nicht, daß alles, was sexuelle Impulse zum bewußtgewordenen Motiv hat, dadurch schon erklärt wäre. Tritt doch das sexuelle Verhalten in keiner seiner Phasen in reiner Gestalt auf, die von erworbenen kulturellen Schemata frei wäre. Daher ist die Frage, warum gewisse Umstände (z. B. eben die Nacktheit) sich als sexuell bedeutsam fixieren und in das sozial anerkannte Schema der Assoziation mit der Geschlechtsbetätigung eindringen, immer legitim. Zweitens ist die Überzeugung, daß die Sexualität selbst keiner Interpretation bedürfe, vielmehr ganz einfach in der Natur als ein absolut primäres Faktum angetroffen werde, immerhin vernünftig kritisiert worden, vor allem in der Jungschen Schule; demnach ist die Frage, in welchem Maße das sexuelle Verhalten die Partikularisierung, Manifestation oder Verbergung noch ursprünglicherer Energien sei, ebenfalls legitim. Die Vermutung, daß die authentische Grundlage eines entwickelten Systems maskierenden Selbstbetrugs stets sexuellen Charakter trage bzw. daß von dem Augenblick an, da die sexuelle Motivierung bereits bewußt geworden sei, eben sie die »wahre« sein müsse und selbst nichts mehr maskieren könne, diese Vermutung also ist das Erbe eines puritanischen Vorurteils und in theoretischer Hinsicht das Erbe Freudscher Schablonen. Die moderne Zivilisation, die sexueller Motivierung einen gewissen Grad von Enthülltheit zubilligt, hat sie dadurch selbst zu einem möglichen Tarnungsmittel für andere Motivierungen gemacht.

Der dritte Einwand ist folgender: Wenn man schon davon ausgehen will, daß sich die dargelegte Interpretation verteidigen lasse, so ist doch die Heranziehung von fundamentalen Strukturen des Menschseins zur Erklärung einer frivolen Vergnügungsschau, deren kulturelle Funktionen letztlich nichtig sind, von krasser Künstlichkeit und zeugt von schlechtem Geschmack. Auf diesen hypothetischen Einwand antworte ich, weil er eine Frage anschneidet, die für die gesamte Art unserer verstehenden Reflexion über die Kultur wesentlich ist. Gewisse fundamentale Strukturen des menschlichen Lebens sind nicht nur in den großen und erhabenen Phänomenen präsent, welche die Aufmerksamkeit der Anthropologen und Philosophen schon allein durch ihr unmittelbares Gewicht fesseln, Phänomenen wie Krieg, Religion, Rassenhaß, das Sexualleben im allgemeinen, Kunst, politische Konflikte, Familie. Sie sind ebenfalls in geringfügigen Gesten, peripheren Bräuchen, unbedeutenden Konventionen vorhanden. Die Beobachtung des Wassers mächtiger Quellen in kleinen Nebenarmen, an den Randzonen der Kultur, in den Abzweigungen des Lebens ist nicht nur legitim, sie hat auch eine von alters her bekannte eigene Funktion: Erst in diesen geringfügigen Fällen, an Beispielen, mögen diese selbst degenerierten oder nachgerade parodistischen Charakters sein, wird die Allgegenwart jener Grundstrukturen am krassesten sichtbar. Unsere Kultur wimmelt z. B. von karikaturhaften Relikten, die von den großen religiösen Erfahrungen der Vergangenheit übriggeblieben sind. Wir sind dazu berechtigt, den allgemeinen anthropologischen Hintergrund eines solchen Phänomens wie des Massenkonsums von Rauschmitteln zu untersuchen; wenn es jetzt jemand für eine lächerliche und unseriöse Sache hält, z. B. einen Zusammenhang zwischen der modernen Genußmittelkultur und den Funktionen der religiösen Ekstase zu sehen, und wenn er uns dadurch blamieren will, indem er sagt, daß wir im Schluckauf eines kotzenden Säufers an einem Bahnhofsbüfett nach dem Widerhall metaphysischer Tiefen lauschen, dann werde ich antworten, daß der Witzbold über die eigene Dummheit lacht. Der Umstand nämlich, daß gewisse Wesensfunktionen des kollektiven Lebens, gewisse sakrale Einrichtungen, Glaubensüberzeugungen, große Mythen und große Erlebnisse sich unter bestimmten Bedingungen in grotesk verzerrten Formen halten, ist ein überaus wesentlicher Gegenstand der anthropologischen Analyse. So bemerkt – *si magna parvis* – Mircea Eliade, daß der Brauch, in der Silvesternacht mit Anbruch des neuen Jahres die Kerzen oder das Licht zu löschen, ein Überbleibsel der großen mythologischen Strukturen sei, die den Lauf der Welt in einzelne Zyklen von Blüte und Verfall gliederten[7]; jede Geburt einer neuen Welt sei nach einer Periode totalen Chaos und totaler Wirrnis eingetreten: Jenes Eintreten in das Chaos, das die Wiedergeburt ankündigte, haben gewisse Rituale zum Ausdruck gebracht, und unser Brauch, den Lichtschalter um Mitternacht am 31. Dezember zu betätigen, sei die unbewußte, imitierende Fortführung jener Rituale. Ich erinnere an die glänzende anthropologische Analyse von Lévi-Strauss, welche die Namengebung bei Hunden und Pferden erklärt[8].

Überlegungen dieser Art sind am wenigsten dazu geeignet, Gegenstand des Spottes zu sein. Das Verständnis der Ganzheit der Kultur verlangt nämlich das Verständnis der Genese ihrer Details. In unseren banalen Gesten leben verschwommene Erinnerungen an die Erstlinge der menschlichen Kultur, ähnlich wie in unserem Körper Spuren unseres Ahnen, des Lemuren, unseres Ahnen, des Fischs, unseres Ahnen, des Seesterns, vorhanden sind. Jeder von uns ist dasselbe individuelle und dasselbe Gattungs-Sein, wenn er träumt, im Kriege schießt, körperliche Liebe betreibt, wissenschaftliche Traktate schreibt, im Suff stammelt und eine Strip-tease-Schau besucht.

Das genetische und strukturelle Verständnis der Einheit aller dieser Verhaltensweisen ist dasselbe wie das Verständnis unseres Menschseins schlechthin, ist also das eigentliche Ziel der philosophischen Anthropologie. Die vielstöckigen Schichten unserer geistigen Verfassung haben somit einen verschiedenen Grad an Beweglichkeit, ähnlich wie die verschiedenen Schichten des Ozeanwassers; doch die unmittelbar sichtbaren, wellenschlagenden Bewegungen der Oberfläche sind die letztlich durch die Ganzheit dieser Schichtung bestimmten und erscheinen daher auf den ersten Blick als das Werk einer kapriziösen Zufälligkeit.

Anmerkungen

1 J.-P. Sartre, *Das Sein und das Nichts.* Bemerken wir bei dieser Gelegenheit, daß nach Max Scheler (*Über Scham und Schamgefühl,* Schriften aus dem Nachlaß, Bd. 1) die Scham neben der Libido ein eigenständiger Bestandteil des Sexualtriebes ist, wobei seine Entstehung erst das Hinaustreten aus der autoerotischen Phase ermöglicht, also eine Distanz zum eigenen Körper schafft und so das Bedürfnis des erotischen Partners freisetzt. Wie man sieht, geht es hier mehr um das Schamgefühl als um das Beschämtsein, mehr um die Disposition als um die Emotion. Es ist dennoch klar, daß diese

Disposition sich nicht durch die Distanz selbst gegenüber dem eigenen Körper bestimmen läßt, sondern auch eine materielle Charakteristik dieser Distanz verlangt, nämlich die Bereitschaft zum Erleben des Körpers als eines erniedrigenden Umstandes.

2 Bronislaw Malinowski, *Das Sexualleben der Wilden*, 1957 (Vorwort zur 3. Ausgabe).

3 Über die kulturelle Determination jeglicher Stereotypen der Natur ist viel geschrieben worden; vgl. Arnold Gehlen, *Anthropologische Forschungen*, 1963, S. 87 ff. Im Zusammenhang mit den aufklärerischen Versionen dieses Begriffes vgl. B. Baczko, *Rousseau: Samotność i wspólnota*, 1964, 2. Kap.

4 Margaret Mead, *Male and Female*, 1956, S. 52.

5 Der Exhibitionismus wäre in der Tat ein unverständliches Phänomen, wenn er sich (so Helmut Schelsky, *Soziologie der Sexualität*, 1963, S. 70f.) auf die Ersatzbefriedigung durch partielle erotische Partnerschaft zurückführen ließe, und entstünde aus dem zwangsläufigen und neurotisch bedingten Mangel eines wirklichen Partners (eine anonyme Befriedigung ohne Verpflichtungen, durchdrungen von der Angst vor der vollen erotischen Bindung usw.) Eine solche Interpretation leitet dieses Phänomen aus einem anderen, ursprünglicheren ab, das sich auch in völlig anderen Verhaltensweisen äußert (Voyeurismus und insbesondere die Inanspruchnahme der Prostitution, also ein Phänomen, das niemand als Perversion, als individuelle Anomalie betrachtet); somit hätte der Exhibitionismus in seiner Separatheit nicht »recht«. In Wahrheit läßt sich die darin enthaltene Komponente der »Scham« oder »Schamlosigkeit« in dieser Interpretation nicht umgehen, sie ist somit eine Komponente, die mit der besonderen Erfahrung der Nacktheit als eines eigenständigen Phänomens verbunden ist.

6 Max Scheler, *Die Stellung des Menschen im Kosmos*, 1928.

7 Mircea Eliade, *Traité d'histoire des religions*, 1959, S. 340 f.

8 Claude Lévi-Strauss, *La pensée sauvage*, 1962.

Der Mythos in der Kultur der Analgetika

1. Unter den auszeichnenden Merkmalen der Kultur des 20. Jahrhunderts, besonders ihrer gegenwärtigen Phase, können wir die scheinbare Gegenläufigkeit zweier Tendenzen beobachten, von denen eine in den vorherrschenden Strömungen des intellektuellen und künstlerischen Lebens zu Worte kommt, die zweite hingegen sich in dem Leben äußert, das von der sogenannten Massenkultur bestimmt wird.

Das wissenschaftliche und philosophische Denken und das künstlerische Schaffen, die aus dem antipositivistischen Umbruch hervorgingen, offenbaren, der schwindelerregenden Flexibilität aller dieser Kulturbereiche zum Trotz, ein bestimmtes konstantes Merkmal: die Überzeugung von der völligen Verantwortlichkeit des Menschen für die gegenständliche Welt (ich sage »Mensch« mit absichtlicher Vieldeutigkeit). Die phänomenologische Analyse des intentionalen Bewußtseinsaufbaus hat das Ding zu einem Produkt des konstitutiven Bewußtseinsprozesses selbst gemacht. Die Existenzphilosophie hat die Welt mit dem jeweiligen Werk der selektiven Projektion identifiziert, die gewisserweise gezwungen ist – auch wenn das Bewußtsein diesen Zwang vor sich verheimlichen würde –, den Gegenständen einen Sinn gemäß der an nichts gebundenen Wahl zu verleihen. Auch die gegenwärtig lebendigsten Versionen des Marxismus streben, im Gegensatz zu den früheren evolutionistischen Versionen, eine Ansicht der Welt an, aus der sich der Koeffizient der wertenden menschlichen Intention in keiner Weise entfernen läßt, die also stets einen durch die menschlichen Gesellschaften organisierten Horizont darstellt.

Aber auch die wissenschaftliche Kultur festigt, ganz unabhängig davon, dieselbe Überzeugung von unserer unverzichtbaren Gegenwärtigkeit in den außermenschlichen Realitäten, die Gegenstand der Beschreibung der wissenschaftlichen Erkenntnis sind. Die größten Leistungen der theoretischen Physik in unserem Jahrhundert, die Relativitätstheorie und das Ungenauigkeitsprinzip, erreichen die nichtfachmännischen Kreise in einer Gestalt, in der sie davon zu überzeugen scheinen, daß die Gegenwart des Beobachters oder des Experimentators in der Naturbeschreibung nicht wegzudenken ist. Die methodologische Reflexion über die Natur der experimentellen Erkenntnis (vor allem die Theorie der operationalen Definitionen) stützt die Überzeugung, daß die Meß- und Experimentierverfahren einen wesentlichen Bestandteil der Definitionen bilden müssen, mit deren Hilfe wir die gemessenen und untersuchten Gegenstände charakterisieren, daß es also unmöglich ist, den Gegenstand zu beschreiben, ohne zugleich die effektiv für seine Untersuchung vollzogenen Verfahren zu beschreiben. Es hat auch den Anschein, als müßte die psychosomatische Medizin – indem sie die wesentliche Abhängigkeit zwischen den Zuständen unseres Organismus und unserem bewußten und unbewußten Erleben der eigenen Situationen aufdeckt – die Überzeugung von unserer Verantwortung für den eigenen Körper fördern, welcher zu einem Objekt einer selbsterkennenden regulierenden Aktion von rein subjektiver Seite werden kann.

Auch in den charakteristischsten Bemühungen der künstlerischen Kultur, in Literatur, Musik, den bildenden Künsten, können wir die wachsende Neigung zu solchen Kommunikationsformen beobachten, in denen es die bewußte Absicht des schaffenden Künstlers ist, den Rezipienten zum Mitschöpfer zu machen, der dem rezipierten Werk selbständig einen Sinn gibt (»offenes Werk«, wie es der italienische Ästhetiker Umberto Eco nennt).

Dank der von Marx initiierten Arbeit haben die ökonomischen Theorien aufgehört, uns die Welt der wirtschaftlichen Zusammenhänge ganz einfach in ihren fatalen Quasinaturgesetzen zu beschreiben, und ermöglichen dadurch die bewußte Steuerung von Produktionsprozessen und Austauschprozessen auf staatlicher oder multistaatlicher Ebene.

Aus einer Welt, die in allen Einzelheiten gegeben, vorgefunden, in ihrem evolutionären Verlauf vorherbestimmt und entweder der Beschreibung – die ihre Qualitäten registriert und die eigene Intervention minimalisiert – oder der Ausbeutung zugänglich ist – die unfähig ist, den Entwicklungsgang des Ganzen zu verändern –, sind wir zu einer Welt übergegangen, die wir von Anfang an in jeder ihrer Phasen als unser eigenes Koprodukt ansehen müssen.

Man könnte daher meinen, daß unsere Kultur in ihren unterschiedlichsten Abzweigungen das Gefühl der Verantwortung würde verbreitern können, die jedes einzelne Individuum für die Welt, für seine eigene Präsenz in dieser Welt und für die eigene Situation trägt.

In Wirklichkeit scheint die Einstellung zum Leben, die in der sogenannten Massenkultur dominiert, das genaue Gegenteil dieser Vermutung.

Die mit Sorge von vielen Soziologen (wir nennen Erich Fromm als Stichwort, um keine Namen zu häufen) beobachtete kulturelle Situation der hochentwickelten Industriegesellschaften zeichnet sich durch einen extensiven Verfall des sogenannten »Unternehmungsgeistes« und Gefühls der individuellen Verantwortung für sich und die Umwelt aus. Man könnte darin einen Verfall der Zivilisation oder das natürliche Resultat des technischen Fortschritts erblicken, im Hinblick auf die Sache selbst herrscht jedoch anscheinend Übereinstimmung.

Gewiß, die bloßen technologischen Gegebenheiten und die mit ihnen verbundenen Produktions- und Austauschbedingungen können zum Teil als Erklärung dieses Verfalls geltend gemacht werden. Die Ergebnisse der technologischen Anstrengungen sind in zunehmend geringerem Maße vom spontanen Erfindungsgeist genialer Individuen abhängig, die Silhouette des »Erfinders« aus dem 19. Jahrhundert, als dessen stereotypes Modell Thomas Edison galt, stirbt ganz offensichtlich aus. Den Platz der individuellen Initiative hat die kollektive Arbeit der Konstrukteure eingenommen, die nach planmäßig verteilten Aufgaben an großen Unternehmungen arbeiten, die ein einzelner in allen Details nicht mehr erfassen kann. Daher die wachsende Anonymität der großen technischen Errungenschaften dieses Jahrhundertes: die Erfinder der Lokomotive, des Radios, des Telefons sind namentlich bekannt; die Konstrukteure des Radar, der Rechenautomaten, der Lasergeräte, der künstlichen Satelliten sind, trotz des mächtigen Wachstums der Information, der breiten Öffentlichkeit entweder unbekannt, oder aber sie können gar nicht genügend bekannt sein im Hinblick auf die Schwierigkeit, die Verdienste im Falle von Leistungen vielköpfiger schöpferischer Teams genau voneinander zu trennen. Dasselbe Phänomen, wenngleich nicht so weit fortgeschritten, läßt sich in der Wissenschaft beobachten. Die Eruption der großen individuellen Initiative, der man das Verdienst der eindeutigen, bis zu Ende durchgeführten technologischen oder experimentellen Leistung in Gänze zuschreiben könnte, wird zwangsläufig immer seltener.

Die Konzentration des Kapitals bei seiner wachsenden Anonymität in den kapitalistischen Gesellschaften und die Planverwaltung des verstaatlichten Produktionsorganismus in sozialistischen Systemen müssen, in beiden Fällen, analoge Erscheinungen in unserem Verständnis des Wirtschaftslebens erzeugen. Auch die Gestalt des tatkräftigen Industrieunternehmers, der seine persönliche Fortune durch eigene Geschicklichkeit oder eigene Schuftigkeit – aber stets auf eigene Rechnung – erwirbt, ist merklich im Aussterben begriffen. Die gewaltigen Kapitalanhäufungen sind immer weniger an einzelne Namen gebunden. Die Herrschaft von Großunternehmen auch auf dem Handelsmarkt ist eine irreversible Perspektive. Im Ergebnis ist die verbreitete und bestätigte Überzeugung, daß die Menschen fähig sind, makroökonomische Prozesse wirksam zu steuern, mit dem Gefühl der Ratlosigkeit des einzelnen verbunden, und zwar nicht nur bezüglich der eigenen Fähigkeit, allgemeinwirtschaftliche Prozesse, sondern auch die eigene Position im ökonomischen Mechanismus beeinflussen zu können. Je offener die Welt der Dinge und je größer die Möglichkeiten, die diese Welt großen menschlichen Gruppen bietet, desto stärker wird sie zu einer abgeschlossenen und unabweisbaren Realität für jedes menschliche Individuum für sich gesehen, desto weniger Raum läßt sie der wirksamen Eigeninitiative.

Die unendlich sich verzweigende Arbeitsteilung und die institutionalisierte Regelung immer zahlreicherer Lebensbereiche führen in dieselbe Richtung. Die institutionelle Bildung umfaßt bereits die Ganzheit der vorbereitenden Stufen des menschlichen Lebens, vom dritten Lebensjahr bis zur letzten Ausbildungsphase. Zugleich siegt die allgemeine Überzeugung, die von den sozialistischen Bewegungen initiiert wurde, daß die Gesellschaft verpflichtet sei, jedem einzelnen einen Platz im gesamtsozialen Produktionssystem zu verschaffen.

Alle diese Prozesse sind der täglichen Beobachtung zugänglich und allgemein bekannt; nicht minder evident und auch nicht lohnenswert, in extenso aufgezählt zu werden, sind ihre Ergebnisse auf dem Gebiet der Verringerung des menschlichen Leidens und Vermehrung der energetischen Bestände, die der Menschheit zur Verfügung stehen. Nichtsdestoweniger lassen sich auch ihre destruktiven Resultate nicht verbergen. Die rational eingerichtete oder eine rationale Einrichtung anstrebende Gesellschaft befreit mich schrittweise ebenso wie jeden einzelnen von der Verantwortung für das eigene Leben, für das fremde Leben, für die Gesellschaft selbst. Die Ganzheit der Einrichtungen des sozialen Lebens muß mir als eine Art gigantisches Wohlfahrtssystem erscheinen. Alles, was in mir Verantwortungsbewußtsein erwecken könnte, ist Gegenstand des professionalen Interesses von seiten bestimmter, speziell dafür berufener Einrichtungen und Menschen geworden, die für dieses Interesse gesondert entlohnt werden. Ich brauche mich nicht um die Ausbildung meines Kindes zu kümmern, wenn eine große Anzahl von Personen bereitsteht, denen die soziale Arbeitsteilung diese Sorge anvertraut hat. Ich brauche nicht zu meinen, ich sei verantwortlich für den Passanten, der neben mir ohnmächtig zu Boden sinkt, da ja die speziellen sozialen Institutionen, die polizeilichen oder ärztlichen, eben dazu berufen sind, diesen Fall zu übernehmen, den Unbekannten vom Trottoir zu räumen, ihn zu heilen oder zu bestatten. Besondere Einrichtungen sind dazu berufen, mir die Sorge um meine Ehe, mein Sexualleben, meine Krankheit, meine Arbeit und meinen Tod abzunehmen. Zwar habe ich auch meinen Platz in der sozialen Arbeitsteilung, ich bin verpflichtet, meine Aufgabe, mit der man mich betraut hat, wirksam zu erfüllen, an dem Platz, den ich besetzt halte. Aber selbst dann, wenn ich mich vernachlässige oder zum Alkoholiker werde, gibt es Einrichtungen, die dazu berufen sind, mich vor dem Untergang zu retten oder die mir dabei behilflich sind, daß ich wieder in den Besitz meiner Gesundheit komme. Aus populären Büchern erfahre ich, daß ich meinen Herzinfarkt oder Magenkrebs vermeiden oder hinausschieben kann, wenn ich mich bequeme, mein psychisches Leben entsprechend zu organisieren. Das bedeutet allerdings nicht, daß ich dadurch die Verantwortung für meinen Körper übernehmen würde, das heißt ganz einfach, daß ich nicht nur den Kardiologen, sondern auch den Psychiater aufsuchen und ihn um ein Rezept für eine angemessenere Einrichtung meines geistigen Interieurs bitten sollte.

Mit diesem Prozeß ist eine gewisse Nivellierung der Berufe verbunden, d. h. ein Rückgang jener Professionen, die unabhängig von der Spezialisierung noch als Berufung galten, mit dem Gefühl einer freiwillig übernommenen Mission verbunden waren (wie die Berufe des Arztes, der Krankenschwester, des Pädagogen, sogar des Künstlers oder Militärs). Jeder Beruf ist in gleicher Weise ein Bestand von Fertigkeiten und Wissen, die die Erfüllung von Aufgaben gestatten, die für eine bestimmte Stelle des sozialen Organismus bestimmt sind.

Jemand wird hier sagen: Wir reden über offenkundig irreversible Prozesse, und diese beklagen bedeutet soviel wie die Auferstehung der Vergangenheit herbeiwünschen. Darauf antworte ich: Wenn ich meinte, daß der in eine Richtung sich bewegende und irreversible Prozeß, der das Verantwortungsgefühl stufenweise in jedem einzelnen abbaut, um es auf alle gemeinsam zu übertragen, daß dieser Prozeß also unausweichlich die künftige Epoche beherrschen werde, müßte ich an das baldige Ende der Menschheit glauben. In der Tat, die Kategorie der Verantwortung ist in dem Maße sinnvoll, in dem sie an die Kategorie der menschlichen Person gebunden ist; in diesem Punkte teile ich den Grundsatz Kierkegaards: Die kollektive Verantwortung ist eine Fiktion, wenn sie etwas anderes sein sollte als die Summe – die genaue Summe – der Einzelverantwortungen. Wenn eine beliebige Gesellschaft, und nur sie, für irgend etwas verantwortlich ist, aber kein einzelner, so lastet die Verantwortung ganz einfach auf dem Universellen, das heißt auf niemandem.

Vielleicht wird die Gegenläufigkeit der beiden anfangs genannten Tendenzen verständlich, wenn man die erste, die für die philosophischen und künstlerischen Versuche der Zähmung der Welt kennzeichnend ist, als einen Reflex der Selbstverteidigung gegen die Gefahren der zweiten ansieht, die sich im Ergebnis der potenzierten Korreliertheit und im erhöhten Grad der Lebensorganisation festigt und für die die moderne Technologie und ihre organisatorischen Konsequenzen verantwortlich sind. Die Kunst und die Philosophie (zusammen mit der philosophischen Interpretation der wissenschaftlichen Resultate) wären in diesem Sinne Organe zur Erzeugung von Antikörpern, die bis zu einem bestimmten Grade die destruktiven Ergebnisse der Prozesse neutralisieren, welche jedem von uns die Einwilligung in den Umstand abverlangen, daß man restlos durch seinen Platz im Zusammenspiel der sozialen Gewebarten bestimmt sei.

2. Zu den wichtigen, wenngleich wenig beachteten Qualitäten unserer Zivilisation gehört die völlige Abkehr vom Glauben an den Wert des Leidens. Daß das Leiden Quelle eines Wertes ist oder sein kann, diese Überzeugung ist den meisten uns bekannten primitiven Kulturen geläufig und kommt in einer so verbreiteten Erscheinung zu Worte wie in der Strenge oder sogar Grausamkeit der Initiationsriten. Der nämlichen Intuition verlieh die christliche Kultur in allen ihren Bestandteilen einen Ausdruck, in dem das Bedürfnis asketischer Praktiken sowie die ganze systematisierte Schärfe oder sogar Feindseligkeit in den Beziehungen des Menschen zum eigenen Körper gerechtfertigt wurden.

Im landläufigen profanen Denken dominieren bezüglich der archaischen Religionen Vorstellungen in unserer Zivilisation, die die evolutionistische Religionswissenschaft hervorgebracht und verbreitet hat; in jenen Vorstellungen werden Riten wie die Initiationsversuche als Teil eines der Kultur-Teratologie gewidmeten Museums betrachtet, und man verweist sie üblicherweise in die Rubrik »Wildheit der Primitiven«; sie sind nur einer von unzähligen Gründen für das wohlige Überlegenheitsgefühl, mit dem wir, die vom barbarischen Aberglauben Erlösten, auf die dunklen Wahnsinnstaten der primitiven Folklore herabblicken dürfen. Der christliche Leidenskult, der mit fast unverändert gebliebenen Worten seit der Zeit der Humanisten der Renaissance verspottet und gebrandmarkt wurde, erlischt in unserer Zivilisation so gründlich, daß er heute schon fast aus dem Christentum verschwunden bzw. nur noch als unbedeutender Bestandteil der Überlieferung anwesend scheint;

das Christentum unseres Jahrhunderts macht seinen triumphierenden Gegnern in seinem Verhalten so viele Zugeständnisse, lebt so sehr in Angst vor der aufklärerischen Kritik und beugt sich unter deren Schlägen, daß es, zumindest in der öffentlichen Lehrarbeit, nicht mehr den Mut aufbringt, zahlreiche Wesensbestandteile seines eigenen traditionellen Weltbildes zu präsentieren, und trennt sein Erbe Schritt für Schritt von denjenigen Elementen, die mit der industriellen Zivilisation deutlich zerstritten sind. Das Modell des Christentums, das ganz offensichtlich in seine siegreiche Phase tritt, ist der am weitesten getriebene Rückzug von der gnostischen, manichäischen, neuplatonischen Tradition; es versucht in maximaler Weise den Anblick der um die Idee der Erbsünde organisierten Welt zu überwinden, die Idee der Makelhaftigkeit der menschlichen Natur und der realen Gegenwärtigkeit des Bösen in der Welt; es will so weit wie möglich von der Plotinschen Verachtung für die Körperlichkeit abrücken. In einer besonders stark entwickelten Version dieses Modells, das die Philosophie Teilhard de Chardins darstellt, wird das Christentum zu einem Glauben an die Erlösung der Materie, zur Heilung jeglichen Seins als einem göttlichen Sprößling, während es die dunklen Weltbereiche gänzlich zu übersehen scheint. Im Unterschied zu den klassischen Theodizeen begnügt sich die Philosophie Teilhards nicht damit, das Böse oder die Sünde als den Rohstoff zu behandeln, der von Gott jeweils unfehlbar zum Bau einer künftigen Welt von Seligen verwendet wird, sie stellt sich vielmehr in euphorischen Visionen die baldige endgültige Versöhnung der irdischen Welt mit Gott vor, gibt die erzchristliche Idee des permanenten Konfliktes zwischen dem, was vergänglich ist, und dem, was ewig ist, auf und zeichnet einen paradoxen Anblick der Welt, die in ihrer bloßen Diesseitigkeit den Wert des Absoluten erreicht.

Es stimmt, der Kult des Leidens, der den neuplatonischen Wurzeln des Christentums entsprungen ist, war jahrhundertelang ein Werkzeug, das unsagbar schamlos von den Kirchenfürsten zur Rechtfertigung des Unrechts und der Unterdrückung benutzt wurde und das den privilegierten Klassen in maßloser Weise in ihrer Sorge, ihr Privileg zu zementieren, gedient hat. Man kann diesen Umstand gar nicht überbewerten, genausowenig wie es möglich ist, nicht zu bemerken, daß dieser Kult mit jedem Tag seine Lebendigkeit verliert und daß das Modell des Christentums, das in vollendeter Weise auf den Nutzen der privilegierten Schichten zugeschnitten war, irreversibel auf die Positionen einer verzweifelten Defensive übergegangen ist, wobei die Kraft dieses letzten Widerstandes hoffnungslos zerbröckelt.

Es mag eigenartig erscheinen, daß wir die Frage nach dem Wert des Leidens in einer Welt stellen, die weiterhin von Qual, Unterdrückung, Angst und elementarer Not erfüllt ist. Es mag den Anschein haben, als drohe die bloße Frage, die Spannung abzuschwächen, der es im hartnäckigen Ringen der Menschen mit der Qual des elementaren Hungers bedarf. Denn in der Tat menschenfeindlich ist der Kult des Leidens, aufgefaßt als dumpfe Resignation, als fügsame Einwilligung in die eigene Armut, er ist eine Bejahung des als unvermeidlich angesehenen Übels und aus diesem Grund von einem leeren Nimbus der Erhabenheit umgeben.

Etwas anderes ist es jedoch, die Billigung des masochistischen Leidenskultes abzulehnen, der die Ohnmacht gegenüber dem Bösen maskiert oder die feige Resignation heiligt, und etwas anderes ist es, in der Angstbesessenheit vor dem Leiden Narkotika ausfindig zu machen, die es uns gestatten, die Realität des Bösen nicht in unser Bewußtsein dringen zu lassen oder seine Gegenwärtigkeit durch freiwillige Selbstbetäubung zu nivellieren.

Zu den besonders signifikanten Zügen unserer Zivilisation gehört (die eher praktizierte, seltener ausgesprochene) Überzeugung, daß die Absicherung vor dem Leiden jeden Preis wert sei und daß insbesondere diejenigen Güter, deren Wert sich nicht genau bestimmen läßt und die zugleich nicht ohne Schmerz erworben werden können, Erfindungen von Wirrköpfen oder Überbleibsel des Aberglaubens seien.

Selbst die imposanten Triumphe der Medizin über die Krankheit und den körperlichen Schmerz, Werte also, die am wenigsten umstritten werden und am evidentesten sind, werden nicht erst seit heute mit Phänomenen in Zusammenhang gebracht, die keineswegs die Besorgnis von Philosophen oder religiösen Propheten erwecken, sondern der Ärzte selbst. Die prophylaktische und therapeutische Besessenheit ist Ursache allgemein bekannter Erscheinungen, über die die Medizin die Kontrolle verloren hat: der phantastische Medikamentenmißbrauch, verbunden mit dem stets steigenden Verlust des therapeutischen Effekts dieser Mittel, vor allem jedoch mit Nebenwirkungen, die schädlich sind und ihrerseits therapeutische Maßnahmen verlangen. Diese Phänomene sind seit langem beschrieben worden, seltener wurden ihre Quellen in der Grundeinstellung zum Leben selbst gesucht, die von der industriellen Zivilisation verbreitet wird. Es scheint, als ob die Angst vor der Krankheit zuweilen bedrohlicher wäre als die Krankheit selber und die Angst vor dem Schmerz schlimmer als der Schmerz, es hat den Anschein, als ob unsere Zivilisation in der Häufung von Hilfs- und Ersatzeinrichtungen für den Organismus einen ausweglosen Weg beschritten hätte; erforderlich wird nunmehr die permanente Erfindung neuer Mittel und neuer Prothesen zur Bekämpfung der unbeabsichtigten negativen Nebenwirkungen, die durch die Anwendung der früheren Mittel und Prothesen entstanden sind. Vor allem der Mißbrauch mit analgetischen, sedativen und neuroleptischen Mitteln scheint geradezu eine Bestätigung der düsteren Diagnosen zu sein, die vor Jahrzehnten von jenen Philosophen gestellt worden sind, die das auszeichnende Merkmal unserer Kultur im fortschreitenden Schwund der biologischen Potenzen des menschlichen Organismus zugunsten künstlicher Ersatzvorrichtungen sahen. Wir gewöhnen uns an einen Lebensrhythmus, der von der einander ablösenden Neutralisation von Weck- und Beruhigungsmitteln bestimmt ist, wie wenn der berühmte Reklameslogan »Künstliche Beine – besser als echte« seine ersten Triumphe auf dem Gebiet der Neurochemie feiern würde.

Böswillige können diese im übrigen banalen Bemerkungen als Beschimpfung der Medizin oder als kindliche Phantastereien von einer Rückkehr zur Natur betrachten oder als einen Aufruf zur »spontanen Zuversicht gegenüber dem Leben«, wie Gabriel Marcel schrieb. Mir ist jedoch nichts fremder als Utopien eines paradiesischen »natürlichen Zustandes«, gleich in welchem Lebensbereich. Man darf dagegen behaupten, daß das Verhältnis der Gesellschaft zur Medizin und die Art, in der sie sich deren Ergebnisse aneignet, nicht als automatische Folge der Entwicklung der ärztlichen Erkenntnis erklärt werden können, sondern jeweils in einem spezifischen Verhältnis zum Leben wurzeln, das für die jeweilige Zivilisation kennzeichnend ist und die Forschungsrichtungen der medizinischen Wissenschaften seinerseits beeinflußt. Die Einstellung zur Medizin in den Industriegesellschaften ist ein Sonderfall der allgemeinen Einstellung zum Leben, die von der permanenten Frage beherrscht wird: Werde ich das mir zustehende Glücksteilchen von der Welt erhalten oder nicht? Die obsessive Angst vor dem Leiden, vor dem Mißerfolg, vor der Verschlechterung der eigenen Lebensposition, die obsessiven Neidgefühle gegenüber jenen, die es »geschafft« haben, die Unfähigkeit, Niederlagen und Schmerz selbständig zu verwinden, alles das sind Symptome ein und derselben Erscheinung: des Verlustes unserer Fähigkeit, dem Leben die Stirn zu bieten, des Verlustes von Werkzeugen, mit deren Hilfe der einzelne, kraft seiner eigenen geistigen Bestände, sich das Gleichgewicht angesichts von Niederlagen und Leiden wiedererstatten könnte; der wachsenden Abhängigkeit von einem komplizierten Instrumentensystem, das die gestörte psychische Homöostase von außen her reguliert. In dieser Angst vor einer Situation, in der man jeweils auf die eigene Kraft angewiesen wäre, offenbart sich der Zweifel an sich selbst, der permanente Anspruch an die Welt, mir ihre Bestätigung zu beweisen, mein Dasein zu akzeptieren, anzuerkennen und dadurch dieses Dasein wahrhaftig werden zu lassen, offenbart sich der fehlende Glaube, über Werte zu verfügen, die es mir ermöglichen würden, selbst geringfügige Niederlagen zu ertragen. Wir beobachten in dieser Furcht die falschen Versuche, die Fremdheit der Welt zu überwinden, und zwar durch Flucht und Verdrängung. Narkotika und Alkohol wirken in demselben Prozeß zusammen; anstatt die Anstrengung auf sich zu nehmen, die erfahrenen Unbefriedigtheiten selbständig zu bewältigen, oder anstatt die Kommunikationsschwierigkeiten mit den anderen zu überwinden, brauchen wir nur nach einer künstlichen psychischen Umwelt zu greifen, die die Unbefriedigtheit in kurzfristige Erregung auflöst oder eine scheinbare Verständigung als »gesellschaftlichen Kitt« schafft.

Die panische Flucht vor dem Leiden scheint dabei verheerender im Bereich der zwischenmenschlichen Beziehungen und des psychischen Lebens als im Bereich der physischen Beschwerden.

Wenn ich sage, daß wir in einer Kultur der Analgetika leben, so denke ich vor allem an die Einrichtungen der Zivilisation, an die Formen der Sittlichkeit und Modi des Zusammenlebens, dank derer wir die Quelle des Leidens vor uns tarnen können, ohne den Versuch zu unternehmen, sie zu beseitigen oder sich ihnen zu widersetzen.

Wir fliehen vor der Todesvorwegnahme, die eine Quelle des Leidens ist, jedoch nicht um die Unvermeidlichkeit des Todes zu domestizieren, sondern um ihn aus dem Feld unserer Aufmerksamkeit zu vertreiben, um die Kollisionen mit Fragen nach letzten Dingen aus dem Leben zu verbannen und um sich restlos in der jeweiligen Unmittelbarkeit des Lebens auflösen zu lassen.

Wir fliehen vor der Liebe, die eine Quelle des Leidens ist oder zu sein pflegt, indem wir uns einen künstlichen Zynismus gegenüber dem gesamten Bereich der Sexualität auferlegen und aus Angst auf die Bereicherungen des Lebens verzichten, die in der Liebe nur selten ohne Schmerz erreichbar zu sein pflegen.

Wir fliehen in den Konformismus und oktroyieren ihn unseren Kindern, verschreckt von dem Spuk der Schläge, die der einzelne von der »Entfremdung« im Milieu erhält, unfähig, wahrhaft zu glauben, daß jeder Versuch der Selbstkonstitution des Menschen eine Überschreitung des Konformismus ist und daß die menschliche Solidarität in Mühe und schöpferischer Arbeit etwas völlig anderes ist als ein Leben, das über die ausgetretenen Pfade des Geschwätzes gleitet, in der anheimelnden Atmosphäre der Eintracht, die sich stets dort erfüllt, wo es keinem um etwas geht.

Wir fliehen vor der Einsamkeit, jedoch nicht in der Weise, daß wir die Einsamkeit auf dem Wege der für beide Seiten bereichernden Kommunikation mit dem anderen zu überwinden versuchen, aufgrund der Wertegemeinschaft; wir werden unfähig, die Einsamkeit in jeder beliebigen Gestalt zu ertragen, wir tragen Transistorgeräte mit uns herum, um uns von keinem einzigen Augenblick überraschen zu lassen, in dem wir nicht in Gesellschaft wären. Uns erscheint jede Pause in der Kommunikation mit dem anderen bedrohlich, die nicht der gegenseitigen Affirmation dient.

Die unbewältigten, lediglich narkotisierten Leiden, die verworfenen, weil schmerzankündigenden Werte, das ohne Anstrengung und Konflikte erreichte Zusammenleben, erzeugen eine menschliche Scheingemeinschaft, die an der geringsten Belastung zerbricht. Wo es kein Gedränge gibt, nehmen wir aufeinander Rücksicht, damit hat es sich; eine Gemeinschaft, die nur darauf beruht, daß man sich nicht gegenseitig anrempelt, wo es genug freien Raum gibt, geht sofort unter, wenn es enger wird. Wir rechnen damit, daß sich das Gedränge vielleicht verringern wird und daß unsere Gemeinschaft daher zulänglich ist; das sind jedoch vage Kalkulationen, und es genügt, sie an den demographischen Prognosen zu messen.

Die Kultur der privilegierten Klassen hat verschiedene Formen der Höflichkeit und des Salon-savoir-vivre hervorgebracht, d. h. Regeln des Nichtanrempelns unter Menschen, denen genügend Platz zur Verfügung steht; diese Regeln verlieren ihre Wirkung vollends, wenn tatsächliche Interessenkonflikte auftreten. Die Kultur der benachteiligten Klassen hat eine Form realer Gemeinschaft und Hilfe geschaffen, einer Gemeinschaft in der Not, einer Hilfe in der Gefahr. Die zeitgenössische Zivilisation hingegen baut das Gefühl der Gemeinschaft jener, die Not leiden, und die Fähigkeit zu gegenseitiger Hilfe der gemeinsam Bedrohten immer stärker ab, ohne das Gefühl der Not und der Bedrohung abzuschaffen. Not und Bedrohung bringen die Menschen nicht mehr einander näher.

Die Kultur der Analgetika ermöglicht die scheinbare Überwindung der Einsamkeit und eine scheinbare Solidarität von minimaler Haltbarkeit. Die Unfähigkeit, Leiden zu ertragen, ist die Unfähigkeit, an der realen menschlichen Gemeinschaft teilzunehmen, das heißt an einer solchen Gemeinschaft, die sich ihrer Grenzen, die sich aller Potenzen des Konfliktes bewußt ist, die sie enthält und die bereit ist, ihre Grenzen auf die Probe zu stellen.

Die Gemeinschaft jener, die zusammen vor dem Fernseher sitzen, die Gemeinschaft jener, die gemeinsam gebannt auf den Sportplatz schauen, die Gemeinschaft jener, die gemeinsam in einem Bett liegen, das sind sicherlich Kommunikationsformen, die Spannungen erzeugen, welche gemeinsam erfahren werden; die Stärke dieser Spannungen geht aber nicht über das Niveau der Schwelle hinaus, die nötig ist, um die Gegensätze zu entschärfen, die zwischen Menschen bestehen, die gemeinsam in einer Schlange anstehen, die gemeinsam in einem überfüllten Zug fahren, die gemeinsam auf eine Wohnungszuteilung warten, die gemeinsam nebeneinander auf der Straße fahren.

Die Narkotisierung des Lebens ist der Feind der menschlichen Gemeinschaft. Je unfähiger wir werden, das eigene Leiden zu ertragen, desto leichter fällt es uns, fremdes Leiden zu dulden. Je schlechter wir die Einsamkeit tolerieren können, desto mehr Einsamkeit erzeugen wir. Je mehr uns daran gelegen ist, uns auszuzeichnen, desto stärker bleiben wir den Konformismen verhaftet. Wir wünschen uns ständig ins Zentrum der Mode, d. h. wir möchten in den Genuß der vollkommenen Durchschnittlichkeit gelangen und zugleich die Aufmerksamkeit durch vorteilhafte Nichtdurchschnittlichkeit auf uns ziehen. Diesen widersprüchlichen Wünschen, die uns mit dem Rhythmus der Veränderungen Schritt halten und zugleich die löbliche Unwiederholbarkeit des eigenen Rhythmus betonen heißen, entspringt die unausbleibliche Akzeleration in der Bewegung der Mode: Man kann nicht deshalb nur für kurze Zeit modern sein, weil die Mode schnell wechselt, im Gegenteil, die Mode wechselt deshalb so schnell, weil man nur kurz modern sein kann; ich bin echt modern nur für die Dauer eines unbestimmten Augenblicks auf dem Höhepunkt des Trends; eine Mode, die sich einbürgert, tötet sich, indem sie sich verfestigt, das, was allgemein modern ist, ist bereits dadurch unmodern; echt modern kann nur dasjenige sein, was noch nicht modern ist, und zwar einen Augenblick und nur einen einzigen Augenblick lang, bevor es modern ist. Die Labilität der Mode ist das Resultat des unerreichbaren, weil innerlich widersprüchlichen Verlangens, das im Streben nach dem »Modischen« liegt, danach, vollendet unwiederholbar zu sein innerhalb des vollendeten Konformismus. Nur die rein physischen Beschränkungen in der Produktion und im Tempo der Informationsverbreitung begrenzen die Wechselhaftigkeit der Mode.

Jene paradoxe Furcht vor dem Verlust der Durchschnittlichkeit als einem Verlust seiner selbst, jenes panische Verlangen nach Durchschnittlichkeit, das mich zum Überdurchschnittlichen estempeln soll, ist jedoch nur die krasseste Erscheinungsform einer Zivilisation, die vom akzelerierten Zerfall der traditionellen

Gemeinschaften beherrscht ist. Wenn ich die gesamte außerhalb meiner liegende Welt als mein Wohlfahrtssystem betrachte, wenn mein Interesse ausschließlich auf die permanente Unruhe gerichtet ist, daß ich von der Welt nicht das mir Gebührende erhalten könnte, wenn ich der Auffassung bin, daß die Welt mein Eigentum ist als Speicher meiner Genugtuung, ohne daß sie es als Gegenstand meiner Sorge wäre, können meine Verhaltensweisen nur in dem Maße erfolgreich sein, in dem ich eine Ausnahme in dieser Einstellung repräsentiere, d. h. in dem die ganze Welt übereinstimmend gewillt ist, meine Forderungen in dieser asymmetrischen Beziehung anzuerkennen. Ein vollkommener Egoist nach dem Muster von Max Stirner kann nur ein einziger sein, es muß also ein Gott sein, den die restliche Welt als einen Gott anzuerkennen gewillt ist, indem sie sich auf die Ungleichheit angesichts seiner Ansprüche einigt. Eine Sozietät von vollkommenen Egoisten kann nicht bestehen ohne permanente Verhinderung der Gelüste jedes einzelnen Egoisten. Die Unarten eines verwöhnten Kindes können erfolgreich sein, solange es unter der Obhut von Erwachsenen verbleibt; in einer Gemeinschaft von lauter verwöhnten Kindern erreicht keines das Ziel, das es anstrebt. Der Zynismus und die Rücksichtslosigkeit der Erwachsenen sind die Eigenschaften der verwöhnten Kinder, die damit rechnen, daß die gesamte restliche Menschheit sich unendlich lange aus nachsichtigen Erwachsenen zusammensetzen werde; je zahlreicher die verwöhnten Kinder werden, je seltener Erwachsene in greifbarer Nähe sein werden, desto mehr verlieren die Kinder den Boden unter den Füßen und können die eigenen Niederlagen nur noch dem Umstand zuschreiben, daß sie noch nicht genügend verwöhnt waren.

3. Die stagnierenden Gemeinschaften wurden von konservativen Mythologien am Leben erhalten, die vor allem jeden einzelnen zur Behutsamkeit verpflichteten und zur Sorge aufriefen und ihm die Verantwortung für die Werte oktroyierten, die in den Mythen kodifiziert waren, um die hergebrachte Ordnung vor dem destruktiven Einfluß der Kreativität, Intelligenz und Kritik zu schützen. Eine Sozietät, in der jeder einzelne der Verantwortung für den Rest auszuweichen versucht und in der verbindliche Mythen aussterben, bedient sich lieber einer anderen

Sorte von Mythen: der Mythen der Zukunft, die dem Stärkeren gehört. Die Sozietäten vollkommener Egoisten-Konformisten fallen diesen Mythologien am leichtesten zum Opfer, die, wie die chauvinistischen Fanatismen, die Erfüllung der exklusiven egoistischen Wunschträume jedes einzelnen dank dem totalen Konformismus aller verheißen. Der aggressive Konformismus unterscheidet sich unter anderem dadurch vom konservativen Konformismus, daß er es versteht, sich auf das private Interesse zu berufen, das sich nicht mehr von den allgemeinen Werten auseinanderhalten läßt; der aggressive Mythos, der es vermag, die Sozietät in der Spannung von Kampf und Bedrohung zusammenzuhalten, ist unfähig, sie außerhalb dieser Spannung vor dem Zerfall zu bewahren, denn wenn er mit dem Kult der Tradition einmal gebrochen hat, hält er die verbindenden Werte nur mit Mühe aufrecht, die nur dank ihrer Verwurzelung in der mythologischen Kontinuität, im Erbe des kultischen Bewußtseins erfolgreich sind.

Es ist mir sehr an der Hervorhebung dieses Unterschiedes gelegen, der im übrigen ein Zugeständnis an die Unbestimmtheit und Zweideutigkeit ist, die mit dem landläufigen Gebrauch solcher Worte verbunden sind wie »Mythos« oder »Mythologie«. Im eigentlichen Sinne beziehen sich diese Worte nämlich, wie ich wiederholen möchte, auf Situationen, die der empirischen Wirklichkeit sowie der irdischen Zeit vorangehen, die diesen jedoch einen konzisen Sinn geben und ein außerzeitliches, dem realen Werden enthobenes Paradigma schaffen, eines, dem man im realen Werden *nacheifern* muß; sowohl die Geschichten, aus denen sich die religiösen Mythologien zusammensetzen, wie die philosophischen Prinzipien, die in den Realitäten der Kultur die stufenweise Erfüllung außerhistorischer Essenzen sehen (der Natur des Menschseins, des Wesens des Gedankens, des Wesens der Rechtsbindung, der transzendentalen Werte usw.) fallen unter diese Charakteristik. In diesen Mythologien ist die Vollkommenheit in dem Sein erfüllt, das der Geschichte vorangeht, der Mythos hingegen stellt jenes außerzeitliche Modell vor Augen, dem man gewachsen zu sein hat; die gerade vorgefundene empirische Welt ist stets der Ort der »Verbannung«, und dieses Bewußtsein soll jedem einzelnen Aufgaben auferlegen, die er zu erfüllen hat, sowie die Verantwortung für die im Mythos kodifizierten nichtpersönlichen Werte. Die Funktion des mythischen Bewußtseins ist es vor allem, das Gefühl der Verbindlichkeit zu erwecken, das *Bewußtsein der Verschuldung* gegenüber dem Sein, und dieses Bewußtsein kann eine reale gegenseitige Bindung zwischen den Verschuldeten sein, wenn es auch eine Bindung ist, die sich Veränderungen spontan widersetzt. Das Wort »Mythos« wird üblicherweise auch zur Bezeichnung eines völlig entgegengesetzten Bewußtseins verwendet: *des Bewußtseins des Gläubigers.* Die Mythen, die sich vorwiegend auf eine künftige Utopie richten, die noch unerfüllte Forderungen befriedigen soll, Mythen, die vor allem *Ansprüche* kodifizieren, nicht aber *Verpflichtungen,* besitzen ihre eigenen Giftstoffe – andere als die Giftstoffe konservativer Mythen –, da sich die Gemeinsamkeit der Ansprüche allein kraft ihrer Inhalte auf die Idee des auserwählten Volkes berufen muß. Sie schaffen auch innerhalb der Auserwählten – durch die Hoffnung auf Erfüllung der eigenen Ansprüche – Bindungen, namentlich eine Art von Bindungen, deren Inhalte Werte darstellen, die eher das Gegenteil einer Bindung sind, vor allem die individuellen Ansprüche, die die Individuen voneinander trennen. Die in den Mythen enthaltenen »passeistischen« Bestandteile dienen somit nur als zusätzliche Sanktion für die Ansprüche, nicht aber als Rechtfertigung der Verbindlichkeit. Die erste Art der Mythen vermittelt hauptsächlich ein Verständnis der vorgefundenen Welt, indem sie sie auf eine mythische Ausgangssituation bezieht; sie identifiziert die Grundsätze, die dieses Verständnis lenken, mit der Gruppe fertiger Werte, die keiner Kreativität bedürfen, sondern nur der sorgetragenden Akzeptierung; die zweite Art bietet eine Perspektive an, indem sie die Ressentiments organisiert und alle Emotionen aufrechterhält, die mit dem Gefühl unverdienter Benachteiligung verbunden sind.

Es ist wahr, daß die Grenze zwischen diesen beiden Spielarten der Mythologie sich in Wirklichkeit nicht so deutlich abzeichnet, wie man es aufgrund dieser abstrakten Beschreibung erwarten könnte, und daß die simultane Gegenwärtigkeit beider Arten von Emotionen innerhalb einer mythisch selbstbestimmten Gesellschaft nicht nur möglich, sondern üblich ist. Die Unterscheidung beider ist jedoch nicht bedeutungslos, und sei es in

Gestalt ihres idealisierten Modells, das das Übergewicht der einen oder der anderen Version zu beobachten erlaubt. Der christliche Mythos – der zweite mythenbildende Versuch nach dem buddhistischen Versuch, der die gesamte menschliche Gattung umfaßt, nicht nur eine ethnisch begrenzte Gesellschaft – hat eine Evolution durchgemacht, in der die dominierende Präsenz des ersten Modells der Herrschaft des zweiten gewichen ist, wenngleich das eine wie das andere in der Geschichte des Mythos wirksam war. Jesus empfahl, erst sich mit dem Bruder zu versöhnen und danach Gott Opfer darzubringen, er machte den ethnischen Mythos der ganzen Welt zugänglich, die im Sündenbewußtsein egalisiert wurde; er nannte jeden Menschen einen Nächsten, nicht nur den Stammesgenossen. Seinerseits zum Zentrum eines neuen Erlösungsmythos geworden, schuf er eine Sozietät, die ihre geistige Verwandtschaft mit ihm in die Idee eines neuen auserwählten Volkes umwandelte, das mit dem Recht auf Welteroberung ausgestattet wurde. Die Kirche begann von dem Augenblick an, in dem sie in ihrer Struktur die römische Verwaltung kopiert hatte, das Ideal der privaten Heiligkeit eines jeden Christen als ihr Bildungsfundament zu festigen; die Heiligkeit wurde zu dem privaten Interesse, das den allgemeinen Konformismus sichern sollte. Der Mythos der Schuldner, die in der Welt nur durch das Bewußtsein der eigenen Sündhaftigkeit ausgezeichnet waren, ging in den Mythos der Heiligen über, denen das gleiche Selbstverständnis den Anspruch auf Herrschaft über die Menschheit zu legalisieren erlaubte. Das Ideal der Nächstenliebe wich dem Ideal der eigenen Heiligkeit, die im Rahmen eines vollendeten Konformismus erreichbar war. Der Apologet wird zwar einwenden, daß diese beiden Ideale sich nicht ausschließen, sondern genau aneinander angrenzen, durch die Bindung von Ziel und Mitteln, denn die christliche Lehre verkünde ja gerade, daß man zur Heiligkeit auf dem Wege der Nächstenliebe gelangen könne. Das ist jedoch eine rein doktrinäre Übereinstimmung, der die pädagogischen Realitäten widersprechen. In Wirklichkeit ist es etwas völlig anderes, einem Menschen einzureden, sein Ziel sei der Erwerb von Heiligkeit durch vollendeten Gehorsam, der zu seinen Inhalten auch die Nächstenliebe zählt, die von der Obrigkeit jeweils nach den Erfordernissen des Augenblicks reinterpretiert wird, als eine Nächstenliebe und -hilfe ohne Rücksicht als das Hauptziel, nicht aber als Mittel zu empfehlen. Der Nächste, der nur ein Mittel zum Erwerb meiner eigenen Heiligkeit darstellt, nur den Dünger, auf dem meine Engelhaftigkeit erblühen soll, kann nicht ernsthaft Gegenstand meiner Sorge und Verantwortung sein, selbst dann nicht oder erst recht dann nicht, wenn ich über Lehrbücher der Heiligkeit verfüge, die immer und unausweichlich dazu dienen, mir die für meinen Zweck nützlichste Interpretation der Gebote auszusuchen. Eine Erziehung, die uns beibringt, daß das wichtigste Ziel eines jeden von uns die Vollkommenheit sei, verehrt in natürlicher Weise Scheinheilige, die von ihrer Heiligkeit überzeugt sind. Ich habe mich um mich selbst zu kümmern und um die Nächsten in dem Maße, in dem sie einen Posten in meiner Erlösungsbilanz darstellen, aber auch die Nächsten bedürfen vor allem der Hilfe in der Erlösung; die beste Weise, ihnen meine Liebe zu bezeugen, ist demnach, ihnen Moralpredigten zu halten. Wenn mein Nächster sich taub stellt, so ist es seine eigene Schuld, und jeder Zwang wird für ihn einen Gewinn darstellen.

Das ist eine keineswegs verzerrte Schilderung der christlichen Erziehung, die über Jahrhunderte praktiziert und in der Moraltheologie kodifiziert wurde, einer Erziehung, die die Herausbildung von vollkommenen Egoisten-Konformisten anstrebte. Das Christentum wird so lange unfähig bleiben, sie vollends zu verwerfen, bis es sich klar darüber wird, wieviel Böses das Ideal der privaten Heiligkeit produziert hat, das jedem einzelnen als endgültiges Ziel vor Augen gehalten worden ist; bis es sich Klarheit verschafft haben wird über die intime Beziehung, die zwischen jenem Ideal und der Tatsache besteht, daß das Christentum wohl das erste Modell eines totalitären Staates in Europa geschaffen hat; daß es wohl als einziges System in der Weltgeschichte den Grundsatz, das als weiß Gesehene schwarz zu nennen, sofern es eine Obrigkeit so befiehlt, nicht nur praktizierte, sondern auch offen als Grundsatz aussprach (»Ecclesiae catholicae ita conformes esse debemus, ut si quid quod oculis nostris apparet album, nigrum illa esse definierit, debemus itidem quod nigrum sit pronuntiare«, gemäß der berühmten Formel des Ignatius).

Ich wiederhole abermals Einsichten, die vor Jahrhunderten

gemacht worden sind, doch ich halte sie für wiederholenswert. Es geht mir keineswegs um die Geschichte des Christentums, von der ich wohl weiß, daß sie ausgesprochen einseitig und ungerecht behandelt wäre, wollte man sie auf jenes pädagogische Schema reduzieren und die gewaltige Summe gedanklicher und emotionaler Anstrengung ignorieren, die dieses Schema häufig durchbrach, und sich immer nur auf ein und dieselbe Quelle berufen. Es geht mir um die Konfrontation von zwei Erziehungsarten, die in zweierlei Typen von Mythologien verwurzelt sind; und diese Konfrontation ist wichtig in einer Situation, in der das Bewußtsein der Teilnahme der Menschen an einer Gattung und das Bewußtsein der Abhängigkeit, die das Schicksal aller Teilhaber an dieser Gattung verbindet, erstmalig allgemein geworden ist.

4. Alle bisherigen Projektions- und Eroberungsmythen beriefen sich, wie bereits gesagt, auf die Idee des auserwählten Volkes, zumindest dann, wenn sie von der Phase der Wunschträume zur praktischen Phase übergingen. Es scheint vieles für den Glauben zu sprechen, daß die Projektionsmythen in dem ersehnten Paradies der vereinigten Menschheit die All-Gemeinschaft der Menschheit gut organisieren könnten, die dann als Ganzes zum auserwählten Volk erklärt werden könnte, die also als Ganzes weiterhin die konquistadorische Expedition gegen die Natur führen und eine dauerhafte Bindung im Gattungsprometheismus aufrechterhalten würde, ohne des konservativen Traditionskultes zu bedürfen und ohne den Relativismus der Wissenschaft fürchten zu müssen.

Die Erfahrungen liefern jedoch nur wenig Gründe für einen festen Glauben an diese Perspektive. Eine Gemeinschaft, in der die außerproduktionsmäßigen und außerrechtlichen Bindungen erloschen wären und in der der Kooperationswille zugleich stark genug wäre, um aufgrund der rein rationalen Kalkulation eine konstruktive kollektive Arbeit zu gewährleisten und die Konflikte zu entladen, eine solche Gemeinschaft, sage ich, ist nur insofern möglich, als die aufklärerische Metaphysik der »prinzipiellen« Harmonie von Einzel- und Gemeinschaftsinteressen in allen Lebensbereichen zutrifft. Sofern es jemandem gelingen sollte, dieser Metaphysik ernsthaft Glauben zu schenken, also zu glauben, daß die »wohlverstandenen« menschlichen Interessen nicht »wahrhaftig« zerstritten seien und die Konflikte nur Rechenfehlern oder trügerischen und konträren Doktrinen entspringen, an die geglaubt wird und die die Menschen sich gegenseitig aufzwingen wollen, dürfte es ihm auch gelingen, daran zu glauben, daß die von philosophischen Illusionen, Mythen, der Last der Tradition, dem Kult irrationaler stammesmäßiger oder nationaler, religiöser und familiärer Bindungen gereinigte Welt zur Organisierung einer konfliktlosen Kooperation fähig sein werde, die auf einer guten Koordination der Egoismen basiert. In den in rechtlicher Hinsicht rational organisierten Gesellschaften hätten die Erziehungsinstitutionen, dieser Doktrin zufolge, dafür Sorge zu tragen, daß jedem jene »prinzipielle« Widerspruchslosigkeit der Einzelegoismen klar und er darüber informiert wird, daß der Egoismus, der gegen andere Menschen sich richtet, unweigerlich gegen ihn selbst sich wendet, daß mein Einzelinteresse also nur dann am vorteilhaftesten abgesichert ist, wenn ich die fremden Interessen nicht verletze. Sollte eine solche Doktrin, die die eigentliche Substanz der utilitaristischen Programme bildet, richtig sein, so dürfen wir in der Tat mit einer aufgeklärten Menschheit rechnen, die sich die Harmonie aufgrund der bloßen juristischen Bindungen und der rationalen Gewinn- und Verlustbilanz sichert, ohne sich auf die spezifischen moralischen Motivierungen berufen zu müssen, weder auf die Werte, die nicht an das Eigeninteresse gebunden sind, noch auf die mythischen Rechtfertigungen jener Werte (und andere als mythische Rechtfertigungen gibt es nicht).

Diese optimistische Philosophie hat zwar zu viele theoretische wie empirische Niederlagen erfahren, als daß man ihre Darstellung in der zeitgenössischen Literatur in der ganzen Fülle erhabener Naivität finden könnte, wie wir sie aus den Schriften des Helvetius oder Benthams kennen. Sie bildet jedoch auch weiterhin den festen Bestand aller Visionen einer künftigen Welt, in der die wissenschaftliche Organisation des Lebens gleichzeitig die Mythologien, die Not und sozialen Konflikte entfernen soll und wo allein das Niveau der öffentlichen Bildung das Gemeinwohl wirksam vor Übergriffen antisozialer Individuen schützen kann, da sich das antisoziale Verhalten automatisch gegen den Übeltäter selbst wenden wird.

Die Philosophie der »prinzipiellen Übereinstimmung« aller Einzelinteressen, obschon sie das Werk der Befürworter des aufgeklärten Liberalismus und der öffentlichen Freiheiten ist, stellt in Wirklichkeit die vollkommenste Rationalisierung des totalitären Staates dar, die man sich vorstellen kann – wobei sie es, wenngleich aus unterschiedlichen Gründen, in den zwei möglichen Aspekten ist: als soziales Programm und als metaphysische Voraussetzung. Diese beiden Aspekte oder Interpretationen des »Grundsatzes der prinzipiellen Übereinstimmung« sollen kurz umrissen werden.

Die erste Interpretation hat folgenden Sinn: Wenn mein gegen die Interessen der anderen Menschen gerichtetes Verhalten mir Nutzen bringt, so geschieht das infolge der Unzulänglichkeit der sozialen Institutionen. Die rationale Einrichtung dieser genügte, um den Konflikt des zerstrittenen Egoismus auszuräumen, sie hätte nämlich zur Folge, daß es niemandem mehr Nutzen bringen würde, gegen die anderen aktiv zu werden. In dieser leutselig aufgezeichneten Form wird die Theorie der »prinzipiellen Übereinstimmung« zur Grundlage des Programms einer rationalen und konfliktlosen Gesellschaft. Doch die Moralisten, Philosophen und Reformatoren des utopischen Sozialismus, die sich eine derartige Umgestaltung der Gesellschaft erhofften und Methoden in Erwägung zogen, die es gestatten würden, die zwischenmenschlichen Widersprüche zu umgehen, dachten dabei an die verschiedenartigsten Umstände: meistens an die Konflikte, die mit der Präsenz des Privateigentums verbunden sind, oder an Konflikte, die sich in kriminellen Delikten äußern. Nicht immer gelang es ihnen, sich folgenden Umstand klar vor Augen zu führen: Die sozialen Institutionen, die die Ideale der »prinzipiellen Übereinstimmung« mit Leben erfüllen könnten, müßten die Möglichkeit jeglicher Konkurrenz zwischen den menschlichen Individuen überhaupt ausschalten, sie würden also eine so undifferenzierte Sozietät voraussetzen, daß es mir in ihr unmöglich wäre, mich um irgend etwas zu bewerben, was mich unter den anderen auszeichnen würde. Sie wäre also mit anderen Worten eine Gesellschaft ohne jegliche Werte, die die Individuen gegenüber den anderen Individuen auszeichnen könnten, sofern jeder auszeichnende Wert, im Bereich des Prestiges, der Macht, des Eigentums, der Fähigkeiten unweigerlich ein Konkurrenzzentrum und konflikthafte Spannungen zumindest in dem Sinne schafft, als ich mich, indem ich mich um diesen Wert bewerbe, zugleich darum bemühe, alle anderen von diesen Gütern auszuschließen. Die Gesellschaft, der es gelingen würde, diesen Zustand zu verwirklichen, müßte auf alle Werte verzichten, die nicht gleichzeitig allen anderen zugänglich sein könnten, müßte somit den Zustand totaler Uniformität der menschlichen Individuen erreichen, gemäß den Mustern der aufklärerischen Utopisten. Das gräßliche Ideal des vollkommenen Totalitarismus von Dom Deschamps, eine aus identischen Exemplaren der menschlichen Gattung bestehende Gesellschaft, identisch hinsichtlich der Kleidung, der Lebens- und Denkweise, der Gefühle, Wünsche, selbst des physischen Aussehens, ist im Grunde der Versuch einer konsequenten Anwendung der Grundsätze, auf denen die edlen Liberalen ihre politischen Gedanken aufbauen: der vielleicht einzige Versuch, dessen Schöpfer nicht davor zurückschreckt, das Ideal zu Ende zu führen, indem er die Konflikt- und Wettbewerbsquellen zwischen den Menschen endgültig abschafft.

Es könnte jemand sagen, daß jenes Ideal uns zwar wie ein Alptraum erscheine, daß man jedoch einen solchen Verlauf der Dinge im vorhinein kaum ausschließen könne, als dessen Ergebnis dieses Ideal nicht nur verwirklicht wäre, sondern den Menschen sogar vollkommene Befriedung sichern würde, sofern nämlich die vorangegangene Erziehung die Bedürfnisse dieser Menschen in einer Weise organisieren würde, daß sie in dieser totalen Identifikation jedes einzelnen mit der Ganzheit nicht nur kein Unbehagen empfinden, sondern im Gegenteil ein von wohliger Zufriedenheit erfülltes Leben führen würden.

Solche Überlegungen mögen als leere Phantasien erscheinen, doch der Grund dafür ist ausschließlich in der gewaltigen Distanz zu sehen, die zwischen diesem Ideal und unserer Wertewelt liegt. Diese Entfernung scheint jedoch nicht größer als die, die den Lebenshorizont eines Europäers des 10. Jahrhunderts (des traditionellen Saeculum obscurum) von dem Horizont der geistigen Eliten der modernen Zivilisation trennt. Wir wollen uns daher der Utopie einer konfliktlosen Gesellschaft für einen Augenblick ganz ernsthaft zuwenden, der Utopie einer Gesellschaft, aus der die Möglichkeit von Wettbewerbssituationen beseitigt worden wäre, indem der die Individuen auszeichnende Wert abgeschafft wurde, und wir wollen der Möglichkeit, eine solche Situation zu realisieren, Glauben schenken.

Uns fällt sofort auf, daß die Sozietät, die solcherweise in unserer Vorstellung gesetzt wurde, sich durch eine universelle und vollkommene Stagnation auszeichnen würde, denn ihr wäre jedes Bedürfnis nach Veränderung fremd, sowohl als Ganzes wie in einem beliebigen Bestandteil. Ihre Technologien wären zwangsläufig rein reproduktiv. Jede Kultur, die über die instrumentalen Funktionen bezüglich der Bedürfnisse des organischen Lebens hinausgehen würde, würde restlos aussterben, denn die Negativität der Unbefriedigtheit ist die ausschließliche Quelle des kulturellen Schaffens auf allen seinen Gebieten. Man kann dagegen natürlich einwenden, daß weder der technologische Fortschritt noch die Fruchtbarkeit der Kultur autotelische Werte seien, so daß sie in Gesellschaften, in denen die Bedürfnisse, die sie wertvoll machen, erloschen sind, keine Werte mehr darstellen; der »Fortschritt« könne als Wert nur in bezug auf die unbefriedigten Bedürfnisse anerkannt werden, und was zwinge uns zu dem Glauben, daß die Bedürfnisvermehrung an sich – und nicht die Bedürfnisdrosselung – wert sei, unterstützt zu werden?

Eine solche hypothetische Argumentation richtet sich jedoch gegen sich selbst. Eine Gesellschaft, in der alle Quellen der Veränderung versiegt sind, wo also die Befriedigung allgemein und vollkommen ist, wäre, ganz unabhängig vom Niveau der Bedürfnisse, auf dem diese Befriedigung wirksam würde, gegenüber jeder neuen Situation wehrlos, die aus welchen Gründen auch immer ihr stagnierendes Währen stören würde; beispielsweise könnte sie keiner Bedrohung von seiten der natürlichen Umwelt standhalten. Aus diesem Grund ist sie auch unvorstellbar, es sei denn unter Bedingungen, unter denen ihre natürliche Umwelt sich auf die gleiche Immobilisierung einigen würde. Jede Situation aber, die Erfindungsgeist verlangt, der schöpferische, nicht nur reproduktive Potenzen in Bewegung setzt, wäre eine Liquidierung des Lebensprinzips dieser Gesellschaft (sofern sie mit dieser Situation fertig werden wollte) oder die Liquidierung der Gesellschaft selber (sollte sie es vorziehen, unterzugehen, anstatt sich zu verändern). Die Annahme, daß die stagnierenden Gesellschaften Jahrtausende überlebten, ist kein triftiges Argument, da nach unserem Sprachgebrauch Gesellschaften von langsamem Wandel als stagnierende bezeichnet werden; wir kennen dagegen keine stagnierenden Gesellschaften im wörtlichen Sinne; zweitens kann die Menschheit, deren Teile allesamt voneinander abhängen und zugleich unfähig sind, ohne den bereits gehorteten Bestand technologischer Mittel zu überleben, ihre natürliche Umwelt nicht mehr unverändert rekonstruieren, etwa wie eine Nomadengruppe, die sukzessiv, scheinbar endlos, die noch unbevölkerten Gebiete ausbeuten kann, welche sich voneinander nur unwesentlich unterscheiden.

Mit anderen Worten: Die vollkommen konfliktlose Gesellschaft setzt eine Situation voraus, in der die einzelnen Individuen jeglicher Fähigkeit zur Wahl, also auch zum Schaffen, beraubt werden, die Schaffensfähigkeit wäre somit der gesamten Sozietät genommen.

Wie immer wir uns die Werkzeuge vorstellen mögen, die jenen Zustand vollkommener Stagnation aufrechterhalten würden – sei es in Gestalt repressiver Mittel oder einer internalisierten Bereitschaft zur völligen Identifikation des Individuums mit der Ganzheit –, es ist ein Zustand, den man mit vollem Recht als das Ende der menschlichen Welt bezeichnen dürfte.

5. Und nun die zweite, metaphysische Variante des erwogenen Grundsatzes der »prinzipiellen Übereinstimmung«. Wir kennen sie aus der Philosophie Rousseaus oder aus der Fichtes, der sich in diesem Punkt an Rousseau anlehnt. Pauschal gesehen, setzt sie voraus, daß das Menschsein die unverzichtbare Natur jedes einzelnen Menschen für sich bedeute, daß man somit in jedem einzelnen als seine eigentliche und konstitutive Qualität die grenzenlose Solidarität mit der Gattung voraussetzen dürfe; der Konflikt ist ein Symptom der Sozialpathologie, ein Resultat der Entartung der sozialen Institutionen, die das Individuum entmenschlichen, indem sie die ihm eignende Berufung zur harmonischen, freiwilligen Kooperation verdrängen.

Die Gefahren, die in jenem optimistischen Glauben an die angeborene natürliche Güte des Menschen liegen, sind nicht geringer als jene, die aus der scheinbar entgegengesetzten Doktrin entspringen. In der Tat, ob wir nun sagen, die Menschen seien

»Egoisten von Natur«, und demgemäß ein Programm der allgemeinen Harmonie aufbauen wollen, das die zerstrittenen Einzelegoismen untereinander versöhnt, oder im Gegenteil dekretieren, »die menschliche Natur ist altruistisch«, und darauf unsere Hoffnung auf eine vollkommene Gesellschaft setzen wollen, das Resultat dieser beiden unendlich fruchtlosen und leeren Prinzipien wird dasselbe sein. Wenn wir sagen, die interesselose Bereitschaft zur Identifikation mit dem Menschsein bilde die persönliche Natur eines jeden, geben wir zu verstehen, daß alle Mittel, mit deren Hilfe wir die Menschen zu einem konfliktlosen Leben bewegen, ganz einfach zur Enthüllung jener verborgenen Natur führen werden, also, von meinem Standpunkt aus, zur Realisierung des »mir innewohnenden« Menschseins. Nun kann kein Wirken mehr menschenfeindlich sein, das die authentische menschliche Natur zum Vorschein bringt, jene originärste Berufung des Menschen, folglich kann nichts böse sein, was den Menschen zum Menschen macht. Deshalb ist jede Form von Zwang, die auf das Gemeinwohl gerichtete Verhaltensweisen oktroyiert, zu unterstützen. (Man müsse die Menschen zur Freiheit zwingen, gemäß der berühmten Formel von Rousseau.) Das Menschsein ist in jedem, doch nicht jeder ist sich seiner bewußt. Somit ist es das Recht der Bewußten, die in Finsternis Lebenden zu ihrem Menschsein zu führen, auch mit den Mitteln der Gewalt, wenn es nicht anders geht. Das ist zwar eine gewisse Interpretation jener Metaphysik des »Menschseins im Menschen«, eine gewiß nicht unausweichliche Interpretation, die jedoch im Rahmen des Möglichen liegt und, wie wir wissen, in der Geschichte wirksam ist. Die Idee, die den Menschen zu einem »natürlichen Altruisten« stempelt, ist jedenfalls bezüglich ihres Inhalts durch gar nichts von der totalitären Interpretation abgesichert, ähnlich wie das scheinbar entgegengesetzte Bild der »egoistischen Natur«, die man bald zähmen, bald in eine konfliktlose Ordnung integrieren muß.

In Wirklichkeit ist der Konflikt ein Werk der Differenzierung, ohne die es weder Kultur noch technologische Entwicklung geben kann. Diese triviale Beobachtung setzt keine Doktrin voraus, die sich auf den »angeborenen Egoismus« oder auf die unumgängliche, weil biologisch determinierte Aggressivität des Menschen respektive auf den grundsätzlich konflikthaften

Charakter der menschlichen Kontakte bezieht. Sie geht weder von der Hobbesschen noch von der Freudschen noch von der Sartreschen Anthropologie aus. Sie setzt nur voraus, daß die Beseitigung der Konfliktsituationen aus dem sozialen Leben eine trügerische und eine hochgradig gefährliche Hoffnung obendrein ist, wenn man sie in der Praxis auf die Probe stellt.

Der Konflikt und der Wettbewerb sind demnach unvermeidlich in jeder lebensfähigen Zivilisation. Eben aus diesem Grund ist die Hoffnung leichtsinnig, daß das soziale Leben in einer Organisation erfolgreich funktionieren könnte, die sich auf das Modell der selbstregulierenden Einrichtungen stützte bei völliger Abwesenheit der unproduktiven und nichtutilitären Solidaritätsbindungen, die nur am Stamm des Mythos gedeihen.

6. Recht wird jeder behalten, der vor der Gefahr des Mythos warnt. Der Mythos kann in vielerlei Hinsicht eine Bedrohung darstellen. Erstens wegen seiner Tendenz zur schrankenlosen Expansion; der Mythos kann wuchern wie ein Tumor, er kann den Platz der positiven Erkenntnis anstreben, kann fast alle Kulturbereiche gewaltsam erobern und in Despotismus, Terror und Lüge ausarten. Er ist auch deshalb gefährlich, weil er seine Teilhaber von der Verantwortung für die eigene Situation befreien, das Verlangen nach Freiheit ausdörren lassen und deren Wert selbst in Frage stellen kann.

Das legitime Bedürfnis nach dem Mythos angesichts der legitimen Selbstverteidigung vor der Gefahr des Mythos, dieser Zusammenstoß bildet den neuralgischen Punkt unserer Zivilisation. Die Flucht vor dem Mythos, würden wir sagen, führt, sofern sie gelingt, auch wenn sie nicht vollends gelingen kann, zur Nachgiebigkeit gegenüber der Penetranz der unmittelbaren Fakten, zum Einverständnis mit der ewigen Zerstreuung, zur Billigung eines Lebens, das in die pure Sukzession der Ereignisse abgleitet, von denen sich jedes einzelne in sich selbst erschöpft und die in ihrer Summe auf nichts verweisen; sie ist die Angst angesichts der Fragen nach der Zufälligkeit der Welt und sucht nach Mitteln, diese Angst zu betäuben; sie kann somit nicht frei sein von Verlogenheit. Die Suche nach dem Mythos ist meistens der Versuch, eine fürsorgende Obrigkeit ausfindig zu machen, die die Fragen nach den letzten Dingen mühelos löst, die einen mit einer verläßlichen Wertskala ausrüstet, mit einem Schilderwald umgibt, eine Obrigkeit, die einen von der Freiheit befreit und von neuem in den Kokon der Säuglingshaftigkeit einwickelt, die dem müßiggängerischen Bedürfnis nach Unterwerfung Recht gibt; doch auch eine solcherweise erworbene Zufriedenheit pflegt von Verlogenheit nicht frei zu sein.

Gibt es die Möglichkeit, daß der Mythos in seinen unausweichlichen sozialen Werten ohne die Bedrohung des mythologischen Terrors funktioniert? Ist dementsprechend eine Haltung möglich, die in die Teilnahme an einer mythisch bestimmten menschlichen Gemeinschaft einwilligt und diese Teilnahme nicht zum Vorwand macht, der Verantwortung für das Leben auszuweichen? Ist es, anders gesehen, möglich, gleichzeitig ein von der Alltäglichkeit narkotisiertes Leben, das unempfindlich ist für die Anziehung der mythischen Abgründe, und ein Leben zu vermeiden, das von der tödlichen Gewißheit des Mythos betäubt wäre und in dessen wohltätiger Fruchtlosigkeit versinkt?

Bei dem Versuch, diese Frage zu beantworten, sind zwei Dinge wichtig:

Erstens: es ist fast unmöglich, den Mythos wirksam zu programmieren, indem man seinen rein instrumentalen Wert voraussetzt; es ist unmöglich, ihn zu dekretieren.

Zweitens: die Mythen können in ihrem Inhalt keine Garantie gegen Interpretationen liefern, die sie zu Organen der Unterdrückung und der Despotie machen, obwohl man sagen darf, daß der Inhalt vieler uns bekannter Mythen selber mehr oder weniger empfänglich ist für derartige Interpretationen.

Wenn unter den sozialen Funktionen des Mythos also unersetzbare und spezifische gegeben sind – neben jenen instrumentalen Funktionen, die der Mythos gegenüber allen Zweigen des Lebens erfüllt –, so kann die bloße Gegenwart dieser Funktionen keine Vorentscheidung über die Grenzen der bösartigen Auswucherung der Mythologie enthalten. Was wir mit Sicherheit wissen, ist, daß der Glaube an die vorgefundenen und nichtarbiträren Werte notwendig ist zur Aufrechterhaltung jeglicher menschlicher Gemeinschaft und daß es zugleich gefährlich ist zu glauben, daß diese Werte in irgendeinem Augenblick abgeschlossen und erschöpft seien, daß sie von der situationsgebundenen Interpretation und der situationsgebundenen Verantwortlichkeit befreien könnten. Die Mythologie kann nur dann sozial fruchtbar sein, wenn sie einem permanenten Verdacht ausgesetzt ist, wenn sie ständig von Wachsamkeit umgeben wird, die ihrer natürlichen Neigung entgegenwirkt, sich in ein Narkotikum zu verwandeln. Wir wissen auch mit Sicherheit, daß der einzelne die Möglichkeit besitzt, diese Wachsamkeit aufrechtzuerhalten. Wir wissen hingegen nicht mit Bestimmtheit, ob dies im sozialen Rhythmus der Mythoswirkung möglich ist, oder zumindest: ob dies in anderer Weise möglich ist als auf dem Weg der Arbeitsteilung, die den einen die einseitige Würde der Mythos-Wärter und den anderen die einseitige Würde der Mythos-Kritiker zuerkennt.

Der Mythos ist die Quelle einer gefährlichen Intoxikation, so oft er der Abwehr von Unruhe dient, und in dieser Funktion verlangt er, daß man sich ihm widersetzt. Die völlige Zähmung der Welt und die totale Abschaffung ihrer Fremdheit kann nur eine Illusion sein und pflegt nicht frei zu sein von bösem Glauben. Die mythologischen Interpretationen der Welt sind fähig, bei der Abschaffung dieser Fremdheit bis zu einem Grade behilflich zu sein, in dem das erreichbar ist, sie sind auch fähig, das Verständnis dafür zu fördern, warum das nicht vollends erreichbar ist.

Mythen, die diese beiden unverzichtbaren und unersetzbaren Funktionen erfüllen, können kein Gefühl der Sättigung schaffen. Sie enthalten stets irgendeine Version des Höhlen-Mythos, irgendeine Variante der Geschichte vom verlorenen Paradies, sowie das Gefühl des Unvermögens, vom bedingten zum unbedingten Sein zwanglos überzugehen. In ihnen wiederholt sich das bittere »lama asabthani«, und die Ankündigung des Austritts aus der Höhle ist undeutlich und ungewiß.

7. Wir wissen natürlich nicht, wie die mythologische Zukunft unserer Zivilisation aussehen wird. Ich meine die Mythologien im engeren Sinn, und zwar die religiösen Mythologien. Es gibt gegenwärtig zwei mythologische Organismen auf der Welt, denen es gelungen ist, die lokale Begrenzung ihrer Genealogie zu durchbrechen und ihren Mythos auf breitester Skala zu universalisieren: das Christentum und den Buddhismus. Diese beiden Mythen, wenn auch innerlich gespalten und voller Abarten, er-

füllen somit die notwendige, wenn auch keineswegs zureichende Bedingung der Lebensfähigkeit innerhalb einer Zivilisation, in der die grundsätzlichen Bestände des geistigen Lebens allmählich ihre folkloristische Buntheit verlieren. Beide haben eine gewisse Fähigkeit bewiesen, in Zivilisationen vorzudringen, die derjenigen Zivilisation fremd sind, der sie entsprangen; auch der Buddhismus, der Europa als Mythos nicht mehr nur als Studienobjekt zunächst in einer merkwürdig deformierten theosophischen Gestalt erreichte, wird seit einiger Zeit Zentrum einer bescheidenen Anziehung in der Zen-Version; diese letztere scheint leichter assimilierbar für die industrielle Zivilisation, da sie sich inmitten der Fieberhaftigkeit der täglichen Beschäftigungen betreiben läßt und keiner mönchischen Kontemplationsabsonderung bedarf.

Die fraglose Dekadenz des religiösen Lebens, die man in den letzten Jahrzehnten fast mechanisch mit den Fortschritten der Urbanisierung und der öffentlichen Bildung verknüpft hat, verdient nicht, zu einem linearen Gesetz der Geschichte erhoben zu werden. Die Geschichte ist reich an Beispielen für zweifellosen Verfall einzelner Kulturbereiche, der bildenden Künste, des wissenschaftlichen Denkens, der Religion, des Rechts, und im allgemeinen lassen sich diese Verfallserscheinungen als Krisen der Nichtangepaßtheit interpretieren. Für Zeugen, die sich den alten Werten verbunden fühlten, mochten diese Krisenmomente stets Symptome des endgültigen Welkens dieser Kulturformen darstellen, die nächsten Generationen kannten sie jedoch bereits als unumgängliche Zerfallsphasen, die neuen Formen vorangegangen sind.

Der Niedergang des scholastischen Modells des Christentums scheint irreversibel; ich denke an das Modell, das die Mythologie zum vollberechtigten Fragment der Erkenntnis machen und den institutionalisierten Mythos zugleich in einen Administrator des irdischen Lebens verwandeln wollte. Die heftige Abkehr von dieser Interpretation seitens der katholischen Religiosität in den letzten Jahren zeugt von der überraschenden Geschmeidigkeit des Katholizismus; die Sätze, die vor fünfzehn Jahren wie gefährliche Häresien klangen, werden heute allgemein verbreitet, wenn auch nicht allgemein befürwortet.

Jegliche Prophezeiungen, die das weitere Schicksal dieser Situation beträfen, wären arbiträr und fruchtlos. Die Wahrscheinlichkeit, daß eine noch nicht existierende Mythologie, d. h. eine, die sich auf keinen herkömmlichen mythologischen Bestand berufen, sondern eine frisch von der Gottheit gesandte Offenbarung verkünden würde, erhebliche Bereiche der zeitgenössischen Kultur erobern könnte, ist jedoch gering. Mohammed war der letzte Prophet in der Geschichte, dem dies gelang, der letzte, der sich nicht mit der Neuinterpretation eines fertigen Mythos begnügte, sondern sich zum Herold einer neuen Offenbarung ausrief, und der es zugleich vermochte, seine Mythologie einem bedeutenden Teil der Welt zu oktroyieren. Die Unmengen späterer Propheten, die versicherten, neue Inspiration aus überirdischen Quellen zu schöpfen, verschwanden spurlos oder brachten bestenfalls winzige Sekten hervor, die rasch an der Gleichgültigkeit der Welt verdorrten. Hinsichtlich ihrer mythologischen Ansprüche stellten alle bedeutenden religiösen Wenden und Schismata seit dreizehn Jahrhunderten keine Versuche mehr dar, neue Quellen des göttlichen Wortes zu entdecken; im Gegenteil, sie beriefen sich auf den herkömmlichen Mythos, dem sie nur seinen originären Sinn und seine eigentliche Würde zurückerstatten wollten, die vom menschlichen Zorn verunreinigt worden waren. Das erscheint im übrigen als natürliche Lebensqualität des religiösen Mythos; der Augenblick der ursprünglichen Offenbarung sollte eher in der vagen Finsternis der vergangenen Zeiten, im nebligen »irgendwann« sich auflösen, an der Quelle der historischen Zeit, sofern er seine Realität in den Seelen der Gläubigen bewahren will. Nur ausnahmsweise ereigneten sich historisch lokalisierbare und zugleich gelungene Fakten einer neuen Offenbarung; doch auch sie stellten, wie der Fall von Jesus und Mohammed zeigt, einen Überbau dar und eine Reinterpretation einer früheren Offenbarung.

Nur auf dieser zugegebenermaßen schmalen Basis, die die jahrhundertelange Abwesenheit neuer und erfolgreicher Offenbarungen darstellt, dürfen wir die Vermutung äußern, daß die künftigen Metamorphosen der Mythologie eher Reformen, d. h. Versuche der Reinterpretation ererbter Bestände, daß sie also Verlängerungen der existierenden Konfessionen sein werden.

Wir können uns in diesem Augenblick nicht die Rückkehr zu Mythen vorstellen, die den Zustand des hierokratischen Despotismus über dem weltlichen Leben mit Erfolg instaurieren könnten. Wir können uns keine Kultur vorstellen, in der die mythologischen Bestandteile restlos getilgt wären. An den Grundsätzen der Koexistenz von Mythologien und wissenschaftlich kontrollierter Zivilisation wird sicherlich sehr lange, unter Spannungen und nicht ohne Kollisionen gearbeitet werden. Die Herausbildung solcher Grundsätze scheint jedoch nicht unmöglich, wenn es auch unwahrscheinlich ist, daß sie die Garantie ewiger Harmonie enthalten werden. Der Mythos, der die empirischen Fakten in einer unbedingten Ordnung lokalisieren soll, enthält nämlich unausweichlich den Akt der Infragestellung der greifbaren Welt in sich, da er diese Welt stets als inautarke und des eigenen Wertes beraubte darstellt, die nur durch jene Bindung an die nichtzeitlichen Realitäten mit Werten ausgestattet ist.

Jener Akt der Infragestellung des bedingten Seins kann sich jedoch in unterschiedlicher Weise artikulieren. Er kann als Grundsatz des ewigen Hasses auf die unheilbar kranke Leiblichkeit auftreten und somit zu Fluchtversuchen aus der Welt führen, zur Asylsuche in geschlossenen Enklaven der Vollkommenheit; auf diesem Grundsatz wurden die asketischen Sekten und kontemplativen Orden geboren, die in Selbstadoration sich sammelten, unempfindlich für irdische Dinge und nicht einmal gewillt zu Missionspraktiken.

Die empirische Welt kann auch in Entwürfen in Frage gestellt werden, die die irdischen Realitäten der Tyrannis der Heiligkeit unterstellen und den sichtbaren Verkörperungen einer unsichtbaren Welt legislative und exekutive Gewalt über die menschlichen Sozietäten verleihen wollen. Nach diesem Grundsatz haben die Großmythologien despotische Versionen des religiösen Universalismus geschaffen.

Es fällt schwer zu glauben, daß die Infragestellung der empirischen Welt unter diesen Gestalten Erfolgschancen in der aktuell sich festigenden Zivilisation besitzen soll.

Wenn die Mythologien jedoch weder zur Flucht aus der Welt noch zur Theokratie aufrufen, so können sie dennoch in anderer Weise alle Realitäten der unmittelbaren Erfahrung in Frage stellen, indem sie eben die Nichtselbstgenügsamkeit dieser Welt und ihre Unfähigkeit zur Herausbildung von Werten unter Beweis stellen, dank deren die menschlichen Gemeinschaften überdauern können, sowie ihre Unfähigkeit zur Selbstinterpretation oder auch dazu, aus eigener Kraft Grundsätze des Weltverständnisses zu schaffen, ebenso wie die Regeln, nach denen die Dinge verfügbar gemacht werden können.

Die Mythologien, die eben das sein möchten: Grundsätze, um die Dinge in deren vorempirischer Ordnung zu verstehen, Sammelbecken fundamentaler Werte, die die jeweiligen Situationen nicht präjudizieren, sondern sie situationsbezogen zu interpretieren gestatten, Werkzeuge der seins- und wertbezogenen Relativierung der faktischen Ereignisse, solche Mythologien können mit einer Zivilisation koexistieren, die wissenschaftlich geregelt und unermüdlich ist in der Vermehrung der technologischen Mittel. Sie brauchen das Wachstum der Zivilisation nicht zu lähmen. Wenn in einem beliebigen mythologischen Organismus sich der aufrichtige Wille zu solchen Grundsätzen der Koexistenz mit der Zivilisation festigt, kann man einem solchen Organismus Überlebenschancen einräumen.

Das Suchen nach der Gewißheit

Wenn wir fragen, ob und warum wir die Gewißheit brauchen, muß uns die Frage im ersten Augenblick eitel dünken. Was das bedeutet: einer Sache gewiß zu sein, wissen wir ja nur, wenn wir wissen, was das Gegenteil von Gewißheit ist, das heißt, der Zweifel. Zu zweifeln aber oder seines eigenen Nichtwissens bewußt zu sein oder unfähig zu sein, sich zwischen Bejahung und Verneinung zu entscheiden, wird offensichtlich und unmittelbar als Widerwärtigkeit empfunden. So mag die Frage, warum wir nach der Gewißheit suchen, ebenso gehaltlos erscheinen wie die Frage, warum wir Widerwärtigkeiten vermeiden. Allerdings darf man auf die letztere Frage, so mag es scheinen, kaum eine andere als eine tautologische Antwort erwarten.

Aber auch in dieser wie in allen anderen Fragen sind die Philosophen seit unvordenklicher Zeit damit beschäftigt gewesen, das Offenbare dunkel zu machen, das heißt, gerade den Zweifel auch in der Frage nach dem Zweifel noch zu vermehren. Wenn wir überlegen, was am Zweifeln eigentlich unangenehm ist, bemerken wir, daß in den meisten Fällen das Zweifeln nicht als rein intellektuelle Verfassung betrachtet werden darf, sondern daß der damit verbundene Verdruß einen praktischen Sinn hat: ungewiß zu sein oder nicht zu wissen, welches die wahre Antwort auf eine Frage ist, bedeutet so viel, wie in der praktischen Behandlung der Dinge gelähmt zu werden und auf das Scheitern in den praktischen Anstrengungen gefaßt zu sein. Das scheint trivial. Fragen wir aber, warum wir der Gewißheit auch dort bedürfen, wo sie keine unmittelbare oder mittelbare, ja keine auch nur mögliche praktische Bedeutung hat, dann ist die Frage nicht mehr trivial. Wenn wir darauf nicht antworten können, so sind wir nicht imstande zu begreifen, warum die europäische Philosophie von Anfang an auf der Suche nach Gewißheitskriterien war. Auch vermögen wir nicht zu begreifen, warum so viele Anstrengungen in den Wissenschaften unternommen worden sind, um die Befriedigung dieses Gewißheitshungers auch dort zu erreichen, wo der Blick auf keinerlei (auch nur mögliche) praktische Verwirklichung gerichtet ist. Jeder Schüler in der Mittelschule wird darüber belehrt, daß Geometrie, ihrem Namen entsprechend, aus den praktischen Bedürfnissen nach der Messung des Bodens entstanden ist. Es wäre aber schwer zu erklären, wozu bei dieser Messung das axiomatische System des Euklid dienen könnte, ein System, in dem wir auch heute noch ein unbegreifliches Wunder erblicken. Jedermann weiß, wozu Arithmetik dient, niemand aber, welche praktischen Anwendungen der Arithmetik den Euklid dazu bewogen haben mögen, seinen schönen Beweis zu erbringen, daß es unendlich viele Primzahlen gibt. Wir können uns kaum vorstellen, inwiefern die Kenntnis davon, daß es unendlich, nicht aber endlich viele Primzahlen gibt, uns jemals von praktischem Nutzen sein könne. Mußte doch ein jeder, der zum erstenmal als Schüler diesen Beweis oder andere mathematische Beweise verstanden hatte, eine Art von Befriedigung fühlen, die ihm bewußt machte, daß in ihm eine Begierde nach der Gewißheit als solcher, das heißt unabhängig von allen anderen damit verbundenen Werten wohnt. Die großen Wendepunkte in der Geschichte der Wissenschaft sind nicht aus praktischen Rücksichten, nicht aus der zu erwartenden Anwendung neuer Errungenschaften zu erklären, sei es in psychologischer oder in sozialer Hinsicht. Das gilt auch für die Fälle, wo sich diese Kenntnis später als praktisch anwendbar erwiesen hat. Das gibt uns die Überzeugung, daß wahrscheinlich keine, auch nicht eine technisch nützliche Wissenschaft entstehen würde, wenn die Menschen von ihrem Wissen nicht wesentlich mehr und anderes als nur den Nutzen, nämlich Wahrheit und Gewißheit als Selbstzweck, als Werte an sich angestrebt und erhofft hätten. Wenn man aus diesem Grunde aber zu dem Schluß kommt, daß auch die »Uneigennützigkeit« im Erkennen sich am Ende als »funktional« erweist, daß es sich also für den Menschen, geschichtlich gesehen, gelohnt hat, von praktischen Umständen in der Wissenschaft abzusehen, dann drängt sich folgende Bemerkung auf: dieser Umstand kann uns vielleicht veranschaulichen, daß die Menschheit unfähig wäre, ihre technische Zivilisation zu schaffen, wenn sie nicht fähig wäre, sich im Denken über das Ganze der technischen Hervorbringungen zu erheben und sich nach dem Wissen um seiner selbst willen umzusehen. Keineswegs aber erlaubt uns dieser Umstand zu glauben, daß dadurch diese Fähigkeit erklärt sei. Nur die Früchte unseres Suchens nach der Gewißheit, nicht aber ihre Gründe treten zutage.

Immer schon, nicht nur seit Descartes, hat die Philosophie die Aufgabe auf sich genommen, durch Zerstörung der scheinbaren Gewißheit zu echter Gewißheit zu gelangen und durch das Zweifeln an allem sich von Zweifeln zu befreien. Alles in allem genommen, war die Philosophie in ihren destruktiven Ergebnissen erfolgreicher, kräftiger als im Erreichen ihres Endzieles. Sie hat dazu beigetragen, uns jeden Glaubens an die mögliche Befriedigung unseres Gewißheitshungers zu berauben, indem sie nach und nach alles, was dem gesunden Menschenverstand offenkundig scheint, als naive Täuschungen zerschlagen hat. Auch haben so gut wie alle Philosophen versucht zu zeigen, daß die angeblich endgültige Sicherheit der Ausgangspunkte, die von ihren Vorläufern zur unantastbaren Grundlage jeglichen Wissens gemacht worden waren, nichts anderes als neue Illusionen gewesen seien. Es waren zwei Gebiete, auf denen der gesunde Menschenverstand sich berechtigt fühlte, Gewißheit als Evidenz zu finden: unmittelbare Wahrnehmungen und jene mathematischen Wahrheiten, deren Sinn unmittelbar erfaßbar ist. Die Frage nach der Gewißheit tauchte auf, als die Philosophie begonnen hatte, sinnenhafte Täuschungen zu erörtern, Aug' und Ohr als »schlechte Zeugen« zu brandmarken, sinnliche Qualitäten dem Wahrnehmenden und nicht dem Wahrgenommenen zuzuschreiben. Die Möglichkeit, »richtige« Wahrnehmungen von »fehlerhaften« zu unterscheiden, bedeutete keine Hilfe, um den Zweifel an den Zeugnissen der Sinne zu beseitigen. Denn es war leicht zu bemerken, daß alles, was wir von der Welt wissen, uns durch Wahrnehmung zukommt und daß es infolgedessen grundsätzlich kein Mittel gibt, das Wahrgenommene mit dem vermeintlichen Original, das uns sonst bekannt wäre, zu vergleichen, um die Übereinstimmung beider festzustellen. Und bald wurde auch den Sätzen der Mathematik vorgeworfen, sie schöpften ihre angebliche Gewißheit nur daraus, daß sie leere Tautologien sind und uns keine

Kenntnisse über die Welt zu vermitteln vermögen. Auch diesen Verdacht, wonach das mathematische Wissen seine Wahrhaftigkeit seinem analytischen Charakter verdanke, finden wir, wenn auch nicht genau in dieser Form, bei den antiken Skeptikern, und zwar als den Einwand: in dem deduktiven Denken sei unabdingbar ein Zirkelschluß enthalten; denn die Folgerungen sind im Gehalt der Prämissen eingeschlossen. Die genaue Vorwegnahme der pragmatischen Auffassung, die natürlicherweise dem Verzicht auf jeden Anspruch auf Gewißheit folgt, ist schon bei den Sophisten zu finden: da wir nicht imstande sind, irgend etwas in unserem Wissen auf erste, unzweifelhaft ursprüngliche Quellen zurückzuführen, dürfen wir all unsere Kenntnisse nicht als Wahrheiten im herkömmlichen Sinn, vielmehr als praktische Hinweise deuten: als Orientierungszeichen, die uns dazu dienen, das Leiden zu vermeiden, uns aber nicht darüber belehren, wie es mit der Welt steht. In der Überlieferung der Sophisten und der Skeptiker ist so gut wie alles gesagt worden, was uns die moderne positivistische Philosophie seit Hume lehrt: es gibt keine synthetischen Urteile a priori. Das einzig Notwendige, das unseren Urteilen beiwohnt, ist auf ihren analytischen Charakter beschränkt, das heißt dort, wo es sich nicht um Erkenntnis der Welt handelt, sondern um die im Denken unentbehrlichen, aber gehaltlosen Tautologien. Wir wissen nicht einmal, wie die Welt faktisch ist, geschweige denn, wie sie sein *muß*. Was sicher ist, sind die Inhalte einzelner Wahrnehmungen, deren Zusammenfügung in Form der »Gesetze« oder »Verallgemeinerungen« zwar für das Leben unerläßlich, logisch aber gänzlich willkürlich sind; denn es ist logisch unmöglich, das induktive Denken ohne das induktive Denken, das heißt, ohne Zirkelschluß zu rechtfertigen. Empirisch erworbene Wissenschaft unterscheidet sich keineswegs von den bedingten Reflexen, die jedem höheren Leben, auch der tierischen Welt, eigen sind und die wir Menschen nur besser zu akkumulieren und weiterzugeben vermögen. Was wir von der Welt wissen, beschränkt sich auf nutzlose Einzelwahrnehmungen, nach deren ontologischem Sinn wir nicht fragen dürfen. Über diese Ebene müssen wir zwar hinausgelangen, doch nicht, als ob wir logisch dazu berechtigt wären, sondern nur, weil wir ohne diese Überschreitung nicht leben können. Außer den analytischen Wahrheiten der Mathematik und den empirischen Feststellungen, die grundsätzlich in ihrem hic et nunc befangen bleiben, gibt es nur der Praxis dienliche und insofern wichtige Sätze der empirischen Wissenschaften, von denen zu behaupten, sie seien »Wahrheiten« im üblichen Sinn, wie ein Mißbrauch des Wortes klingt. Diese Auffassung gilt immer im Bereich des analytisch gerichteten Denkens und wird mit guten Gründen untermauert. Wenn wir das letzte Buch von Alfred Ayer, »Wahrscheinlichkeit und Beweis«, lesen, bemerken wir, daß er, nach eingehender Auseinandersetzung mit denen, die die logische Gültigkeit des probabilistischen Denkens zu begründen versuchen, endlich zu Schlüssen kommt, die alle schon in Humes Lehre enthalten sind: wir sollen an all unseren »natürlichen« Überzeugungen festhalten, uns dabei aber im klaren sein, daß es nur praktische Gründe sind, die uns dazu zwingen. Kurz gesagt: wenn wir Schiffe und Boote bauen, sollen wir uns so verhalten, als ob das Gesetz des Archimedes gültig wäre – andernfalls wir ertrinken würden. Wir besitzen aber heute sowenig wie früher Gründe, um zu behaupten, die Welt trage so etwas wie das Gesetz des Archimedes als dauernde Qualität in sich.

Sicher kam das skeptische Denken in der neueren Philosophiegeschichte keineswegs zu ausschließlicher Vorherrschaft. Das transzendentale Denken, sowohl im kartesianischen und im phänomenologischen Sinn wie auch im Sinn von Leibniz und Kant, war unaufhörlich bemüht, Gründe dafür zu finden, daß das Notwendige in der Welt entdeckt werden kann, daß also die Welt sich unserer Vernunft nicht nur so enthüllt, wie sie ist, sondern auch, wie sie sein muß. Hat doch Descartes zwei Unterscheidungen hervorgehoben, die in jedem Suchen nach der Gewißheit entscheidend bleiben: diejenige zwischen dem subjektiven Gefühl der Evidenz und der eigentlichen Evidenz der Wahrheit, und die andere zwischen der »moralischen«, und d. h. praktischen, und der metaphysischen Gewißheit. Davon, ob eine von diesen Unterscheidungen klar durchgeführt und ausgedrückt werden kann, hängt offensichtlich das Schicksal der Frage nach der Gewißheit ab. Es ist *eine* Sache, das Gefühl der Evidenz zu empfinden, eine *andere*, zu wissen, daß die Evidenz einer Vorstellung oder einem Satze innewohnt. Diesen Unterschied erfahren wir aber nur dadurch, daß eine einmal empfundene Evidenz sich später als irreführend erweisen kann. Denn bekanntlich erweist sich das Evidenzempfinden, etwa in pathologisch gestörten Geisteszuständen, als trügerisch. William James erzählt, wie er einmal in narkotischer Verwirrung eine evidente Wahrheit entdeckt habe, die ihm wichtig erschien. Es war ihm gelungen, sie in jenem gestörten Zustand niederzuschreiben, um sie, wieder nüchtern geworden, lesen zu können. Sie lautete: alles ist von Petroleumgeruch durchdrungen.

Daß das Gefühl der Evidenz unzuverlässig ist, wird jedermann zugeben. Daraus folgt aber nicht, daß uns ein Kriterium zur Verfügung steht, das eine nur subjektive Evidenz von der gegenständlich gültigen Evidenz trennt. Auch Descartes war nicht in der Lage, uns zu erklären, wie die trügerische oder nur scheinbare Gewißheitserfahrung von einer aus der Sache selbst ausstrahlenden Gewißheit zu unterscheiden sei, ohne die Wahrhaftigkeit Gottes zu Hilfe zu nehmen und so die Zuverlässigkeit des gesunden Menschenverstandes wiederherzustellen. So warfen ihm schon seine ersten Kritiker einen Zirkelschluß in seinen Beweisen vor, weil er sich ihrer Ansicht nach, um die Existenz Gottes zu beweisen, zuvor seines Evidenzkriteriums bediente und dann in deren Wahrhaftigkeit eine Bestätigung für dasselbe Kriterium fand.

Unsere Lage wird kaum besser, wenn wir die zweite kartesianische Unterscheidung, die zwischen der praktischen (*moralischen*) und der metaphysischen Gewißheit, in Erwägung ziehen. Es scheint, als ob beide nach Descartes nicht nur auf das subjektive Empfinden, sondern auch auf Eigenschaften unserer Urteile bezogen seien. Einer Sache moralisch gewiß ist man, wenn ein Satz aufgrund von Wahrheitskriterien so gut begründet ist, daß man ihn sowohl in allem praktischen Verhalten wie auch im Denken als wahr betrachten darf. Metaphysische Gewißheit dagegen kommt jenen Wahrheiten zu, die nicht nur als praktisch zuverlässig, sondern als apodiktisch unantastbar gelten. Kann man uns aber davon überzeugen, daß es solche Wahrheiten überhaupt gibt? Sicherlich nicht, ohne sich wiederum der Wahrhaftigkeit Gottes zu bedienen.

Und doch wußte Descartes, daß zwischen beiden Arten der Gewißheit ein nicht nur quantitativer Unterschied besteht, sondern daß das, worauf es ankommt, nicht der *Grad* der Begründung, sondern ihr Charakter ist und daß wir zur metaphysischen Wahrheit niemals dadurch gelangen, daß wir die Begründung eines Satzes mehr und mehr steigern. Descartes wußte auch, daß wir es für alle praktischen, d. h. technischen Zwecke bei dieser bescheideneren, praktischen Gewißheit bewenden lassen können. Wozu dann die apodiktische Gewißheit? Offenbar war ihr Anwendungsbereich für Descartes begrenzt. Es kam nicht darauf an, jeden wissenschaftlichen Lehrsatz mit dieser Gewißheit auszustatten. Vielmehr kamen nur jene Wahrheiten in Frage, die, auch wenn sie technisch nicht anwendbar sind, uns die »notwendige«, die »fundamentale« Struktur der Welt verständlich machen. Hätte Descartes beim ersten Schritt des *cogito* haltgemacht, dann wäre seine ganze Entdeckung für seinen Zweck nutzlos gewesen. Er würde dann nur das »ich bin« erkannt haben, ohne sagen zu können, was dieses »bin« bedeutet, und ohne diese Gewißheit in eine Wahrheit von universaler Gültigkeit umschmieden zu können. (Es ist klar, daß das *cogito* nur in der ersten Person Singular der Gegenwart ausgedrückt werden konnte, daß es also Unsinn wäre zu sagen: »Hans denkt, also existiert Hans.« Ebenso klar ist, wie Descartes selbst betont hat, daß unter dem *cogito* – trotz dem in ihm enthaltenen *ergo* – keine eigentliche Schlußfolgerung, sondern ein einheitlicher Akt zu verstehen ist, in welchem ich meine eigene Existenz als die des Denkenden auffasse: ich bin ein Denkender.) Erst wenn Gottes Existenz als apodiktisch bewiesen in der Folgerung auftritt, wenn mit Ihm die vernünftige Ordnung der Welt festgestellt und das Vertrauen auf die menschlichen Sinne, auf die menschliche Vernunft gerettet wird, erfassen wir, wozu die metaphysische Gewißheit dient: nicht, um unsere technische Geschicklichkeit zu verbessern, sondern um unserem Blick eine sinngebende Ordnung der Welt und unseren eigenen Ort in ihr zu erschließen.

Aber gerade dieser Übergang vom Cogito zu Gott hat von Anfang an so viele logische Zweifel erweckt, daß das Endergebnis dieser Denkbemühung wahrscheinlich zu einem ihrer Intention entgegengesetzten geworden ist. Die kartesianischen Einwände, die auf die Glaubwürdigkeit der gewöhnlichen Werkzeuge des Erkennens zielten, kamen viel überzeugender zum Vorschein als der Versuch, ein unerschütterliches Fundament auf die so gereinigte Stelle zu legen. Der vernichtende skeptische Zug wirkte auf die Leser Descartes' stärker als seine logisch schwankende Rekonstruktion des Universums zu einem sinnvollen Ordnungsgefüge.

Warum aber lohnt es sich, zu den Niederlagen und Siegen des Kartesianismus immer aufs neue zurückzukehren? Nicht, weil er den althergebrachten Zweifel an den Zeugnissen der Erfahrung erneuerte und dadurch dem modernen Idealismus den kräftigsten Impuls gab, sondern weil seine Unterscheidung der metaphysischen von der moralischen Gewißheit den Anlaß dazu gab, den Begriff der Wahrheit von dem der Wahrscheinlichkeit so zu trennen, daß das Wahrscheinliche zutage treten konnte: nicht mehr als das »der Wahrheit Ähnliche« oder »das der Wahrheit sich Annähernde« oder als »eine nicht ganz genaue, nicht völlig begründete Wahrheit«, vielmehr als »Schein der Wahrheit«, als Pseudo-Wahrheit. Es handelt sich hier nicht um ein Wortspiel. Vielmehr stellt es sich heraus: sobald wir den Begriff der apodiktisch-gewissen (und nicht analytischen) Wahrheit aufgeben, brauchen wir den Begriff der Wahrheit im üblichen Sinn ebensowenig, wie wir imstande sind, ihm überhaupt eine Bedeutung beizumessen. Dies war eines der wichtigsten Resultate der positivistischen Kritik: daß mit der absoluten Wahrheit und der metaphysischen Gewißheit auch die Wahrheit schlechthin schwindet; daß, nachdem der Glaube an synthetische Urteile a priori als unhaltbar erkannt wurde, der Begriff des Wahren weder brauchbar noch konstruierbar ist. So bleibt wohl der Unterschied zwischen dem, was anzunehmen uns erlaubt ist, und dem, was wir gezwungen sind abzutun, unverändert erhalten. Aber etwas als annehmbar oder annehmbarer als etwas anderes anzuerkennen, besagt nicht, es »für wahr zu erachten«. »Annehmbar« im wissenschaftlichen Sinn heißt »mit der Erfahrung übereinstimmend«, nicht aber »der Welt an sich entsprechend«. Mehr braucht das wissenschaftliche Forschen nicht. Nicht einmal dem Begriff der Wahrheit als der Übereinstimmung zwischen dem Inhalt des Gedachten und der »Sache selbst« kann es einen Sinn verleihen. Die Wahrscheinlichkeit abstufen heißt nicht, den Abstand von der Wahrheit im transzendentalen Sinn messen so, als ob wir im voraus wüßten, wo die Wahrheit liegt, um unsere Entfernung von ihr abzuschätzen. (Wenn wir es wüßten, würden wir schon dort stehen, und es gäbe keine Entfernung mehr.)

Wahrscheinlichkeit abschätzen heißt, den Grad der Bestätigung eines Satzes durch die Erfahrung und damit also den Grad der zulässigen Gewißheit (moralischen Gewißheit im kartesianischen Sinn) feststellen. Schließt ja die Aufgabe selbst, die Wahrheit im üblichen, das heißt transzendentalen, Sinn zu erreichen, einen inneren Widerspruch ein: von der Welt, wie sie an sich ist, etwas zu wissen, würde soviel bedeuten, wie zu wissen, wie eine Welt beschaffen ist, die von der Tatsache, daß sie eben der Gegenstand des Erkennens ist, völlig unabhängig wäre. Mit anderen Worten: es kommt hier darauf an, eine Erkenntnissituation zu schaffen, die die zu erkennende Sache *nicht* einschließt, oder eine Erkenntnissituation zu schaffen, die keine wäre.

Gewiß wurde die eindeutige Leugnung der Idee der Wahrheit und ihre Ersetzung durch einen pragmatisch, biologisch, psychologisch, historisch bestimmten operativen Begriff der Annehmbarkeit keineswegs konsequent von denen bis zum Ende vollzogen, die doch die Voraussetzungen dieser Destruktion angenommen hatten. Im Vergleich zu Avenarius oder zu Mach sind heutige Positivisten insgesamt weniger radikal und weniger konsequent. Popper, in seiner Kritik an Hume und Russell, weist überzeugend darauf hin, daß die Frage der Induktion in dem Sinne gelöst werden könne, daß wir berechtigt seien, uns zwischen zwei wetteifernden Hypothesen zu entscheiden, indem wir eine von ihnen stürzen und ausscheiden. Diese Ausscheidung setzt aber die rivalisierende Hypothese keineswegs als nicht mehr hypothetisch fest. Alle erklärenden Theorien und Gesetze seien Mutmaßungen, wenn wir auch gute Gründe hätten, sie provisorisch zuzulassen, das heißt, sie als besser denn alle anderen anzuerkennen. Daraus folgt – wenn Popper es auch nicht in dieser Form sagt –, daß wir die Möglichkeit nicht ausschalten können, daß unser ganzes Wissen, unser wissenschaftliches Weltbild als ganzes, ausschließlich aus falschen Lehrsätzen und Theorien besteht und daß diese Möglichkeit nie beseitigt werden kann. Wenn dem so ist, kann trotz aller Fortschritte in der Eliminierung der falschen Theorien von Fortschritt im Sinne »der Annäherung an die Wahrheit« keine Rede sein, es sei denn im pragmatischen Sinn, nämlich: die Wissenschaft wirksamer zu machen. Und doch spricht Popper in dem gleichen Text von solcher Annäherung und bedient sich des Wahrheitsbegriffs, dem er sonst keinen Sinn zu geben vermag, auch wenn er imstande ist darzulegen, daß es theoretische Erklärungen für alle praktischen Zwecke gibt, die zuverlässiger sind als sämtliche anderen.

In *einem* Sinn allerdings hat er recht mit seiner Inkonsequenz. Vom logischen Standpunkt aus hat die Wissenschaft den Begriff der Wahrheit weder nötig, noch vermag sie ihn zu bilden. Für jede Forschung sind metaphysisch neutrale Begriffe wie Bestätigung, Verfälschung, Übereinstimmung mit der Erfahrung, Wahrscheinlichkeit usw. ausreichend. Für jene aber, die das Forschen betreiben und vorwärtsbringen, ist dieser logisch überflüssige Begriff subjektiv unentbehrlich, und wir können uns kaum vorstellen, daß die großen Durchbrüche – oder auch nur wichtige Errungenschaften – in der Geschichte der Wissenschaft zustande gekommen wären, wenn die dafür Verantwortlichen nicht davon überzeugt gewesen wären, daß sie um Wahrheit und nicht nur um praktische Leistungsfähigkeit ringen. In diesem Sinne möchte ich sagen, daß die Bemühungen der Philosophen, die positivistische Kritik aus dem Sattel zu heben und dem Begriff der Wahrheit seine Würde wiederzugeben, zwar theoretisch nicht sehr aussichtsreich, kulturell aber äußerst wichtig und fruchtbar waren.

In diesem Sinne bewundere ich Husserl, wenn ich auch zu sagen wage, daß sein ganzer Entwurf der transzendentalen Reduktion, der eidetischen Wesensforschung und die damit verbundenen Versuche, für die absolute Gewißheit neue Quellen zu entdecken, eine schwindelerregende Verirrung war. Wollte doch Husserl seinerseits den kartesianischen Weg wiederaufnehmen und dabei doch nicht der Versuchung nachgeben, aus dem immanenten Bereich ohne weiteres zu Seele und Gott überzuspringen. Er wußte, daß das epistemologische Absolutum, daß die unantastbare Gewißheit nur im Bereich des Immanenten zu finden ist, des Immanenten aber, das nicht mit dem Psychischen im Sinn der empirischen Psychologie oder der Seele als metaphysischem Wesen vermengt werden darf. Lasse ich das wirkliche Bestehen der Welt in der Schwebe, so beziehe ich in diesen Schwebezustand auch mein psychologisches »Ich« mit ein. Dann kann ich innerhalb des so gereinigten, ontologisch neutralen Feldes nicht nur Inhalte einzelner Wahrnehmungen beschreiben, sondern notwendige Zusammenhänge der Dinge (rein als Phänomene) erforschen in der Hoffnung, schließlich eine allumfassende Struktur der Welt – nicht als wirklicher, sondern als möglicher – in der Fülle des Sinnvollen zu errichten.

Als Panorama in seiner Entwicklung betrachtet, kommt uns Husserls Entwurf, einschließlich seines Idealismus, äußerst konsequent vor. Es hat sich herausgestellt, daß der Zangengriff, den die transzendentale Reduktion gleichzeitig um das Sein und um das Subjekt legt, sich keineswegs wieder lösen läßt, ohne die Ergebnisse der Reduktion auszumerzen, auch wenn sie anfangs nur als provisorisch gedacht worden ist. Husserls Suche nach der absoluten Gewißheit, die ihn verhängnisvoll zum absoluten Idealismus geführt hat, scheint den Satz von Gilson bestätigen zu wollen: Fangen wir mit der immanenten Welt an, so werden wir auch in der immanenten Welt enden. Das transzendentale Bewußtsein, das heißt, die einzige in sich selbst gründende Wirklichkeit, konnte nur so lange als Quelle jeder Gewißheit gelten, als man in ihrem Bereich verblieb. Der wirklichen Welt und dem empirischen »Ich« gegenüber blieb die neu gewonnene Gewißheit gleichgültig. Daran war nicht Husserls Abirren schuld, vielmehr die Logik des Denkens selbst.

Dennoch war sein Versuch nicht nur als ein in die Irre führender lehrreich. Er hat uns in trefflicher Weise vor Augen geführt, daß die Gewißheit nur in der Unmittelbarkeit – und das heißt: in der Identität Subjekt-Objekt – erreichbar ist. Aber diese Identität bleibt im Prinzip unübertragbar, sie kann nicht in den sprachlichen und wissenschaftlichen Verkehr der Menschen eingehen, ohne aufzuhören, Gewißheit zu sein. Die in Worte gefaßte Gewißheit ist keine mehr. In vielen Büchern über Husserl werden wir darauf hingewiesen, daß wir die Vermengung der phänomenologischen Anschauung mit der Bergsonschen Intuition vermeiden sollen. Das ist gewiß in dem Sinne richtig, als es nicht Ziel der phänomenologischen Anschauung ist, daß sich der Anschauende mit einer rein äußeren Realität identifiziert.

Doch im fundamentalen Sinn ist nicht nur das Ziel das gleiche, sondern in beiden Fällen sind es auch die Prozeduren: wir dringen zur absoluten Gewißheit vor, indem wir das Transzendente als immanent empfinden, und das heißt, indem es uns gelingt, die Verschiedenheit zwischen dem Erkennenden und dem Erkannten aufzuheben, oder zu glauben, sie aufgehoben zu haben. Doch geht solche Identität in dem Augenblick verloren, wo wir versuchen, sie in Worte zu fassen und anderen zu übermitteln. Deshalb ist das Suchen nach der Gewißheit dem mystischen Suchen verwandt; es setzt die platonische Idee der geistigen Verwandtschaft zwischen der Vernunft und ihrem Gegenstand als Bedingung des Erkennens voraus und treibt diesen Gedanken bis zu der Hoffnung auf die Identität im neu-platonischen Sinne voran.

Von der Gewißheit auf dem Gebiet der religiösen Erfahrung habe ich nicht gesprochen, doch kann man sie an dieser Stelle nicht beiseite lassen. Neben den sinnlichen Wahrnehmungen galt die religiöse Erfahrung als ein Bereich, wo Unmittelbarkeit und damit auch Gewißheit zugänglich sind. Gewiß, die Geschichte der christlichen Theologie und Philosophie ist voll von Versuchen, manche Hauptwahrheiten des Christentums in gleicher Weise rational – und das heißt: mittelbar beweisbar – erscheinen zu lassen, wie es die Wahrheiten der Wissenschaft sind. Wenn aber, was nicht schwierig ist, jemand in den traditionellen Beweisführungen der realistischen Scholastik Fehlschlüsse entdeckt, bekommt er von ihren Verfechtern unweigerlich die Antwort zu hören: das sei nicht eine empirische, sondern eine metaphysische Schlußfolgerung. Worin aber der Unterschied der logischen Regeln zwischen beiden liegt, vermag niemand zu erklären.

Allerdings bildet dieses Bemühen, dem Mythos den Rang des Wissens im wörtlichen Sinn zu verleihen, nur ein Seitengleis der christlichen Geschichte. Daß das Christentum keine Hypothese, keine aus empirischem Stoff auftauchende Wahrscheinlichkeit ist, sondern die Weltdeutung, die allem Empirischen vorangeht, war eine im christlichen Denken tief verankerte Überzeugung. Das ist erzchristliches Selbstbewußtsein. Daß es keinen logischen Weg von der Beobachtung der Natur bis hin zu Gott gibt, ist keine Kantsche Erfindung. Genau das sagt

Pascal: Unsere Religion ist weise und toll; sie ist weise, weil am besten mit Wundern und Prophetien ausgestattet; und sie ist toll, da es nicht das ist, was die Christen zum Glauben bewegt. Was sie glauben läßt, ist einzig das Kreuz.

Der religiöse Glaube ist keine mehr oder weniger wahrscheinliche Erklärung von Tatsachen. Seine Aufgabe ist es, eine sinngebende Weltdeutung zu übermitteln, wie sie aus der Anhäufung von Tatsachen nie hervorquellen könnte. Wer an Gott glaubt, dem ist jedes Ding und jedes Ereignis unwiderlegbarer Beweis für die Anwesenheit Gottes. Dem Ungläubigen bleibt das ganze Universum stumm. Wer an kein Wunder glaubt, den wird kein imaginäres, geschweige denn ein wirkliches Ereignis dazu bringen, es als Wunder anzuerkennen. Jede vom empirischen Standpunkt aus noch so unwahrscheinliche Erklärung besitzt für ihn mehr Wahrscheinlichkeit als die Erklärung durch Wunder. Wie allmächtig Gott auch sein mag, seine Macht erstreckt sich doch nicht auf die Logik – ein Umstand, der außer von den Extremisten des Nominalismus kaum je in der christlichen Theologie bestritten worden ist. Also ist nicht einmal Gottes Allmacht imstande zu bewirken, daß seine Existenz jemals logisch aus dem empirischen Stoff zu erhellen wäre. Nie kann er Menschen dazu zwingen, sein eigenes Sein aufgrund von Schlußfolgerungen zu erfassen. Zwischen der endlichen Anzahl der Beobachtungen und Tatsachen, wie groß sie auch sein mag, und dem zeitlosen Fundament der Zeitlichkeit wird immer eine Kluft klaffen, die kein logisch zuverlässiges Verfahren zu überbrücken imstande ist. Das findet in der Formel »credo ut intelligam« wohl seinen stärksten Ausdruck.

Zu sagen, daß auch auf dem Gebiet des Religiösen keine Gewißheit außerhalb der Erfahrung der Subjekt-Objekt-Identität, und das heißt außerhalb der mystischen Erfahrung, gegeben ist, heißt so viel, wie die älteste Selbstdeutung des Christentums mit anderen Worten wiedergeben. Und diese Selbstdeutung gründet das Christentum auf den Glauben im Sinne von »pistis« – Vertrauen, nicht aber auf die intellektuell gerechtfertigte Glaubwürdigkeit der christlichen Wahrheit. Daraus ergibt sich, daß diese Gewißheit verlorengeht, wenn man sie in der *Sprache* zu übermitteln versucht; denn ihr Sinn liegt einzig in ihrer Unmittelbarkeit, eine Einsicht, die allen Mystikern wohl bekannt war. Darum finden wir in der mystischen Theologie – von Pseudo-Dyonisios bis zu den katholischen Modernisten zu Beginn unseres Jahrhunderts – die Idee der religiösen Wahrheit, die genau der schon erwähnten positivistisch-pragmatischen Deutung der Wissenschaft entspricht: was von Gott gesagt wird, ist keine Wahrheit im üblichen Sinn des Wortes. Es sind vielmehr praktische Weisungen oder Zeichen, die unserem Verhalten Orientierungspunkte setzen. Sie belehren uns nicht darüber, was Gott ist, sondern wie unsere praktische Einstellung Gott gegenüber sein soll.

Deshalb genügt es nicht, zu argumentieren, wie Kardinal Newman es zu tun pflegte, daß wir in manchen Fällen etwas zweifelsfrei wissen, wenn wir auch unfähig sind, unser Wissen zu begründen. Das ist zwar richtig, spricht aber keineswegs zugunsten der religiösen Wahrheit, vielmehr umgekehrt. Daß das Gefühl der Gewißheit trügerisch ist, wissen wir nur allzugut. Über die Unzuverlässigkeit unserer Wahrnehmungen kann uns jeder Zauberkünstler belehren, der vor aller Augen Kaninchen aus dem Hut hervorzieht, wo offensichtlich keine sind. Daß unser Gedächtnis uns täuschen kann, ist nicht nur im üblichen Sinne evident, sondern auch in dem, daß die Vergangenheit grundsätzlich jeder Gewißheit verschlossen bleibt. Die berühmte Frage Bertrand Russells: Kann man beweisen, daß die Welt – der ganze Stoff unseres Gedächtnisses mit eingeschlossen – nicht erst vor fünf Minuten erschaffen wurde? erweckt den Anschein, nur um des Lachens über die eitlen Spielereien der Philosophen willen gestellt zu sein. Doch nach einiger Überlegung wird man bemerken, daß in der – notwendig negativen – Antwort auf diese Frage dieselbe Unmöglichkeit, Gewißheit mit der mittelbaren Erkenntnis zu versöhnen, durchscheint. Auch hier handelt es sich um die kartesianische, metaphysische, nicht die moralische Gewißheit, da es uns praktisch gleichgültig ist, ob die Welt wirklich so lange besteht, wie wir es üblicherweise glauben, oder ob sich nur alles so abspielt, als sei es der Fall.

Warum uns aber so viel daran gelegen ist, eine praktisch (das heißt technisch) gleichgültige Gewißheit zu erlangen, bleibt weiterhin dunkel. Aber es will so scheinen, als ob ein religiöses Interesse solches Suchen auch dort errege, wo der direkt erzielte Gegenstand dieses Suchens mit keinerlei religiösen Empfindungen in Verbindung steht. Der Sinn jener vom empirischen Standpunkt aus sinnlosen Frage: wie steht es der Notwendigkeit nach mit der Welt? wurde vielleicht am besten in der Leibnizschen Metaphysik erhellt: Empirisch ist jedes Ereignis zufällig, ebenso ist jedes empirische Gesetz zufällig, und das gleiche gilt für die allgemeineren Gesetze, auf die sich die minder allgemeinen unter Umständen zurückführen lassen. Es ist undenkbar, innerhalb des empirischen Wissens die Zufälligkeit aufzuheben. Aufgehoben wird sie nur dort, wo die Existenz und das Wesen zusammenlaufen, das heißt in jenem absoluten Sein, dessen Nicht-Existenz seinem Wesen nach unmöglich wäre. Dieses Sein aber ist aus Gründen, die schwer zu fassen sind, ein nicht nur schlechthin notwendiges, sondern auch rational zweckmäßig wirkendes Sein, und das heißt: es muß als Gott im christlichen Sinn, nicht nur als Sein im Sinn des Parmenides aufgefaßt werden. Philosophen, die daran glauben, daß sich die Wirklichkeit des notwendigen Seins in dieser nicht-tautologischen Bedeutung als logisch zwingende Wahrheit gültig machen lasse, sind heute kaum zu finden. Aber die Begierde, in einer Welt zu leben, aus der die Zufälligkeit verbannt ist, beseelt das philosophische Bewußtsein unserer Zeit im gleichen Maß wie vor drei Jahrhunderten. Sie beseelt aber auch jedes Suchen nach jener Gewißheit, deren Wert sich in ihr selbst erschöpft, das heißt die uns für keine praktischen Zwecke sonst dienlich ist.

Sowohl die Siege des modernen Skeptizismus wie das Scheitern der Metaphysik, die immer aufs neue dasselbe Bemühen – zu dem erkenntnismäßigen Absoluten vorzudringen – aufnahm, erlauben es, wie ich glaube, den Schluß zu wagen, den ich so auszudrücken versuchte: Gewißheit ist nur in der Unmittelbarkeit zugänglich, das heißt da, wo der Erkennende und das Erkannte konvergieren. Was aber unmittelbar ist, bleibt unübertragbar und widersteht der Macht der Sprache. Was in der Sprache mitteilbar ist, ist somit immer auch dem Zweifel ausgesetzt. Im sprachlichen und im wissenschaftlichen Austausch sind wir nicht imstande, die Ungewißheit zu überwinden. Wenn wir sie im Mythos und in einer auf dem Mythos aufgebauten Gemeinschaft überwinden, verlassen wir die Welt des Wissens.

Wir brauchen mehr Gewißheit, als unser wissenschaftlich zuverlässiges Wissen uns vermitteln kann, und das nicht zu dem Zweck, dieses Wissen leistungsfähiger zu machen, sondern um unsere Zugehörigkeit zu einer nicht zufälligen Weltordnung zu bestätigen. Dieses Bedürfnis selbst eröffnet uns ein Feld der Selbstdeutung, von dem sich zeigen könnte, daß es außerhalb des Bereichs des Wissens liegt. Was wir mit Gewißheit »wissen«, können wir anderen Menschen als Gewißheit nicht mitteilen, folglich wissen wir es auch nicht im vollen Sinn. Was wir also mitteilen können, ist unvermeidlich zweifelhaft, folglich »wissen« wir es auch nicht in vollem Sinn. Aus dieser Zweideutigkeit des Wortes bricht die Zweideutigkeit unseres geistigen Lebens hervor. Im vollen Sinne »wissen«, müßte heißen, etwas mit Gewißheit wissen, die als solche in der Sprache mitteilbar ist. Aber eben das ist unmöglich. Müssen wir dieses Geschick, diese Spaltung des Menschen als bedauernswert betrachten? Keineswegs. Unsere geistige Kultur hängt von dieser Spaltung ab und nährt sich aus ihr.

Ich erlaube mir noch eine Schlußbemerkung. Es war Husserls tiefe Überzeugung, daß der Skeptizismus höchst gefährlich für unsere Kultur sei und auf unser geistiges Erbe einen vernichtenden Einfluß ausübe, indem er zum erkenntnismäßigen und moralischen Nihilismus führe. Das aber will mir in keiner Weise einleuchten. Der Anspruch, den die Phänomenologen – wie auch viele christliche Philosophen – in dieser Frage erheben, läuft auf den berühmten Dostojewskischen Satz hinaus: »Wenn es keinen Gott gibt, ist alles erlaubt.« (Dabei braucht das Wort »Gott« hier nicht notwendig als Gott-Person begriffen zu werden, sondern kann sich auch auf jedes Absolutum, etwa auf die transzendental gültigen Normen der Erkenntnis und des Wertens, erstrecken.)

In dieser Kritik des Skeptizismus drückt sich die Angst aus, daß, falls es uns an absoluten Kriterien des Erkennens und der moralischen Beurteilung mangelt, wir hilflos sind im Kampf gegen den moralischen Nihilismus wie auch gegen alle Formen des relativistischen Extremismus, der im Verfall unserer Wissenschaft enden müßte. Man kann nicht sagen, daß diese Angst unberechtigt sei, doch darf man bemerken, daß auch das Umgekehrte gilt: wenn es Gott gibt, ist alles erlaubt – freilich nur unter der Bedingung, daß wir es sind, die die göttlichen Befehle und Verbote in jedem Fall interpretieren.

Es hat sich erwiesen, daß die Bewegungen und Ideologien, die die größte Gefahr für unsere Kultur bilden, keineswegs aus der Tradition des philosophischen Skeptizismus erwachsen sind. Sie stammen vielmehr aus der Absolutsetzung oder Vergöttlichung von Teilwerten wie Nation, Rasse, Wohlstand, Klasseninteressen, gesellschaftliche Einheit, Gleichheit. Kommen wir zu der Überzeugung, daß einer dieser Teilwerte absolut gültig in dem Sinn wird, daß es keine anderen gibt, die für dessen Verwirklichung nicht geopfert werden dürften, dann ist für den Nihilismus der Grund gelegt. Ein Christ würde wohl sagen, daß wir es in diesem Fall nicht mit Gottesdienst, sondern mit Götzendienst zu tun haben. Dem mag so sein. Doch haben wir keine allgemein anerkannten Kriterien, die uns erlauben, den »echten« Gottesdienst von der Idolatrie zu unterscheiden. Der Skeptizismus hat seine eigenen Gefahren. Er macht das Leben schwieriger, unsicherer, komplizierter. Im Ganzen gesehen aber sind seine Gefahren die geringeren; denn er belehrt uns darüber, daß, wenn wir überhaupt eine Gewißheit erlangt haben, wir kein Mittel besitzen, sie als gültig an andere Menschen weiterzugeben. Daraus folgt, daß wir nie das Recht haben, unsere Gewißheiten anderen aufzudrängen. In *diesem* Sinn ist der Skeptizismus ein *Seminarium* – »Samengehäuse« – der Toleranz und sollte unter diesem Gesichtspunkt als Kulturwert verstanden werden.

Wir haben keine Gründe zu erwarten, daß irgend etwas in unserer Kultur – sei es die Religion oder, wie die Romantiker hofften, die Kunst – eine synthetisch all-umfassende Kraft hat, die die Spannung zwischen unserer Selbstkonstitution in dem kulturellen Verkehr und unserem Identitätsgefühl aufheben könnte. In der menschlichen Kommunikation ist alles fraglich, alles unsicher, alles provisorisch und sterblich. Das ist kein Grund zur Klage. Was wir mit Mißtrauen betrachten sollen, sind alle, vielleicht unvermeidlichen, aber gefährlichen, Versuche, unsere metaphysischen Gewißheiten in universal gültige Wahrheiten umzuwandeln.

Neutralität und akademische Freiheit

Wir wollen versuchen, die Neutralität ohne einen Begriff zu definieren, der uns zwingt, neutrales Verhalten entweder als notwendig tugendhaft oder als notwendig verdammungswürdig zu betrachten. Wir wollen vielmehr im Sinne des allgemeinen Verständnisses und der geltenden Wortbedeutung davon ausgehen, daß Neutralität möglich sein kann oder nicht, daß sie je nach Lage der Dinge zu empfehlen oder abzulehnen ist.

Neutralität setzt einen Konflikt voraus und zugleich, daß die neutrale Person nicht Partei in diesem Konflikt ist, Neutralität kann deshalb weder als ein Charaktermerkmal noch als ein Aspekt persönlicher Veranlagung angesehen werden. Ich kann neutral nur in bezug auf eine besondere Konfliktsituation sein. Ich bin in einem Konflikt neutral, wenn ich mich bewußt so verhalte, daß ich auf seinen Ausgang keinen Einfluß ausübe.

Diese Definition scheint mit dem üblichen Wortgebrauch übereinzustimmen. Sie besagt:

1. daß Neutralität immer beabsichtigt ist; ich bin nicht neutral in bezug auf einen Konflikt, der mir einfach unbekannt ist oder der mir völlig gleichgültig ist. Nicht-Einmischung aus Gleichgültigkeit, mangelndes Interesse oder mangelnde Kenntnis schließen die Möglichkeit von Neutralität aus. Ich kann nur neutral sein, wenn der Konflikt irgendwie mein Interessengebiet berührt.

2. daß ich nicht Partei in dem Konflikt bin oder mich nicht als solche betrachte. Wenn ich mich als Partei in dem Konflikt betrachte, kann ich (ideell) unparteiisch sein, aber nicht neutral. Sich selbst als Partei zu betrachten bedeutet auch eine Anstrengung, den Ausgang zu beeinflussen.

3. daß Neutralität und Unparteilichkeit in bezug auf die gleiche Situation unvereinbar sind. Ich bin oder versuche unparteiisch zu sein, indem ich den Konflikt und die Rechte und

Ungerechtigkeiten auf beiden Seiten durch die Einordnung der Situation in allgemeinere Regeln beurteile, die ich unabhängig von diesem besonderen Fall anerkenne, d. h. ohne meinen persönlichen Neigungen in diesem Falle Einfluß auf mein Urteil zu erlauben. Trotzdem bin ich da nicht neutral, weil »unparteiisch sein« in einem Konflikt zugleich bedeutet, seinen Ausgang beeinflussen zu wollen. Die allgemeinen Grundsätze, von denen meine Intervention geleitet annimmt, werden unabhängig vom besonderen Fall als gültig erachtet. Sie mögen dem Bürgerlichen Gesetzbuch entstammen (die Unparteilichkeit eines Richters in einem Zivilprozeß) oder den Regeln der Logik (die Unparteilichkeit eines Wissenschaftlers) oder moralischen Normen (die Unparteilichkeit eines Zeugen in bezug auf den Maßstab von Wahrhaftigkeit) usw. Es ist völlig vereinbar mit Unparteilichkeit, in einem Streit einer Seite gegen die andere zu helfen oder beide Seiten als teilweise im Unrecht zu betrachten. Wenn ich unparteiisch bin, blicke ich sozusagen auf mich selbst als den Träger überpersönlicher Regeln, die auf den fraglichen Fall anwendbar sind. Ich kann ebenso meine Neutralität unter Berufung auf irgendwelche allgemeinen Grundsätze rechtfertigen; trotzdem bin ich deshalb nicht unparteiisch, weil ich jede Einmischung in den Lauf der Ereignisse vermeide.

4. daß Neutralität eine formale Bezeichnung von Verhalten ist und daß mit ihrem Begriff keine materiellen Werte verbunden sind. Der Begriff selbst gibt keinen Hinweis, ob oder nicht und unter welchen Bedingungen Neutralität Tadel oder Bestärkung verdiente.

Der Grund, warum ich nicht mit der von Montefiori vorgeschlagenen Definition einverstanden bin (er definiert »Neutralität« als ein Verhalten, bei dem allen Parteien in einem Konflikt Hilfe oder Behinderung im gleichen Maße zuteil wird; jede Hilfe oder Behinderung überhaupt zu vermeiden, wäre der Grenzfall dieser Haltung), liegt darin, daß sie die Benutzung desselben Begriffs auf eine Vielzahl von Verhaltensformen zu erlauben scheint, die nicht nur verschieden sind, sondern die einander entgegengesetzt sein können sowohl im Inhalt wie in der Begründung angesichts ein und desselben Konfliktes. Ein bestimmter Staat verkauft Waffen an zwei miteinander im Krieg stehende Staaten. Er mag es tun, weil er nicht am Ausgang des Kriegs, sondern nur am Verkauf von Waffen interessiert ist. Er mag es tun, weil er an der Verlängerung des Krieges und der Schwächung beider Seiten interessiert ist. Er mag den Verkauf von Waffen an beide Seiten ablehnen aus irgendwelchen seltsamen pazifistischen Gründen oder aus anderen Umständen, die den Frieden für ihn im Augenblick nützlicher erscheinen lassen usw. Es scheint mir unzulässig, alle diese Fälle unter der gleichen Kategorie Neutralität zu behandeln. Waffen an beide Kriegsgegner zu verkaufen ist aktive Einmischung in den Konflikt – ohne Rücksicht auf die Gründe für eine solche Einmischung und ohne Rücksicht darauf, ob die gewährte Hilfe absolut gleich ist oder proportional zu der relativen Stärke der streitenden Parteien, mit dem Ziel, einen Kräfteausgleich herzustellen. Besonders wenn meine Neutralität auf jene Fälle begrenzt war, in denen ich ein Gleichgewicht der Kräfte zwischen den streitenden Parteien herzustellen versuchte, würde das heißen, daß ich nur neutral wäre, wenn ich der schwächeren Seite einseitige Hilfe gäbe. Irgendeine solche Vorstellung von Neutralität – jene der gleichen Hilfe oder Behinderung beider Seiten oder die gezielte Herstellung eines Gleichgewichts der Kräfte – läßt sich schwerlich mit der geläufigen Bedeutung des Wortes vereinbaren.

Wir wollen nun die theoretische Frage untersuchen, ob Neutralität im oben definierten Sinn eine reale Möglichkeit darstellt und was, wenn dies der Fall ist, ihre moralische Rechtfertigung sein könnte.

Es ist eine beliebte Behauptung politisch Radikaler, daß Neutralität einfach deshalb unmöglich sei, weil ich, wenn ich vermeide, auf den Ausgang eines Konflikts Einfluß zu nehmen, in Wirklichkeit bereits der stärkeren Seite helfe. Diese Argumentationsweise wird gewöhnlich mit einer primitiven Auslegung existentialistischer oder marxistischer Philosophie begründet. Es sollte aber unterschieden werden zwischen der Idee, daß bestimmte Handlungen moralisch besetzt sein können, und der Idee, daß solche Handlungen prinzipiell ausgeschlossen sind. Es ist unbestreitbar: wenn ich mich zurückhalte, in einen Konflikt hineingezogen zu werden, dessen Ausgang moralische Bedeutung hat, kann meine Weigerung von einem moralischen Standpunkt aus – und nicht notwendigerweise als schlecht – beurteilt werden, falls ich aus physischen oder intellektuellen Gründen einfach zur Intervention unfähig war. In diesem Sinne ist Neutralität eine Wahl, die nicht moralisch indifferent ist, wenn der Konflikt nicht moralisch indifferent ist und der Neutrale zur Intervention faktisch in der Lage ist, wenn er es will. Das bedeutet nicht, daß Neutralität ausgeschlossen ist. Man kann vernünftigerweise nicht behaupten, daß ein Staat genau dasselbe tut, wenn er einem anderen im Krieg massive militärische Hilfe anbietet oder passiv die Resultate des Kampfes abwartet. Es gibt viele Fälle, in denen es nicht von meiner eigenen Entscheidung abhängt, ob ich Partei in einem Konflikt bin, der bereits begonnen hat, oder nicht; in anderen Fällen bleibt die Entscheidung zur Neutralität offen, ohne ihren Entscheidungscharakter zu verlieren.

Die Behauptung, daß Neutralität unmöglich sei, ist jedoch oft eine verstellte Formulierung für eine andere Idee: nämlich daß Neutralität immer schlecht ist. So töricht eine solche Behauptung auch sein mag, hat sie doch einen verborgenen Sinn, der Beachtung verdient. Ich kann argumentieren, daß Neutralität – ob gerechtfertigt oder nicht – immer aus einer Schwäche kommt, auch wenn diese Schwäche nicht immer tadelnswert ist noch immer der betroffenen Person angelastet werden kann, sondern bisweilen eher gewissen Besonderheiten unserer Kultur.

Das einfachste Beispiel ist jene Neutralität, die aus intellektueller Schwäche rührt. Ich kann am Ausgang einer wissenschaftlichen Auseinandersetzung interessiert und doch neutral ihr gegenüber sein, da ich für ein Eingreifen inkompetent bin. Mich einzumischen, würde gegen einen Wert verstoßen, den ich selber für wichtig erachte: die Forderung, daß wissenschaftliche Auseinandersetzungen nach den wissenschaftlichen Regeln entschieden werden. Meine Entscheidung für Neutralität ist eine Entscheidung für geistige Werte, die ich anerkenne. Sie ist gerechtfertigt, und meine Unfähigkeit, in Übereinstimmung mit den Regeln der Wissenschaft einzugreifen, kann nicht verurteilt werden, da man mir nicht zum Vorwurf machen kann, nicht allwissend zu sein.

Wenn die Streitfragen moralische oder psychologische Überlegungen einschließen, ist es schwieriger, wenn nicht unmöglich, allgemeine Kriterien zu formulieren, die über Recht und Unrecht von Neutralität entscheiden und die sich auf jeden wie immer gearteten Fall anwenden lassen. Man kann natürlich sehr leicht Beispiele finden, wo Neutralität moralisch unzulässig ist (zum Beispiel, wenn eine Frau in meiner Gegenwart vergewaltigt wird). Aber wir sind nicht durch Vervielfachung solcher Beispiele zu dem Schluß berechtigt, daß Neutralität notwendigerweise verurteilt werden muß. Wenn ich es für meine Pflicht hielte, in jeden persönlichen Konflikt zwischen anderen Menschen einzugreifen, wäre ich eher ein unliebsamer Zudringling als ein heroischer Anti-Neutralist. Niemand von uns möchte, daß sich andere Leute in unsere Konflikte einmischen, ohne darum gebeten zu sein. So leicht Beispiele von unstatthafter Neutralität und unstatthafter Nicht-Neutralität gefunden werden können, so scheint es doch ein hoffnungsloses Bemühen, ein allgemeines Kriterium festzusetzen, wodurch das eine vom anderen getrennt wird.

Wichtiger sind die Fälle, in denen wir Gründe haben zu argumentieren, daß in unserer Entscheidung für oder gegen die Neutralität (bestimmte höhere) Werte auf dem Spiele stehen, die durch unsere Nicht-Neutralität zerstört zu werden drohen – sei es, weil sie unvereinbar sind mit den Werten, die unser Engagement verteidigen soll, oder aus irgendwelchen anderen Kausalzusammenhängen in der Welt. Wir können uns geistig irren, das heißt, wir können in der Voraussage der Ergebnisse unserer Entscheidung falsch urteilen, oder wir können auch einfach moralisch zu verurteilen sein, doch ist dies nicht immer der Fall. Die Franzosen, die 1939 es ablehnten, »für Danzig zu sterben«, die amerikanischen Sozialisten, die sich einer aktiven Beteiligung der Vereinigten Staaten am Zweiten Weltkrieg widersetzten, handelten zweifellos in doppelter Hinsicht falsch. Aber nur ein blinder Glaube an die Vollkommenheit der Geschichte könnte uns bei der Verurteilung einer kleinen Nation recht geben, die im Konflikt zwischen Großmächten einfach deshalb neutral bleibt, weil sie die Gefahr sieht, ausgelöscht zu werden, auf welcher Seite auch immer sie sich engagiert. Man könnte sagen, sie sollte eher den Konflikt zu mildern versuchen als in ihm Partei ergreifen. Dies würde bedeuten, daß sie nicht neutral wäre (weil sie einen Einfluß auf den Ausgang zu nehmen suchte). Dieser gute Rat ist jedoch nicht in allen Fällen angebracht. In vielen Situationen ist der einzig mögliche Weg, den Ausgang eines Konflikts zu beeinflussen, sich selbst mit einer Seite zu verbünden. Dies liegt in der Natur der menschlichen Welt und nicht einfach an unserer Fehlerhaftigkeit. Die Schwäche des Neutralen in einem solchen Falle ist die Schwäche, lieber existieren zu wollen, als zum Ausgang eines Weltkonfliktes etwas beizutragen.

Es kann geschehen, daß irgendeine Entscheidung in einem Konflikt die Gefahr der Zerstörung von etwas mit sich bringt, das zu verteidigen wir moralisch verpflichtet sind. Wenn die gefährdeten Werte von höchster Bedeutung sind, stehen wir vor einer Situation, die angemessen Tragödie genannt wird, vor einem Konflikt, in dem das Böse in einem moralischen und nicht nur in einem materiellen Sinn siegt. Der Antineutralist, der behauptet, daß moralisch gute Entscheidungen in jedem Konflikt möglich sind, behauptet damit zugleich, daß Tragödien in unserer Welt nicht möglich sind – eine Ansicht, die so bequem zu sein scheint, wie sie optimistisch ist.

Wo könnte das Problem der sogenannten politischen Neutralität der Universität zwischen diesen Unterscheidungen untergebracht werden?

Die Forderung der politischen Neutralität der Universität verlangt, daß die Universität als Institution, was natürlich nicht die einzelnen (Lehrer, Studenten, Verwaltung) betrifft, die sie bilden, sich davon frei halten sollte, in den kontroversen politischen Vorgängen der Gesellschaft Stellung zu beziehen. Gegen eine solche Forderung wird gewöhnlich vorgebracht:

1. Die Universitäten in demokratischen Ländern, nicht zu sprechen von totalitären, sind in jedem Fall politisch involviert. Sie leisten Beiträge zur Kriegsforschung, sie benutzen politische Kriterien im Umgang mit ihren einzelnen Mitgliedern. Ihre Lehre – zumindest in den Sozial- und Geisteswissenschaften – ist oft politisch fundamentiert und spiegelt die politischen Vorlieben ihrer Lehrer.

2. Die Neutralität der Universität ist in jedem Falle unpraktikabel, da die Universitäten mit Notwendigkeit Organe der Gesellschaft sind, ihr dienen und – in Klassengesellschaften – meist im Dienst der herrschenden Klasse stehen, usw.

Um die Gültigkeit dieser grundlegenden Einwände zu untersuchen, müssen andere Unterscheidungsmerkmale herangezogen und der wirre Charakter der Einwände aufgeklärt werden.

Ich will versuchen, das klassische liberale Konzept der Universität zusammenzufassen. Nach diesem Konzept gibt es vier Hauptaufgaben, die die Universität für die Gesellschaft erfüllen soll:

a) Höhere berufliche Ausbildung in einem begrenzten Sinn. (Mit »begrenzten Sinn« meine ich: während die Universität insbesondere in den Sozial- und Geisteswissenschaften nicht ganz spezifische berufliche Fähigkeiten zu entwickeln hat, soll sie den Studenten die theoretischen, sachlichen und logischen Kenntnisse und Fähigkeiten vermitteln, die es ihnen ermöglichen, eine gewisse intellektuelle Meisterung eines bestimmten Kulturbereichs zu erlangen und ihre Erfahrungen in verschiedenen Berufen anzuwenden, die normalerweise eine zusätzliche Ausbildung erfordern.)

b) Die kontinuierliche Weitergabe der menschlichen Kultur.

c) Die Bereicherung unserer Kenntnis von der Welt – dieses Wissen darf nicht nur in bezug auf seine Inhalte definiert werden, sondern viel mehr noch in bezug auf die spezifischen Handlungsweisen, die seine Geltung rechtfertigen.

d) Die Lehre und Verbreitung bestimmter Werte, die nicht nur in der Wissenschaft, sondern auf allen Gebieten des sozialen Lebens, einschließlich des politischen, anwendbar sind: diese Werte enthalten Unparteilichkeit im Urteil, Toleranz, Kritik, Beachtung der Gesetze der Logik.

Es gibt – und dies wie ich sehe, war nie ernsthaft bestritten – einige Werte, die unmittelbar im Herzen der Universität liegen: nach liberalem Verständnis enthält das Funktionieren der Universität selbst schon gewisse Werturteile, die wie alle anderen Werturteile eher historisch bedingt als transzendental gültig sind. Es ist gleichermaßen unbestreitbar, daß die Universität immer ein Organ der Gesellschaft gewesen ist und sich stets bewußt war, daß ihre Arbeit gesellschaftliche Auswirkungen hat. Aus diesem Grunde sind Schlagwörter, wie sie gängigerweise gegen die politische Neutralität der Universität gerichtet werden – wie »die Universität ist nicht von der Gesellschaft isoliert«, »Lehren übt einen Einfluß auf das soziale Leben aus«, »die Lehrer müssen sich der gesellschaftlichen Konsequenzen ihrer Lehren bewußt und für sie verantwortlich sein« usw. –, bedeutungslose Plattitüden.

Trotz der stereotypen revolutionären Rhetorik liegt der Unterschied zwischen der liberalen und der politischen (oder einfach totalitären) Konzeption der Universität nicht in der Annahme oder Zurückweisung einiger abgedroschener Sätze über die gesellschaftliche Verantwortung der Universität oder der gesellschaftlichen Bedeutung ihrer Arbeit. Der Unterschied liegt gerade im Aufzeigen dessen, wofür sie verantwortlich ist. Die totalitäre Konzeption der Universität besagt, daß es keine menschlichen Werte gibt, die die partikularen Interessen der einen oder anderen einander bekämpfenden politischen Gruppen übersteigen. Dieses Prinzip zwingt offensichtlich zur Schlußfolgerung, daß alles, was in der bestehenden geistigen Kultur nicht als Werkzeug für die Verfolgung »unserer« politischen Ziele genutzt werden kann, notwendigerweise ein Werkzeug für »unsere« Feinde ist. Die Folgerung daraus heißt: wenn Lehre und Forschung, die an unseren Universitäten praktiziert werden, für unseren Sieg politisch irrelevant sind, müssen sie im Dienste der schmutzigen Interessen einer anderen Gruppe stehen (zum Beispiel der jüdischen Plutokratie in Nazi-Deutschland oder des Weltimperialismus im kommunistischen Denken) und verdienen deshalb, vernichtet zu werden.

Die liberale Konzeption (oder sagen wir lieber: die »offene« oder »ungebundene«, um jede irreführende Verknüpfung zu vermeiden, die sich aus dem Wort »liberal« ergeben könnte) besagt im Gegensatz dazu, daß es auf vielen Gebieten eine Kontinuität der menschlichen Kultur gibt und daß eine Anzahl von Werten nicht an die Einzelinteressen bestimmter politischer Gruppen, sozialer Klassen, ethnischer, nationaler oder rassischer Gemeinschaften gebunden ist. Dieser Glaube besagt keineswegs zugleich, daß bestimmte Werte göttlichen Ursprungs seien oder im platonischen Sinne gültig wären. Er läßt sich vollkommen vereinbaren mit der Annahme des historischen Ursprungs aller Werte. Er besagt nur, daß auf einigen wichtigen Gebieten der Kultur eine Kontinuität in der Zeit und eine Universalität im Sinne der Unabhängigkeit von sozialen und ethnischen Grenzen besteht. Diese bescheidene Philosophie ist eine latente und notwendige Bedingung für die »offene« Idee von der Universität; aber sie ist zugleich eine ausreichende Bedingung dafür. Es bedeutet dies auch, daß die totalitäre Konzeption, wenn sie nicht in Widerspruch zu sich geraten will, die Universalität auf bestimmten Gebieten der kulturellen Werte in dem eben gezeigten doppelten Sinn nicht akzeptieren kann.

Dieser Widerspruch ist glücklicherweise nicht nur auf einer eigenmächtigen Wahl begründet. Die Idee der Universalität der Werte ist einer historischen Analyse offen. Es läßt sich zeigen, daß einige Werte trotz der Veränderungen, denen sie im Laufe des historischen Wandels unterworfen waren, innerhalb der Vielfalt ethnischer und sozialer Bedingungen ihren wesentlichen Gehalt bewahrt haben. Der Glaube an die historische Kontinuität und an die Universalität der Kultur (oder kurz der Glaube an die fundamentale Einheit der menschlichen Spezies) ist nicht eine willkürliche Behauptung, die sich ebensogut rechtfertigen wie widerlegen läßt, wie der entgegengesetzte Glaube, daß jeder Wert notwendig an die Interessen einer bestimmten sozialen, politischen oder ethnischen Gruppe gebunden ist. Ein Mensch, der behauptet, daß die Relativitätstheorie auf bestimmten Denkgesetzen beruhe, deren Anwendung nicht auf Einsteins Zeit, Milieu und Herkunft begrenzt ist, bezieht sich auf eine andere Position der Erkenntnis als jener, der behauptet, daß die Erkenntnistheorie das Produkt einer pervertierten jüdischen Mentalität (eine heute offenbar überwundene Meinung) oder eine kapitalistische Erfindung zur Irreführung der Arbeiterklasse (eine heute offenbar ebenfalls überwundene Meinung) sei.

Der Grund, weshalb ich glaube, daß die totalitäre Konzeption der Universität die Idee der kulturellen Kontinuität aufgeben muß, liegt einfach darin, daß diese Idee eine ausreichende Grundlage für die Behauptung jener zu liefern scheint, daß die institutionalisierte Form dieser Kontinuität sowohl möglich als auch gerechtfertigt und notwendig für die Gesellschaft ist.

Die totalitären Ansprüche sind jedoch nicht völlig ohne vernünftigen Grund, obwohl dieser Grund etwas ganz anderes beinhaltet als das, was offen erklärt wird. Dieser Vernunftgrund besteht in der Tatsache, daß totalitäre Bewegungen schon und gerade durch ihre Existenz eine Situation schaffen ähnlich jener, die sie als »natürlich« für jede Gesellschaft behaupten. Mit der Behauptung, daß keine kulturellen Werte je die Gruppeninteressen derer, die sie repräsentieren, überschreiten können, vermag es eine totalitäre Bewegung zu bewirken, daß jede Institution, die auf dem Glauben an solche Werte beruht, durch ihre bloße Existenz zu einer sozialen Größe wird, die sich gegen die partikularen Interessen der totalitären Bewegung richtet. Das bedeutet unmittelbar, daß die Universität – eben weil sie auf dem Glauben an die Universalität bestimmter Werte basiert – antitotalitär ist, das heißt: sie ist nicht neutral im Kampf zwischen denen, die den Totalitarismus erstreben, und ihren Gegnern. Das bedeutet nicht, daß sie nicht-neutral im Sinne einer zwangsläufigen direkten Teilnahme am Kampf zwischen politischen Parteien ist. Wohl aber bedeutet dies infolge ihres Anspruchs, einige nichtpartikulare Werte zu verkörpern, daß jene, die im Geiste der Universität aufgewachsen sind und ihn weiterhin ernstnehmen, die totalitären Forderungen zurückweisen werden. Es hängt nicht von der Universität ab, ob sie in diese Art von Nicht-Neutralität verwickelt wird oder nicht. Die Situation ist genau die gleiche, wie wenn jemand mich plötzlich auf den Kopf schlägt: Ich bin damit schon Partei in einem Konflikt, gleichgültig ob ich mich nicht wehre oder zurückschlage. Durch die bloße Tatsache, geschlagen worden zu sein, bin ich in eine Auseinandersetzung verwickelt. In diesem Sinne und nur in diesem Sinne kann man sagen, daß die Universität in der Situation, die durch die totalitäre Bewegung geschaffen worden ist, nicht neutral ist. Diese Art von Nicht-Neutralität hat jedoch nichts zu tun mit der Idee, daß die Universität notwendigerweise im Dienste von partikularen Interessen bestimmter Klassen, Nationalitäten, Rassen oder Parteien stehen müsse.

Mit anderen Worten: menschliche Gesellschaften sind und werden wahrscheinlich immer politisch aufgesplittert sein. Infolge der Werte, auf denen sie begründet ist, ist die Universität unvermeidlich in diese Zersplitterungen hineingezogen, sofern diese Werte auf dem Spiele stehen. In bezug auf den Konflikt zwischen der Idee eines unparteiischen Denkens und der Idee, daß wir nur in Übereinstimmung mit den Interessen einer Rasse oder einer Klasse denken können, ist sie nicht neutral. Ebenso wenig neutral ist sie im Konflikt zwischen jenen, die glauben, und jenen, die nicht glauben, daß die Toleranz besser ist als die polizeiliche Kontrolle des Lehrens.

Daraus folgt, daß die Idee der Universität nicht verletzt wird, wenn die Universität sich aktiv in Vorgängen engagiert, die in direktem Zusammenhang mit ihrem Wirken auf der Basis ihrer Grundprinzipien stehen. Die Universität ist verpflichtet, in all den Fällen zu reagieren, wo Fragen wie Freiheit der Lehre, Freiheit der Forschung, Diskussionsfreiheit, Opposition gegen Zwangsindoktrination usw. zum Gegenstand eines politischen Konfliktes werden. Auch bei einem politischen Konflikt, in dem diese Werte berührt werden, kann eine Universität, die sie verteidigt, nicht getadelt werden, weil sie die Neutralität aufgibt. Dabei muß allerdings klar unterschieden werden zwischen ihrer Bekräftigung einer sozialen Ordnung, die diese Werte besser zu unterstützen vorsieht, und ihrer Zustimmung gegenüber irgendeiner politischen Gruppe, die eine solche Ordnung in einem bestimmten Augenblick repräsentiert. Diese Unterscheidung mag oft – besonders in Momenten scharfer Auseinandersetzungen – verdunkelt sein. Sie ist trotzdem real und keine Erfindung zur kasuistischen Rechtfertigung einer Verletzung der Neutralität. So ist es zum Beispiel nicht dasselbe, ein Gesetz zu unterstützen oder zu bekämpfen, das die von der Universität zu wahrenden Werte berührt, oder eine politische Partei zu unterstützen oder zu bekämpfen, die mit der gleichen Materie befaßt ist.

Man könnte nun argumentieren: da die Universität sich in Konflikten, die ihre Grundwerte betreffen, engagieren muß oder soll, gebe es keinen vernünftigen Grund, warum sie sich nicht auch in allen anderen Arten politischer Konflikte engagieren sollte, sofern sie durch eine Stellungnahme nicht ihre Existenz als eine offene Universität aufs Spiel setzt. Mit anderen Worten, wenn wir darin übereinstimmen, daß bestimmte Werte, die die Universität aufrechtzuerhalten verpflichtet ist, nicht als ihre eigenen partikularen Interessen eingegrenzt sind, warum sollte sie sich der Einmischung in einen politischen Konflikt enthalten, der für sie mehr oder weniger bedeutungslos oder ohne klare Bedeutung für ihre Grundaufgaben ist? Die Antwort lautet, daß die Neutralität der Universität im Gegensatz zu ihrer Unparteilichkeit in Forschung und Lehre nicht zu den Grundwerten gehört, die sie verteidigen muß zur Bewahrung vor der Selbstzerstörung, sondern daß die Neutralität eine Notwendigkeit ist, die sich einfach aus der eigenen unvermeidbaren Schwäche der Universität ergibt. Die Universität ist und war immer schwach in dem Sinne, daß sie außer ihrer eigenen intellektuellen Würde fast keine Mittel besitzt, sich gegen politischen Druck zu verteidigen, der bei dem Versuch, ihre Neutralität zu zerstören, gleichzeitig ihre Unparteilichkeit und andere Grundwerte angreift. Wenn Neutralität und Unparteilichkeit im Hinblick auf den gleichen Konflikt einander ausschließen, wie ich eingangs zu erklären versuchte, folgt daraus nicht, daß die Umkehrung wahr ist. Man *kann* nicht-neutral und nicht-parteiisch gleichzeitig im Hinblick auf den gleichen Konflikt sein. Im »Ideal«-Fall kann ich mir vorstellen, daß ich in einem Konflikt, in dem ich Partei bin, unparteiisch bleibe – ein solcher Fall ist logisch nicht ausgeschlossen, wo es sich um soziale Konflikte und große gesellschaftliche Institutionen handelt, obwohl er sich aus psychologischen und sozialen Gründen offensichtlich verbietet. Jene, die die Neutralität der Universität zu zerstören trachten, suchen immer etwas mehr: sie wollen ihre Unparteilichkeit in Lehre und Forschung zerstören und ihre ganze Aktivität in den Dienst ihrer eigenen Interessen einspannen. Wenn politische Neutralität verlangt wird, dann nicht deshalb, weil Nicht-Neutralität logisch unvereinbar mit der Erfüllung der Aufgaben der Universität wäre, sondern weil die sozialen Bedingungen ihre Erfüllung praktisch unvereinbar mit Nicht-Neutralität machen. Daß die Universität schwach ist und leicht entmachtet werden kann, ist eine empirische Feststellung. Der politische Druck, der auf Universitäten ausgeübt werden kann und durch die Vernichtung ihrer Neutralität ihre Grundwerte zerstört, kann an vielen allgemein bekannten Beispielen aus Nazi-Deutschland, den kommunistischen Ländern und dem Amerika McCarthys demonstriert werden. Die einzige Waffe, die der Universität zur Verteidigung gegen Einschüchterung und Unterdrückung bleibt, ist die Berufung auf ihre politische Neutralität – und zwar als ein Mittel, nicht als ein Zweck an sich. Die Universität, die vorsätzlich ihre eigene Neutralität verletzt, verliert jedes Recht, sich jenen Unterdrückungsmaßnahmen zu widersetzen, die darauf zielen, sie in ein Werkzeug irgendeiner augenblicklich herrschenden politischen Gruppe zu verwandeln.

Die Bedeutung des Ausdrucks »ein politisches Werkzeug zu sein« bedarf im Falle der Universität kaum einer Erklärung. Die Universität verletzt nicht nur ihre Neutralität, sondern verrät zugleich ihre eigenen Grundwerte, wenn sie der Forderung nachgibt, die Information gemäß den partikularen politischen Interessen zu selektieren, wenn sie bei der Berufung von Professoren und der Zulassung von Studenten politische Kriterien anwendet oder wenn sie im Namen dieser Interessen eine freie Diskussion einschränkt oder unmöglich macht.

Das Standardargument der Partisanen der totalitären Universität lautet, daß dies an Universitäten überall in jedem Fall ohnehin geschehe. Ein solches Argument kann jedoch nicht im guten Glauben benutzt werden, um die angebliche Notwendigkeit einer im angedeuteten Sinn politisch engagierten Universität zu beweisen. Man kann wahrscheinlich nicht behaupten, daß die höchsten Anforderungen an Unparteilichkeit absolut an irgendeiner Universität erfüllt worden sind. Man kann auch sagen, daß keine Universität – selbst unter den schlimmsten Bedingungen – so völlig korrumpiert gewesen ist, daß überhaupt kein Element ihrer Lehre und Forschung mehr frei geblieben ist von politischem Vorurteil. Von da aus zu schließen, daß der Unterschied zwischen der offenen und der totalitären Universität nur imaginär, nur eingebildet sei oder daß irgendein Unterschied zwischen ihnen bedeutungslos (»nur quantitativ«) sei und so weiter, ist eine Art zu argumentieren, die für die grobe totalitäre Denkweise sehr typisch ist. Man kann natürlich sagen, daß der Unterschied zwischen dem Einkommen eines Rockefeller und dem eines Straßenkehrers »nur quantitativ« ist. Man kann ähnlich sagen, weil niemand auf der Erde vollkommen ist, bestehe kein wesentlicher Unterschied zwischen dem heiligen Franziskus und Hitler, usw. Es gibt natürlich eine Perspektive, die uns erlaubt, alle Unterschiede auf der Welt als unwesentlich zu betrachten. Aber niemand kann uns diese Perspektive aufzwingen. Niemand, der beide Arten von Universitäten – offene und totalitäre – aus eigener Erfahrung kennt, kann ehrlich behaupten, daß die Unterschiede zwischen ihnen unbedeutend oder nur äußerlich seien (wobei man durchaus weiß, daß Verletzungen der Unparteilichkeit und politische Mißbräuche in vielen offenen Universitäten gefunden werden können und daß manche ordentliche und vorurteilslose Forschung an totalitären geleistet wird).

Die Feststellung, daß Universitäten notwendigerweise politische Werkzeuge sind und daß kein wesentlicher Unterschied zwischen ihnen gemacht werden kann, weil sie, grob gesagt, von Natur aus alle gleichermaßen servil sind, ist ein totalitärer Weg, die Ziele einer partikularen Gruppe zu rechtfertigen, jeden Bereich des geistigen Lebens im Streben zur Macht in ihren Griff zu bekommen. Diese Behauptung hinzunehmen heißt, die Verderbtheit der Universität in jeder Hinsicht zu akzeptieren, denn es gibt dann keine Gründe, irgendeine Art politischen Mißbrauchs zu verdammen, wenn alle ihm gleichermaßen ausgeliefert sind. Die Idee zielt darauf ab, daß es keinen wirklichen (substantiellen, wesentlichen, qualitativen usw.) Unterschied zwischen den Nazi-Universitäten, die schlicht als Instrumente der Indoktrination zu handeln hatten und jeden gewaltsam vertreiben mußten, der sich dieser Arbeit verweigerte, und den offenen Universitäten gibt, an denen zweifellos manche ideologische Vorurteile und manche politische Vorlieben existieren, wo aber jederzeit Diskussion möglich ist und die Verantwortlichkeit der Lehrer nicht lediglich gegenüber der Polizei und der herrschenden Partei besteht. Wie unvollkommen auch immer der Druck sein mag, der den Lehrer zur Annahme einiger allgemein gültiger Grundsätze zwingt und ihn vor seinen Kollegen, seinen Studenten und der öffentlichen Meinung in verantwortliche Pflicht nimmt, die Existenz dieses Drucks ist immer unendlich mehr jenen Zwängen einer monopolistischen politischen Macht vorzuziehen, die die Lösung der wichtigen wissenschaftlichen Probleme zu besitzen vorgibt, noch ehe sie weiß, wie man mit ihnen sich wissenschaftlich auseinandersetzt.

Wir sprechen von Unparteilichkeit als einem innersten Lebenswert der Universität, nicht über Neutralität, die kein gleichermaßen wesentlicher Wert ist, obwohl sie wegen ihres Kausalzusammenhangs mit der Unparteilichkeit beachtet werden muß.

Wahrscheinlich würde heute niemand leugnen, daß jede Untersuchung in den Geistes- und Sozialwissenschaften vor einem Hintergrund von Werturteilen erfolgt – zumindest was die Wahl der benutzten Kategorien und die Rangordnung betrifft, die man den zu untersuchenden Phänomenen zuteilt. Diese Behauptung kann man im Licht einer großen Zahl von Fallstudien als wohlbegründet ansehen. Doch ist längst nicht erwiesen oder hat sich auch nur als wahrscheinlich gezeigt, daß alle diese Werte notwendigerweise an die partikularen Interessen einander bekämpfender politischer Gruppen gebunden sind. Ebenso wenig schließt das Vorhandensein von Werturteilen Unparteilichkeit innerhalb der breiten Perspektive aus, die diese Urteile bestimmen. Da gibt es eine Reihe von einfachen technischen Regeln, die man im Laufe einer Untersuchung beachten oder nicht beachten mag und die schließlich die Gültigkeit der Ergebnisse bestimmen, obwohl wir einräumen müssen, daß von sich aus diese Regeln die Ergebnisse nicht einhellig präjudizieren. Die Forschung am gleichen Thema von zwei Wissenschaftlern mit verschiedenem philosophischen Hintergrund und verschieden angelegten Interessen mag sich sehr weit unterscheiden. Trotzdem ist beider Gültigkeit durch die Beachtung so bescheidener Regeln bestimmt wie: man muß alles zum Thema gehörige bekannte Material berücksichtigen; man muß alle Begriffsunterscheidungen analysieren, die bereits gemacht worden sind und für das Material von Bedeutung sein könnten; man muß sich kontinuierlich fragen, welche möglichen Einwände gegen die eigene Interpretation vorgebracht werden können und was bei ihnen gültig ist oder scheint usw. Ein so einfacher Code kann nicht Widersprüche eliminieren, die aus grundsätzlichen Vorurteilen kommen. Er kann aber immerhin ein Gutteil rein ideologischer oder schlicht unordentlicher Arbeit eliminieren. Sich mit der allgemeinen Beteuerung zufrieden zu geben, daß alles in den Sozial- und Geisteswissenschaften schlicht und einfach durch politische Vorlieben und Interessen bestimmt ist – wie dies bei jenen üblich ist, die die Unterordnung der Universität unter politische Aufgabenzuweisungen als in jedem Fall unvermeidbar behaupten –, heißt gegen jede klare Evidenz die Fähigkeit der menschlichen Vernunft zu leugnen, nach den Gesetzen zu handeln, die sie sich selbst geschaffen hat. Diese Art protestantischen Glaubens an die unabänderliche Verderbtheit des menschlichen Geistes ist selbstzerstörerisch. Sie kann der Antinomie des Lügners nur entgehen, wenn sie vom Glauben an eine andere, unverdorbene Quelle der Erkenntnis oder des göttlichen Ursprungs gestützt wird, obwohl die Advokaten der totalitären Universität von heute kaum diese Art von Beistand suchen.

Gleichzeitig sind die Muster für die Angriffe gegen die Möglichkeit der Neutralität genau dieselben wie im Falle der Unparteilichkeit und anderer traditioneller akademischer Werte. Sie versuchen zu zeigen, daß Unparteilichkeit angesichts der Vorurteile, die in vielen Studien der Sozial- und Geisteswissenschaften feststellbar sind, zumindest in diesen Gebieten unerreichbar ist; und daß man zwischen ihren Ergebnissen keine »qualitativen« Unterschiede finden kann, sofern es ihre schicksalhaft ideologische Verflechtung oder ihre servile Natur betrifft. Abgesehen von der schon erwähnten Tatsache, daß der werthaltige Hintergrund aller sozial- und geisteswissenschaftlichen Untersuchungen weder Unparteilichkeit noch den Geist der Toleranz noch die logische Schlüssigkeit ausschließt, könnten wir von den totalitären Behauptungen her den Schluß ziehen, daß es keinen wirklichen (»qualitativen«) Unterschied zwischen dem wissenschaftlichen Wert von »Das Kapital« von Karl Marx und »Mein Kampf« von Adolf Hitler oder den Studien von Max Weber und dem Programm der Black Panthers gibt. Sie alle würden sich lediglich durch den Inhalt ihrer politischen Bindungen und die Interessen, die sie vertreten, unterscheiden, nicht durch den Grad ihrer Gültigkeit, gemessen an den (nicht-existenten oder unpraktikablen) Regeln der Forschung. Genau dasselbe Verlangen, alle Formen des sozialen Lebens auf ihre eigenen Muster zu reduzieren, kann man in der totalitären Leugnung der Möglichkeit einer unparteiischen Justiz sehen. Da Gesetz und Rechtsinstitutionen in jedem Fall Werkzeuge im Dienst gewisser höherer gesellschaftlicher Wesen sind – seien es Klassen, Rassen oder Nationen –, gibt es keinen (»qualitativen«) Unterschied zwischen dem Leben unter einem System, in dem die vermittelnde Rolle des Gesetzes hoch entwickelt ist, oder unter der extremsten Form des Despotismus. Die Unterscheidung zwischen dem britischen Rechtssystem und einem Staat, in dem die Menschen üblicherweise unter der Folter gestehen, was immer gewünscht wird, und wo die Justiz schlicht das Instrument der Polizei ist – diese Unterscheidung ist nichts anderes als eine heimtückische Erfindung von Reaktionären. Warum sollten wir meinen, daß es einen kennzeichnenden Unterschied zwischen jenen Feudalsystemen gibt, in denen der Herr in der Regel sein eigener Richter war in Fällen, in denen er und sein Knecht sich als streitende Parteien gegenüberstanden, und modernen Rechtssystemen, die eine solche Möglichkeit ausschließen. Es ist nur »die Form« und nicht »der Inhalt«, was sich geändert hat, da in jedem Fall das Rechtssystem als ganzes im Dienst der partikularen Interessen der herrschenden Gruppen steht.

Eine Diskussion mit Menschen, die so denken, ist kaum sinnvoll, denn von ihrem Denkgerüst aus beweist jeder, der die Idee der Unparteilichkeit verteidigt, damit nur, daß er die Parteilichkeit verteidigt, die unausrottbar in jeder scheinbaren Unparteilichkeit versteckt ist. Da Unparteilichkeit durch Definition ausgeschlossen ist, wundert man sich nur, warum ihr Fehlen mit einem solchen Aufwand moralischer Entrüstung getadelt wird, wie dies laufend geschieht.

Ich behaupte natürlich nicht, daß alle jene Universitäten, die nicht im Dienste totalitärer Systeme stehen, in jeder Hinsicht als Modelle wissenschaftlicher Unparteilichkeit, politischer Neutralität und verwandter Tugenden bezeichnet zu werden verdienen. Ich behaupte lediglich, daß sie eine viel größere Chance haben, diese Werte zu verwirklichen, und daß sie trotz aller Mißbräuche in der Realität unvergleichbar besser wahren als die totalitären; und vor allem daß es nicht hoffnungslos oder unsinnig ist (wie man von totalitären Doktrinen aus schließen müßte), es auf diesem Gebiet immer besser zu machen. Die ganze moderne geistige Kultur wäre unbegreiflich ohne den mittelalterlichen Kampf der *facultates artium* gegen ihre Abhängigkeit von den theologischen Fakultäten. In Wirklichkeit war es ein Kampf um die Neutralität des weltlichen Denkens in bezug auf theologische Kontroversen. Der Sieg in diesem Kampf machte die gesamte geistige Entwicklung der vergangenen Jahrhunderte möglich. Sich einzubilden, wir könnten durch die Umkehrung dieser Errungenschaft weiteren Fortschritt erzielen, käme der Idee gleich, wir sollten, da wir auf zwei Beinen stehend keineswegs perfekt sind, wieder dazu zurückkehren, auf allen Vieren zu kriechen.

Ich gebe nicht vor, alle Seiten der Frage der Neutralität in Betracht gezogen zu haben. Wir müssen uns der unvermeidbaren Tatsache stellen, daß die immanente Logik der geistigen Entwicklung nicht mit der Entwicklung der sozialen Bedürfnisse und Forderungen parallel läuft, denen die Universitäten Rechnung tragen sollen, und daß sich manchmal erweist, daß Strukturen, die der einen Entwicklung entsprechen, vom Standpunkt der anderen überholt sind. Die Universitäten müssen gelegentlich die Krisen erfahren, die von dieser Art Unzulänglichkeit herrühren und die nur durch verschiedene Arten des Kompromisses gelöst werden können. Solche Kompromisse sind meist möglich, ohne grundlegende akademische Werte preiszugeben. Ob wir es mit einer Krise solchen Charakters gegenwärtig zu tun haben, möchte ich hier nicht zur Diskussion stellen. Eine solche Diskussion kann in nur allgemeinen Begriffen nicht sinnvoll geführt werden.

Man muß allerdings doch zugeben, daß in bestimmten Umständen die volle politische Neutralität der Universität nicht praktikabel ist. In einer allgemeinen Krise, in der die gesamte Existenz einer Gesellschaft auf dem Spiele steht, wäre es vergeblich und töricht zu verlangen, daß die Universität sich fernhalten sollte. Sie verrät nicht – ich wiederhole es – ihre eigene Konzeption im Aufgeben der Neutralität, wie sie dies tun würde beim Aufgeben unparteiischen Denkens, der Gesetze der Logik und der Toleranz in wissenschaftlichen Fragen. In Situationen, die offensichtlich die gesamte bestehende Struktur der Gesellschaft erschüttern, wäre die Neutralität der Universität ein leeres Schlagwort. Wir sind gewiß nicht fähig, exakt die Bedingungen zu definieren, über die wir sprechen, oder wann wir feststellen dürfen, daß sie vorliegen. Definitionen sind hier notwendigerweise ungenau wie alle Definitionen außer jenen in den konventionellen Sprachen deduktiver Systeme (selbst die Definition einer Fünf-Pence-Münze kann nicht – wie man gezeigt hat – so formuliert werden, daß sie jede Möglichkeit eines Zweifels in besonderen Fällen beseitigt). Aber das ist kein guter Grund, die Anstrengungen aufzugeben, sie zu verbessern. Das Bedürfnis, neutral zu bleiben, die Unmöglichkeit, immer neutral zu bleiben, und die Unmöglichkeit, absolut strikte Definitionen für die Bedingungen der Neutralität zu erlangen, alle diese Sachverhalte gehören mit zu den Ergebnissen jener gleichen Unvollkommenheiten, die nur schrittweise verringert, doch niemals gänzlich beseitigt werden können.

Zur Religion

Die sogenannte Krise des Christentums

Das Wort »Krise« gehört seit etlichen Dezennien zu den modischsten Substantiven und pflegt in den unterschiedlichsten Bedeutungen benutzt zu werden, die zuweilen nur noch sehr fern mit dem ursprünglichen Wortsinn verwandt sind. Manchmal bedeutet es nicht viel mehr als »Mangel« (»Nahrungsmittelkrise«, »Ölkrise«), in anderen Fällen wollen wir mit dem Wort Krise ausdrücken, daß eine Form des sozialen Lebens erlahmt ist oder ihre Vitalität eingebüßt hat (»Krise der Familie«, »Krise des Christentums«, »Krise des Marxismus«, »Krise der Demokratie« usw.), ein andermal wieder, daß sich irgendein rapider Wechsel (»revolutionäre Krise«) oder aber ein stufenweiser Wandel (»Vertrauenskrise« einer Regierung gegenüber) vollzogen hat. »Demographische Krise« kann bedeuten, daß in einem Lande die Bevölkerung rasch anwächst, aber auch umgekehrt, daß sie sich vermindert. »Krise der Wissenschaft« kann bedeuten, daß auf einem Wissensgebiet unlösbare Probleme auftreten oder daß es umgekehrt keine interessanten Probleme mehr gibt. Die ökonomischen Krisen des 19. Jahrhunderts und der ersten Hälfte des 20. Jahrhunderts besaßen Symptome und Störungsmechanismen, die von den heutigen Störungen und Katastrophen in der Weltwirtschaft so verschieden sind, daß sie alle mit demselben Wort zu bezeichnen nur dadurch gerechtfertigt werden kann, daß das Wort selbst einen unbestimmten Charakter angenommen hat und alle möglichen Formen der Negativität vage bezeichnet: Untergang, Schwächung, Mangel, Pathologie usw.

Das Wort »krino« selbst bedeutete ursprünglich, wie man sich anhand eines beliebigen Wörterbuches überzeugen kann, »sondern« oder sekundär »unterscheiden«, also auch »beurteilen«, daher bedeutete Krise in der Folge keine beliebige negative Veränderung, sondern einen jähen Bruch in der Kontinuität (ganz gleich, ob dieser nun negativ oder positiv zu bewerten war); in diesem Sinne konnten zum Beispiel solche Ereignisse wie religiöse Konversion, politische Revolution, Krieg, Ehescheidung oder Tod als Krisenfälle gelten. Vielleicht ist die Universalisierung des Wortes aber nicht nur das Resultat unserer sprachlichen Nachlässigkeit, vielleicht verrät sie das unklare Gefühl, daß alle Formen des Lebens, der sozialen Organisation, des Denkens und Empfindens, alle Bestandteile unserer Zivilisation von einer Krankheit befallen seien und daß zugleich niemand ein radikales Heilmittel gegen diese Krankheit kenne; und daß die Ungewißheit bezüglich des Schicksals der Menschheit allgemein geworden sei, selbst wenn sie durch aggressive Phrasen getarnt wäre.

Wenn wir von einer »Krise des Christentums« sprechen, denken wir zumeist daran, daß innerhalb der letzten Jahrzehnte ein immer größerer Prozentsatz von Menschen in traditionell christlichen Ländern sich entweder nicht mehr als Christen ansieht oder nicht mehr beziehungsweise kaum noch an kirchlichen Riten sich beteiligt und daß die Glaubensinhalte und sittlichen Normen, die aus der spezifisch christlichen Tradition kommen, keinerlei greifbaren Einfluß auf ihr Verhalten mehr ausüben.

Doch inwieweit diese bekannten Erscheinungen, die man für gewöhnlich mit der wachsenden Urbanisierung in Zusammenhang bringt, Symptome einer Krise des Christentums sind, das hängt selbstverständlich von der Bedeutung ab, die wir nicht nur dem Wort »Krise«, sondern auch dem Wort »Christentum« zuschreiben, und in dieser Frage hat es bekanntlich nie Übereinstimmung gegeben.

Im 16. und 17. Jahrhundert, als in Europa Dutzende von kleineren und größeren Sekten sich ausbreiteten, von denen eine jede Anspruch auf das Monopol in der einzig korrekten Auslegung des Inhalts des Christentums erhob und alle übrigen wegen ihrer falschen Überzeugungen in Fragen wie Hl. Dreifaltigkeit, Hl. Eucharistie, Göttlichkeit Jesu, unwiderstehliche Gnade, Rolle der Kirche und so weiter geißelte, schlugen viele Autoren, aus Verzweiflung und Verdruß über das Gezänk, das irenische Programm vor. Laßt uns zum mindesten, sagten sie, auf ein gemeinsames Minimum einigen, das für alle Christen verbindlich wäre und von ihnen als verbindlich akzeptiert werden könnte, laßt uns anerkennen, daß jeder, der sich zu diesem Minimum bekennt, ein Christ ist, und laßt uns in allen anderen Fragen, die »für die Erlösung erläßlich« sind, wechselseitige Toleranz verkünden.

Derlei Vorschläge konnten den erträumten Religionsfrieden selbstverständlich nicht herbeiführen, erstens, weil es bezüglich des Inhalts jenes Minimums ebensowenig Einmütigkeit gab wie hinsichtlich dessen, welche Kriterien zu seiner Bestimmung angewandt werden sollten, zum zweiten deshalb, weil jenes Minimum nie eindeutig sein konnte und jeder Versuch einer detaillierten Interpretation sofort alle Streitigkeiten, um deren Ausräumung es ja gegangen war, aufs neue entfachte; zum dritten deshalb, weil eine Entwertung aller Fragen, die sich jenseits des vorgeschlagenen Minimums bewegten, jeder Kirche und jeder Sekte die Existenzberechtigung als einer separaten christlichen Versammlung entzogen hätte, und eben darum ging es ja auch.

Jene ökumenischen Programme werden in hohem Maße von den evangelischen Ideen des Christentums inspiriert, die bereits vor der großen Reformation geboren waren und in Erasmus und den Erasmianern ihre inbrünstigen Wortführer besaßen. Zwar vermochten diese Programme weder das starre Exklusivitätsstreben der zerstrittenen Gemeinden noch ihre Versöhnung herbeizuführen. Sie waren dennoch nicht völlig wirkungslos. Sie brachten gewisse Ideen in Umlauf, die im Christentum nie erloschen waren und die sich bei verschiedenen Gelegenheiten neu belebten. Sie schufen ein Modell des Christentums, das sich weder durch eine detaillierte theologische Doktrin noch durch Organisationskriterien bestimmen läßt, sondern durch den »Glauben« im ursprünglichen Wortsinn, das heißt das Vertrauen auf die Barmherzigkeit Gottes und die Wirksamkeit des Heilswerks sowie durch eine bestimmte sittliche Praxis. Gewisserweise mußten die katholische Kirche und alle großen protestantischen Gemeinschaften neben der »Maximum«-Definition auch die »Minimum«-Definition ihres Glaubens voraussetzen, das reduzierte Modell neben dem vollständigen. Und alle mußten schließlich davon ausgehen, daß die Erlösung keine Frage theologischer Gelehrsamkeit sei, daß der Glaube der Simpel keinen Deut schlechter sei als der Glaube der Doktoren und

Bischöfe, daß ein einfacher Dorfanalphabet mitnichten ein schlechterer Christ sei oder daß er deshalb, weil er Analphabet ist, die geringere Aufmerksamkeit Gottes verdiene; wie viele Katholiken gibt es denn, die sämtliche Dekrete sämtlicher Konzile auswendig kennen und den ganzen dogmatischen Inhalt fehlerfrei formulieren können, der für sie theoretisch verbindlich ist? Auf der anderen Seite enthielt sogar der einfache Katechismus, dessen Kenntnis von allen Gläubigen gefordert wurde, stets, in allen Gemeinden, nicht nur jenes dogmatische Minimum – wie das Nizänische Glaubensbekenntnis – und moralische Minimum, sondern auch eine bestimmte Anzahl von Schibbolethen, die die gegebene Gemeinde oder Kirche hinreichend von allen übrigen unterschieden und die den ökumenischen Versuchungen entgegenwirkten. Auch die Riten, ja selbst die Kirchen- und Festtagslieder enthielten diese Erkennungszeichen. So war also nicht einmal jenes faktisch akzeptierte Minimum ein Versöhnungsinstrument, es verfestigte eher die organisatorischen Trennungen.

Es konnte auch gar nicht anders sein unter der Voraussetzung, daß die Kirche sich gewissermaßen an der Grenze zwischen Himmel und Erde befindet, daß sie ein Depositär der Gnade und zugleich Hüter des Rechts ist, daß sie unsichtbare Güter in der sichtbaren Welt verteilt. Einige Radikale der Reformation wollten das Christentum gänzlich von den irdischen Formen reinigen, wollten es von allen Verbindungen zum *profanum* befreien. Sie behaupteten, daß alles das, worum es im Christentum gehe, sich in der Seele jedes einzelnen Christen für sich abspiele, daß sich das Drama des Falls und der Versöhnung ausschließlich dort vollziehe, daß dort der alte mit dem neuen Menschen, Satan mit Gott ringe, daß die Plazierung der christlichen Werte »außerhalb« des Gewissens, also in der Kirche, in den Dogmen und Riten, eine Verschwendung bedeute, daß diese Werte ausschließlich an das einzelne Subjekt gebunden seien und sich zu keinen »objektiven« Ganzheiten summieren ließen. Sie glaubten, daß sie der Christusbotschaft ihren eigentlichen Inhalt zurückerstatteten, wenn sie sie von den Bindungen zu den sichtbaren, irdischen Realitäten befreiten.

Doch ein solcherweise gereinigtes Christentum verlor gerade dadurch den Charakter einer Botschaft. Denn das Christentum sollte das Evangelium sein, die Frohe Botschaft, die der Welt *verkündet* wird, es sollte das Medium der Gnade auf Erden sein, mußte also auch über irdische Kommunikationsmittel verfügen, also die Gemeinde, den Katechismus, den Ritus. Auf das unsichtbare Gewissen der einzelnen reduziert, war es außerstande, irgend jemandem irgend etwas zu vermitteln. Sollten denn die Apostel vergeblich durch die Länder gezogen sein, hätten sie sich vielmehr in die Wüste flüchten und außerhalb der Welt auf das zweite Kommen warten sollen? Jesus sagte, sein Königreich sei nicht von dieser Welt, doch er sandte zugleich Schüler aus, damit sie den Völkern seine Lehre auf dieser Welt verkündeten. Doch eine dieser Welt verkündete Lehre muß in Worte gefaßt, muß kodifiziert sein, und die Apostel mußten sicher sein, daß sie Identisches, nicht Verschiedenes verkündeten, daß sie also *eine* Kirche deuten, nicht aber einzelne Bekenner waren, von denen ein jeder für sich in Kommunikation mit Gott trat.

Das Christentum kann sich somit nicht von der Spannung befreien, die aus der Natur seiner Aufgabe selbst erwächst; nämlich daraus, daß es in der sichtbaren Welt und mit Hilfe ihrer Werkzeuge außerweltliche Werte vermitteln soll. Es kann diese Spannung nur in der Weise aufheben, daß es willkürlich eines ihrer Glieder beseitigt; sei es in der Weise, wie es die Radikalen der Reformation zu tun versuchten, als sie das Christentum der Beziehungen zu Materie, Körper, Diesseitigkeit, sozialem Leben entledigten (das Werk der Inkorporation also faktisch negierten), sei es, wie es viele zeitgenössische »Progressive« tun, indem sie das Christentum auf ein politisches Programm reduzieren und seine religiösen Wurzeln einfach abschneiden (das Werk der Inkorporation also ebenfalls negieren). Doch das Christentum ist der Glaube, daß Gott Fleisch geworden ist, und zwar nicht »irgendwo und irgendwann«, in vager Dunkelheit prähistorischer Zeiten, sondern an einem genau bestimmten Ort und in einer genau bestimmten Zeit. Es geht somit davon aus, daß die Körperlichkeit nicht ausschließlich böse sein kann, daß die unsichtbaren Werte eine sichtbare Form annehmen können, daß die profane Geschichte das Medium sein kann, durch das die heilige Geschichte, die Erlösungsgeschichte zu Worte kommt.

Versuchen wir also auf eigene Faust, das Beispiel der einstigen Ireniker nutzend, ein bestimmtes christliches »Minimum« zu bestimmen, nicht jedoch in der Weise, daß man einfach dasjenige hervorkehrt, was allen zerstrittenen, historisch bekannten christlichen Gemeinschaften gemeinsam war, vielmehr indem man versucht, aus dem Inhalt der ursprünglichen Botschaft selbst das herauszulesen, was für sie konstitutiv ist, und das läßt sich nicht ohne ein Quentchen Willkür vornehmen.

Es dürfte jedoch keinen Streit darüber geben, daß der Glaube an die Menschwerdung Gottes, die der Erlösung der Menschen diente, einen derart konstitutiven Bestandteil darstellt, da das Wort »Christentum« ohne diesen Bestandteil jeglichen greifbaren Sinn verlieren würde. Die Erlösungsgeschichte war dem Spott der Rationalisten und Freidenker stets am stärksten ausgesetzt. Sie läßt sich in der Tat in einer Version darstellen, in der sie als absurd erscheint und in Widerspruch zum elementaren sittlichen Gefühl steht: da haben die Menschen Gott beleidigt, wonach Gott sich bereit fand, den Menschen zu vergeben, aber nur unter der Bedingung, daß eben diese Menschen seinen eigenen geliebten Sohn, der völlig unschuldig ist, zu Tode quälen. In dieser grotesken Version verwandelt sich die Geschichte des Christentums in ein größeres Wunder, als es in seiner Selbstinterpretation erscheint: Wenn Millionen von Menschen so viele Jahrhunderte hindurch an eine Absurdität geglaubt haben, die den von ihnen ansonsten anerkannten Prinzipien ganz offensichtlich zuwiderläuft, so läßt sich dieser Erfolg auf keinen Fall durch irdische Umstände erklären.

In Wirklichkeit erscheint die Heilsgeschichte in einem völlig anderen Licht, wenn man sie als Ausdruck zweier voneinander unabhängiger Glaubensüberzeugungen (oder vielleicht eher Glaubensempfindungen) behandelt, die tief im menschlichen Bewußtsein verwurzelt sind, wenngleich sie sich selbstverständlich nicht als Gegenstand einer wissenschaftlichen Diskussion eignen. Die eine davon ist der Glaube an das Gesetz des kosmischen Ausgleichs, das heißt der Glaube, daß es keine absolute »Straffreiheit« gibt, daß jedes moralisch Böse durch eine entsprechende Summe von Leid vergolten werden muß (vielleicht enthalten die Begriffe Strafe und Gerechtigkeit im tradierten, volkstümlichen Sinne eben diese Überzeugung). Es steht im

Widerspruch zum allgemeinen Moralempfinden, daß Unschuldige für fremde Vergehen bestraft werden, nicht aber widerspricht diesem der Gedanke, daß jemand sein Leiden freiwillig auf sich nimmt, um es anderen zu ersparen. Wenn Gottes Sohn diese Bürde auf sich nahm – und Gottes Sohn konnte nur als Fleischgewordener leiden –, so dürfen die Menschen glauben, daß die Kette des Bösen durchbrochen wurde und daß der kosmische Ausgleich auf dem Wege einer Intervention von außen stattfand.

Somit aber – und das ist das zweite Glied des Glaubens an die Heilsgeschichte – geben die Menschen gleichsam zu, daß sie selbst zu schwach seien, jene Kette zu zerreißen, daß sie die Erlösung nicht ausschließlich als ihr eigenes Werk betrachten könnten, daß Gott ein Teil der irdischen Geschichte habe werden müssen, damit sich sein Erlösungswerk auf der Welt erfüllen konnte. Der Glaube an den Erlöser-Jesus bezeugt somit, daß es uns Menschen an Kraft gebricht, uns selbst vom Bösen zu befreien, daß der Makel der Erbsünde unweigerlich auf uns lastet, daß wir uns von diesem Makel nicht ohne Hilfe von außen reinigen können.

Das Christentum wäre somit Bewußtsein der menschlichen Schwäche und Hinfälligkeit, und es ist müßig zu beweisen, daß es ein »prometheisches Christentum« gibt oder geben kann, das heißt, daß sich der christliche Glaube mit der Hoffnung auf die Selbsterlösung der Menschheit vereinbaren läßt. Zwei große Ideen des 19. Jahrhunderts, die bei allen Unterschieden jene prometheischen Erwartungen am vollkommensten verkörperten – die von Marx und Nietzsche –, waren an ihrer Wurzel, nicht aber infolge von zufälligen historischen Umständen, antichristlich. Nietzsches Haß auf das Christentum und auf Jesus war die natürliche Konsequenz seines Glaubens an die schrankenlose Fähigkeit der menschlichen Selbsterschaffung; Nietzsche wußte, daß das Christentum das Bewußtsein der menschlichen Schwäche sei, und er hatte recht. Das wußte auch Marx, der die (eher Fichtesche denn Hegelsche) Philosophie der menschlichen Selbsterschaffung und die zukunftsbezogene Orientierung von den Junghegelianern übernahm und umgestaltete; er glaubte, daß der kollektive Prometheus der Zukunft einen Zustand erreichen werde, in dem sein Denken und seine Praxis nicht mehr unterscheidbar sein würden und in dem sogar der »Atheismus« seine Daseinsberechtigung verlieren würde, weil die menschliche Selbstaffirmation bereits rein »positiv« sein, nicht aber negativ von der Negierung Gottes abhängen würde.

Die christliche Idee verlor ihre Vitalität gewiß mit der Verbreitung der prometheischen Hoffnung, sie wurde schwächer in dem Maße, in dem der Glaube der Menschen an ihre Fähigkeit zur Selbstvervollkommnung und zur Vervollkommnung der Gesellschaft wuchs, ihr grenzenloser Glaube daran, daß sie entweder immer herrlichere Denkmäler menschlicher Größe errichten oder letztendlich der Menschheit ein Leben bescheren würden, in dem das Böse, das Leid, die Aggression, die Konflikte, das Elend, der Unfriede und die Trauer ein für allemal abgeschafft sein würden. Wir waren lange Zeit Zeuge, wie diese Hoffnung wuchs, und die beiden erwähnten Versionen dieser Hoffnung – die von Nietzsche und die von Marx – haben der ideologischen Verschleierung, der Rechtfertigung der beiden unheilvollsten Tyranneien gedient, die unser Jahrhundert erlebt hat. Sind wir nun Zeugen eines weiteren Anwachsens dieser Hoffnung? Daran kann man zweifeln. Es scheint eher, als hätte diese Hoffnung ihren Höhepunkt überschritten. Wir können hinsichtlich dessen, ob ihre Abschwächung ein erneutes Wachstum des Christentums in seinen traditionellen Formen bedeutet, keinerlei Gewißheit haben. Sie wird aber eine erneute Stärkung des Bodens bedeuten, auf dem das Christentum stets gewachsen ist.

Doch auch die offen zutage tretenden Erscheinungen, an denen wir eine »Krise« oder gar den Untergang des Christentums ablesen zu müssen glauben, sind keineswegs eindeutig. Das Christentum wurde so oft zum Tode verurteilt, und es hat sich so oft aus unerwarteten Quellen erneuert, daß bei allen Prophezeiungen äußerste Zurückhaltung geboten scheint, die sich ausschließlich auf die Extrapolation jener Statistiken stützt, die die Beteiligung der Bevölkerung an kirchlichen Riten aufzählt.

War das Europa des 11. Jahrhunderts christlicher als das heutige? Das hängt wiederum von der Interpretation der Wortbedeutung ab. Wenn der Triumph des Christentums darin bestehen soll, daß alle Bestandteile der Kultur eine christliche Form aufweisen, so währt die »Krise des Christentums« mindestens seit dem 14. Jahrhundert. Europa hat die Epoche in der Tat hinter sich, in der das Christentum schlechthin das Monopol hatte, alle Bereiche des menschlichen Lebens mit Formen zu beliefern. Nicht nur die Philosophie, die Malerei, die Architektur, der Kalender, die Familie waren in christlichen Formen organisiert; Kriege, Raubzüge, Folter, Gerichte, Machtstruktur, auch das alles war »christlich«, alle zerstrittenen menschlichen Interessen und alle Erwartungen fanden in christlichen Symbolen ihren Ausdruck. Gemäß der hier vorgeschlagenen Interpretation (die zwar willkürlich, jedoch nicht launenhaft, sondern historisch legitimiert ist) zeigt sich die Kraft des Christentums jedoch keineswegs in der Theokratie oder dem Monopol im Bereich der Schaffung von Kanons für sämtliche Bereiche der Zivilisation.

Die Kraft des Christentums zeigt sich aus dieser Sicht darin, daß es im Bewußtsein der menschlichen Individuen Dämme gegen den Haß zu errichten vermag. In der Tat, der Glaube an den Erlöser wäre eitel und tot, wenn er nicht – unter allen Umständen – den Verzicht auf das Motiv des Hasses nach sich zöge, wenn die Christen nach den Worten »und vergib uns unsere Schuld« nicht auch die Worte »wie auch wir vergeben unseren Schuldigern« wiederholen würden. Die Forderung, auf den Haß zu verzichten, war eine Herausforderung des Christentums an die menschliche Natur und ist es geblieben. Wenn es Christen nur unter denen gibt, die eben dieser Forderung entsprechen, die also in dem Sinn Schüler Jesu sind, daß sie den Kampf nicht fliehen, aber frei bleiben von Haß, wie viele solcher hat es gegeben und wie viele gibt es ihrer auf der Welt? Ich weiß es nicht. Ich weiß auch nicht, ob ihre Zahl im Mittelalter größer war als heute. Wie viele auch immer es sein mögen, sie sind das Salz der Erde, und die europäische Kultur wäre ohne sie eine Wüste.

Wenn wir das Christentum auf dieses Minimum reduzieren – auf den Glauben, daß der Erlöser-Christus in historischer Zeit auf die Welt kam, um die Menschen vom Bösen zu erlösen, von dem sie sich selbst nicht erlösen konnten, sowie auf die aus diesem Glauben fließende Fähigkeit zur Abschaffung des Hasses –; dann wird uns auffallen, daß es genaugenommen nichts derartiges gibt wie Christentum als politisches Programm oder als christliches Regierungssystem. In dieser Frage ist die Geschichte des Christentums wie in allen anderen Fragen reich an Streitigkeiten, in denen extrem konträre Standpunkte bezogen wurden. Die kommunistischen Sekten des Mittelalters, die revolutionären Wiedertäufer, einige Sozialisten des 19. Jahrhunderts (etwa Weitling) holten aus dem Neuen Testament alles das heraus, was sich gegen die Reichen, die Tyrannen und Wucherer einsetzen ließ, sie waren bemüht zu beweisen, daß eine auf christlichen Grundsätzen gegründete Gesellschaft Gleichheit als Hauptparole voraussetzt, daß es die Pflicht eines Christen als Christen sei, aktiv gegen die soziale Ungerechtigkeit vorzugehen, daß Jesus ein Prophet des revolutionären Kommunismus gewesen sei. Auf der anderen Seite wiederholte die katholische Hierarchie jahrhundertelang, daß es die Pflicht eines Christen sei, Leid und Elend auf Erden in Demut zu ertragen, daß jegliche Empörung gegen das Gesetz Gottes verstoße und die sozialen Ungleichheiten von Gott beschlossen seien.

Es scheint jedoch, als seien diese beiden Interpretationen (wenn man von ihrem sozialen Hintergrund absieht) Überbleibsel der mittelalterlichen Kultur gewesen und als seien sie es weiterhin, einer Kultur also, in der das Christentum als Universalquelle von Normen und Standards betrachtet wurde, die für alle Lebensbereiche verbindlich waren. In seiner ursprünglichen Gestalt weist das Christentum solche Bestrebungen nicht auf, noch kann es sie aufweisen. Jesus hat die Kaufmänner nicht deshalb aus dem Tempel vertrieben, weil er die Kaufmannschaft bekämpfte, sondern weil die Kaufmänner den Tempel entheiligten. Jesus hat die Geizigen und Schinder nicht deshalb verdammt, um eine bessere Sozialordnung zu verkünden, sondern deshalb, weil es moralisch böse ist, ein Geiziger und Schinder zu sein. Das Problem des Christentums ist das sittliche Übel, *malum culpae*, und das sittliche Übel ist nur in den menschlichen Individuen, und nur das Individuum ist verantwortlich. Böse ist es, anderen Leid aus Haß zuzufügen, das heißt, daß ein Schinder, der Leid zufügt, böse ist (wobei hier völlig gleichgültig ist, in wessen Name er ein Schinder ist und womit er sein Henkershandwerk entschuldigt). Das Leid selbst ist in diesem Sinne hingegen nicht böse. Ein Sklavenhalter zu sein ist moralisch böse, doch es ist nicht böse, Sklave zu sein. Der Begriff des »moralisch bösen« oder »moralisch guten« sozialen Systems besitzt in der Welt des christlichen Glaubens keinen Sinn.

Hieraus resultiert keineswegs, daß ein Christ nur deshalb, weil er Christ ist, nicht das Recht besäße, sich gegen die soziale Ungerechtigkeit zu empören, gegen Unterdrücker und Tyrannei zu kämpfen, oder daß es wider das Christentum wäre, innerhalb der sozialen Welt die Verbesserungen zu suchen, die möglich sind. Im Widerspruch zum Christentum steht, sich von Haß, Rachsucht, Habgier, Machthunger leiten zu lassen. Wir können nicht errechnen, welche sozialen Verhältnisse mehr oder weniger moralisch Böses verursachen, das heißt im christlichen Sinne: welche mehr und welche weniger Grund zum Hassen und zur Habgier schaffen; für einen Christen ist Habgier genauso böse bei einem Reichen wie bei einem Armen. Haß ist genauso böse bei einem Unterdrücker wie bei dem Unterdrückten: eben darin besteht die Schwierigkeit, Christ zu sein. Von diesem Standpunkt aus kann Rache nicht die Kette des Bösen zerreißen. Selbst Staaten, die das Christentum verfolgen und ausmerzen, können nur im übertragenen Sinne als antichristlich bezeichnet werden, und zwar in dem Sinn, daß diejenigen, die sie regieren, Tyrannen sind, also keine Christen; doch Tyrannen sind auch dann keine Christen, wenn sie das organisierte Christentum nicht vernichten, vielmehr in seinem Namen andere verfolgen. Im Christentum bleibt jedoch stets die Regel in Kraft, daß das Böse im eigentlichen und ursprünglichen Sinn in uns ist, nicht aber in den sozialen Verhältnissen. Es gibt Regeln des christlichen Lebens, die sich auf alle Situationen erstrecken, die also selbstverständlich auch für politische Situationen und Konflikte verbindlich sind, es gibt jedoch keine spezifisch christlichen politischen Ziele.

Aus dem nämlichen Grund gibt es auch keinen allgemein verbindlichen Lebensstil oder Modus der Teilnahme an den weltlichen Dingen, die spezifisch christlich wären, wenn man die rein sittlichen Motivationen ausklammert. Es gibt auch leider keine Hinweise darauf, auf welche Weise wir das böse Handeln absolut zu vermeiden hätten, wenn wir in der Welt leben (und die Weltflucht verdient mitnichten den Namen einer universellen christlichen Empfehlung). Das Christentum selbst kann die peinlichen Dilemmata, die im Leben auf Schritt und Tritt entstehen, die man nicht umgehen kann, nicht lösen. Ein absoluter Pazifist, der sich auf christliche Prinzipien beruft, sollte ohne Heuchelei prüfen, ob es nicht so ist, daß er es im Kriegsfall ganz einfach vorzieht, andere Menschen an seiner Stelle kämpfen zu lassen. Der Befürworter des revolutionären Kampfes, der sich auf die christlichen Grundsätze beruft, sollte ohne zu heucheln die Frage beantworten können, weshalb seine Entrüstung über die soziale Ungerechtigkeit so ausgesprochen selektiv sei (wie das notorisch der Fall ist) und auf welcher Grundlage er davon ausgeht, daß die spezifisch christlichen Werte (das heißt die Abschaffung des Hasses) in dem einen System bessere Chancen besäßen als in dem anderen. Im einen wie im anderen Fall sind die christlichen Begründungen jedoch von überaus zweifelhaftem Wert. Die Jesusbotschaft ist kein »gerechtes Sozialsystem«, überhaupt kein Gesellschaftssystem. Jesus empfahl uns, mit der Vernichtung des Bösen bei uns selbst zu beginnen, nicht aber mit der Ermordung anderer Menschen, die wir, ob nun zu Recht oder zu Unrecht, für böse halten.

Christsein war somit eine schwierige Aufgabe und ist es geblieben, denn Christentum verlangt die Fähigkeit zur radikalen Aufdeckung des eigenen Bösen vor sich selbst. Die großen Lehrer des Christentums verheimlichten auch nicht, daß es nur wenige Christen in diesem Sinne gibt und daß es stets nur wenige gegeben hat. Daß sie rar sind, das ist jedoch kein Symptom einer allgemeinen »Krise« des Christentums, sondern eine Bestätigung dafür, was es von sich selbst sagt: daß es schwierig sei, seinen Ansprüchen zu genügen. Wenn es eine »Krise« gibt, so ist es ganz einfach eine permanente Krise, die unabänderliche Existenzweise des Christentums oder vielleicht auch Ausdruck einer universelleren und allgemeinen »Krise«, in der sich die aus dem Paradies vertriebene menschliche Gattung befindet.

Die aber, für die die Sache des Christentums eindeutig mit dem Problem eines politischen Interesses gekoppelt ist, müssen seine Situation selbstverständlich als günstig oder ungünstig, je nach den Aussichten des politischen Geschäftes, beurteilen. Die, die das Christentum ernst nehmen, haben keine Veranlassung, seinen Untergang vorauszusehen.

Kann der Teufel erlöst werden?

Die Frage wurde zuletzt vor zwanzig Jahren in Giovanni Papinis berühmtem Buch *Der Teufel. Anmerkungen für eine zukünftige Teufelslehre* aufgeworfen. Ich möchte sie hier aber mehr als Metapher für ein grundsätzlicheres Problem benutzen, dem wir in der religiösen und philosophischen Geschichte unserer Kultur überall begegnen, nämlich: Läßt sich das Drama des Kosmos und des geschichtlichen Prozesses überhaupt als eine Bewegung hin zu einer endgültigen Aussöhnung aller Dinge verstehen? Haben alle Übel, alle Leiden und Unvollkommenheiten der *conditio humana* letztlich, von einer möglichen Enderlösung her gesehen, eine redemptorische Bedeutung?

Stellen wir die Frage so allgemein, dann merken wir sofort, daß es sich hier um nichts spezifisch Christliches oder auch nur spezifisch Religiöses handelt; sondern daß sie uns hilft, zwischen verschiedenen Richtungen innerhalb des Christentums wie auch der säkularen Heilslehren, zu denen auch der Marxismus gehört, zu unterscheiden. Die Frage ist also weit umfassender, als sie in der traditionellen Theodizee gestellt wird. Wonach wir fragen, ist nicht nur, ob das Böse – unter der weitesten Perspektive der Soteriologie betrachtet – sich als eine Kraft *im Dienst* der Vorsehung, des Guten erweisen wird, das heißt einen instrumentellen Sinn als Rohmaterial für die Heilsgeschichte hat, sondern auch dies: ob das Böse sich als nicht ganz Böses erweisen wird, ob am Ende der Zeiten *nichts* ausgespart sein wird von der allgemeinen Erlösung, nichts zurückgewiesen und nichts vergeblich gewesen sein wird.

Die frühchristliche Lehre war zweifellos zum Teil durch den Kampf gegen den Manichäismus und seine Ausläufer in den christologischen Häresien (wie dem Monophysitismus) bestimmt.

Wahrscheinlich hatte der Kampf gegen die Häresie des Pelagianismus eine viel größere Bedeutung für die Gestaltung der christlichen Doktrinen. Was das Christentum in der manichäischen Theologie bekämpfte, war das ewige und unaufhebbare Dilemma, das bereits von den Epikuräern empfunden wurde: insofern das Böse in der Welt ist, muß Gott selbst entweder böse sein oder machtlos oder beides. Entscheidend war hier die Begrenzung der göttlichen Allmacht, die unvermeidbar schien, sobald das Böse als eine positive Wirklichkeit angenommen wurde. Die Theorie des Augustinus vom privaten, beraubenden Charakter des Bösen versuchte diese Schwierigkeit zu überwinden und eine Heilsformel aufzustellen, in der das essentielle, grundlegende Gute des Seins, die Idee Gottes als des alleinigen Schöpfers, unberührt blieb. Diese Formel leugnete also eine ontologische Begründung des Bösen, aber sie berührte natürlich nicht dessen Wirklichkeit, das heißt die Tatsache, daß es einen teuflischen, auf das Böse gerichteten Willen gibt. Nachdrücklich betonte Augustinus, daß allein schon jede Tat, die aus dem menschlichen Willen herrührt, sich gegen Gott richte und dementsprechend per definitionem böse sei. Einige Konsequenzen dieser Privatio-Theorie des Bösen sind schwer zu verstehen, insbesondere die Idee, daß unter der Voraussetzung einer Identität von Sein und Gutsein selbst Satan gut ist, insofern er *ist*. Tatsächlich ist die eigentliche Funktion der herkömmlichen christlichen Philosophie des Bösen diese: der Gefahr einer Begrenzung (und das heißt: Aufhebung) der göttlichen Allmacht zu entgehen. Wenn einige christliche Schriftsteller die Bedeutung dieser Theorie derart umdenken, als würde sie besagen: »Der Wille des Menschen sucht von Natur aus das Gute, aber durch seine Unwissenheit sieht er das Gute am falschen Ort«, dann verstößt dies offensichtlich sowohl gegen die Idee der Erbsünde als auch gegen das Prinzip, wonach die Gnade eine notwendige Bedingung des guten Willens ist.

Die Ablehnung des Pelagianismus scheint mir für die Ausbildung der christlichen Lehre entscheidend gewesen zu sein. Vielleicht sollte ich dabei weniger vom Pelagianismus in seinem strikten historischen Sinn sprechen, mehr von seiner allgemeinen Tendenz, die mit vielerlei Argumenten die Behauptung zu erklären und zu sichern versucht: *Das Böse läßt sich im Prinzip ausrotten* – es ist kontingent, der Welt nicht inhärent, nicht ein notwendiger Bestandteil der Natur.

Die Verdammung des Teufels und die Lehre der Erbsünde sind die präzisesten Formen, in denen christliches Denken den kontingenten Charakter des Bösen abgelehnt hat. Ich glaube, daß diese Ablehnung von größter Bedeutung für unsere Kultur ist. Zugleich scheint mir in der heutigen christlichen Welt die Versuchung sehr groß zu sein – größer als je zuvor –, diese Ablehnung aufzugeben und sich der optimistischen Auffassung der Aufklärung zuzuwenden, die den Glauben an die endgültige Aussöhnung aller Dinge aufrechterhält und die vollkommene Harmonie des Universums erwartet. Sei dies nun ausgedrückt in der pantheistischen Lehre eines Teilhard de Chardin und seiner Schüler oder in Bischof Robinsons Ablehnung eines Unterschieds zwischen *sacrum* und *profanum*, sei es begründet mit ein paar Ideen von Paul Tillich oder mit den Versuchen, Feuerbachs Anthropologie auf christliche Weise zu assimilieren – ich sage, daß dieser Glaube an eine universelle Aussöhnung nicht nur der christlichen Tradition völlig zuwiderläuft, er läuft auch dem zuwider, was wir an wissenschaftlichen Einsichten in bleibende Grundmuster des menschlichen Lebens gewonnen haben; und er ist möglicherweise nicht ungefährlich für einige wichtige Werte unserer Kultur. Ich glaube dies, ohne meine Kritik an dem schädlichen und reaktionären Gebrauch, den die Kirche von der Doktrin der Erbsünde gemacht hat, deshalb nachträglich für falsch zu halten.

Daß die Menschheit von Grund auf durch das Kommen Jesu Christi gerettet wurde und daß seit der Vertreibung aus dem Paradies jeder Mensch von Grund her verdammt ist, wenn wir nur seinen natürlichen Zustand betrachten und die Gnade beiseite lassen – diese beiden einander ergänzenden Ideen gehören zweifellos zum innersten Wesen der christlichen Kultur. Sie sollten stets zusammen gedacht werden, um ebenso der optimistischen Munterkeit wie der Verzweiflung entgegenzuwirken, die aufkommen könnten, wenn wir jede Idee allein für sich nehmen würden.

Gewiß hat die Kirche viele Menschen durch eine feierliche Verkündung für gerettet erklärt, und sie hat nie auf gleiche

Weise erklärt, daß irgend jemand verdammt sei. Nichts in der kirchlichen Lehre schließt eindeutig die Möglichkeit aus, daß die Hölle leer ist. Aber es gibt auch nichts, das die Annahme zulassen würde, die Hölle existiere nicht. Die Gegenwärtigkeit des Teufels bestätigt unzweideutig, daß das Böse einen stets vorhandenen Teil der Welt ausmacht und nicht völlig beseitigt werden kann, universelle Versöhnung nicht erwartet werden darf. Daß Christus für alle und jeden gestorben ist und nicht für die Auserwählten, ist eine Grundlehre der katholischen Kirche. Aber daß wir in unserer Freiheit nur so frei sind, die Gnade anzunehmen oder abzulehnen, nicht aber ihre Kraft verstärken oder auch aktiv die unwiderstehbare Gnade zurückstoßen können, ist eine andere Grundidee des tridentinischen Konzils, die aufs natürlichste dem Dogma von der Erbsünde folgt.

Daß alle Werte und Kräfte des Universums einmal zur Synthese gelangen, daß sie sich letztlich als differenzierte Ausformungen und Manifestationen der einen göttlichen Wurzel alles Seins erweisen, ist ein Glaube, der in der Geschichte des Christentums sozusagen an ihrer neuplatonischen Peripherie immer wieder auftaucht. Wir finden ihn bei Scotus Eriugena in dessen *De divisione naturae* wie bei Teilhard de Chardin in dem Buch *Phénomène humain.* Vom christlichen Standpunkt aus muß man Hegels *Phänomenologie des Geistes* als einen Bastard aus der gleichen Theodizee betrachten. Dieser Glaube besagt, daß die Geschichte des Kosmos keinen Abfall zurückläßt: alles ist zielvoll eingeordnet in den Triumphmarsch des fortschreitenden Geistes, alles wird seine Rechtfertigung in einem letzten Ausgleich finden, alle Elemente, alle Ereignisse und alle Widersprüche werden sich letztlich als Beiträge zu derselben Erlösungsgeschichte herausstellen.

Zweifellos ist dieser Glaube an die universale Synthese, die im Punkt Omega seine Vollendung findet, ganz in der Vorstellung des *einen* Schöpfers verwurzelt. Wenn wir einmal wissen, daß Wesen, Existenz und Liebe in dem vorgegebenen göttlichen Sein zusammenfallen – wie können wir uns dann der Schlußfolgerung entziehen, daß alles, was in der Welt geschieht, auf die gleiche eine Energiequelle zurückgeführt werden muß und die gleiche Botschaft der Ur-Liebe widerspiegelt? Wie könnten wir dann ernsthaft glauben, daß diese Energie an bestimmten

Punkten aus der wahren Richtung gelenkt und gegen Gott gewendet werden könnte? Wie könnten wir glauben, daß irgendein Schaden nicht wieder gutzumachen, irgendeine Verderbtheit ewig sein sollte? Kurz gesagt: Wie könnten wir dann an den Teufel glauben? Die traditionelle Antwort war, daß der Teufel reine Negativität ist, *carentia,* Abwesenheit des Guten, sozusagen ein Loch in der festen Masse des Seienden. Doch um dieses Loch zu bohren, bedarf es eben doch noch einer Energie, und es stellt sich die Frage, woher diese Energie kommt. Die einzige Antwort, die sich bei der Annahme des einen und einzigen Schöpfers anbietet, heißt: diese Energie muß einmal aus der gleichen Quelle gekommen sein; ein Auge, das vom All her die Welt zusammenschaut, wird dann die allumfassende göttliche Liebe in all den offensichtlichen Monstrositäten entdecken, wird die Nächstenliebe in der Grausamkeit, die Harmonie im Streit, die Hoffnung in der Verzweiflung, die Ordnung in der Verruchtheit, den Aufstieg im Zerfall enthüllen.

Aber eine andere Gefahr wartet dann auf jene, die gehofft hatten, eine heilsame Ausflucht für ihre Leugnung der ganzen Wirklichkeit des Bösen (und nicht nur seiner ontologischen Selbständigkeit) gefunden zu haben. Sie müssen in dieser sich selbst aufhebenden Bewegung des Bösen einen Sinn finden, und dieser Sinn muß offensichtlich zu Gott in Bezug gesetzt werden, da nur in Gott ein Grund für die Erschaffung der Welt einschließlich all ihres Elends gefunden werden kann. Das führt dann leicht zu der für alle neuplatonischen Theodizeen typischen Vorstellung, daß Gott das Universum zum Leben erweckte, um selbst in es hineinzuwachsen; daß Er alle Seine entfremdeten Geschöpfe braucht, um sich vollkommen zu machen. Das Wachstum des Universums und insbesondere die Entwicklung des menschlichen Geistes, die alle Dinge zur Vollkommenheit führt, spannt Gott selbst in den historischen Prozeß mit ein. Folgerichtig wird Gott eine historische Kategorie, »am Ende« der kosmischen Evolution ist Er nicht mehr, was Er »im Anfang« war. Er schafft die Welt, und wenn Er sie wieder zurücknimmt, ist Er es, der reicher geworden ist. Deshalb auch kann, solange die Odyssee des Geistes ihren Abschluß nicht gefunden hat, Gott nicht als die sich selbst genügende und zeit-lose Vollkommenheit betrachtet werden. Was anfangs für eine Theodizee gehalten wurde, hat sich in eine Theogonie verwandelt, in eine Geschichte des werdenden und wachsenden Gottes. Das ist der Fall des Scotus Eriugena und des Teilhard de Chardin. Sie haben versucht, der Gefahr zu entgehen, Gottes Allmacht anzugreifen. Dafür tasten sie nun seine Vollkommenheit an, seine Zeit-losigkeit, seine Selbst-Genügsamkeit.

Überflüssig zu sagen, daß ich nicht in der Lage bin, hier diese Schwierigkeiten zu klären oder irgendeine neue Lösung zu Fragen anzubieten, die jahrhundertelang die größten philosophischen und religiösen Denker gefangen hielten. Ich möchte nur sagen, daß einer jeden Utopie von der vollkommenen Erlösung eine kulturelle Gefahr innewohnt und – dies ist nur die andere Seite der gleichen Sache – daß uns die Lehre von der Erbsünde einen durchdringenden Einblick in das Schicksal des Menschen gewährt.

Es kann kaum überraschen, daß die optimistische Philosophie der universalen Erlösung das gegenwärtige Christentum so stark in Versuchung führt. Nach so vielen Fehlschlägen, die es offensichtlich wegen seiner Unfähigkeit hinnehmen mußte, sich mit der säkularisierten Welt in Deckung zu bringen, auch wegen seines Mißtrauens gegenüber den geistigen und sozialen Veränderungen, die außerhalb seiner Kontrolle erfolgen – nach all dem scheint die Große Angst in die christliche Welt eingedrungen zu sein: die Angst davor, innerhalb einer grundsätzlich nichtchristlichen Gesellschaft in einen Winkel abgedrängt zu werden. Diese Angst vor der Isolierung hat das christliche Denken auf die Idee gebracht, es sei die wichtigste Aufgabe des Christentums, nicht nur »in der Welt zu sein«, an den Aktivitäten der säkularisierten Kultur teilzunehmen und die Sprache seiner Lehre auf Gemeinverständlichkeit unter allen Bedingungen anzupassen, sondern auch von vornherein fast jede Bewegung zu segnen, die sich spontan aus den »natürlichen« Impulsen des Menschen ergibt. Das allgemeine Mißtrauen scheint durch eine allgemeine Zustimmung ersetzt worden zu sein; die Furcht, auf eine christliche Kultur des Syllabus zurückgestoßen zu werden, scheint zu einer Fahrt zur christlichen Kultur von Münster zu inspirieren; die Drohung, aus dem Wettbewerb ausgeschlossen zu werden, scheint man für schwerwiegender zu halten als die Gefahr, die eigene Identität zu verlieren. Diese Furcht drückt sich – was nicht überraschen kann – besonders in den Veränderungen der Lehre aus, in der die Kapitel über den Teufel und die Erbsünde fast ganz verschwunden sind. Dafür tritt der Glaube an die unbegrenzte natürliche Vervollkommnungsfähigkeit des Menschen, an die *Parusia*, die der Mensch sich selbst bereiten wird, im Denken der Christen immer mehr in den Vordergrund.

Ein Nichtchrist ist nicht nur berechtigt, voll Angst über das Schicksal und die Gestalt des Christentums nachzudenken, er sollte es vielmehr aus leicht einsichtigen Gründen tun:
Erstens – weil das Christentum ein Teil unserer gemeinsamen geistigen Erbschaft ist und völlig nichtchristlich zu sein bedeuten würde, nicht zu dieser Kultur gehören.
Zweitens – weil das Christentum ganz einfach einen wichtigen Faktor in der moralischen Erziehung des Menschen darstellt.
Drittens – weil geistige Veränderungen im Christentum mit Veränderungen zusammenhängen, die sich außerhalb von ihm ereignen, und beide im Zusammenhang gesehen werden müssen.
Viertens – weil die Welt das Christentum braucht, und dies nicht nur in einem subjektiven Sinn, sondern weil einige wichtige Aufgaben ohne es wahrscheinlich nicht gelöst werden können und das Christentum die Verantwortung für eine Welt auf sich nehmen muß, die es jahrhundertelang gestaltet hat.

Niemand kann leugnen, daß der Gedanke der Erbsünde und der unheilbaren Verderbtheit der menschlichen Natur als ein ideologisches Instrument des konservativen Widerstands gegen jeden sozialen Wandel und alle Versuche, das bestehende System der Privilegien zu unterhöhlen, benutzt werden können und in der Vergangenheit dazu benutzt worden sind. Die Versuchung ist groß, jede Form von Unrecht einfach damit zu rechtfertigen: »Unser Schicksal ist es zu leiden, unsere Sünden sind schwer, man kann auf Erden keine wesentlichen Verbesserungen der conditio humana erwarten.« In diesem Punkt rechtfertigen viele offizielle Verlautbarungen und vieles in der katholischen Literatur zu sozialen Fragen seit dem 19. Jahrhundert sogar die heftigste Kritik seitens der sozialistischen Schriftsteller.

Es wäre jedoch zu einfach, diese Frage mit der einfachen Feststellung abzutun, daß der Begriff der Erbsünde diese Art von Schlußfolgerung nicht logisch nach sich zieht, daß er für unpassende Zwecke mißbraucht und mißdeutet wurde. Der Zusammenhang zwischen der Einsicht in die Erbsünde und der Haltung einer passiven Resignation angesichts des menschlichen Elends läßt sich nicht auf einen trivialen logischen Fehler reduzieren. Dieser Zusammenhang ist stärker und ernster. Daß wir mit einer ursprünglichen Verderbtheit infiziert sind und daß der Teufel nicht zurückbekehrt werden kann, das bedeutet unmißverständlich: es gibt ein Stück Böses, das nicht ausgerottet werden kann, etwas Unheilbares in unserem Elend. Es bedeutet nicht: jede Art des Bösen sei ewig, jede Form des Elends unvermeidbar. Aber wir haben keine Mittel herauszufinden, was von uns abhängt und was nicht; wir können nicht die Trennungslinie zwischen den zeitbedingten und den dauernden Aspekten unserer geistigen und physischen Armut ziehen; wir wissen nicht einmal, wie diese Aspekte genau zu bestimmen sind. Wir wissen, daß viele einzelne Unglückssituationen geheilt, viele schwere Lasten erleichtert werden können, aber wir wissen niemals im voraus, was der Preis ist, den wir für unsere Errungenschaften zu zahlen haben. Denn wir zahlen mit einer Währung, die sich nicht in die Werte konvertieren läßt, die wir gewinnen. Für jedes Stück, das wir Fortschritt nennen, müssen wir zahlen, und wir können Aufwand und Gewinn nicht miteinander vergleichen.

Daß wir keine solche Bilanz ziehen können, ist bereits Teil unseres unheilbaren Krüppelwesens: Wir wissen nicht, ob die Lücke zwischen dem, was wir subjektiv brauchen, und dem, worauf wir verzichten können, sich verengt und wie diese Verengung zu messen ist; wobei noch vorausgesetzt werden muß, daß das Wachsen unserer Zufriedenheit auch mit der Steigerung unserer Bedürfnisse Hand in Hand geht. Wir fühlen uns zum Kampf gegen alle Ursachen unseres Elends verpflichtet, ohne daß wir je zu der Gewißheit gelangen können, ob der Baum des Fortschritts Früchte bringt. Die möglichen schlimmen Auswirkungen der Lehre von der Erbsünde auf unsere Psyche und auf das kulturelle Leben sind unbestreitbar; ebenso aber sind es die schlimmen Auswirkungen der entgegengesetzten Doktrin, die behauptet, daß unserer Vervollkommnung keine Grenzen gesetzt sind und eine letzte Synthese oder eine vollkommene Erlösung im Bereich unserer Voraussagen liegen. Doch die Tatsache, daß beides, Annahme und Leugnung der Erbsünde, sich in unserer Geschichte als mächtige zerstörerische Kraft erwiesen hat – diese Tatsache ist eine unter vielen, die für und nicht gegen die Erbsünde Zeugnis geben. Mit anderen Worten: wir stehen vor der besonderen Situation, wo schreckliche Resultate bei der Gegenüberstellung von zwei unvereinbaren Theorien die eine von ihnen bestätigen und gegen die andere sprechen.

Diese andere Theorie, das heißt die Leugnung der ontologischen Bedeutung des Bösen oder zumindest der inhärenten Unfähigkeit, sich vom Bösen völlig zu befreien, ist auch noch aus anderen Gründen verhängnisvoll. Wenn alles einmal und letztlich gerechtfertigt sein wird, von der vollkommenen Erlösung her seinen Sinn erhält, dann wird nicht nur die vergangene Geschichte eine zufriedenstellende Quittung erhalten, sondern ebenso auch die gegenwärtige, und gegenwärtige Geschichte ist genau das, was wir *hic et nunc* tun. So werden wir uns notwendigerweise beim letzten Gericht der Geschichte als unschuldig vorfinden, sei es, weil unsere Motive ehrenhaft waren oder weil wir nichtswissende Agenten der Vorsehung gewesen sind. Die Hoffnung auf die volle Ausrottung des Bösen in der Zukunft enthält zugleich das Zeugnis der Unschuld für die Gegenwart. Laßt uns froh sein, denn nach dem Armageddon wird sich auch die geschlagene Armee vom Tod zur Glorie erheben.

Die Zukunftsaussicht einer endgültigen Einheit, die – dank der menschlichen Bemühungen – den leidvollen Marsch durch die vergangene Geschichte freundlich aufheben und veredeln wird, ist weder in der christlichen Welt noch in der Geschichte der sozialistischen Bewegungen unbekannt. Die Worte »dank der menschlichen Bemühungen« müssen unterstrichen werden. Sogar die Hoffnung auf ein *individuelles* Paradies auf Erden – wie es die Mystiker erstreben – kann sich unheilvoll auswirken, wenn sie auf der Idee beruht, daß die mystische *annihilatio* als Ergebnis von oder als Belohnung für ein individuelles Training in der Kontemplation erreicht wird. Sehr leicht folgen Gleichgültigkeit gegenüber den Leiden der anderen und Vernachlässigung der eigenen moralischen Grundsätze solchen Hoffnungen nach (man kann es bei den Quietisten sehen). Aber selbst bei jenen Mystikern, welche die Liebesvereinigung mit Gott als eine freiwillige Gabe der Gnade erwarteten, ist die Grenze zwischen dem Aufgehen in Gott und der Gleichgültigkeit gegenüber den anderen ebenso gefährlich verwischt wie die Grenze zwischen der Verachtung des Fleisches und der Idolatrie der physischen Welt als einer Emanation des Schöpfers.

Die Gefahren sind noch größer, wenn wir die Hoffnung auf ein kollektives Paradies nähren, wie es die chiliastischen Bewegungen getan haben. Diese explosive Hoffnung ist tief in der Tradition des sozialistischen Denkens verwurzelt. Wir finden sie bei Marx (weniger bei Engels) in der Form des Glaubens, daß die kommunistische Zukunft die völlige Versöhnung der empirischen Existenz des Menschen mit seinem genuinen Wesen und auch mit der Großen Natur bringen werde. Diese Rückkehr des Menschen zu sich selbst oder die volle Wiederaneignung aller menschlichen Kräfte und Möglichkeiten bedeutet genau, was paradiesische Zustände sein sollen: die perfekte Einheit von menschlichem Sein auf individueller wie auf sozialer Ebene. Das Wunder des Menschen, der mit sich selbst, mit seiner sozialen und seiner natürlichen Umgebung vollkommen in eins ist, ist ebenso unverstehbar wie das Bild des Himmels. Der Mangel an Konsistenz ist in beiden Fällen grundsätzlich derselbe: das irdische Paradies muß Zufriedenheit und Kreativität vereinen, das himmlische Zufriedenheit und Liebe. Beide Verbindungen sind uneinsichtig, da es keine Kreativität und keine Liebe ohne Unzufriedenheit, will sagen ohne Leiden gibt. Zufriedenheit in allen Hinsichten bedeutet Tod, Unzufriedenheit in jeder Hinsicht Qual. Es scheint dies die allertrivialste Plattheit zu sein, und doch geht diese Plattheit anscheinend unbemerkt in das Versprechen vom Paradiese ein, das heißt in die vollkommene Einheit des Menschen und seines Geschlechts. Dabei ist der innere Widerspruch im Falle des irdischen Paradieses noch flagranter, weil wir es durch den Vergleich mit den empirischen Wirklichkeiten fassen können, während der Himmel nach Gesetzen beherrscht wird, von denen niemand behauptet, er kenne sie. Daß die Idee von der Einheit des Menschen undenkbar ist, ist zugleich ein weiteres Zeugnis für die Wahrheit der Erbsünde.

Und es gibt andere Zeugnisse, sie sind so zahlreich und so offenbar, daß es unverzeihlich wäre, sie zu verschweigen. Unsere Verderbtheit ist nicht lediglich kontingent oder zufällig. Wir geben vor, das zu wissen, und untersuchen kaum den Zusammenhang dieses Wissens mit unseren Hoffnungen. Wir behaupten zu wissen, daß nichts immer grün ist, daß jede Lebensquelle einmal erschöpft ist, jede Konzentration von Energie einmal zerfällt. Wir behaupten zu wissen, daß der biologische Lebensprozeß selbst die Quelle von Angst, Konflikten, Aggression, Unsicherheit und Sorge ist. Wir behaupten zu wissen, daß kein beständiges System von Werten möglich ist und bei jedem Schritt einige Werte, die wir für wichtig halten, zueinander in Widerspruch geraten, wenn wir sie im Einzelfall praktisch anwenden; daß die Tragödie, das heißt der *moralische* Sieg des Bösen, jederzeit möglich ist. Wir behaupten zu wissen, daß unsere Vernunft oft unsere Fähigkeit behindert, unsere Kräfte zu mobilisieren, und daß unsere Augenblicke der Freude oft genug unserer intellektuellen Wachheit abgenötigt sind. Wir behaupten zu wissen, daß jede Schöpfung ein Kampf des Menschen gegen sich selbst ist und zumeist auch gegen andere, daß der Blitz der Liebe sich an sehnsuchtsvoller Entbehrung entzündet und daß in unserer Welt die einzig mögliche volle Einheit der Tod ist. Wir behaupten zu wissen, warum unsere edlen Absichten ins Böse abgleiten, unser gutes Streben aus einem Hintergrund der Eitelkeit erwächst, des Hasses, des Stolzes, des Neides, eigensüchtiger Absichten. Wir behaupten zu wissen, daß das meiste in unserem Leben in der Flucht vor der Wirklichkeit oder im Verstecken der Wirklichkeit vor uns besteht. Wir behaupten zu wissen, daß wir bei der Verbesserung der Welt uns in engen Grenzen bewegen, begrenzt sowohl von unserer biologischen Struktur als auch vom Druck der vergangenen Geschichte, die uns geformt hat und aus der wir so weit nicht ausbrechen können. All diese Dinge, die wir zu wissen behaupten, machen die Wirklichkeit der Erbsünde aus – und trotzdem versuchen wir diese Wirklichkeit zu verleugnen.

Gewiß ist diese Leugnung nicht grundlos, und es mögen einige Argumente gesucht werden, sie zu rechtfertigen. Es mag gesagt werden, daß die Wahrheit bisweilen vergiftend ist und die Lüge ein Segen. Man kann argumentieren, gerade die Wahrheit über die Erbsünde ziehe den Schluß nach sich, daß diese Wahrheit nicht herausgekehrt werden soll, weil die Erkenntnis, wie bescheiden die Grenzen sind, innerhalb derer sich unsere Anstrengungen mit Erfolg bewähren können, so entmutigend wirkt, daß sie uns auch in dem, was wir tun können, schwächt und paralysiert. Man kann auch argumentieren, daß nur eine unendliche Hoffnung fähig ist, die Menge an Energie zu mobilisieren, die zur Erreichung einiger endlicher Ziele gebraucht wird. Es erscheint einleuchtend zu sagen: wenn wir das Leiden schon nicht ausmerzen können, so sind wir in der Lage, es zu lindern, und um dies erfolgreich zu tun, müssen wir den falschen Glauben annehmen, wir könnten das Leiden endgültig zerstören. Kurz gesagt, man kann argumentieren: wenn wir tun, was wir können, dann ist dies nur, weil wir glauben, wir könnten etwas tun, was wir nicht zu tun vermögen.

In solchen Argumenten steckt ein Gutteil Wahrheit. Es ist wahrscheinlich, daß wir nicht leben könnten, wenn wir von Anbeginn unseres Lebens alles wüßten, was wir in Jahrzehnten erfahren. Es liegt eine sinnvolle List in der Tatsache, daß wir gewöhnlich junge Leute nicht von der Täuschung ihrer großen Hoffnungen überzeugen können. Denn wenn diese Hoffnungen irgend etwas von Wert schaffen, dann eben aus dem Grunde, daß sie täuschend sind. Wahrscheinlich wäre es kaum zu Verbesserungen im Leben der Völker gekommen, wenn die Menschen von Anfang an ihren Preis gekannt hätten. Vielleicht war die allgemeinste Form, in welcher der Gedanke der Erbsünde aufgenommen worden ist, die Überzeugung, daß im Kampf mit dem Leben jeder einzelne geschlagen wird, daß wir alle schon, ehe wir den Kampf beginnen, Verlierer sind – und diese Überzeugung wird in den meisten Fällen den Willen zum Kampf auslöschen. Es gibt also gute Gründe dafür, den ontologischen Charakter des Bösen von uns zu weisen.

Aber es gibt auch gute Gründe für die Feststellung, daß wir uns der Wirklichkeit stellen sollten – und diese Gründe bestehen nicht nur und nicht in erster Linie im Vorrang der Wahrheit vor der Nützlichkeit, da eine solche Priorität rational nicht bewiesen werden kann. Das Versprechen der vollkommenen Erlösung, die Hoffnung auf die seligmachende Apokalypse, die dem Menschen seine Unschuld wiedergeben soll, richten sich gegen die Vernunft und gegen unser Recht, Individuen zu bleiben. Der Zusammenhang ist augenfällig. Unsere Unvollkommenheit ist – unter anderem – dadurch bewiesen, daß wir fähig sind zu zweifeln; aber diese Fähigkeit ist es zugleich, die das unsichere Gleichgewicht zwischen unserem sozialen und unserem individuellen Leben aufrecht erhält. Wir erlangten den Status denkender Wesen zugleich mit dem Zweifel als einem untrennbaren Teil unseres Denkens. Wir sollten diese unsere Fähigkeit und unser Recht auf den Zweifel schützen, um so unsere intellektuelle wie moralische Balance zu bewahren. »Fähig sein zum Zweifel« – das heißt: die Tatsache unserer Unvollkommenheit allein ist nicht genug, wir brauchen auch das Bewußtsein von dieser Tatsache. Man mag den Zweifel als ein Ergebnis der Erbsünde betrachten, aber er schützt uns zugleich vor ihren schlimmeren Auswirkungen. Es ist wichtig, daß wir über die Motive unserer Handlungen im Ungewissen sind und ebenso über die Gründe unserer Überzeugungen; denn dies ist die einzige, listige Mauer, die uns gegen selbstgerechten Fanatismus und die Intoleranz schützt. Wir sollten bedenken, daß die perfekte Menschengemeinschaft unmöglich ist; denn sonst versuchen wir diese Gemeinschaft mit allen Mitteln durchzusetzen, und unsere Träume einer Perfektion explodieren in Gewalt und enden in theokratischen oder totalitären Karikaturen von Gemeinschaft, die vorgeben, das »Große Unmögliche« verwirklicht zu haben. Je mehr wir hoffen, die Humanität zu erreichen, um so mehr sind wir bereit zu opfern, und das scheint auch noch rational. Anatole France sagte einmal, im Namen keiner Doktrin seien so viele Menschen hingemordet worden wie unter dem Prinzip, daß der Mensch von Natur aus gut sei.

Niemand liebt das Zweifeln, aber es zu zerstören heißt die Vernunft zerstören. In der altiranischen Mythologie, die die wichtigste Quelle der manichäischen Philosophie gewesen ist, sind der Gott des Bösen und der Gott des Guten nicht nur Zwillingsbrüder gewesen; als sie geboren wurden anstelle eines einzelnen, geschah dies, weil der Zweifel sich in den Geist des Vatergottes eingeschlichen hatte. Der Zweifel erscheint hier als die ursprüngliche Quelle des Bösen und nicht als sein Resultat

– das muß nicht überraschen, da für den göttlichen Geist der Zweifel Zerstörung bedeutet. In unserem Geist ist der Zweifel eher Zeuge unserer Unvollkommenheit, als daß er sie bewirkt, und zur gleichen Zeit hindert er das Böse in uns am Ausfächern all seiner Möglichkeiten. Was uns so schmerzlich unvollkommen macht, hilft uns dabei, weniger unvollkommen zu sein, als wir sein könnten – und auch dies wiederum bezeugt die Wahrheit von der Erbsünde.

Nachdem wir den Mythos von Prometheus aufgegeben haben, brauchen wir (dem Pessimismus eines Camus zum Hohn) unsere Situation nicht in den Bildern des statischen Mythos vom Sisyphos zu beschreiben. Vielleicht würde uns die biblische Legende von Nebukadnezar, der zum Tier degradiert wurde, als er versuchte, sich die Würde Gottes anzumaßen, besser anstehen.

Wir wissen zu gut, daß es keine Errungenschaft des Geistes, keine Hervorbringung des menschlichen Genius gibt, die nicht gegen den Menschen gewendet oder in irgendeiner Weise als ein Werkzeug des Teufels benutzt werden könnte. Unsere Erfindungsgabe wird niemals so stark sein, den Teufel zu überlisten und ihn zu hindern, unsere besten schöpferischen Leistungen gegen uns selbst einzusetzen. Der Zweifel ist eine der natürlichen Kraftreserven, die wir gegen ihn einsetzen können; denn der Zweifel vermag unser prometheisches Selbstvertrauen zu schwächen und zwischen den unvereinbaren Forderungen zu vermitteln, die das Leben uns zumutet. Es erübrigt sich fast zu sagen, daß auch der Teufel den Zweifel für seine Dienste einsetzen, nämlich unserer Trägheit als Vorwand anbieten kann in Zeiten, wo Entschlossenheit und Bereitschaft zum Wagnis eines ungewissen Kampfes nötig wären. Aber es gibt keine sicheren Bunker gegen das Böse im Bereich unserer natürlichen Kräfte, es gibt nur die Kunst, feindliche Gefahren auszubalancieren. Das aber ist genau das, was die christliche Tradition versichert, wenn sie sagt, daß einige Folgen der Erbsünde unentrinnbar sind und Erlösung nur über die Gnade erlangt werden kann.

Es gibt Gründe, warum wir das Christentum brauchen, aber nicht jedes beliebige Christentum. Wir brauchen nicht das Christentum, damit es politische Revolutionen macht, mit der sogenannten sexuellen Befreiung zusammenarbeitet, unseren Begierden Beifall spendet oder die Gewalt preist. Es gibt Kräfte genug in der Welt – vielleicht mehr als nötig –, um all diese Dinge außerhalb des Christentums zu tun. Die Menschen brauchen das Christentum dann, wenn es ihnen hilft, dem unmittelbaren Druck des Lebens standzuhalten; wenn es ihnen Einblick gibt in die unüberschreitbaren Grenzen menschlichen Daseins und sie bereit macht, diese Grenzen anzunehmen; wenn es sie eine so einfache Wahrheit lehrt wie die, daß es nicht nur ein Morgen gibt, sondern den Tag nach dem Morgen, und daß die Unterscheidung zwischen Erfolg und Mißerfolg nur selten klar ist. Wir brauchen ein Christentum, das weder golden noch purpurn noch rot ist, sondern – grau.

Und doch brauchen wir mehr als das Christentum, und dies nicht wegen irgendeiner abstrakten Freude an der Vielfalt, sondern weil die Wahrheit des Christentums ebenso einseitig ist wie jede Wahrheit. Wir brauchen die lebendige Tradition des sozialistischen Gedankens, der an den Menschen appelliert, seine Kräfte für die alten Werte der sozialen Gerechtigkeit und der Freiheit einzusetzen. Und wiederum ist, was wir da brauchen, keine beliebige sozialistische Idee. Wir brauchen sie nicht in Form von törichten Phantasien über eine perfekte Gesellschaft oder eine totale Revolution, die uns mit einem Schlag die Segnungen einer völligen Erlösung und eine Welt ohne Konflikte beschert. Wir brauchen den Sozialismus vielmehr, insofern er uns verstehen hilft, wie vielfältig die brutalen Kräfte sind, die unsere Geschichte handelnd bestimmen, und insoweit er uns in der Bereitschaft stärkt, gegen Unterdrückung und Elend zu kämpfen. Wir brauchen eine sozialistische Tradition, die sich ihrer eigenen Grenzen bewußt ist; denn der Traum von der vollständigen Befreiung und Erlösung ist nur Verzweiflung im Mantel der Hoffnung, Wille zur Macht in der Verkleidung der Sehnsucht nach Gerechtigkeit.

Doch können wir nicht eine Synthese der verschiedenen und unvereinbaren Traditionen erwarten, die wir zugleich nebeneinander brauchen. Wir werden sie aus den verschiedenen Traditionen zunächst in abstrakten Generalisierungen herauslösen und miteinander zu versöhnen suchen; aber im Einzelfall werden sie dann doch gegeneinander stehen. Das Paradies der menschlichen Universalität ist verloren.

Sartre: Der Teufel und der liebe Gott

Des Teufels Pressekonferenz

Sie haben aufgehört, an mich zu glauben, meine Herren, gewiß, ich weiß davon. Ich weiß es, und es läßt mich kalt. Ob Sie an mich glauben oder nicht – es bleibt einzig und allein Ihre Sache, haben Sie mich verstanden, meine Herren? Es ist mir maßlos gleichgültig, so gleichgültig wie nur irgend etwas, und wenn es mich dennoch ab und zu interessiert, dann nur in der Form, in der sich der Geist des Forschers an einem Naturwunder entzündet. Ich sage ausdrücklich Geist, denn die Sache an sich ist – was meine Verrichtungen und Erfahrungen angeht – nirgendwo auch nur von der mindesten Bedeutung. Daß Sie meine Existenz leugnen, tut meiner Eitelkeit keinen Abbruch, und zwar einfach deswegen, weil ich absolut nicht eitel bin, weil ich nicht die Absicht habe, von Ihnen für besser gehalten zu werden, als ich bin, ja nicht einmal für so, wie ich tatsächlich bin; ich will ich selbst sein, weiter nichts. Ihr Unglaube berührt keinen einzigen meiner Wünsche – sie sind alle erfüllt. Es kommt mir nicht auf die Anerkennung meiner Existenz an; für mich ist nur das eine wichtig – daß das Werk der Vernichtung nicht stockt. Ob man an meine Existenz glaubt oder nicht, bleibt auf die Reichweite meiner Arbeit ohne Einfluß.

Zuweilen stimmen mich die Ursachen dieses Unglaubens nachdenklich, nun ja, es ist ganz einfach, die Sache fesselt für einen kurzen Augenblick mein Interesse, ich betrachte Ihren jämmerlichen Skeptizismus etwa auf die gleiche Art, wie Sie eine Spinne beobachten, die an der Wand entlang kriecht. Mich macht die Unbedenklichkeit stutzig, mit der Sie Ihren Glauben fahren lassen, und ich überlege mir, wie es kommt, daß immer und in jedem Fall ich das erste Opfer bin, sobald der Unglaube um sich zu greifen beginnt. »Ich falle zum Opfer« – so etwas sagt man so leicht dahin, um es nur eben glatt auszudrücken, in Wahrheit bin ich weder ein Opfer, noch trifft es zu, daß ich falle; o nein, ich falle gewiß nicht. Und doch nimmt der Unglaube bei mir seinen Anfang. Den Teufel wird man am leichtesten los. Dann kommen die Engel, dann die Dreieinigkeit, schließlich Gott. Als wäre der Teufel das allerempfindlichste Teilchen Ihrer Vorstellungskraft, eine brandfrische, kaum gefestigte Errungenschaft, jungfräulichstes Gewebe Ihres Glaubens, oder ganz einfach nichts weiter als ein peinlicher, lästiger, kaum erwähnenswerter Belag in Ihren Hirnen, dessen man sich nur ungern zu erinnern pflegt. Dabei sehe ich, wie selbst diejenigen, die glauben, tief und inbrünstig glauben, voller Eifer, manchmal sogar voller Zorn glauben – daß selbst sie einen großen Bogen um den Teufel machen, daß sie aufgehört haben, über ihn zu reden, daß sie unsicher den Blick abwenden, wenn man sie anspricht, daß sie schweigen und nicht mehr wissen, ob sie ihm ganz und gar abgeschworen haben oder ob da vielleicht noch irgendeine verborgene Zelle ihrer Seele seine Anwesenheit erfährt, und wenn, dann immer schwächer und schwächer, denn diese Zelle erlischt allmählich, sie stirbt ab, krümmt sich, erkaltet, der Teufel fällt der Vergessenheit anheim. So mag's denn geschehen.

Es kommt mitunter vor, daß ich in Kirchen gehe und mir die Predigten anhöre; ich lausche aufmerksam und gelassen, wobei ich ein Lächeln tunlichst vermeide. Es geschieht immer seltener und seltener, daß irgendwo ein Prediger – und sei's auch nur ein armer Dorfpfarrer – meiner von der Kanzel herab Erwähnung tut. Weder von der Kanzel herab noch im Beichtstuhl noch anderswo. Ob Sie's mir glauben oder nicht – er schämt sich! Jawohl, es ist nichts weiter als simple Scham. Man könnte ja sagen: Brett vor'm Kopf, und: wie primitiv, und: glaubt noch an Märchen, und: ist nicht imstande, mit dem Geist der Zeit Schritt zu halten, dem sich schließlich auch die Kirche anzuschließen hätte. Nein? Die Theologen behaupten, die Kirche folge dem Zeitgeist, manchmal sei sie ihm gar um einiges voraus, und sie habe keine Furcht vor dem Neuen – aber, so setzen sie hinzu, dies gelte nur für die Form, nur für die Sprache, nur für das äußere Gewand, keinesfalls für den mystischen Kern, nicht für den Glauben, nicht für die Ehre Gottes. Wie denn, meine Herrn Theologen? Was ist denn dann mit mir, wenn man fragen darf, obwohl mich, wie ich schon sagte, die

Sache an sich im Grunde kalt läßt. Wo also ist der Platz des gefallenen Engels? Sollte ich am Ende nichts weiter sein als eine Sprache, eine völlig unwesentliche Zierform, die man über Nacht verändert, genauso, wie man seine Krawatten wechselt? Ist der Satan wirklich nur eine rhetorische Figur, ein modus loquendi, eine façon de parler? Ist er ein Mittel, die träge Phantasie der Gläubigen anzuregen, ein Mittel, an dessen Stelle man jederzeit ein anderes nehmen könnte? Oder ist er – meine Herrn – vielmehr die volle, unleugbare Realität, fest in der Tradition verankert, in der Heiligen Schrift offenbart, eine Erscheinung, die die Kirche seit zweitausend Jahren beschreibt, etwas, was man berühren kann, was wehtut, was real vorhanden ist? Warum flieht ihr mich, meine Herrn? Fürchtet ihr den Spott der Ungläubigen, habt ihr Angst davor, daß man in den Kabaretts Witze über euch reißen könnte? Seit wann fürchtet der Glaube den Hohn der Heiden und Ketzer? Was ist das für ein Weg, auf den ihr euch da begebt? Wo wollt ihr enden, wenn ihr euch aus Furcht vor der Lächerlichkeit von den Fundamenten des Glaubens entfernt? Ist es heute der Teufel, so fällt schon morgen unweigerlich der Herrgott selbst eurer Furcht zum Opfer. Meine Herren, es ist der furchtbare Götze der Moderne, der Sie in seinen Bann gezwungen hat, einer Moderne, die die letzten Dinge fürchtet und die selbst deren Existenz vor Ihnen zu verbergen trachtet. Ich erwähne dies nicht in meinem Interesse – was soll mir das Ganze?! –, ich sage es Ihnen und zu Ihrem Nutzen, gleichsam als hätte ich vorübergehend vergessen, welches meine Berufung ist, und als wäre mir meine Pflicht entfallen, Sünde zu verbreiten. Ich bin nicht der einzige, der so spricht. Gewiß gibt es hier und dort noch irgendeinen Mönch oder Kaplan, der mit gewaltigem Stimmaufwand und in tiefer Verzweiflung die Rechte des Satans beschwört, zum Glauben ruft, den Niedergang der Kirche brandmarkt und an die heilige Tradition erinnert. Doch wer hört schon auf ihn? Wie zahlreich sind heute schon die Stimmen, die in der Wüste rufen? Die Kirche ist taub geworden, sie rennt mit der Zeit um die Wette, will neuzeitlich, fortschrittlich, hygienisch, funktionell, leistungsfähig, trainiert, verwegen, motorisiert, radiophonisiert, wissenschaftlich, sauber und energisch sein. Läge mir wirklich etwas an Ihrem Schicksal – es wäre mir eine wahre

Lust, Ihnen Ihr Elend, Ihre bemitleidenswerten Bemühungen vor Augen zu führen, mit denen Sie der Zeit gerecht werden wollen, die Ihnen ohnehin ständig um tausende von Meilen voraus ist. Sport, Fernsehen, Filmleinwand, Banken, Presse, Wahlen, Urbanisation, Wirtschaft – und Sie wollen diese Welt beherrschen? Was sage ich – beherrschen! – Sie wollen dieser Welt gefallen? In einer solchen Welt wollen Sie modern sein, wollen die »Märchen« über Bord werfen, wollen einer Menschheit voranschreiten, deren von Zigarettenrauch und Benzinabgasen geschwärzte Lungen Atomstaub einatmen? Wen müssen Sie verleugnen, um in dieser Welt Anerkennung zu finden? Den Teufel? Ganz einfach den Teufel? Und Sie glauben, damit seien alle Zugeständnisse zu Ende? Aber meine Herren! Sie fürchten weder Unglauben noch Häresie, kein Teufel – somit auch kein Herrgott – ist mehr imstande, Ihnen Angst einzujagen, Sie fürchten nur noch das eine – daß Sie jemand am Ende für rückständig, für mittelalterlich halten könnte, Sie auslachen könnte, weil Sie altmodisch sind, Sie davon überzeugen könnte, daß Sie unhygienisch, altbacken, unsportlich, unwissenschaftlich, unwohlhabend, unwirtschaftlich sind. Das ist es, was Sie fürchten, um diesen einzigen Vorwurf zu entkräften, mobilisieren Sie mit fieberhafter Eile Ihre Druckereien, Banken und Parteien, Ihre Corbusier-Gotteshäuser, Ihre abstrakten Kirchenfenster. Gewiß, Ihr Untergang ist nicht eben mein Schade. Gehn Sie nur unter, bitte sehr, ich bin's schließlich nicht, der mit Ihnen untergeht, Sie tun's ganz allein. Die schwache Hoffnung, die Zweifler mit Schmeichelei und Schöntun anlocken zu können, verleitet Sie dazu, ihre ganze Skepsis mit zu übernehmen, alles zu verleugnen, wonach Sie bisher gelebt haben. Und Sie bilden sich in Ihrer Dummheit auch noch ein, den Glauben unverändert beibehalten und ihm lediglich ein modernes »design« gegeben zu haben. Dabei wird der Teufel zuallererst geopfert, immer und zuallererst der Teufel.

Es ist bemerkenswert – und zugleich belachenswert –, daß ich meinen Namen ab und zu lediglich aus den Mündern wahrhaft gottloser Menschen höre, die ihn ohne jegliche Verlegenheit aussprechen, weil sie an meine Realität nicht glauben. Dann gibt es auch noch das »Teufelchen«, wie es gewöhnlich unter den Jahrmarkts-Marionetten auftritt und unter dem Gelächter der Kinderschar seine Possen treibt, und sollte ich jemals im Theater oder in einem Buch in Erscheinung treten, so muß es sich unzweifelhaft um sogenannte »gottlose« Bücher und Theaterstücke handeln. Und in der Kirche, auf der Kanzel? Alte Bilder werden aus den Gotteshäusern entfernt, auf daß der Teufel kein Unheil anrichte. So verlange es angeblich die »moderne Erziehung«. Mit allen rundum habt ihr Bündnisse geschlossen, meine Herren, um auch ja Schritt halten zu können mit jenen, die euch verhöhnen, auf alles geht ihr ein – bis auf den Glauben, auf die Tradition. Ihr habt vom Teufel nur noch klägliche Reste übriggelassen, den Fluch ohne Inhalt, das Krippenspiel, oder auch den beschämenden Hauch eines entwerteten Mythos, den man so rasch wie möglich abtun sollte, die quälende Hinterlassenschaft längst verflossener Zeiten, Urvätergerümpel im neuzeitlichen Heim – das so hygienisch ist und so funktionell. Ihr nennt euch Christen? Christen, obwohl ihr keinen Teufel kennt? Gut, gut, nicht meine Sache, wirklich nicht meine Sache.

Dann ziehe ich schon Ihren Unglauben vor, meine Herrn, es gibt darin zumindest kein So-tun-als-ob, keine Scham, keine Peinlichkeiten. Sie stellen keine Fragen, den Teufel betreffend, Sie versuchen erst gar nicht, ihn loszuwerden, denn Sie besitzen nichts, was Sie loswerden müßten. So kommt es Ihnen zumindest vor. Sie haben den Teufel Ihren wissenschaftlichen Abhandlungen vorbehalten, haben ihn so gut wie möglich beschrieben, in Ihrer Geschichte, Ihrer Soziologie, in der Psychologie, der Religionskunde, sowohl in der Psychoanalyse wie im Roman und dem Hexendrama. Für Sie ist die Angelegenheit erledigt, stimmt's? Erledigt und basta, nicht wahr? Nun? Ist sie wirklich erledigt? Ihnen kommt es vor, als hätte Ihre Abrechnung mit der Welt des Chthonischen ein Ende gefunden, Sie haben von den Christen zumindest das eine gelernt: nämlich die unablässige Verdammnis dessen, was sich einst »manichäische Häresie« nannte. Der christliche Optimismus hat Ihre Gehirne austrocknen lassen, Ihre Köpfe sind so steril geworden wie Verbandszeug. Sie sagen, das Böse sei nicht real, es sei ein Unglück, ein Geschick, das der Welt rein zufällig zuteil wurde, etwas, was vorkommen kann, gewiß, doch nur so, wie manchmal auch zweiköpfige Kälber vorkommen, etwas völlig Zwangloses, dessen spontane Harmonie vom weiteren Verlauf des Lebens ganz von allein wiederhergestellt wird; Sie sagen, daß man das Böse tagtäglich und uneingeschränkt bekämpfen könne. Das Wort »böse« träfe nur für Einzelfälle zu, drum habe es in Ihrer Sprachregelung eine so pathetische, explosive Färbung, drum trage es so schwer an Ihrer Sorge, Ihren Wünschen, Ihrer Grübelei und dem Vertrauen, das Sie in die Zukunft setzen.

Das alles stimmt nicht, meine Herren. Das Wort »böse« beinhaltet nicht das geringste Quentchen Pathetik, es ist weder grauenvoll noch erhaben, sondern sachlich und trocken, es weist genau auf das hin, worum es geht, ist genauso simpel wie die Worte »Stein« und »Wolke«; es ist dem Objekt engstens angepaßt, trifft mit unfehlbarer Sicherheit mitten in seine Realität, es ist präzise und ohne jeden Schwung. Das Böse ist ein Ding, nichts weiter als ein Ding.

Nein, Sie wollen darüber nichts wissen. Sie sehen die Leere und wiederholen dennoch mit irrwitzigem Starrsinn nur immer das eine: so ist es, so ist es passiert, ganz einfach so, dabei hätte es auch andersherum lauten können; das Böse ist ein Vorfall, es ereignet sich rein zufällig, mal hier, mal dort, und es bleibt aus, sofern man ihm mit genügender Energie entgegentritt. Das Ende der Welt wird Sie überraschen, und Sie werden der festen Überzeugung sein, daß auch der Weltuntergang ein Werk des Zufalls ist. Sie glauben nicht an den Teufel.

Sie sehen Grausamkeiten, die niemandem nützen, ziellose, freudlose Zerstörungswut, und kommen nicht darauf, daß es der Teufel sein könnte. Es stehen Ihnen alle Erklärungen zur Verfügung und sämtliche Namen, die zur Lösung jeder einzelnen Spielart des Problems vonnöten sind. Sie haben Ihren Freud, der Ihnen hilft, über Aggressionsdrang und Todesinstinkt zu sprechen, dazu Ihren Jaspers, auf daß er Ihnen etwas über die Leidenschaften der Nacht erzähle, in welcher der Mensch den Versuch unternimmt, der Gottheit ihre Geheimnisse zu entreißen, Sie haben Ihren Nietzsche, Ihre Psychologen von »Herrschafts«-Gnaden. Sie beherrschen die Kunst, etwas zu verbergen, wobei Sie es gleichzeitig fertigbringen, eine Sache unter dem Vorwand zu verschweigen, Sie wollten sie soeben enthüllen. Doch sind Sie wirklich imstande, bei dieser Verheimlichung zu bleiben?

Durchsucht nur sorgfältig eure Gewissen, ihr Christen, eure Gedanken, ihr Gottlosen, grabt nur ein wenig unter dem wohlgepflegten Rasen eurer gelehrten Rede, eurer Metaphysik und Psychologie, schaufelt die Erde beiseite, kehrt zu euch selbst zurück, gebt dem Wort für einen kurzen Moment seine ursprüngliche Bedeutung wieder, seine strenge und unpathetische Geste, verharrt in der längst verlorengegangenen Wortwörtlichkeit. Versucht es einmal, euch beim alltäglichsten Anblick wenigstens einen Augenblick lang zu konzentrieren, selbst wenn es nur ein Bild ist, das – wie es euch scheint – von der Zerrlinse philosophischer Redeweise verunstaltet ist. Es wird genügen, um *mich* zu erblicken. Ihr werdet *mich* sehen, ohne jedes Erstaunen, und werdet glauben, ihr hättet mich von jeher gekannt, entgegen all euren Doktrinen; das Antlitz, das euch erscheinen wird, wird bekannt sein, alltäglich, obwohl ihr es doch zum allerersten Male seht. Es wird euch der vertraute, kühle Hauch einer Kraft umwehen, der ihr nur ungern gedenkt, obwohl doch tief auf dem Grunde eurer Gehirne übertönt von metaphysischem Gebrüll, ins Nichts gestoßen und zertreten, das Wissen um sie unzerstörbar weiterglimmt.

Es ist jene Vernichtungskraft, die nichts weiter will als zerstören. Ihr begegnet ihr überall – in euren Niederlagen und Fehlern, in Grausamkeit und Tod, in der Vereinsamung und in den unerfüllten Wünschen. Ihr steht ihr Auge in Auge gegenüber, und sie ist dort am stärksten gegenwärtig, wo die Grausamkeit und das Böse nicht Mittel und Werkzeug, sondern Selbstzweck sind.

Hat das Böse einen Sinn, entspringt es der Liebesgier, der Angst, dem Drang nach Reichtum, dem Stolz, ja selbst der Eitelkeit oder der Rache – so ist mein Anteil an ihm nur unerheblich. Das Böse ist immer dann gerechtfertigt und rationell, wenn es nur darauf aus ist, ein Ziel zu erreichen, das man auch ohne seine Hilfe zu erreichen trachten würde, wenn dies möglich wäre. Leidenschaft, Gier und Furcht an sich sind nicht teuflischen Ursprungs; das Böse, so es ihrer Befriedigung dient, ist nichts weiter als ein notwendiges Werkzeug.

Der Satan tritt erst dort voll in Aktion, wo die Zerstörung

kein anderes Ziel kennt als sich selbst, wo sich Grausamkeit um der Grausamkeit willen –, die Demütigung um der Demütigung willen vollziehen, wo Tod und Leid Selbstzweck sind – wo das Ziel nichts anderes ist als eine angenommene Maske, die den Zerstörungshunger legalisiert. Erst dort, und zwar selbst in der unbedeutendsten Schlappe, die das Sein erleidet, erst dort offenbart sich euch jene Übermacht, die ihr auf nichts zurückzuführen wißt, durch nichts erklären, mit nichts rechtfertigen könnt. Es gibt sie, einfach weil sie vorhanden ist, weil sie ein Ding ist wie andere Dinge auch. Dies festzustellen fällt euch am allerschwersten. Ihr seid imstande, jede sinnvolle Art von Schlechtigkeit ihres Sinnes zu entkleiden, ihr könnt die Welt von Grund auf umkrempeln und neu einrichten. Dem Bösen aber, das sich als das Böse schlechthin selbst rechtfertigt, könnt ihr seine Lebenskraft nicht rauben. Es ist müßig, sie als Offenbarung dieser oder jener Kraft erklären zu wollen, die »an sich« gut oder unschädlich ist und sich zum Guten hinlenken läßt; als zufällige Verrenkung, Abweichung, Fehlleitung, Monströsität – als eine Art nutzlosen Phänomens, wie es eine an sich sinnvolle Einrichtung darstellt, die unter inkompetenten Voraussetzungen arbeiten soll. Der Teufel unterliegt keiner Reform. Der Teufel läßt sich nicht erklären, er ist Bestandteil unseres Seins, ist ein Ding, ist das – was er ist. Es mag einem seltsam vorkommen, daß sich euch in einer Welt, aus deren Amalgam rein zufälliger Begebenheiten ihr so hartnäckig eine Ordnung herauszulesen – um nicht zu sagen: zu konstruieren – bemüht seid, das Böse nach wie vor als Faktum oder Unregelmäßigkeit präsentiert – und in jedem Faktum ist unveränderlich Regellosigkeit enthalten! – und daß ihr ihm, dem Bösen also, seine dingliche und notwendige Beschaffenheit absprecht, wodurch ihr euch ihm, statt daß ihr es eurer Scham in bezug auf irdische Realitäten einverleibt, mit der Direktheit von Ästheten nähert. Im übrigen ist daran ganz gewiß nichts Verwunderliches, ihr habt eure Gründe für die Maskerade, die euch vom Dämon befreit und somit bewirkt, daß eure aufs Praktische gerichtete Energie jener Bremsen ermangelt, die ihr die Überzeugung hinsichtlich gewisser fundamentaler Beschränkungen ihrer Wirksamkeit normalerweise auferlegen müßte. So kann es geschehen, daß sich euer Wissen um die Welt und die

Hoffnung, dies Wissen im Dienste der Weltverbesserung anwenden zu können, »pari passu« vorwärtsbewegt, von einer hartnäckigen Einbildung geleitet, die es euch gestattet, das Böse als im Abnehmen begriffene Tatsachenhohlräume innerhalb einer essentiell gesehen vom Guten regierten Welt zu betrachten.

Doch genug davon. Ich habe beschlossen, mich vom Gebiet der Metaphysik fernzuhalten, wo es mir ohnehin nicht gelänge, eure chimärischen Vorurteile zu überwinden; leider ist mir in der Zwischenzeit trotzdem das eine und andere herausgerutscht. Ich komme also zum Schluß und erwarte die Fragen, wobei ich noch unterstreichen möchte, daß der Teufel – entgegen einer weit verbreiteten Meinung – in keiner Weise über Humor verfügt; auch besitzt er keinerlei Intelligenz, sofern man unter Intelligenz die abstufbare Fähigkeit verstehen will, dem Sammelsurium der Welt gewisse in aktueller Hinsicht interessante Qualitäten zu entnehmen und zu ordnen – denn es liegt auf der Hand, daß ich keine wie immer geartete Ordnung nötig habe und daß mir Qualitäten abgehen, die sich abstufen lassen.

Ich wiederhole die *erste* Frage: Soll man, da der Dämon zur Seinsgeschichte gehört, den Sturz der Engel für eine Legende halten und statt dessen annehmen dürfen, der angeblich Gefallene sei in Wahrheit ein ewig-ebenbürtiger Rivale Gottes?

Meine spontane Antwort lautet: Nein. Die Geschichte vom Sturz der Engel ist unbedingt authentisch, woraus man allerdings nicht den Schluß ziehen darf, das Böse sei seinem Charakter nach ein Faktum und nicht ein struktureller Bestandteil des Seins. Um sich dies vergegenwärtigen zu können, würde es genügen, sich die absolute Unwiderruflichkeit jenes Faktums vor Augen zu halten – nicht in dem Sinne, in dem jede vollzogene Tatsache unwiderruflich ist, sondern, indem ein jedes einmal vollzogene Faktum eine neue, unabänderliche Weltstruktur schafft, innerhalb derer das Böse ein integrierendes und konstitutionelles Element darstellt. Verharrt man an diesem Punkt, so drängt sich der Schluß auf, daß zwar das Böse auf strukturelle Weise in der Welt existiert, daß aber seine Herkunft an sich rein faktisch und zufällig ist. Indessen verhält es sich anders. Jener Sturz kann, betrachtet man ihn aus einer späteren Perspektive, nichts anderes sein als eine zeitlich vollendete Manifestation oder auch Aktualisation einer bestimmten Seinspotenz, die – obgleich für manche vorübergehend unsichtbar – unbedingt dauerhaft und ewig ist. Wenn ich »manche« sage, so meine ich damit selbstredend nicht Gott, dem ja die ganze Sache von Anfang an völlig klar gewesen sein muß.

Ich gehe zur *zweiten* Frage über: Ist der Dämon bereit, seine Position in der Weltordnung als strukturelles Element des Seins zu akzeptieren?

Die Beantwortung dieser Frage fällt mir nicht schwer, obwohl ich nicht sicher bin, ob es euch ebenso leicht fallen wird, den Sinn meiner Antwort zu erfassen. Eine der ebenso strikten wie unbedingten Grundvoraussetzungen für die Natur des Dämons nämlich ist die Anerkennung seines Standorts – und zugleich seine Verneinung. Der Dämon verlangt nach dem Bösen, und so strebt er danach, seine zerstörerische Arbeit fortzuführen, er wünscht keine Veränderung, was seine Lokalisierung innerhalb der Ordnung oder auch Unordnung betrifft, genauer gesagt: seine Bestimmung als Negation der Ordnung innerhalb der Ordnung. Damit erklärt er sich mit seiner Existenz einverstanden. Und verleugnet gleichzeitig diese Ordnung, eben weil er ist, was er ist; er negiert das System, das ihm seine Funktion als negatives Element seiner selbst vorschreibt. Indem er aus der Negation der Ordnung lebt, schöpft er seine Existenz aus eben der Ordnung, die er verneint und die ihrerseits in ihrer Existenz durch jene negative Kraft mitumschrieben wird, die den Dämon schafft. Eine Welt, in der sich das Werk des Dämons auf endgültige Weise vollziehen würde, wäre eine Welt ohne Dämon, somit eine Verneinung des Dämons, und dennoch kann auch der Dämon nicht anders existieren als im Kraftfeld einer Bewegung, deren Ziel die endgültige Zerstörung ist. Da es also der destruktive Hunger ist, der den Dämon schafft, bedarf es zu seiner Stillung der Anwesenheit zerstörter Ordnungen, gewissermaßen des Gleichgewichts jener beiden Formen, aus denen sich die Welt zusammensetzt; indessen ist mir nichts so verhaßt, wie eben die Schaffung eines solchen Gleichgewichts. Man muß somit zugeben, daß der Teufel nicht ein Subjekt des Zerstörungshungers, sondern vielmehr der Hunger selbst ist, da das Subjekt seinen Hunger immerhin stillen kann, während diese Stillung für den Hunger selbst das Ende bedeutet. In diesem Sinne mag es zutreffen, daß der Dämon seine Anwesenheit auf die eine Waagschale gelegt hat und sie mit der anderen ins Gleichgewicht bringt, wobei er gleichzeitig danach strebt, dieses Gleichgewicht – nämlich den ebenso unmöglichen wie widersinnigen Wunsch, sich nach Vernichtung des Antagonisten seine eigene Identität zu bewahren – von neuem zu zerstören. So ist auch Goethes berühmte Wendung zu verstehen – »ein Teil von jener Kraft etc.« –; sie weist auf den unüberwindbaren Gegensatz hin, den die Existenz des Dämons enthält, und nicht etwa darauf, daß – wie manche Katecheten platterdings behaupten – sich das Werk des Dämons auf göttliches Betreiben so oder so ins Gegenteil seiner Absichten verkehre, daß es aufbaue, statt zu zerstören. Nur kann man, wie ich hinzufügen muß, den gleichen Widerspruch auch in Gott entdecken, wenn man ihn als eine Existenz ansieht, die den gleichen Ursprung hat wie der Dämon, ohne sein absoluter Schöpfer zu sein; bei der Anerkennung dieses gemeinschaftlichen Ursprungs ist es gleichgültig, ob wir den Dämon als Negation der Ordnung behandeln oder vielmehr die Ordnung als Verneinung des Dämons oder Negation der Negation, woraufhin denn auch der Widerspruch, den ich erwähnte, automatisch zur Widersprüchlichkeit Gottes wird. Doch ich begreife die Einwände gegen eine derartige Interpretation und mische mich nicht in eine Sache, deren genauere Untersuchung mich zum detaillierten Nachdenken über das Wesen göttlicher Schöpfung an sich und über ihren in der Tat negativen Charakter zwingen würde.

Und so gehe ich zur *dritten* Frage über, die im übrigen nur ein Fragment der zuvor gestellten ist: Steht es unwiderruflich fest, daß der Dämon nicht errettet werden kann?

Ich glaube, daß ich die Intentionen des Fragestellers richtig verstanden habe. Das Verhalten Gottes seinen gefallenen Engeln gegenüber scheint einem in der Tat von geradezu auffallender Ungerechtigkeit, vergleicht man es mit der Haltung, die er dem Menschen gegenüber einnimmt. Die Engel – eine Tatsache, die im übrigen von den Angelologen zu keiner Zeit angezweifelt worden ist – sind Schöpfungen, die den Menschen an Vollkommenheit weit übertreffen, und sei's allein deswegen, weil ihre Konstruktion keinerlei zerstörerische Elemente aufweist; die Sache ist evident. Weshalb also erlöste Gott die

Menschheit (indem er seinen eigenen Sohn leiden und sterben ließ), während er die gleiche Wohltat den gefallenen Engeln verweigerte, Geschöpfen, die den Menschen in so erheblichem Maße überlegen sind und somit – wie man annehmen möchte – um so eher auf die hilfreich ausgestreckte Hand bauen dürften? Ich möchte von vornhinein festhalten, daß hier der Grund keinesfalls im schwereren Grad des Vergehens gesucht werden darf; in beiden Fällen nämlich beruhte die Sünde auf purem Ungehorsam, der vom göttlichen Standpunkt aus betrachtet immer gleich sündig ist, ohne Rücksicht auf die Umstände der Sünde und auf ihren Umfang und stets gleichermaßen beleidigend. Corruptio optimi pessima? Nichts weiter als eine leere Redensart, ohne Beweiskraft, ein Gemeinplatz, der – selbst, wenn er wahr wäre – nichts erklären könnte, da doch, ich wiederhole es nochmals, der Ungehorsam als Sünde keinerlei Abstufung verträgt und stets, was schwerer wiegt, ewigwährende Schuld bedeutet. Also? Die Antwort kann nur lauten: Gott hat den Dämon untergehen lassen, weil er ihn zu retten einfach nicht in der Lage war. So ist es denn auch – wenn man ein wenig über die göttliche Natur nachdenkt – völlig offenkundig, daß Gott die Erlösung des Dämons und somit einfach seine Vernichtung als Dämon sehnlichst wünschen muß. Wenn aber sein Wunsch wirkungslos und unfruchtbar bleibt, so eben deswegen, weil der Engelssturz kein bloßes Faktum und kein Zufall war, sondern eine Offenbarung der zwangsläufigen Weltstruktur, und weil sich seine Folgen – in der Natur des Seins selbst verankert – in keinem Falle hätten abwenden lassen. Die Unmöglichkeit einer Erlösung für Dämonen ist das stärkste Argument für die bereits zitierte These, wonach der Engelssturz als Aktualisation gewisser unveräußerlicher und Gott gegenüber ewiggemeinschaftlicher Seinsmerkmale interpretiert werden muß. Es ist nach meiner Vorstellung ein Argument, dem auch nach euren menschlichen Gesichtspunkten ein gewisser Wert nicht abzusprechen ist.

Im Zusammenhang hiermit höre ich die *vierte* Frage: Kann somit angenommen werden, daß die fundamentale Seinsstruktur nicht das Resultat einer freiwilligen göttlichen Entscheidung ist, sondern daß vielmehr Gott selbst in einer Weise, auf die er keinen Einfluß hat, durch Vereinbarungen gebunden ist?

Meine Antwort: Jawohl, genau dies darf angenommen werden.

Fünfte Frage: So stimmt also möglicherweise unser Katechismus nicht mehr, der doch lehrt, Gott sei der Schöpfer an sich?

Antwort: Ich sehe keine Notwendigkeit, eure Katechismen einer Revision zu unterziehen. Sie treffen bei einer bestimmten Interpretation zu, nämlich wenn man annimmt, daß Gottes Schöpfung die Ganzheit der positiven Erscheinungswelt umfaßt, also die Gesamtheit selbst jener Seinsformen, die sich von ihr unterscheiden. Was das Sein selbst anbetrifft, das nicht identisch ist mit der Gesamtheit einzelner Seinsformen und das den Gegensatz zwischen Gut und Böse überschreitet, drücken sich eure Katechismen nach meiner Meinung nicht exakt genug aus. Doch sehe ich keinen Grund, sie mit einschränkenden Vorbehalten zu versehen, zumal die Seins-Frage als solche euer Interessengebiet gar nicht berührt. Schließlich geht sie über die sichtbare Welt der Erscheinungen hinaus, das einzige Fragengebiet, das sich mit Hilfe eurer Sprachen einigermaßen zufriedenstellend formulieren läßt. Sehr lehrreich sind in diesem Zusammenhang die Schlappen, die Parmenides, Hegel und Heidegger erlitten haben.

Sechste Frage: Ist der Dämon imstande, eine Sache zu begreifen, die nicht einmal Menschen begreifen können? Ist diese gemeinsame und gleichzeitige Anwesenheit der Ordnung und ihrer Negation – wenn man sich noch dazu darüber klar ist, daß das Sein über beide Elemente hinausgeht und ihnen ständig vorauseilt –, ist also die gemeinsame Anwesenheit in ihrer Relativität für den Dämon faßbar? Mit anderen Worten: Ist das »unrelative« (also konkrete) Sein dem Dämon zugänglich, und wenn ja – bis zu welchem Grade?

Meine Antwort lautet: Er begreift es lediglich als intellektuelle Unabwendbarkeit, mehr oder minder als Idee im Sinne Kants, als reine Grenz-Realität einer positivistisch-geistigen Bemühung. Sie auf positive Weise zu erfassen, ist dem Dämon nicht möglich – ebensowenig erfaßbar übrigens wie für Gott, meiner Meinung nach. Der Dämon weiß viel, allwissend ist er nicht; auch dies sollte euch von Goethe her bekannt sein. Ich würde es vorziehen, wenn man mir keine Fragen in dieser Richtung mehr stellen würde.

Die *siebente* Frage halte ich für kindisch, will sie jedoch trotzdem kurz beantworten. Sie lautet: Kann der Dämon Wunder vollbringen?

Diese Art der Fragestellung, meine Herren, hat mir erneut vor Augen geführt, wie schlecht Sie hinsichtlich der Wirkungsweise des Dämons orientiert sind. Sie äußert sich in den menschlichen Verhaltensweisen und nicht in verblüffenden Naturerscheinungen, Monstrualitäten oder Kunststückchen. Derlei Dinge bieten Gelegenheit zum Amüsement, der Dämon aber ist nicht amüsant. Gewiß ist er – wie etwa der hypothetische Dämon des Descartes – imstande, illusorische Augenscheinlichkeiten zu schaffen und Fakten, die in Wahrheit unreal sind, das Gewicht unzweifelhafter Realität zu verleihen; auch vermag er – wie Maxwells hypothetischer Dämon – auf effektvollste Weise den Zustand höchst augenscheinlicher – da höchst unglaubwürdiger – Irrealität heraufzubeschwören. Er kann dies alles, soweit sein Wirken auf den Irrtum abzielt, auf die Überrumpelung des Verstandes. Doch ist der Irrtum, der seine Entstehung der Anerkennung offenkundiger Augenscheinlichkeit verdankt, mit den Hauptrichtlinien meiner Arbeit unvereinbar; ein Fehler dieser Art nämlich beschämt niemanden, man akzeptiert – selbst dann, wenn er längst als Fehler erkannt ist – seinen natürlichen und gewissermaßen unabwendbaren Charakter. Niemand käme auf die Idee, die vor-kopernikanischen Generationen zu verlachen, nur weil sie an die Unbeweglichkeit der Erde glaubten; ihr spontaner und natürlicher Glaube ist für euch ganz im Gegenteil der Hintergrund, von dem sich der Genius des Kopernikus erst in vollem Glanze abhebt. Wenn wirklich einmal der Fehler an sich zum Zielobjekt des Dämons wird, dann ist es ein Fehler, der Schande bringt, ein nichtswürdiger Fehler, einer, dessen man sich zu schämen haben wird, anders ausgedrückt: ein Fehler – gebt gut acht! –, den Menschen verschuldet haben, zumindest einer, der die Menschen zu dem Geständnis zwingt, er sei durch sie verschuldet worden und präge ihnen das Brandmal der Schande auf. Zauberkunststückchen sowie Täuschungen, die Augenscheinliches vorgaukeln, gehören nicht zu den Hauptbestandteilen des teuflischen Repertoires, zu den Grundrichtlinien seiner Arbeit. Es ist – wie ich schon sagte – eine trockene, nüchterne Arbeit, eine Arbeit ohne jeglichen

Schwung, ohne spielerische Elemente, ohne Humor und ohne all jene Dinge, die den Menschen zu fesseln vermögen. Die Zerstörungswut des Dämons umfaßt Bereiche, für welche die Menschen die volle Verantwortung tragen, und so muß denn auch das Böse, das von ihm erzeugt wird, die Menschen mit Schande züchtigen, wenn es sein Ziel erreichen will. Mit einer Ausnahme: dem Tod – nicht einer besonderen Spielart des Todes, sondern der generellen Tatsache seiner Unabwendbarkeit.

Und schließlich Frage *acht*: Wenn der Dämon, wie es sich gezeigt hat, nicht allwissend ist, wäre es dann im Bereich des Möglichen, daß auch er einen Fehler macht und daß sich somit etwas hinterher als Wahrheit erweisen könnte, was sich zuvor auf sein Betreiben als schändlicher Fehler in die Welt eingeschlichen hat?

Ich antworte: Dies ist unmöglich, weil die Klugheit des Dämons groß genug ist, die eigenen Grenzen zu erkennen, und weil sie aus diesem Grunde Fragen als ungerechtfertigt zurückweist, die die genannten Grenzen überschreiten. Auch darin unterscheidet sich der Teufel vom Menschen.

Eben ist mir die *neunte* Frage gestellt worden: Immerhin bedeute die genaue Kenntnis der Grenzen gleichzeitig auch deren Überschreitung, und die Berührung des Grenzstrichs sei zugleich eine Berührung dessen, was sich dahinter verbirgt. Wenn also das Wissen des Dämons tatsächlich Grenzen habe, so sei es ein Ding der Unmöglichkeit, daß er in seiner Fragestellung, und damit auch in seinen Antworten, fehlerfrei bleibt. Dies aber bedeutet, daß man keine seiner Verlautbarungen als autoritär ansehen könne, insbesondere keine seiner Erklärungen, die sich auf seine eigene Existenz beziehen.

Meine Antwort lautet, daß dies keine Frage, sondern ein lächerlicher Versuch ist, eine Diskussion zu entfesseln. Der Dämon diskutiert nicht mit Menschen. Seine Existenz bedarf weder eines Sinngehalts noch einer Beweisführung, da sie ihrer Natur nach kein Faktum darstellt. Wenn die Menschen sein Dasein auf andere Weise interpretieren, wenn sie ihm beispielsweise einen rein kasuistischen Charakter zuschreiben, so ist das nur eine Fehlervariante unter vielen. Doch habe ich bereits einmal mein Desinteresse erklärt, was den Glauben an meine Existenz anbetrifft. Schon vor ein paar Jahrhunderten haben Theologen festgestellt, daß man die Parteigänger des Teufels am leichtesten daran erkennen könne, daß sie seine Existenz verleugnen. Es steckt ein Körnchen Wahrheit in dieser ansonsten etwas übertriebenen Behauptung. Denn euer Unglaube – um auf den Anfang meiner Erklärung zurückzukommen – ist nicht nur außerstande, meine Arbeit zu bremsen, nein, er begünstigt sie sogar, er gehört als schändlicher Irrtum zu den äußeren Merkmalen jenes Niedergangs, dem die Tradition unterworfen ist, eine Tradition, die nach und nach auch der letzten Reste ihrer verödeten Majestät beraubt wird. Die Aussicht bringt gute Kunde, gute Kunde des Dämons. Und so scheint es mir ebenfalls vorteilhaft, wenn der Inhalt dessen, was ich soeben sagte, und auch die Tatsache meiner Erklärungen selbst unwiederbringlich aus eurer Erinnerung gelöscht wird, auf daß ihr all das, wovon ihr Zeugen geworden, für Ausgeburten der Phantasie und für Traumgespinste haltet, all das, meine Herren, was noch soeben vorhanden war und was sich jetzt, in diesem Augenblick, ins Nichts auflöst und dem Vergessen anheimfällt.

Zur Politik

Die sogenannte Entfremdung

Erlauben Sie mir, eine kurze historische Bemerkung voranzuschicken, die für den Sinn der Entfremdungstheorie nicht irrelevant ist. Der Begriff scheint aus der christlichen Theologie neuplatonischer Herkunft zu stammen – von jenen wichtigen, wenn auch peripheren, mehr oder weniger ketzerischen Strömungen im Christentum, die mit der Frage fertig zu werden versuchten: Wozu brauchte der vollkommene und sich selbstgenügende Gott die vergängliche Welt zu schaffen, und wie ist es möglich, daß die von dem allguten und allmächtigen Gott zum Leben gebrachte Welt das Böse enthält? Die heterodoxe Erklärung lautete (oder flüsterte ein), daß Gott nicht absolut vollkommen und nicht selbst-genügend ist, daß Er seine unvollkommenen und endlichen Kreaturen brauchte, um sich selbst in deren Spiegel anzuschauen, und daß Er seine absolute Vollkommenheit erst erreichen kann, nachdem Er seine entfremdeten Geschöpfe wieder am Ende aller Dinge sich angeeignet, zu sich herbeigerufen haben wird. So wird die Welt zum von Gott entfremdeten Körper und die Menschheitsgeschichte zur Geschichte des werdenden Schöpfers, der ohne sie seine Absolutheit nicht zur Fülle bringen könnte. So werden auch das Böse, die Endlichkeit, die Negativitäten der Geschichte sinnvoll: sie sind notwendig, um die nur potentiell im göttlichen Wesen schlummernde Vollkommenheit in die aktuelle zu verwandeln. Dies setzte voraus, daß in Gott ein Unterschied zwischen dem, was Er *ist* und was Er *sein könnte,* besteht – ein Unterschied, der für die orthodoxe Deutung des göttlichen Seins unannehmbar war. Aus diesen Versuchen, sich mit der Frage nach Gründen für die Weltschöpfung auseinanderzusetzen, entstand das, was man später die Dialektik der Negativität nannte – eine metaphysische Theorie, nach der das Böse notwendig ist, um alle Möglichkeiten des Guten zu entfalten, und die Entfremdung einen Sinn hat. Gott mußte seinen verborgenen Reichtum entäußern, um sich selbst durch dessen Wiederaneignung zu erfüllen. Wir Menschen fühlen und wissen, daß auch wir entfremdet sind in dem Sinne, daß unser natürlicher Ort außer uns, in Gott bleibt. Deshalb wissen wir auch, daß wir auf der Erde nie mit uns selbst identisch sind, daß unser empirisches Leben nie mit unserem eigentlichen Wesen zusammenläuft, was in unserer Zeitlichkeit (d. h. in der Tatsache, daß wir uns selber nur durch die Vermittlung der Vergangenheit und der Zukunft begreifen) besonders auffällig ist.

Durch Hegels Vermittlung hat Marx dieses Schema der bereichernden Verarmung und der menschlichen Nicht-selbst-Identität übernommen. Im Gegensatz zu dem heutigen Wertgebrauch, wo die Entfremdung als ein nebelhaftes Wörtlein für alle möglichen, als negativ vage beurteilten Angelegenheiten dient, besaß dieser Begriff bei Marx eine sehr weite, aber bestimmte philosophische Bedeutung. Der Begriff umfaßte alle Erscheinungen, in denen die von Menschen erzeugten Kräfte zu selbständigem Leben heranwachsen, um sich gegen ihren Schöpfer zu kehren und als äußere Mächte ihre anonyme Herrschaft über Menschen auszuüben. Beispiele dafür *per eminentiam* sind die durch den Tauschwert beherrschten Marktgesetze, Institutionen der politischen Herrschaft und auf ideologischem Gebiet imaginäre religiöse Mächte, die das Leben der Individuen regieren, ohne daß ihre wirklichen Urheber dazu fähig sind, sich selbst als solche zu erkennen. Indem Menschen Kräfte in Bewegung setzen, die sich verselbständigen, werden sie ihrer selbst fremd und werden ihrer persönlichen Eigenschaften, ihres Wesens beraubt. Freigelassene Dämonen versklaven sie und stürzen sie in den Rang von Sachen hinab. Es ist die Hauptaufgabe der Zukunft, die verlorene Herrschaft der Menschheit über die Produkte ihrer eigenen Arbeit wiederherzustellen, die Rebellen aufs neue zum Gehorsam zu zwingen.

Die Entfremdung war aber für Marx keineswegs ein verhängnisvoller Irrtum, den die Menschheit hätte vermeiden können. Ihre Urquelle war die Arbeitsteilung, die unvermeidlich dem frühen technischen Fortschritt folgte. Sie einfach als Übel zu verdammen, liefe auf die Verdammung der ganzen Geschichte der Zivilisation hinaus. Während für Feuerbach die

Entfremdung (besonders in religiöser Form) das Böse *tout court* bedeutete, war sie für Marx, wie für die neuplatonische Theologie, eine *felix culpa*, eine segensreiche Schuld, die wie die Erbsünde sowohl für die ganze Geschichte des Leidens, der Unterdrückung und der Ausbeutung als auch für alle technischen, intellektuellen und künstlerischen Errungenschaften der menschlichen Gattung verantwortlich war, ja die Form war, in der diese Gattung sich selbst und ihre Potenzen entfaltete. So war die sogenannte Dialektik der Negativität – übertragen in die säkularisierte Geschichte – ihre endgültige Erfüllung, daß heißt die endgültige Versöhnung aller Weltkräfte eingeschlossen. Diese endgültige Versöhnung, das Eschaton oder die Apokalypse, die Marx Kommunismus nannte, sollte nach ihm die prähistorische Epoche zu Ende bringen, um der »wahren« Geschichte den Anstoß zu geben, das Ende oder der Anfang der Geschichte – das läuft auf das gleiche hinaus. Die Apokalypse bedeutet die Abschaffung der Entfremdung, und das heißt: eine Lage, wo die Menschen die völlige Kontrolle über ihre Lebensbedingungen gewinnen, wo ihr Leben aufhört, durch fremde Kräfte beherrscht zu sein, wo alle Umstände dem bewußten Willen untergeordnet sind und wo kein Gegensatz mehr zwischen der Gattung und dem einzelnen besteht. Mit anderen Worten: der Unterschied zwischen dem geschichtlichen Prozeß und dessen Bewußtsein, zwischen dem Subjekt und dem Objekt der Geschichte wird aufgehoben. In diesem Zustand – und das ist ein nicht oft erwogener, jedoch äußerst wichtiger Teil der Marxschen Utopie – wird jede Vermittlung zwischen dem Individuum und der Gattung weggeräumt: sowohl rationale (d. h. bewußt ausgebildete) wie irrationale (d. h. spontan, organisch entstandene) vermittelnde Einrichtungen – Staaten und politische Organismen, das Recht und die moralischen Ordnungen, Nationen und Stämme – werden nutzlos und jeder Gültigkeit beraubt, da ihre gesamte Geschichte mit der der Entfremdung zusammenlief. Nichts bleibt übrig außer dem Individuum und der Gattung als ganzer. Die Gattung aber ist keine über die einzelnen erhobene, unabhängige Wirklichkeit, da jeder einzelne seine eigenen Möglichkeiten, Begabungen, ja seine Wünsche, Bestrebungen und Bedürfnisse spontan als gesellschaftliche Kräfte sieht. Eine zwanglose und dauernde Identifizierung der beiden – des Individuums und des sozialen Ganzen – beseitigt alle Quellen der menschlichen Antagonismen. Der Träger dieser ungeheuren Transsubstantiation, der die Pforte des Paradieses gewaltsam aufstößt, das Proletariat, erscheint in diesem Schema als eine metaphysische Einheit. Zum erstenmal in der Weltgeschichte verkörpert es in seinem Klassenbewußtsein die Identität von Subjekt und Objekt der Geschichte, die Identität der Freiheit und der Notwendigkeit. Seine geschichtlich ausgebildeten Zwecke decken sich mit denen der Menschheit. Nicht nur die universelle Versöhnung aller menschlichen Kräfte, sondern auch die Versöhnung der Menschen mit der Natur wurde uns von Marx in seinen Frühschriften versprochen, wenn auch dieses letzte Motiv in den späteren Texten kaum wieder vorkommt.

Ich kann nicht im einzelnen die Frage erörtern, was von diesem prometheischen Traum übrig geblieben ist und welche Beziehung zwischen diesen blendenden Vorwegnahmen und den kommunistischen totalitären, auf Furcht, Lügen, Unterdrückung und Ausbeutung gestützten Regierungssystemen besteht. Zu sagen, daß keine direkte kausale Beziehung besteht, ist gewiß wahr, aber zu augenscheinlich, als daß wir darüber vergnügt sein könnten. Worauf es ankommt, ist eine ziemlich einfache Frage. Der Begriff der Entfremdung setzt gewiß normative Prämissen voraus. Er bezeichnet einen Zustand, in dem das empirische menschliche Leben im Widerspruch zum *Wesen* des Menschen steht. Um das Wort überhaupt anzuwenden, müssen wir wissen, was dieses *Wesen* ausmacht, was wir aber aus demselben Grunde, weil das *Wesen* keine anschauliche Wirklichkeit besitzt, unmöglich aus der Erfahrung vernehmen können. Das Wesen des Menschlichen gehört zu jenen Begriffen platonisch-hegelianischer Herkunft, die Ansprüche auf einen »deskriptiven« oder wissenschaftlichen Charakter erheben, in der Tat aber sich auf eine Entscheidung über das Gute und das Böse stützen. Was lebendige Menschen fühlen, wollen, verlangen, erstreben, ist empirisch nachweisbar – was das »Wesen« des Menschen verlangt, kann nur normativ entschieden werden. Falls wir, die Überlieferung der deutschen Transzendentalphilosophie nachahmend, daran glauben, daß es eine höhere Vernunft gibt, die den Willen mit der wissenschaftlichen Einsicht synthetisiert, dürfen wir in der Täuschung verharren, daß unser normatives Hinausprojizieren einen rein rationalen Sinn habe. Das erlaubt uns, Ansprüche zu erheben, die in dem widersinnigen Ausdruck »wissenschaftlicher Sozialismus« kulminieren, den Marx bekanntlich von Proudhon entlehnt hat. Der Ausdruck ist in der Tat nicht ganz unschuldig. Er rechtfertigt unsere Prätentionen darauf, daß wir die Zwecke auf dieselbe rational-zuverlässige Weise bestimmen können wie die Mittel, er beseitigt den Unterschied zwischen Zwecken und Mitteln, was der versteckte Grund für den quasi-religiösen Fanatismus der orthodox marxistischen Bewegung war, besonders unter der Voraussetzung, daß sich diese höhere Vernunft vollkommen in die Weisheit der kommunistischen Partei einverleibt habe.

Das war aber nicht das Schlimmste. Das Schlimmste in dem romantischen Traum vom Ende der Entfremdung und von der endgültigen Versöhnung aller individuellen und sozialen Interessen, Bedürfnisse und Aspirationen war die Idee, die die Einheit der Gesellschaft mit der Freiheit gleichsetzte, die Abschaffung aller ermittelnden Einrichtungen, die sich dieser Einheit zu widersetzen schienen, vorwegnahm und uns erwarten ließ, daß diese Einheit mit institutionellen Werkzeugen eingeführt werden kann. In *dieser* Deutung antizipierte diese Hoffnung den kommunistischen Despotismus – und zwar auf verschiedenen Wegen.

Zum ersten. Die althergebrachte liberale Freiheitsidee setzte, wie Marx richtig bemerkte, voraus, daß die Interessen und Ansprüche der einzelnen sehr oft zusammenstoßen und daß darum die Vermittlung des Rechtes und der Gesetze unerläßlich ist, um den Freiheitsbereich jedes einzelnen im Namen der Sicherheit aller zu begrenzen. Nun sollte der Kommunismus diese »negative«, durch die legale Ordnung mitbestimmte Freiheit verdrängen und sie durch eine bessere ersetzen, so daß meine Freiheit nicht die Grenze der Freiheit der anderen sei, sondern sich beide gegenseitig unterstützen. Das setzt voraus, daß menschliche Bedürfnisse und Ziele einander weder subjektiv noch objektiv widerstreiten und die erträumte Einheit Fleisch geworden ist. Wenn wir uns einbilden, daß eine Technik, diese Einheit festzusetzen, vorhanden ist, kann sie sich nur auf »objektive« Bedingungen erstrecken. Diese Bedingungen sind auch klar bestimmt, und zwar im *Kommunistischen Manifest,* das sagt, daß die ganze Theorie des Kommunismus in dem einen Ausdruck *Abschaffung des Privateigentums* zusammengefaßt werden kann, daß es keine Lohnarbeit mehr gibt, weil es kein Kapital gibt; und weiter, daß der Staat die zentralisierte Leitung aller Produktionsmittel übernehmen soll. Diese Vorschriften zusammengenommen zeigen, wie die erwünschte Einheit zu erlangen ist. Sobald diese Einheit durch die Enteignung der Besitzer und die Befehlswirtschaft hergestellt ist, sobald also alle »objektiven« Prämissen der Einheit gegeben sind, müssen alle subjektiven Erscheinungen, die mit den objektiven nicht übereinstimmen, das heißt jede Unzufriedenheit und jede Weigerung der einzelnen, ihre Wünsche und Bedürfnisse mit denen des Staates zu identifizieren, als Überbleibsel der alten Ordnung gelten und dementsprechend behandelt werden. Da die sogenannte »negative Freiheit« Gegensätze und Konflikte voraussetzt, besteht die einzige verfügbare Technik, um die höhere Freiheit zu gründen, in der Abschaffung der »negativen« Freiheit oder Freiheit überhaupt. So erscheint der Sieg über die Entfremdung als die Sklaverei für alle.

Man könnte einwenden, daß die Theorie nicht nur die Abschaffung der negativen Freiheit, sondern auch die Abschaffung oder das Absterben des Staates voraussah. Die entsprechende Phase, die der Marxismus von den Saint-Simonisten übernahm, erklärte, daß der Staat im alten Sinne absterben werde, daß die Regierung über Menschen durch die Administration der Dinge abgelöst werden solle. Diese irreführende Unterscheidung ist einer der Kernpunkte der frühen sozialistischen Illusionen. Administration der Dinge oder ökonomische Verwaltung und Planung setzen offenkundig die Verwaltung der ganzen Arbeitskraft, das heißt die Regierung über die Menschen, voraus. So bedeutet notwendigerweise ökonomische Zentralisierung die zentralisierte Macht über arbeitende Menschen, die unter der Eliminierung der verächtlichen negativen Freiheit zum Status von Elementen des Produktionsprozesses, und das heißt zum Staatseigentum, zurückgekehrt sind. So wird wiederum die endgültige Befreiung zur Sklaverei.

Der Sieg über die Entfremdung sollte hauptsächlich darin bestehen, daß ökonomische Prozesse vollkommen unter Kontrolle stehen. Diese Idee der Totalplanung schließt aber noch keineswegs ein, daß es sich um eine demokratische, keine tyrannische Kontrolle handelt. Wenn die Freiheit nach Engels durch den Grad der menschlichen Herrschaft über Natur- und Sozialprozesse zu messen ist, dann sind wir zu dem Schluß berechtigt, je regulierter, das heißt je despotischer eine Gesellschaft ist, desto freier sei sie. Man kann darauf erwidern, daß die Theorie, weit davon entfernt, despotische Regierungsformen zu verkünden, auf den Wert der individuellen Spontaneität Nachdruck legte. Das bedeutet aber nichts anderes, als daß sich die Theorie entweder widerspruchsvoll oder empirisch unhaltbar erwiesen hat, indem sie beide Werte – perfekte Herrschaft über das gesellschaftliche Leben und perfekte Bedingungen für die Entfaltung der persönlichen Spontaneität – bezweckte. Wenn nicht aus logischen, dann aus empirischen Gründen begrenzen diese Werte einander; wir können nie beide im ganzen Ausmaß haben, wir können nur Kompromisse suchen.

Ein fundamentaler Selbstbetrug des Sozialismus war die Hoffnung, daß die Abschaffung des Privateigentums der Produktionsmittel unter anderem auch den Vorteil haben werde, die Konflikte zwischen materiellen Interessen zu beseitigen. Es gab keine Gründe zu erwarten, daß der Kampf um die Verteilung des Mehrwertes, der den Hauptinhalt des Klassenkampfes bildete, plötzlich oder stufenweise mit der Verstaatlichung der Produktionsmittel aufhören wird, statt im Rahmen des verstaatlichten Eigentums in veränderten Formen fortzuleben. Darauf haben wiederholt und zu Recht die Theoretiker des Anarchismus hingewiesen. Und warum dürften wir glauben, daß eine institutionelle Veränderung zugleich tausendjährige menschliche Motivierungen und Verhaltensweisen umgestalten werde?

Eine Umbildung der Gesellschaft zu einem Punkte, an dem alle Wirkungen der individuellen und kollektiven Handlungen voraussehbar sind und nichts Unerwartetes bleibt – und auch darin sollte die Überwindung der Entfremdung bestehen –, ist nur dann vorstellbar, wenn die Menschheit entweder allwissend, daß heißt völlig vergöttlicht, wird oder in absoluter Stagnation lebt. Das letztere heißt: ein allumfassendes und voll zuverlässiges despotisches System würgt jede menschliche Spontaneität ab und macht sie im voraus unmöglich. In dem Sinne ist die Losung von der Abschaffung der Entfremdung entweder ein leeres Phantasiegebilde oder die Aufforderung zur äußersten Tyrannei.

Dasselbe darf vom herkömmlichen Traum einer ungestörten Einheit aller individuellen und sozialen Kräfte, Bedürfnisse und Interessen gesagt werden. Die Marxsche sozialistische Idee war ausschließlich auf der falschen Prämisse aufgebaut, daß alle menschlichen Antagonismen letzten Endes auf Klassengegensätze (im Marxschen Sinne des Wortes »Klasse«) zurückführbar sind. Daraus entstand die schwärmerische Hoffnung, daß die Enteignung der Bourgeoisie allen wichtigen Sozialantagonismen den Boden entziehen werde. Die simple Vorstellung, wonach die Menschen sich immer betrogen hätten, indem sie glaubten, sie kümmerten sich um etwas anderes als Klasseninteressen, wo sich doch in Wahrheit ihre sämtlichen »wirklichen«, »nicht-mystifizierten« Ziele in Klassenkategorien ausdrücken lassen und alles andere Schein ist – diese Vorstellung gab dem Sozialismus seine verlockende Einfachheit. Sie war auch die Quelle des Vertrauens in die Zauberkraft der Gewalt als dem technischen Mittel, um die totale Befreiung zu erreichen.

Man könnte argumentieren, wenn institutionelle Veränderungen allein kein Paradies zu produzieren vermögen, weder Antagonismen der menschlichen Interessen beseitigen noch die soziale »Einheit« erzeugen, warum sollten wir dann vermuten, daß die Menschen ohne Gewalt nicht dazu erzogen werden oder sich erziehen könnten, freiwillig auf ihre antisozialen Bedürfnisse zu verzichten, zu freundlicher Zusammenarbeit und gegenseitiger Hilfe fähig zu sein? Darauf antworte ich: Nein, wir dürfen derartiges nicht im voraus feststellen, einmal, weil wir nicht zu bestimmen vermögen, wieviel menschliche Aggressivität, Herrschgier, Eifersucht, Habgier von den veränderlichen, geschichtlichen Zufällen und wieviel von angeborenen Umständen abhängt. Wir dürfen dieses pessimistische Urteil zum anderen deshalb nicht annehmen, weil es notwendigerweise zu einer hemmenden Kraft würde, die uns daran hindert zu verändern, was veränderbar ist. So sicher wir wissen, daß nicht alles in der menschlichen Natur plastisch ist, sind doch die Grenzen der Plastizität nicht genau bestimmt. Da wir wissen, daß Menschen fähig sind, wohlwollend und freiwillig zu kooperieren und sich gegenseitig ohne Zwang zu helfen, sind wir nicht berechtigt zu entscheiden, daß eine Gesellschaft, in der wohlwollende Motivierungen in den menschlichen Verhältnissen überwiegen, absolut undenkbar ist. Äußerst gefährlich und uns nicht erlaubt ist aber der Gedanke, daß eine solche Gemeinschaft nicht durch eine langwierige Selbsterziehung, sondern allein auf institutionelle Weise erzeugt oder gar durch Gewalt aufgedrängt werden könnte, als ob wir Menschen mit der Peitsche zwingen könnten, einander zu lieben.

Andererseits gibt es eine einfache und allgemeingültige strategische Regel, die besagt: wenn einige relevante Umstände in der Situation, in der wir wirken, unbekannt sind und diese Umstände vom Standpunkt unserer Zwecke günstig oder ungünstig sind, sollen wir unter der Voraussetzung der schlimmsten und nicht der günstigsten Variante planen. Diese Regel scheint in rationalen Beurteilungen der eigenen Lage universell gültig zu sein. Wenn die Kräfte der feindlichen Armee zwischen fünf und zehn Einheiten geschätzt werden, müssen wir unter der Annahme der schlimmsten, das heißt zehn, und nicht der besten oder einer mittleren Möglichkeit unsere Strategie aufbauen – anderenfalls werden wir gewiß geschlagen, wenn nicht in der ersten, dann in der zweiten oder dritten Schlacht. So stoßen die zwei Regeln – die des selbstkräftigenden, also rationalen Optimismus, und die der Strategie des schlimmsten Falles – zusammen. Dennoch brauchen wir beide, und es scheint nicht, daß sie sich in einer höheren Regel synthetisieren lassen. Normalerweise ist es so, daß die Welt sowohl solche braucht, die an weite und offene Horizonte des Fortschritts glauben, als auch jene, die immer an den Preis denken, der dafür bezahlt wird, und es scheint höchst unwahrscheinlich, daß sich beide Einstellungen in einem Geist amalgamieren. Über eine gewisse Grenze führt der Optimismus leicht zur Ideologie des revolutionären Despotismus; über eine gewisse Grenze führt die Strategie des schlimmsten Falles zur Paralyse – das läßt sich einfach allgemein sagen, aber leider ist in keinem Fall die Grenze genau berechenbar. Von der optimistischen Seite muß der Gedanke bewahrt werden, daß die Versuche, dem Bösen Widerstand zu leisten, nie absolut zum Scheitern verurteilt sind. Von der Strategie des schlimmsten Falles bleibt das Prinzip immer gültig, daß die vollkommene Gesellschaft nur in der grausamen Form der Sklaverei verwirklicht werden kann.

Die zweite Komponente der Hoffnung auf das Ende der Entfremdung war die Vorwegnahme einer Gemeinschaft, in der die Menschen über alles, was sie betrifft, selbst entscheiden. So gefaßt, mag diese Formel kaum bestreitbar sein, aber jeder Versuch, sie spezifisch zu erklären, erweckt Zweifel. Was sind »die Menschen« in dieser Formel? Offenbar kann es sich nicht um jeden einzelnen handeln, als dem einfachen Grunde, daß meine Sachen meist auf verschiedene Weisen auch die Sachen anderer sind. Die Forderung, daß die Menschen über das, was sie betrifft, selbst entscheiden, kann auf dreierlei Art verstanden werden. Sie kann einfach die repräsentative Demokratie bedeuten – mit all ihren unvermeidlichen Unvollkommenheiten und Gebrechlichkeiten. Gerade die repräsentative Demokratie wurde von der marxistischen Orthodoxie wiederholt als ein Beispiel der entsetzlichen Entfremdung gebrandmarkt. Im Sinne sowohl der Fürsprache des Leninismus-Stalinismus (wie Georg Lukács) als auch mehrerer gegenwärtiger Gauchisten wird nun die Forderung erhoben, daß die aufgeklärten Träger der höheren (oder »emanzipatorischen«) Vernunft historisch berechtigt sind, kraft ihres aufgeklärten Wissens die Herrschaft über die Mehrheit auszuüben. So aufgefaßt, ist selbstverständlich die Abschaffung der Entfremdung identisch mit einem Polizeistaat, und das sowohl in der traditionellen leninistischen Variante als auch bei denen, die eine globale Revolution ohne Gehalt und ohne Arbeiterklasse verkünden wie Marcuse und seine Anhänger. Die dritte, von den Anarchisten seit langem verbreitete Deutung dieser Losung einer realen Selbstbesinnung war die sogenannte direkte Demokratie. Diese wurde von den Marxisten nicht ganz grundlos als unausführbar angegriffen und ausgelacht. Ich sage: nicht ganz grundlos, da man sich unter den Bedingungen der allseitigen Abhängigkeit der menschlichen Angelegenheiten im Weltmaßstab kaum eine Technik vorstellen kann, die es allen Menschen ermöglicht, ohne repräsentative Demokratie, direkt, wie in einem Dorfe, Entschlüsse über alles zu fassen. Marx' Argumente gegen Proudhon und Bakunin sind in diesem Punkte gültig: die volle Autonomie der kleinen Gemeinschaften, in denen die direkte Demokratie technisch möglich ist, würde verhängnisvoll alle Wirkungen der ökonomischen Anarchie im Maßstabe der ganzen Gesellschaft wiederherstellen, so daß vollkommene Selbstbestimmung in kleinen Einheiten die Herrschaft der anonymen Marktgesetze im großen Maßstabe – also »Entfremdung« – hieße. Auf der anderen Seite schließt ein jeder Sozialismus, der überhaupt erstrebt zu werden verdient, die Dezentralisierung und die weitgehende Autonomie der kleinen territorialen und produktiven Einheiten ein. Ohne dies würde Sozialismus Kommunismus, das heißt Staatseigentum an den Menschen, bedeuten. Es ist leicht, die anarchistische Utopie zu verspotten, wenn aber die einzige andere alternative Möglichkeit die angebliche (tatsächlich unmögliche) Totalplanung im Rahmen des wirklichen, nicht-angeblichen Despotismus wäre, würde das heißen, daß die ganze sozialistische Idee Bankrott machte, was – wie ich hoffe – nicht der Fall ist. Es ist unangenehm zu sagen, daß die Idee der Dezentralisierung in verschiedenen demokratischen Ländern mehr Verständnis unter den Konservativen als unter den Sozialisten findet.

Was niemand leugnen darf, ist das Bestehen einer mächtigen Tendenz, die nicht im Privateigentum an den Produktionsmitteln, sondern teils in der technologischen Entwicklung, teils in ideologischen Erscheinungen eingewurzelt ist und die in der wachsenden Rolle der zentralen Herrschaftsorgane und in der wachsenden Ohnmacht der einzelnen besteht. Sowohl das Wachstum des Wohlfahrtsstaatssystems als auch die rasch zunehmende Rolle des Staates bei der Beherrschung der Wirtschaft sind seit Jahrzehnten die Hauptursache der Bürokratisierung des Lebens gewesen, und es ist kaum vorstellbar, wie sie zu vermeiden wäre. Auch die fortschreitende Nationalisierung bewirkt ein Wachstum der Bürokratie, und man fragt vergeblich, wie wir die Bürokratie uns vom Halse schaffen könnten, da sie unentbehrlich ist. Die Frage ist nur, auf welche Weise vermieden wird, daß sie unkontrollierter Herr und nicht Werkzeug der Gesellschaft ist. Darin besteht u. a. die Hoffnungslosigkeit der gegenwärtigen Gauchisten: sie möchten, grob gefaßt, weniger Staat und mehr Gleichheit haben, und das ist leider unmöglich. Mehr Gleichheit heißt mehr Staat, und die absolute Gleichheit heißt absoluter Staat; kein Staat heißt äußerste Ungleichheit. Mehr Planung heißt weniger Autonomie der kleinen Einheiten, totale Planung heißt keine Autonomie, volle Autonomie heißt keine Planung. Diese offensichtlichen Wahrheiten noch einmal auszusprechen läuft keineswegs auf das Bekenntnis der Hoffnungslosigkeit hinaus. Es folgt aber daraus, daß der Sozialismus nur eine Bewegung der Kompromisse zwischen den sich gegenseitig begrenzenden Werten sein kann und nicht ein Versuch, sie alle zusammen in vollem Ausmaß zu entfalten. Sonst entartet er verhängnisvoll in das Versprechen des totalitären Despotismus. Seit ihrem Anfang ist die sozialistische Idee eine Sammlung von Werten gewesen, die aus empirischen, nicht notwendig logischen Gründen sich gegenseitig begrenzen. Das utopische Denken ist die Weigerung oder die Unfähigkeit, von dieser Tatsache Kenntnis zu nehmen. Autonomie der kleinen Gruppen und Einheiten ist nur durch Kompromisse und Zugeständnisse mit der Idee der Planung vereinbar. So ist es zwischen Gleichheit und Freiheit. So zwischen technologischem Fortschritt und Sicherheit: volle Sicherheit ist nur unter den Bedingungen der Stagnation denkbar. So ist es zwischen industrieller Demokratie und kompetentem Management.

Gleiches gilt für den anderen wichtigen Aspekt der Entfremdungstheorie: die Idee der Wiederversöhnung der empirischen Menschen mit ihrer »eigentlichen« Natur, was die Eliminierung von sogenannten »falschen Bedürfnissen« voraussetzt. Was aber die menschliche Natur in diesem offenbar normativen Sinne ist, kann nur arbiträr, auf philosophischen Prämissen entschieden, nicht empirisch erfaßt werden. Auch die alte Unterscheidung zwischen eigentlichen und falschen (oder »künstlichen«) Bedürfnissen muß arbiträr sein – außer wenn auch hier die Träger der höheren Vernunft feststellen, daß sie von ihrer erhobenen Lage das Recht haben zu entscheiden, was alle anderen wirklich brauchen und was sie sich nur zu brauchen einbilden. Außer den streng physiologischen, dem nackten Überleben dienenden Bedürfnissen sind alle anderen »künstlich«, von Menschen erzeugt. Wenn wir auch gut wissen, daß das Geld und die Reklame eine Zauberkraft haben, Bedürfnisse unendlich zu vermehren, wenn wir auch sicher sind, daß viele unter ihnen ohne Schaden, vielmehr zum Nutzen, nicht befriedigt werden könnten, haben wir keine nicht-arbiträren Kriterien, die »wahren« von den »Falschen« oder die »wirklichen« von den

»nur subjektiven« Bedürfnissen zu sondern. Falls es die Staatsbehörden sind, die bestimmen, welche Bedürfnisse den Titel der »eigentlichen« verdienen, bedeutet es, daß die universelle Rationierung eingeführt wird, was zuweilen notwendig ist, was aber schwerlich als eine herrliche Befreiung gefeiert werden kann. Die freiwillige Begrenzung der Bedürfnisse – im Gegensatz zu der repressiven oder durch Elend aufgedrängten Begrenzung der Befriedigung – könnte nur als Resultat der langen erzieherischen Leistung und nicht als institutioneller Akt zustande gebracht werden. Auch hier haben wir es mit einem Wertkonflikt zu tun, der nur auf dem Wege der Kompromisse und der gegenseitigen Begrenzungen gelöst werden kann.

Es hat in der Geschichte des Sozialismus immer eine Komponente gegeben, die man – nicht nur im pejorativen Sinne – Adoleszenzmentalität nennen könnte: das Gefühl, daß die Zukunft völlig offen bleibt, daß alles möglich ist, daß es keine fundamentalen Grenzen für unsere Versuche, die Welt zu verbessern und umzubilden, gibt. Dieses Gefühl, diese Gesinnung war für viele fruchtbaren Errungenschaften und für viele furchtbaren Niederlagen des Sozialismus verantwortlich (mögen diese Niederlagen auch als großartige Siege vorgestellt werden). Ohne Illusionen würden die Sozialisten vielleicht nicht viel getan haben. Wenn aber die Illusionen unkorrigierbar und gegen empirische Korrekturen unempfindlich werden, bilden sie sich fatal zur ideologischen Rechtfertigung der Unterdrückung um.

Und das sind die Gründe, warum ich glaube, es wäre nützlich, den Begriff »Entfremdung« aus dem sozialistischen Gedankengebäude auszuschließen. Es gibt darin auch sonst noch eine Menge von Wörtern, die mehr verdunkeln als erklären und deren Hauptfunktion darin besteht, den Schein der Erklärung zu schaffen, wo es keine gibt. Dazu gehören Wörter wie »dialektisch«, »Struktur«, »Humanismus«, »Verdinglichung«, »Befreiung«. Das Wort »Entfremdung« (und einige von den gerade erwähnten) soll eine Suggestion einblasen, daß wir, die es gebrauchen, eine fertige globale Lösung für alle menschlichen Schwierigkeiten in der Hand halten, während eine solche Lösung weder existiert noch je existieren wird. So hilft uns dieses Wort vor allem, das Denken loszuwerden und es durch eine vage Phrase zu ersetzen. Versuchen wir die Probleme des Sozialismus ohne jene globalen Scheinlösungen auszudrücken, dann gewinnen wir vielleicht an Klarheit und büßen gewiß nur an prätentiöser Selbstgefälligkeit ein.

Wenn ich glaube, daß die sozialistische Idee aus sich begrenzenden und in mehreren Fällen zusammenstoßenden Werten gebildet ist, will ich keineswegs sagen, daß diese Idee eine Niederlage erlitten hat, wohl aber, daß der Entwurf einer vollkommenen Gesellschaft sich nicht nur als unfruchtbar und unhaltbar, sondern auch als äußerst gefährlich herausgestellt hat. Ich setze voraus, daß unter diesen Werten die Freiheit immer als Kern bleiben muß, und dies nicht nur, weil sie einfach – ihrer instrumentalen Vorzüge ungeachtet – ein Wert an sich ist, sondern auch, weil sie die Bedingung schafft, unter der Gesellschaft überhaupt reformierbar und korrigierbar ist. Um das gleiche *ex negativo* auszudrücken: der Despotismus ist nicht nur deshalb verdammenswert, weil er uns des höchsten Wertes des Lebens beraubt, sondern auch weil er aus denselben Ursachen keine eingebauten selbst-korrigierenden Mechanismen hat. Nur unter dem Druck der Katastrophen ist er fähig, sich zu korrigieren. Dafür haben wir Beweise im Überfluß. Leider gab es keinen Moment, und wahrscheinlich wird es nie in der Geschichte einen geben, wo die Freiheit nicht gefährdet ist. Sie ist immer bedroht, sie muß immer verteidigt werden. Die Trägheit des sozialen Lebens tendiert zum Despotismus, sinkt in diese Richtung herab, wenn die Sache der Freiheit für eine Weile sorglos als verbürgt gilt.

Ist der bürokratische Sozialismus reformierbar?

Thesen über Hoffnung und Hoffnungslosigkeit

I.

Fassen wir kurz die wichtigsten Argumente zusammen, die man gewöhnlich zur Untermauerung der Behauptung anführt, das kommunistische System könne in seiner jetzigen Gestalt nicht reformiert werden:

Nach dieser Behauptung besteht die wichtigste gesellschaftliche Funktion dieses Systems in der Aufrechterhaltung der monopolistischen und unkontrollierten Macht des herrschenden Apparates. Alle stattgefundenen und denkbaren institutionellen und faktischen Wandlungen stießen dieses grundlegende Prinzip, dem alle politischen und wirtschaftlichen Maßnahmen der Herrschenden untergeordnet sind, nicht um. Das Monopol einer despotischen Herrschaft könne nicht partiell beseitigt werden (was quasi wie eine Tautologie klingt, da ja ein Monopol *ex definitione* nicht »partiell« sein kann). Alle stattgefundenen und denkbaren Veränderungen sind unwesentlich und leicht widerrufbar. Sie können nicht institutionalisiert werden, ohne daß der ganze Mechanismus der Zersetzung anheimfällt. Die Erfüllung der elementarsten Erwartungen der Arbeiterklasse wie der Intelligenz sei in den Grenzen des Systems eine Unmöglichkeit.

Es sei dies ein absolut rigides System, dem jegliche selbstregelnde Einrichtungen fehlten. Nur angesichts gewaltsamer Katastrophen sei es wandlungsfähig. Solche Katastrophen traten von Zeit zu Zeit ein; sie führten zu oberflächlichen Konzessionen und Umgruppierungen innerhalb der herrschenden Clique, ließen aber in der Struktur des Ganzen keinerlei Risse zurück.

Der Stalinismus im strikten Sinne: blutige und rücksichtslose Tyrannei eines einzelnen, sei die vollkommene Verwirklichung der Voraussetzungen des Systems gewesen. Spätere Veränderungen, insbesondere die erhebliche Milderung der terroristischen Herrschaftsform, wenngleich wichtig für die individuelle Sicherheit, änderten nicht im geringsten die despotische Natur des Systems, noch beschränkten sie die spezifisch »sozialistischen« Formen der Unterdrückung und Ausbeutung.

Da die Grundfunktionen dieser sozialen Ordnung gegen die Gesellschaft gerichtet seien, die ihrerseits jedweder institutioneller Formen der Selbstwehr beraubt sei, könne die einzig vorstellbare Wandlung nur den Charakter eines gewaltsamen Umsturzes haben. Ein solcher Umsturz sei nur im Maßstab des ganzen »sozialistischen« Weltsystems denkbar, da ja, wie die Erfahrung lehre, die sowjetische militärische Übermacht immer dazu ausgenutzt werde, jegliche Versuche lokaler revolutionärer Erhebungen zu ersticken.

Die Folge eines solchen Umsturzes wäre – wie die einen hoffen – eine sozialistische Gesellschaft im Sinne der marxistischen Tradition (das heißt gesellschaftliche Verwaltung der Produktions- und Verteilungsprozesse, gestützt auf das System der Volksvertretung) oder – gemäß der Hoffnung anderer – der Übergang zum westeuropäischen kapitalistischen Modell, das angesichts des wirtschaftlichen und ideologischen Bankrotts des Sozialismus der einzige vertrauenswürdige Weg der Entwicklung zu sein scheine.

Folgendes seien die wichtigsten Eigenheiten des sowjetischen Modells des Sozialismus, die – dieser Argumentation zufolge – bewirken, daß alle Hoffnungen auf seine teilweise, allmähliche oder durch sukzessive Reformen herbeizuführende »Vermenschlichung« vergeblich sein müßten. Es handelt sich um »strukturelle« Eigenschaften, die man in allen dem sowjetischen Muster nachgebildeten Ländern entdecken kann:

1. Was man gewöhnlich »Demokratisierung« des Systems nennt, sei im Rahmen dieses Systems unvorstellbar. Der politische Despotismus und das Monopol des herrschenden Apparates im Bereich der Produktionsmittel, der Investitionen, der Beschäftigung und der Verteilung des Nationalproduktes bedingen einander. Das politische Monopol der herrschenden Oligarchie stütze sich auf ihre Position als einziger Arbeitgeber und einziger Verwalter der Produktionsmittel. Deswegen bedeute jede noch so unvollkommene, aber authentische Bewegung, die eine

politische Demokratie anstrebt, die teilweise Enteignung der herrschenden Klasse, die zwar nicht der rechtliche Eigentümer der Produktionsmittel sei, jedoch alle Rechte und Privilegien eines kollektiven Eigentümers besitze.

Auf diesem fundamentalen Gebiet seien alle Abweichungen vom Prinzip nur scheinbar: Man kann ohne Schaden den Arbeitern Diskussionen über ihren Betrieb erlauben; man kann erlauben, daß Parlamentsausschüsse, die ja vom Parteiapparat einberufen werden, Einzelheiten der Wirtschaftspolitik diskutieren. Alle Entscheidungen würden ohnehin von denselben Organen getroffen, die keiner gesellschaftlichen Kontrolle unterliegen.

Wenn in Diskussionen eventuell Abweichungen von den Wünschen dieser Organe zutage treten, sei dies belanglos, da sich solche Wünsche infolge der minutiösen Aufsicht über die Information nicht als Druck von unten, von der Gesellschaft her, äußern könnten.

Alle von den Nationalökonomen vorgeschlagenen Reformen strebten eine Richtung an, die das Monopol des herrschenden Apparates auf wirtschaftliche Entscheidungen schwächen und ihm mit teilweiser Enteignung drohen. Also seien sie im vorhinein zum Mißerfolg verurteilt.

2. Es sei natürliche Tendenz des Systems, die Rolle der Experten, insbesondere in der Wirtschafts-, Sozial- und Kulturpolitik, unablässig zu vermindern. Wohl würden Gremien von Fachleuten geduldet, falls sie keinen Anspruch auf Entschlußfassung erheben, aber sogar diese nur höchst unwillig. Sie würden nach Möglichkeit beseitigt oder durch Scheinkörper ersetzt, die nach dem Kriterium des politischen Servilismus zusammengesetzt werden. Würde man den Experten eine tatsächlich bedeutende Rolle in der Entschlußfassung überlassen, würde das den Machtbereich der herrschenden Klasse einengen. Indolenz, Verschleiß gesellschaftlicher Energien und materieller Mittel, die Macht der Nichtskönner seien also gleichsam in den Herrschaftsmechanismus eingebaut und könnten nicht als vorübergehende, in Zukunft reparable Defekte gelten. Dieser Mechanismus ließe nicht zu, daß rein »technische« Kriterien, die nicht der Aufrechterhaltung und Festigung der bestehenden Macht dienen, Einfluß auf diese Macht ausüben.

3. Freiheit der Infomation – unerläßliche Bedingung für das Funktionieren sowohl der Wirtschaft als auch solcher Gebiete wie Schulwesen und Kultur – sei undenkbar ohne Vernichtung des ganzen Machtsystems, welches bei einem ungestörten Informationsfluß zweifellos in kurzer Zeit untergehen müßte.

Undurchführbar sei auch das Projekt einer gesperrten, nur den Herrschenden zugänglichen und je nach Position in der Machthierarchie dosierten Information. Auch wenn die Herrschenden sich in dieser Beziehung nicht mehr selbst belügen wollen und sich um unverfälschte Information bemühen, wäre unvermeidbar, daß sie desinformiert, daher ihren eigenen Lügen zum Opfer fallen würden. Zwar sind die Zeiten vorbei, als Stalin mit einer Statistik, die für seinen Geschmack nicht rosig genug war, dadurch fertig wurde, daß er die Statistiker ermordete und Nachrichten über das Leben in den Kolchosen aus Filmen über Kolchosen bezog. Daß die groteskeste Desinformation verschwand, ändere aber nichts daran, daß die Desinformation der Herrschenden in das System eingebaut sei.

Dies fließe aus mindestens zwei Umständen:

Zum einen seien die Zulieferer der gesperrten Information meist dieselben Menschen, die im herrschenden Apparat auf niedrigeren Stufen die Verantwortung für die Angelegenheiten, über die sie informieren, tragen. Es sei also Norm und nicht Ausnahme, daß eine unangenehme Nachricht einer Selbstdenunziation gleichkommt, die man Menschen normalerweise kaum zumuten kann; daß die Überbringung günstiger Informationen belohnt, die Überbringung ungünstiger dagegen bestraft wird. Dieses System erweitert sich naturgemäß auf alle Kategorien von Informanten. Beispiele seien zahllos und allen hinreichend bekannt.

Zum anderen: Wenn das Sammeln von Informationen durch nichts anderes begrenzt sein soll als durch das Bestreben nach Feststellung des tatsächlichen Zustandes, so wäre hierzu ein großer Apparat erforderlich, frei von allen »politischen« Servituten, mit unbeschränktem Spielraum für das Zusammentragen, wenn auch nicht für die Übermittlung von Informationen. Ein solcher Apparat wäre aber in diesem System nicht nur etwas Unnatürliches, sondern auch eine politische Gefahr, denn er wäre ein Organismus, der keinen »ideologischen« Restriktionen unterläge. Eine große Menge der unter diesen Bedingungen zusammengetragenen Informationen würde die inneren Spannungen und Konflikte auf höheren Stufen des Apparates, für den diese Informationen bestimmt sind, unvermeidbar steigern. Es gibt fast keine »harmlose« Information. Unverfälschte Informationen über das Leben der Gesellschaft würden von konkurrierenden Gruppen und Cliquen, die höhere Stellungen anstreben, gegen die Inhaber dieser Stellungen unvermeidlich ausgenutzt werden.

Die allgegenwärtige Selbsttäuschung des Systems scheint auf den ersten Blick Dummheit zu sein; in Wirklichkeit ist sie ein Selbstwehrmechanismus dieses Systems. Die herrschenden Gruppen zahlen zwar zuweilen für ihre selbstproduzierten Lügen, aber im Endeffekt lohnen sich diese Kosten für sie (um so mehr, als deren Großteil letzten Endes das Volk bezahlt), weil sie die Stabilität und Sicherheit der Macht festigen.

4. Eine weitere Eigentümlichkeit des Sozialismus in seiner gegenwärtigen sowjetischen Version sei die unvermeidliche geistige und moralische Degradierung des Apparats, der die für das Leben der Gesellschaft wichtigsten Entscheidungen trifft. Dies sei eine Eigenschaft des politischen Mechanismus selbst, nicht Resultat des guten oder bösen Willens der Machthaber. Dieser Mechanismus setzt eine strikt einbahnige Abhängigkeit innerhalb der Hierarchie voraus, was wiederum eine Folge des Monopols auf die Macht sei. Somit seien, wie in allen despotischen Systemen, positive, für die persönliche Karriere hilfreiche Eigenschaften: Servilismus, Feigheit, Mangel an Initiative, Gehorsam, Bereitschaft zum Denunzieren, Gleichgültigkeit gegenüber öffentlicher Meinung und öffentlichem Wohl. Negative, schädliche Eigenschaften seien: Initiativfreudigkeit, Sorge um das öffentliche Wohl, Charakterfestigkeit, die bei Kriterien der Wahrheit, der Effizienz und des Nutzens für die Allgemeinheit beharrt und auf Interessen des Apparates nicht achtet.

Der Mechanismus der Macht führe somit zu einer natürlichen negativen Auslese der leitenden Kader in allen Bereichen des Machtapparates, vor allem im Parteiapparat. Die vierzehn Jahre unter Gomulka in Polen seien eine krasse Bestätigung hierfür. Ihr hervorstechendes Merkmal war die systematische Beseitigung kompetenter und mit Initiative begabter Menschen zugunsten feiger und charakterloser Kreaturen. Was sich seit März 1968 abgespielt habe – die massenhafte Promotion von Ignoranten, Denunzianten oder einfach Halunken (»Invasion der Wanzen« nannte man dies in Warschau) –, habe nur einen seit vielen Jahren andauernden Prozeß beschleunigt und intensiviert. Wie immer und überall könnte man Ausnahmen nennen, aber nur wenige.

Umgekehrte Prozesse ließen sich manchmal in Krisensituationen beobachten, doch änderten sie nichts an der grundsätzlichen Tendenz des Systems, das naturgemäß in Kompetenz und Initiative feindliche Erscheinungen sehen müsse.

Verschiedene Bestandteile der leitenden Maschine unterlägen diesem Prozeß der Anti-Selektion in verschiedenem Grade; so könne man in der wirtschaftlichen und industriellen Administration recht viele Menschen finden, die etwas leisten, Mut besitzen und sich an der Mauer der Indifferenz, Angst und Indolenz, mit der sich der Parteiapparat umgürtet, hartnäckig die Köpfe blutig schlagen. Die wenigsten ließen sich jedoch im Parteiapparat und in seinen politischen und propagandistischen Abzweigungen entdecken, wo das Prinzip der Auslese der Allerärgsten seine größten Triumphe feiere.

5. Despotische Herrschaftsformen erzeugten notwendigerweise einen Bedarf nach permanenter, zumindest periodisch wiederkehrender Aggression. Daß der Krieg das Grab der Demokratie ist, wissen wir seit Jahrhunderten. Aus diesem Grunde eben ist er ein Bundesgenosse der Tyrannei. Mangels äußeren Krieges erfüllten eine ähnliche Funktion verschiedene Formen der inneren Aggression; Zweck sei die Hervorbringung eines Zustandes ununterbrochener Bedrohung, die Psychose einer belagerten Festung, auch mit Hilfe ausgefallenster Mittel und völlig imaginärer Feinde.

Die immer wieder unternommenen Akte der brutalen Aggression gegen immer neue Bevölkerungsgruppen, die man sich nach jeweils bequemen Kriterien aussucht, seien kein Produkt des Wahnsinns, sondern inhärente Funktion des Machtmechanismus, der ohne Todfeinde, die auf jede seiner Schwächen lauern, nicht auskommen kann. Nur auf diese Weise könne er sich die von ihm gewünschte Bereitschaft zur Mobilisierung sichern. Er produziere seine Feinde selbst: Die Akte seiner wiederholten

Aggression erzeugen unvermeidlich Feindschaft und Widerstand der Verfolgten, eben jene Situation, die dann als Vorwand für Repression dient. Das repressive System sei also mit einem Selbstantrieb versehen: Jeder Akt der inneren Aggression schaffe die Notwendigkeit der nächsten Aggression.

6. Monopolitische Macht mache deren ständige Arbeit an der Desintegrierung der Gesellschaft nötig: Zerschlagung aller Formen des sozialen Lebens, die nicht vom herrschenden Apparat dekretiert sind. Da soziale Konflikte durchaus nicht behoben, sondern durch Repressionen erstickt und mit ideologischer Phraseologie verschleiert würden, suchten sie für ihre Artikulation die verschiedensten Wege: Die harmlosesten Formen der gesellschaftlichen Organisation könnten sich, sobald sie nicht unter lückenloser Polizeiaufsicht stehen, in der Tat in Zentren der Opposition verwandeln.

Daher die Tendenz zur »Verstaatlichung« aller Formen des gesellschaftlichen Lebens, unaufhörliche Pression, um alle spontanen gesellschaftlichen Bande zu zerreißen zugunsten zwangsweiser Pseudo-Vereinigungen, deren einzige Funktion eine negative und zerstörerische ist und die niemandes Interessen repräsentierten außer denen der herrschenden Klasse.

Obzwar das System Feinde brauche, fürchte es alle Formen organisierter Opposition; es wolle nur solche Feinde, die es selbst bestimme und unter selbstgewählten Bedingungen bekämpfe.

Es sei natürliches Bedürfnis des Despotismus, die Menschen einzuschüchtern und ihnen jegliche Mittel organisierten Widerstandes zu entreißen: daher eine absichtlich unklar und vieldeutig formulierte Gesetzgebung. Damit eine möglichst große Anzahl von Bürgern sich als Verbrecher fühle, darf die Skala der Repressalien durch keine exakten rechtlichen Bestimmungen begrenzt sein, sondern muß der willkürlichen Manipulation durch Polizei und Partei unterliegen.

7. Der herrschende Apparat habe keinen freien Spielraum bezüglich der Rechte seiner Bürger. Er könne, ohne seinen eigenen Untergang heraufzubeschwören, diese Rechte nicht erweitern, sogar wenn dies in der Absicht der Regierenden läge. Die Erfahrung zeige, daß Zugeständnisse an wie immer geartete demokratische Forderungen, statt Beruhigung und Befriedigung

über die teilweisen Errungenschaften hervorzurufen, umgekehrt zu einem verstärkten Druck führten, der lawinenhaft anzuwachsen beginne und die ganze politische Ordnung unter sich zu begraben drohe. Die Versklavung der Gesellschaft, das Gefühl der Unterdrückung und Ausbeutung seien so stark, daß der feinste Riß im Gefüge der institutionalisierten Übermacht, die bescheidensten Reformen sofort gewaltige Reserven unterdrückter Feindschaft und heimlicher Wünsche freimachen; die Folge sei dann eine unberechenbare Explosion. Sogar die Philantropie der Herrschenden – vorausgesetzt, sie läge im Bereich der Möglichkeit – wäre nicht imstande, die politische und ökonomische Unfreiheit der arbeitenden Bevölkerung zu lindern.

II.

Dies sind die wichtigsten Argumente zur Begründung der These – die mit dem Geist der marxistischen Tradition in Einklang steht –, daß die spezifisch »sozialistische« Form der Unfreiheit nicht teilweise beseitigt noch durch allmähliche Reformen reduziert werden könne, sondern mit einem Schlag total vernichtet werden müsse. Ich bin nicht der Meinung, daß diese These richtig ist. Ihre Verkündung scheint mir eher eine Ideologie des Defätismus als ein revolutionärer Appell zu sein. Meine Überzeugung begründe ich mit vier allgemeinen Prämissen:

Erstens sind wir nie imstande, im voraus die Grenzen der Plastizität irgendeiner gesellschaftlichen Ordnung zu bestimmen; die bisherige Erfahrung spricht durchaus nicht für die absolute Rigidität des despotischen Modells des Sozialismus.

Zweitens hängt die Rigidität jedes Systems zum Teil auch davon ab, inwiefern die in ihm lebenden Menschen von dieser Rigidität überzeugt sind.

Drittens basiert die vorher dargelegte These auf der Ideologie »Alles oder nichts«, die charakteristisch ist für die in der marxistischen Tradition formierten Menschen. Sie wird aber von den bisherigen geschichtlichen Empirie keineswegs untermauert.

Viertens ist der bürokratische sozialistische Despotismus in innere Widersprüche verstrickt, die er keiner Synthese entgegenführen kann und die unvermeidlich seine Geschlossenheit schwächen. Diese Widersprüche haben nicht eine sinkende, sondern eine steigende Tendenz.

Alle vorher erwähnten Mechanismen, deren Existenz den Gedanken zu rechtfertigen scheint, daß der sozialistische Despotismus nicht reformierbar sei, wirken tatsächlich in diesem System, haben sich wiederholt spürbar gemacht und sind der augenscheinlichen Beobachtung aller in jener Zone Lebenden zugänglich. Alle enthüllen sie die natürliche Tendenz des Systems, dessen grundlegende Formen gegen die arbeitende Gesellschaft gerichtet sind. Aus diesen Beobachtungen ergibt sich, daß der Mechanismus der bürokratischen Macht, wenn er ohne jeden Widerstand der Gesellschaft funktioniert, unfehlbar alle vorher beschriebenen Erscheinungen in immer intensiveren Formen erzeugt, bis er schließlich das Orwellsche Modell erreicht. Daraus folgt jedoch nicht, daß es kein Gegengewicht gegen diese Tendenzen geben kann. Widerstand vermag sie einzuschränken und abzuschwächen. Das würde zwar nicht zu einer vollkommenen Gesellschaft führen, aber zu einer Form der sozialistischen Organisation, die lebensfähig wäre und ihren Mitgliedern das Leben ermöglicht.

Der reformistische Standpunkt wäre absurd, setzte er seine Hoffnungen in den guten Willen der Ausbeuterklasse, in die Philantropie des Machtapparates oder in einen selbsttätigen Funktionsmechanismus des Systems. Er ist aber keineswegs absurd, wenn man ihn als Idee des aktiven Widerstandes auffaßt, der sich die immanenten Widersprüche des bürokratischen Sozialismus zunutze macht.

Alle hier beschriebenen Besonderheiten des bürokratischen Sozialismus sprechen eindeutig dafür, daß seine immanenten Tendenzen der ununterbrochene Ausbau polizeilicher Herrschaftsformen, die Desintegration und Demoralisierung der Gesellschaft, die Petrifizierung der wirtschaftlichen Leistungsschwäche und die Verewigung aller Eigenheiten des gesellschaftlichen Daseins sind, Tendenzen, die das Leben der arbeitenden Bevölkerung zur Qual machen. Aber in dieser Beziehung war es um die kapitalistische Wirtschaft, die Marx zum Gegenstand seiner Analyse machte, ähnlich bestellt. Alle Tendenzen dieser Wirtschaft, im Bereich der Produktion und des sozialen Lebens, hatte Marx sich nicht willkürlich ausgedacht, vielmehr aus der genauen Beobachtung der Gesellschaft abgeleitet. Es gab triftige Gründe für die Annahme, daß dem Kapitalismus eine unausweichlich wachsende Polarisierung der Klassen innewohnt, die absolute Verelendung des Proletariats, das fortschreitende Absinken der Profitrate, Anarchie und periodische Krisen der Überproduktion, Massenarbeitslosigkeit, ein Dahinschwinden der Mittelklassen; daß alle im Rahmen dieses Systems durchführbaren Reformen nicht dauerhaft sein können, weil die fundamentalen Gesetze, die der »Wolfshunger des Mehrwerts« mit sich bringt, innerhalb dieses Systems nicht aufgehoben werden können; deshalb beruht der eigentliche Sinn der Reformen auf ihrer politischen Bedeutung, darauf, daß sich das Proletariat im Kampf übt und seine für den Endkampf notwendige Klassensolidarität zementiert.

Marx erkannte selbstverständlich alle Gegentendenzen, welche die Gesetze der kapitalistischen Akkumulation schwächen, Tendenzen, deren wichtigste – aber nicht die einzige– der Widerstand der Arbeiterklasse ist. Die Kraft jener Tendenzen und Gegentendenzen in der künftigen Evolution der Gesellschaftsordnung ließ sich quantitativ nicht abmessen, und bei aller wissenschaftlichen Fundiertheit der Marxschen Analysen war seine Überzeugung, daß letztlich die Gesetze des Kapitalismus immer stärker sein würden als der Widerstand der Arbeiterklasse, nur Ausdruck seiner ideologischen Sicht.

Wenn sich die Voraussagen bezüglich der fortschreitenden Degradation und Verelendung des Proletariats sowie der wachsenden Anarchie der Produktion und der Krisen nicht bewahrheiteten, so ist das nicht der Philantropie der Bourgeoisie noch ihrer moralischen Wandlung zuzuschreiben. Das war ein Resultat langjähriger Kämpfe und Konfrontationen, durch die die bürgerliche Gesellschaft gezwungen wurde, sich gewisse Prinzipien der sozialen Organisation zu eigen zu machen. Die Exploitation wurde nicht aufgehoben, doch wurde sie in industriell hochentwickelten Ländern wesentlich beschränkt; die besitzenden Klassen mußten sich mit einer Schmälerung ihrer Privilegien abfinden, um wenigstens das zu retten, was sich ohne Vernichtung ihrer Gesellschaft retten ließ.

Gewiß, solche Analogien sind nicht ganz befriedigend. Die »sozialistische« Bürokratie hat aus den Niederlagen der Bourgeoisie gelernt, wie gefährlich jede Freiheit der Vereinigung und Freiheit der Information ist. Deshalb muß sich im sowjetischen Despotismus der Widerstand gegen Unterdrückung und Ausbeutung unter ärgeren Bedingungen durchsetzen als je zuvor; in der ganzen Geschichte verfügte noch nie eine Ausbeuterklasse über so viel Macht. Aber diese Machtkonzentration ist nicht nur eine Quelle der Stärke, sondern auch der Schwäche, wie die Geschichte des poststalinistischen Kommunismus beweist.

Die Natur des Systems erfordert eine lückenlose Konzentration des Dispositionszentrums. In der Tat war die Macht Stalins (und seiner lokalen Kopien in Taschenformat) die vollkommenste Verkörperung der Prinzipien des despotischen Sozialismus. Aber die Unmöglichkeit, Stalins Macht wiederherzustellen, fließt aus der Unmöglichkeit, zwei für den herrschenden Apparat gleich wichtige Werte zu vereinen: Einheit des Apparats und Sicherheit für die Apparatschiki.

Konkurrenzkonflikte innerhalb des Apparates können nicht institutionalisiert werden, ohne daß dem ganzen System Ruin droht; eine solche Institutionalisierung würde die Legalisierung der Fraktionen in der Partei bedeuten und sich nur unmerklich vom Mehrparteiensystem unterscheiden. Gruppen, Cliquen, Klüngel, die sich spontan aufgrund verschiedener Kriterien und Interessen bilden, sind dennoch ein unvermeidliches Produkt des gesellschaftlichen Lebens. Das Ideal ist deswegen die absolute Tyrannei eines Selbstherrschers, geistig und moralisch beschränkt genug, um sich an keine »abstrakten« Prinzipien gebunden zu fühlen, zugleich klug genug, um jede Erhärtung von Gruppen im Parteiapparat durch ein Gemetzel nach dem anderen, eine Säuberung nach der anderen zu vereiteln und so die Instrumente der Herrschaft in ständigem Fluß und ständigem Schrecken zu halten.

Dies steht jedoch in scharfem Widerspruch zum Sicherheitsbedürfnis des Apparats. Begreiflicherweise will dieser nicht in einer Situation leben, wo jeder Funktionär – Mitglieder des Sekretariats und Politbüros der Partei miteingeschlossen – auf einen Wink seines Chefs aus seinem Arbeitszimmer in die Kasematten der Polizei übersiedeln kann. Der Übergang von der Selbstherrschaft zur Oligarchie, genannt »kollektive Führung«, lag im höchsten Interesse der regierenden Maschine; er ist durchaus nicht belanglos, obwohl man meinen könnte, daß es dem geschundenen Menschen nicht viel ausmacht, ob die Dokumente, die ihm Unterdrückung verheißen, eine oder zehn Unterschriften tragen.

Oligarchie bedeutet natürlich keine »Demokratisierung«, aber erhebliche Beschränkung der terroristischen Herrschaftsform. Darüber hinaus schwächt sie die Stabilität der Macht und zieht unausweichlich Dezentralisierung (wohlgemerkt: nicht Demokratisierung) nach sich: Sie festigt die Position und erweitert die Rechte der lokalen Apparate. Dieser Apparat ist nicht mehr imstande, latente Fraktionsbildungen zu verhindern, und muß konkurrierende Körper hervorbringen, die seine Wirksamkeit schwächen.

Nun ist das Entstehen von Widerstand nicht dann am wahrscheinlichsten und wirksamsten, wenn Unterdrückung und Terror am schwersten auf der Bevölkerung lasten, sondern umgekehrt, gerade in Momenten einer relativen Lockerung. Diese treffende Beobachtung verdanken wir Lenin.

Die gegenwärtigen Apparate sind zwar für ideologische Erschütterungen nicht so anfällig wie der stalinistische Apparat, der aus diesem Grunde nach dem moralischen Ruin des Führers aus dem Gleichgewicht geriet, dafür kranken sie aber chronisch an inneren Konflikten der rivalisierenden Gruppen und werden dadurch demoralisiert.

Zwar liegt es im Interesse aller dieser Gruppen, ihre Konflikte vor der Gesellschaft zu verbergen, aber auf diesem Gebiet kann die Geheimhaltung nie ganz gelingen, innerhalb der politischen Maschinerie versagt sie überhaupt. Die teilweise Lähmung des Apparats wird demnach unheilbar. Sie durchläuft verschiedene Perioden der Erholung und Verschlechterung, denn die Stabilität des Apparats hängt von einigen, miteinander nicht verbundenen Faktoren ab, deren gemeinsame Wirkung schwer vorauszusehen ist. Jedenfalls hat die von der Situation aufgezwungene teilweise »Destalinisierung« des Stalinismus einen Mechanismus der Degradierung der Macht in Bewegung gesetzt, der eine wirksame Widerstandsbewegung ermöglicht. Mit anderen Worten: Solange der Apparat stabil und gegen politische Erschütterungen immun war, konnte er es sich leisten, die Unzufriedenheit der Bevölkerung nicht zu beachten. Diese Stabilität hat er jedoch verloren. Dafür, daß die Angst der Apparatschiki vor dem Führer und der eigenen Polizei kleiner geworden ist, bezahlen diese mit ständiger Angst vor der Gesellschaft, vor Konkurrenten, vor eigenen und ausländischen Vorgesetzten, vor der Arbeiterklasse, der Intelligenz, sogar vor kleinen Gruppen von Intellektuellen.

Ein weiterer nicht zu unterschätzender innerer Gegensatz des bürokratischen Sozialismus ist das Bedürfnis nach radikaler Wandlung der Ideologie und zugleich die Unmöglichkeit des Verzichts auf die stalinistisch-leninistische Ideologie. Zum Unterschied von demokratischen politischen Organismen, die sich auf den gesellschaftlichen Konsensus als Prinzip ihrer Legalität berufen können, muß der Despotismus, der ohne Volksvertretung auskommt, zwecks einer scheinbaren Legitimierung seiner Existenz unweigerlich über ein ideologisches System verfügen, und sei es noch so kümmerlich. Kein Staat und kein Machtsystem kann ohne Legitimation auskommen, ob diese nun das Erbe des königlichen Charismas sein wird oder das Prinzip der freien Wahlen. In Ermangelung dieser beiden Möglichkeiten hat diese Legitimation ideologischen Charakter: das Prinzip, daß die herrschende Partei die Interessen der Arbeiterklasse schlechthin und der ganzen Nation verkörpere; daß der Staat Teil einer weltweiten Bewegung der Arbeiterklasse sei, die ihre Herrschaft bereits in manchen Teilen der Welt errichtet habe, um sie einmal auf alle auszudehnen. Die Ideologie hat bekanntlich in diesem Machtsystem eine ganz andere Funktion als in demokratischen Systemen, wie kläglich auch ihre Prinzipien in Konfrontation mit der Wirklichkeit anmuten mögen. In diesem Augenblick ist die Ideologie für den Apparat in der sozialistischen Welt ein schwerer Ballast, den er jedoch unmöglich abwerfen kann. Die internationalistische Phraseologie ist den sowjetischen Machthabern unabkömmlich, denn sie bildet die einzige Legitimation ihrer äußeren Herrschaft; auch den von ihnen abhängigen lokalen Machthabern ist sie unentbehrlich als Rechtfertigung sowohl ihrer Abhängigkeit als auch der eigenen Macht. Es könnte zum Beispiel scheinen, daß die sowjetischen Führer die nicht regierenden kommunistischen Parteien vollkommen ignorieren könnten, die sie doch keineswegs zu einem wirklichen Kampf um die Macht drängen wollen, und daß eventuelle Spaltungen oder Abweichungen in diesen Parteien keinerlei politische Bedeutung haben. In Wirklichkeit ist dem aber nicht so, denn ein restloser und offener Verzicht auf die kommunistische Bewegung in Ländern, die nicht der sowjetischen Kontrolle unterliegen, könnte nur um den Preis des Verzichts auf die Prinzipien zustande kommen, die eben diese Kontrolle rechtfertigen. Deshalb fallen die Herrschenden ihrer eigenen Ideologie mitsamt all ihren Sinnlosigkeiten zum Opfer. Es ist eine paradoxe Erscheinung, daß diese Ideologie, an die praktisch niemand mehr glaubt – weder diejenigen, auf deren Geheiß sie gepredigt wird, noch diejenigen, die an ihrer Verkündung verdienen, noch diejenigen, die sie anhören müssen –, weiterhin eine todernste Sache für die Existenz des politischen Systems ist. Das leblose und schon groteske Gebilde, das sie Marxismus-Leninismus nennen, würgt weiterhin den Hals der Regierenden wie ein Geschwür, das die Atmung behindert.

Der Überzeugungswert dieser Ideologie ist in den Ländern des Sowjetblocks gleich Null, und die Herrschenden wissen das. Deshalb beruft sich die Propaganda, die irgendeinen Widerhall in der Bevölkerung – und auch in der Partei – wecken will, immer weniger auf sie und konzentriert sich fast gänzlich auf Ideen der Staatsräson oder des nationalen Interesses. Aber gerade daraus wird ein neuer Widerspruch des Systems geboren:

Es entsteht in diesen Ländern neben der artikulierten Propaganda eine unartikulierte, manchmal wichtiger als die erstere. Es geht dabei um gewisse Ideen und Grundsätze, die man in Reden und Zeitungen unmöglich offen aussprechen kann, die aber dennoch die Bevölkerung erreichen müssen. In der Sowjetunion ist dies die Großmachtidee, der Ruhm des großen Imperiums, das, mehr oder weniger direkt, über riesige Räume des Erdballs gebietet. Zum Unterschied vom offiziellen »Marxismus-Leninismus« kann die Großmachtideologie auf wirklichen Anklang rechnen.

In den Ländern der Volksdemokratie jedoch ist die stillschweigend angenommene Ideologie eine Ideologie der Angst vor den sowjetischen Panzern, die mittels verschiedener Andeutungen den Menschen eingeflößt wird. Auch in diesem Fall kann die nichtartikulierte Ideologie zum Unterschied von der artikulierten auf eine gewisse Resonanz beim Volk rechnen. Um die

Menschen zu überzeugen, daß die russischen Führer jedes ungehorsame Protektorat zerschmettern können, bedarf es keiner ausgeklügelten Argumente.

Bis zu einem gewissen Grad sind beide unartikulierte Ideologien – die zentrale und die periphere – in den Folgen konvergent, aber auf diese Konvergenz als festes Fundament der Herrschaft zu bauen wäre eine überaus kurzsichtige Politik; nicht nur deswegen, weil in beiden Fällen die unartikulierte Ideologie nicht die Ergänzung, sondern die krasse Verneinung der offiziellen ist, sondern auch deswegen, weil sie ihr Ziel – eine vorläufige Befriedung – nur um den Preis der Verewigung und Schürung gegenseitiger nationaler Feindschaften erreichen kann, was in Zeiten der Ruhe günstig scheinen mag, in Krisensituationen jedoch überaus gefährlich wird. Indessen gibt es keinen anderen Ausweg, wenn der herrschende Apparat einen auch nur minimalen Kontakt zur Gesellschaft aufrechterhalten soll.

Unter den historischen Späßen Stalins ist folgende berühmte Frage in die Überlieferung eingegangen: »Wieviele Divisionen hat der Papst?« Die Misere dieser Frage entblößt die Misere eines politischen Systems, das alles verloren hat außer den Divisionen (zugegeben, das ist nicht wenig), das an nichts außer an Divisionen glauben kann und sich dessen sogar rühmt, als Ideologie des gesunden Menschenverstandes, und das nicht bedenkt, daß es selbst dank der Februar- und der Oktoberrevolution entstanden ist, die nicht mit Divisionen gesiegt haben, sondern dank der moralischen Zersetzung des zaristischen Imperiums und seiner Armee.

Die ideologische Paralyse des bürokratischen Sozialismus greift immer weiter um sich. Sie ist irreversibel. Die aufeinanderfolgenden Kampagnen und Konferenzen der Parteiinstanzen über den »ideologischen Kampf« können neue Mittel der Repression und Abschreckung ausarbeiten, sind aber nicht imstande, der Gesellschaft etwas anderes zu bieten als immer wieder dieselben abgeschmackten Phrasen. Versuche, die Niederlage dennoch abzuwenden, nehmen zwei Formen an: nationalistische Phraseologie oder Phraseologie der Ordnung und Effizienz; um diese Losungen gruppieren sich die nur locker zusammengehaltenen Fraktionen. Die Phraseologie des ersten Typs ist jedoch von geringem Wert, da das prinzipielle und zentrale Problem – die wirkliche Souveränität des Volkes – ihr naturgemäß eine unüberwindbare Schranke in den Weg stellt. Der zweite Typ der Phraseologie wäre wirksam, wenn er sich mit einem durchführbaren, auf »technokratische« Grundsätze gestützten Programm ausweisen könnte. Aber ein »technokratisches« Programm impliziert den Vorrang der Leistungsfähigkeit der Produktion und des technologischen Fortschritts vor »politischen« Werten und ist als solches nur um den Preis eines sukzessiven Verzichts des herrschenden Apparats auf den Umfang seiner Macht real, also um den Preis seines Einverständnisses mit einer allmählichen Expropriation der herrschenden Klasse.

Hier berühren wir einen weiteren inneren Widerspruch des Machtsystems: den Widerspruch zwischen dem Fortschritt in Technik und Produktion – und dem System der politischen Macht, das diesen Fortschritt ununterbrochen hemmt. Für diesen Widerspruch gilt die klassische Marxsche Definition bezüglich der kapitalistischen Produktionsweise; er machte sich aber noch nie so stark bemerkbar wie gerade in jenem Gesellschaftssystem, das geschaffen wurde, um ihn zu überwinden. Alle vorher aufgezählten Eigenschaften des sozialistischen Despotismus sind aus offenkundigen Gründen mächtige Hindernisse für den technologischen Fortschritt und vertiefen die Stagnation des Systems.

Der technologische Fortschritt (nicht nur der auf die militärische Technik beschränkte) und sogar eine Konsumsteigerung (entgegen gewissen politischen Vorteilen, welche die allgemeine Armut des Volkes und die Knappheit an elementarsten Gütern dem System bringen), liegen aus verschiedenen Gründen im Interesse der herrschenden Klasse. Je höher das allgemeine Niveau der Entwicklung, desto schwerer erreichbar sind außerordentliche Resultate in einem isoliert behandelten Produktionszweig, dem militärischen. Ferner hängen die Erwartungen der Bevölkerung in hohem Maße an der Konfrontation ihrer eigenen Lage mit den höchstentwickelten Ländern; es ist heute unmöglich, sich total gegen diesbezügliche Information abzukapseln. Daher wächst bei einer stagnierenden oder sogar leicht verbesserten Situation auf dem Verbrauchermarkt der subjektiv empfundene Mangel und die Unzufriedenheit. Und man kann nie voraussehen, in welchem Moment diese Unzufriedenheit im Verein mit anderen Umständen den Siedepunkt erreicht. Überhaupt läßt sich der internationale Wettbewerb nicht mehr vermeiden, auch wenn er unbequem ist; und die Bedingungen dieses Wettbewerbs werden immer schwieriger.

Wenn die Machthaber versichern, wie sehr sie den technischen Fortschritt und die Verbesserung der materiellen Lage des Volkes herbeiwünschen, so ist dies im allgemeinen wahr. Nur widersprechen diese Wünsche anderen Intentionen dieser Machthaber, insbesondere der Festigung des eigenen Monopols auf unkontrollierte Macht auf allen Gebieten des öffentlichen Lebens.

Wenn dieser Widerspruch nicht zu beseitigen ist, so bedeutet dies keineswegs – wie Isaak Deutscher zu erwarten schien –, daß sich das »sozialistische« System unter dem selbsttätigen Druck des technischen Fortschritts demokratisieren wird. Der Gegensatz zwischen der technologischen Entwicklung und dem politisch-ökonomischen Herrschaftssystem kann nur dann zu einem Hebel der Demokratisierung werden, wenn er die Form eines politischen Konflikts annimmt: zwischen allen an der Erhaltung des Ausbeutungsmechanismus interessierten Schichten einerseits, der Arbeiterklasse und der Intelligenz, vor allem – aber nicht ausschließlich – der technischen und der Managerintelligenz, anderseits.

Zu den bisher aufgezählten Widersprüchen kommt noch ein weiterer, der sich aus der nationalen Lage der vom sowjetischen Imperium abhängigen Länder ergibt. Der lokale Herrschaftsapparat ist daran interessiert, die Abhängigkeit vom sowjetischen Imperialismus, die ihm die eigene Position garantiert, aufrechtzuerhalten. Aber zugleich ist er auch an einer Schwächung dieser Abhängigkeit interessiert, da dadurch seine eigene Entscheidungsfreiheit erweitert würde. Diese Lage schafft unausweichliche Spannungen in der politischen Maschine, bis zum Moment, in dem der gesellschaftliche Druck auf diese erfolgreich einsetzen kann. Zwar ist nationale Souveränität noch keine hinreichende Bedingung für die soziale Emanzipation der arbeitenden Klassen, doch ist sie eine unerläßliche Bedingung dafür. Die Furcht vor dem brüderlichen Geschützrohr aus dem Osten ist berechtigt, sie wird aber bewußt aufgebauscht, als patriotische Methode, um die bescheidensten Forderungen des Volkes im

Keim zu ersticken und um das Volk von der absoluten Hoffnungslosigkeit jeglicher inneren Opposition zu überzeugen. In der Tat ist es nicht die Aufgabe Polens und anderer Völker der sowjetischen Zone, einen bewaffneten Kampf zu provozieren, es ist aber ihre Aufgabe, ununterbrochenen Druck auszuüben, um die Abhängigkeit zu schwächen, die nur unter solchem Druck geschwächt werden kann.

Auch in dieser Beziehung ist das »Alles-oder-nichts«-Denken verhängnisvoll; die Annahme dieses Grundsatzes bedeutet das Einverständnis zum »nichts«. Niemand kann so verblendet sein, zu behaupten, daß zwischen der nationalen Lage Polens und Litauens kein Unterschied besteht oder daß sich an Polens Abhängigkeit zwischen 1952 und 1957 überhaupt nichts geändert hat. Abhängigkeit und Nicht-Souveränität sind somit abstufbar, und Unterschiede im Grad der Abhängigkeit sind von immenser Wichtigkeit für die Existenz der Nation. In dieser Beziehung kommt der humanistischen Intelligenz, insbesondere den Lehrern, eine Schlüsselrolle zu.

Wenn sich das polnische Volk in der Zeit der Teilungen des Drucks der Russifizierung und Germanisierung erwehren konnte, so hat es dies hauptsächlich dieser sozialen Schicht zu verdanken. Ohne sie wäre es in einer ähnlichen Lage gewesen wie das sorbische (Lausitzer) Volk, das zwar seine Sprache erhalten hat, aber, da es fast keine eigene Kultur und eigene Intelligenz hervorbrachte, nicht viele Überlebenschancen hat. Polen hat als kulturelle Entität überlebt dank der Männer, die die Kommission der Nationalen Edukation geschaffen haben und die deren Werk fortgesetzt haben, dank der Lehrer, Schriftsteller, Historiker, Philosophen und Philologen des 19. Jahrhunderts, die entgegen den Umständen an der Vermehrung des Erbes der nationalen Kultur gearbeitet haben. Das tschechische Volk, das schon an der Schwelle der kulturellen Germanisierung stand, hat sich durch eine ähnliche bewußte Arbeit seiner Intelligenz des 19. Jahrhunderts erhalten. Wer heute die freie Entwicklung der nationalen Kultur unterdrückt, ist ein Feind Polens.

III.

Wenn ich mich zur »reformistischen« Idee bekenne, so nicht weil ich der Meinung wäre, man könne Reformismus als »legales« Mittel zum Unterschied von »illegalen« definieren. Diese Unterscheidung ist undurchführbar, wenn darüber, was legal und was illegal ist, nicht das Recht entscheidet, sondern die willkürliche Interpretation nebuloser Gesetze durch Polizei und Partei.

Wo die Herrschenden, wann es ihnen beliebt, ihre Bürger für den Besitz eines mißliebigen Buches verhaften und verurteilen können, für ein Gespräch über politische Themen im Kreise einiger Personen, für das Erzählen von Witzen, für die Äußerung einer dissidenten Meinung in einem Privatbrief, so hat der Begriff der Legalität jeden Sinn verloren. Die beste Methode, der Verfolgung derartiger »Verbrechen« entgegenzuwirken, ist deren Massenhaftigkeit. Ich spreche von einer reformistischen Orientierung in dem Sinne, daß ich an die Möglichkeit teilweiser und schrittweiser Pressionen glaube, die auf lange Sicht in der Perspektive der nationalen und sozialen Befreiung wirksam sein können. Der despotische Sozialismus kann nicht als ein absolut rigides System betrachtet werden; solche Systeme gibt es nicht.

Seine Fähigkeit zu einer gewissen Plastizität hat dieses System in den letzten Jahren auf einem fundamentalen Gebiet bewiesen, nämlich im Bereich der offiziellen Ideologie. Der Bereich der ideologischen Herrschaft ist schon bedeutend kleiner geworden: Wir sind schon so weit, daß Parteibeamte nicht mehr von Medizin zu verstehen brauchen als Medizinprofessoren und nicht mehr von Philologie als Philologen. Zugegeben, sie verstehen weiterhin mehr von Literatur als die Schriftsteller. Aber in Polen setzen sich auch auf diesem Gebiet gewisse nicht rückgängig zu machende Veränderungen durch.

Das Ausmaß der Einmischung der amtlichen Ideologie ist nach wie vor unerträglich, aber es ist wirklich kleiner geworden; es ist noch nicht so lange her, daß die staatliche Doktrin die Breite der Hosenbeine, die Farbe der Socken und zugleich die Wahrheiten der Genetik bestimmte.

Jemand könnte darauf sagen, dies sei ein Fortschritt von der Sklaverei zum Feudalismus. Vor uns steht aber nicht die Wahl zwischen kompletter Fäulnis und dem Ideal der Vollkommenheit, sondern nur zwischen der Zustimmung zur Fäulnis und dem unermüdlichen Bemühen um die Festigung solcher Werte und Standards im nationalen Leben, die, einmal gefestigt, nicht so leicht vernichtet werden können.

Der kulturelle Pogrom des Jahres 1968 in Polen hinterließ eine Menge Entmutigung und Widerwillen, doch war dies eine – wenn auch unvermeidliche – Konfrontation unter Bedingungen, die vom übermächtigen Apparat geschaffen und aufgezwungen worden waren. Wir sehen, wie in der Welt starre Orthodoxien zusammenstürzen, wie sie Regeln, Tabus, Heiligtümer und Glaubensartikel fallenlassen, die vor kurzem noch absolute Bedingungen ihrer Existenz zu sein schienen. Es könnte scheinen, daß Analogien mit den Wandlungen innerhalb der Kirchen gegenstandslos sind, da den Kirchen keine Polizei und keine Gefängnisse zur Verfügung stehen. Aber auch die Kirchen verfügten einst über Instrumente des Terrors und verloren sie dank der Pression der Kulturwandlungen. Polizeiapparate geben sich seit Anbeginn der Welt Täuschungen über ihre Allmacht hin und versuchen, andere damit zu täuschen, weil sie ihre Macht nur so lange behalten können, solange diese anderen an ihre Allmacht glauben. Gegenüber starkem gesellschaftlichen Druck erweist sich die Polizei schließlich als machtlos. Die Angst derer, die von Verbreitung der Angst leben, übertrifft letztlich die Angst der Verfolgten.

Der bürokratische Sozialismus hat seine ideelle Basis verloren. Bei aller Ungeheuerlichkeit des Stalinismus war der stalinistische Apparat, zumindest in den Ländern der Volksdemokratie, unvergleichlich stärker abhängig von seiner ideellen Verbundenheit mit dem System als die gegenwärtigen Apparate. Es könnte scheinen, daß ein zynischer Apparat, dessen Mitglieder die Errungenschaften des Sozialismus an den eigenen Privilegien und Karrieren messen, effizienter ist, weil frei von Belastungen und Hemmungen, unempfindlich gegen ideologische Erschütterungen, zu beliebigen und blitzschnellen Veränderungen fähig und besser zur Manipulation geeignet. Aber das ist nicht einmal die halbe Wahrheit. Ein solcher Apparat ist nicht nur in Krisenmomenten unverläßlich und unfähig, echte Belastungen zu bestehen. Er neigt auch sonst zur Selbstzersetzung durch Cliquenwirtschaft. Er ist ein Symptom für das Absterben des Systems, dem er dient. Ein System, das von niemandem selbstlos, uneigennützig verteidigt wird, ist verurteilt.

Diesem Satz, den ich aus Victor Serges Buch über die zaristische Polizei zitiere, wird kein Polizist Glauben schenken, bevor er nicht seinen Posten verliert. Der despotische Sozialismus stirbt den langsamen Tod, den Hegel beschrieben hat; er scheint unangetastet, versinkt aber in schwerfälliger Langeweile und Trägheit, in die nur die Angst aller vor allen, eine in Aggressionen sich entladende Angst, Abwechslung hineinträgt. Der Verlust der Idee ist für dieses System der Verlust der Daseinsberechtigung. Denken wir doch nur an die kleinen Veränderungen der Phraseologie: Stalin führte beständig das Wort »Freiheit« im Munde, als Folter und Mord sein Imperium füllten; heute, wo das Morden aufgehört hat, stellt schon der Klang des Wortes »Freiheit« die ganze Polizei auf die Beine. Alle altmodischen Worte – »Freiheit«, »Unabhängigkeit«, »Recht«, »Gerechtigkeit«, »Wahrheit« – kehren sich gegen die bürokratische Tyrannei. Alles, was in der Kultur der von diesem System beherrschten Völker von beständigem Wert ist, entsteht entgegen diesem System. Die internationale kommunistische Bewegung hat aufgehört zu existieren. Auch die Idee des Kommunismus in der sowjetischen Version hat aufgehört zu existieren.

Hätte sie die Freiheit der Wahl, würde sich wahrscheinlich die Mehrheit der polnischen Arbeiterklasse und Intelligenz für den Sozialismus entscheiden, so wie der Autor dieser Worte sich für ihn entscheidet: für Sozialismus, d. h. für einen souveränen nationalen Organismus, dessen Voraussetzung die Kontrolle der Gesellschaft über die Verwendung und Entwicklung der Produktionsmittel, über die Verteilung des Nationaleinkommens und über den Verwaltungs- und politischen Apparat ist, einen Apparat, der als Organ der Gesellschaft funktioniert, nicht aber als Herr, dem die Gesellschaft zu dienen hat; für einen Organismus, der Freiheit der Information und Kommunikation, politischen Pluralismus und Vielfalt der Formen des gesellschaftlichen Eigentums voraussetzt. Achtung für die Kriterien der Wahrheit, der Leistungsfähigkeit zugunsten des allgemeinen Wohls, Freiheit der beruflichen Vereinigung und Freiheit von der Willkür der politischen Polizei; eine Strafgesetzgebung, deren Ziel der Schutz der Gesellschaft vor antisozialem Verhalten ist, nicht aber die Abstemplung aller Bürger zu Verbrechern, um sie besser erpressen zu können.

Inwieweit eine Bewegung zugunsten einer solchen Gesellschaftsform möglich ist, hängt großenteils, wenn auch nicht ausschließlich davon ab, wie stark die Menschen an diese Möglichkeit glauben. Was eine Gesellschaft *ist*, wird auch davon bestimmt, was sie in ihrer eigenen Vorstellung ist; daher existiert in den sozialen Wandlungen keine reine, nur in den objektiven Verhältnissen verborgene Möglichkeit, die unabhängig davon wäre, in welchem Grad sie eine bewußt gewordene Möglichkeit ist. Dieselben Menschen, die in den Ländern des sozialistischen Despotismus Anreger der Hoffnung sein können, können darum auch Anreger der Bewegung sein, die diese Hoffnung zu etwas Realem macht, denn im Selbstverständnis der Gesellschaft sind Subjekt und Objekt teilweise konvergent.

Der Gedanke, daß die heutige Form des Sozialismus absolut starr sei und nur mit einem Schlag zertrümmert werden könne, daß alle partiellen Veränderungen im Grunde keine Veränderungen im sozialen Sinne seien, taugt zur Rechtfertigung von Opportunismus und Schurkerei. Denn wenn dem so wäre, dann hätten keine individuellen und kollektiven Initiativen irgendeinen Sinn, deren Ziel es ist, den Monstrositäten des neostalinistischen Bürokratismus entgegenzuwirken, kein Kampf um die Festigung der Achtung vor der Wahrheit, vor dem Können, der Ehrlichkeit, Gerechtigkeit und Vernunft – kurz, in dieser Voraussetzung könnte jede Niedertracht eine Entschuldigung für sich suchen, weil sie einfach als Bestandteil der universalen Niedertracht gedeutet werden könnte, die »momentan« unvermeidlich und nicht das Werk von einzelnen, sondern ein Resultat des Systems sei. Das Prinzip der Unreformierbarkeit kann somit als im vorhinein erteilte Absolution für jegliche Feigheit, Untätigkeit und Kooperation mit dem Übel dienen.

Die Tatsache, daß ein großer Teil der polnischen Intelligenz sich die totale Rigidität des schändlichen Systems, in dem sie lebt, einreden ließ, ist in hohem Maße für die bedauernswerte Passivität verantwortlich, die diese Schicht im Moment der dramatischen Offensive der polnischen Arbeiter im Dezember 1970 an den Tag legte.

Der ärgste Dienst, den man der Sache der polnischen Unabhängigkeit und Demokratie erweisen kann, ist die Erhärtung des traditionellen nationalistischen, antirussischen Stereotyps. Das russische Volk, das durch die schrecklichste Hölle der neuzeitlichen Geschichte gegangen ist, wird weiterhin als Instrument der imperialistischen Politik seiner Machthaber ausgenutzt. Aber dieses Volk selbst ist noch mehr als jedes andere ein Opfer dieser Politik. Trotz eines gewissen Risikos, das ein Anfachen der Nationalismen innerhalb der sowjetischen »Einflußzone« darstellt, sind diese Nationalismen, besonders angesichts des Marasmus der internationalistischen Ideologie, ein unentbehrliches Werkzeug der Manipulation zur Erhaltung der Macht.

»Völkerfreundschaft« bedeutet in der offiziellen Doktrin Trinksprüche auf Banketts und Gastspiele von Tanzensembles, die dicht von polizeilicher Aufsicht umstellt sind. Wahre Freundschaft und wahres Verständnis zwischen den Völkern, deren gegenseitiges Mißtrauen und Feindschaft in der Geschichte starke Wurzeln geschlagen haben, können nur durch unkontrollierte Kontakte und unkontrollierten Austausch gedeihen – und diese jagen den herrschenden Schichten den größten Schrecken ein.

Der polnische antirussische Nationalismus trägt kraft einer natürlichen Reaktion zur Festigung des großrussischen Nationalismus bei, zur Verlängerung der Unfreiheit beider Völker. Es ist peinlich, diese Wahrheiten zu wiederholen, die schon zur Zeit des Völkerfrühlings unter den revolutionären Demokratien banal klangen, aber sie müssen so lange wiederholt werden, wie sie wirksam sind.

Jene, die, statt zur Kenntnis und zum Verständnis der echten Nationalkultur Rußlands beizutragen, sich darauf beschränken, antirussische Stereotype zu stützen, sind gegen ihren Willen Sachverwalter der Macht, die beide Völker in Sklaverei hält.

Trotz der militärischen Übermacht des sowjetischen Imperiums und trotz der Invasion in der Tschechoslowakei sind die auseinanderstrebenden Tendenzen innerhalb des Sowjetblocks unaufhaltsam. Der nationalistische Rost wird sich in den Organismus, der sein früheres ideologisches Bindemittel verloren hat, immer tiefer einfressen. Im Interesse keines der Völker liegt es, nationalen Haß zu schüren, der nur mit einem apokalyptischen Blutbad enden könnte. Dieser Entsetzen erregenden Perspektive können wir nur dadurch entgegenwirken, daß wir der traditionellen Idee der Völkerverbrüderung gegen die Unterdrücker ihre Lebenskraft wiedergeben.

Alle hier erörterten Widersprüche des sozialistischen Despotismus können ihre Lösung in zwei Richtungen finden. Der eigenen Trägheit überlassen, inmitten von Schweigen und Schrecken, wird dieses System immer und unbeirrbar eine Lösung anstreben, die die Unterdrückung nicht lindert, sondern verschärft, die Schlinge nicht lockert, sondern zuzieht. Die Verbreitung der polizeilichen Herrschaftsmethoden ist nicht das Resultat des verstärkten Widerstandes, sondern umgekehrt des mangelnden Widerstandes. Die Plastizität dieser sozialen Formation – eine Plastizität, deren Grenzen nicht im voraus bestimmt werden können – wird in ihrer Restalinisierung zum Ausdruck kommen, wenn dieser keine widerstandsfähigen Kräfte entgegenwirken. Sie kann in einem Sinne zum Ausdruck kommen, der den Bedürfnissen der Gesellschaft entspricht, einzig und allein unter dem Druck dieser Gesellschaft; dies lehren uns unabweisbar unsere Erfahrungen.

Jene, die da meinen, daß sie ihre Ruhe mit unbedeutenden Konzessionen erkaufen können, werden sich überzeugen, daß der Preis dieser Ruhe immer höher wird. Jene, die heute nur mit scheinbar harmloser Speichelleckerei zahlen, werden morgen für dieselbe Ware mit Denunziantentum bezahlen müssen. Jene, die für ihre jämmerlichen Privilegien mit Schweigen angesichts von Niedertracht zahlen, werden morgen für dieselben Privilegien mit ihrem aktiven Anteil an der Niedertracht bezahlen müssen. Ein Naturgesetz des Despotismus ist die moralische Inflation, die bewirkt, daß der Verteiler der Güter immer höhere Preise verlangt, wenn ihn der gesellschaftliche Druck nicht zu deren Ermäßigung zwingt.

Das ist vielleicht keine erfreuliche Perspektive, doch ist sie nicht phantastisch – zum Unterschied von Perspektiven, die uns auf ein Wunder warten heißen, auf Hilfe von außen oder auf die automatische Selbstreparatur des knirschenden, der eigenen Trägheit überlassenen Mechanismus. Wichtig ist, daß die Mittel des Drucks gegen das System *da* sind, in greifbarer Nähe da sind, fast jedem zur Verfügung stehen. Sie bestehen darin, die Konsequenzen zu ziehen aus den einfachsten Geboten, die es verbieten, Schurkereien zu verschweigen, vor dem Herren zu katzbuckeln, Almosen für Demut zu erbetteln. Aus der eigenen Würde schöpfen wir das Recht, die Worte »Freiheit«, »Gerechtigkeit« und »Polen« mit voller Stimme auszusprechen.

Marxistische Wurzeln des Stalinismus

1. Wonach fragen wir und wonach fragen wir nicht?

Wenn wir fragen: »Wie hingen das stalinistische Machtsystem und die stalinistische Ideologie mit dem Marxismus zusammen?«, dann liegt die Hauptschwierigkeit in der richtigen Art der Fragestellung. Unser Problem kann man auf verschiedene Weise angehen und hat es getan; einige dieser Formulierungen der Frage sind unbeantwortbar oder sinnlos, einige sind rhetorisch, da es die Antworten offensichtlich sind.

Ein Beispiel für eine Frage, die sowohl unbeantwortbar als auch gegenstandslos ist: »Was würde Marx sagen, wenn er heute lebte und seine Ideen im Sowjetsystem realisiert sähe?« Wenn er überlebt hätte, hätte er es unweigerlich geändert. Wenn er durch ein Wunder wiederauferstünde, wäre seine Meinung darüber, was die beste praktische Auslegung seiner Philosophie ist, lediglich eine Meinung unter anderen und könnte achselzuckend mit der Feststellung abgetan werden, daß ein Philosoph nicht notwendigerweise unfehlbar bei der Einsicht in die Folgen der eigenen Ideen ist.

Beispiele für Fragen, auf die die Antworten eindeutig sind und kaum eine Diskussion erfordern: »Wurde das stalinistische System kausal aus Marx' Theorie geschaffen?« – »Können wir in den Texten von Marx indirekt oder direkt Werturteile finden, die gegen das Wertsystem gerichtet sind, wie es in den stalinistischen Gesellschaften errichtet wurde?« Die Antwort auf die erste Frage ist eindeutig negativ, weil niemals eine Gesellschaft ausschließlich durch eine Ideologie geschaffen wurde oder Ideen von Menschen zugeschrieben werden darf, die zu ihrem Entstehen beigetragen haben; jeder von uns ist Marxist genug, um dies zuzugeben. Alle Gesellschaften spiegeln in ihren Institutionen viele Ideen ihrer Glieder und Macher wider, die sich darüber streiten, wie die Gesellschaft sein sollte; aber keine Gesellschaft wurde einfach von diesen Ideen, wie sie vor ihrem Bestehen entwickelt wurden, gemacht. Die Vorstellung, daß eine Gesellschaft je ganz aus einer Utopie (oder Kakotopie) herausspringen könnte, würde den Glauben erfordern, daß menschliche Gemeinschaften fähig wären, ihre frühere Geschichte abzustreifen. Es ist dies eine platte Binsenwahrheit und dazu eine völlig negative. Gesellschaften sind immer durch das geformt worden, was sie über sich selbst gedacht haben, aber diese Abhängigkeit war immer nur eine teilweise.

Die Antwort auf die zweite Frage ist eindeutig positiv und für unser Problem irrelevant. Es ist leicht zu sehen, daß Marx niemals etwas in der Richtung geschrieben hat, daß das sozialistische Königreich der Freiheit in einer despotischen Einpartei-Herrschaft bestehen werde; daß er demokratische Formen im sozialen Leben nicht ablehnte; daß er vom Sozialismus die Beseitigung des ökonomischen Zwanges in Ergänzung und nicht im Gegensatz zur Beseitigung des politischen Zwanges erwartete usw. Wenn dies wahr ist, so mag doch auch wahr sein, daß es da entweder logische Gründe gibt, warum seine Theorie Konsequenzen einschließt, die mit seinen Werturteilen unvereinbar sind, oder daß empirische Umstände verhinderten, daß diese Theorie in der Praxis ganz anders verwirklicht wurde, als es geschehen sollte. Es ist nichts Seltsames daran, daß politische und soziale Programme, Utopien, Prophetien Ergebnisse zeitigen, die nicht nur von der Absicht ihrer Autoren verschieden, sondern direkt entgegengesetzt sind. Einige vorher unbeachtete oder vernachlässigte empirische Zusammenhänge machen die Erfüllung eines Teils der Utopie nur auf Kosten der Verleugnung anderer Bestandteile möglich. Das ist wiederum eine platte Binsenwahrheit. Das Wichtigste, was wir im Leben lernen, ist das Wissen darüber, welche Werte miteinander vereinbar sind und welche einander ausschließen. Die meisten Utopisten sind einfach unfähig zu lernen, daß es unvereinbare Werte gibt. Üblicherweise ist diese Unvereinbarkeit empirisch und nicht logisch, und dies ist der Grund, weshalb ihre Utopien nicht notwendigerweise widersprüchlich im logischen Sinn sind, sondern nur unpraktikabel wegen des Stoffs, aus dem die Welt gemacht ist.

Deshalb lasse ich bei der Diskussion der Beziehung des Stalinismus zum Marxismus Redensarten wie »Da würde sich Marx im Grabe umdrehen«, »Marx war gegen Zensur und für freie Wahlen« usw. als irrelevant weg – ob solche Behauptungen nun unzweideutig stimmen mögen oder nicht (was im Fall des ersten Satzes etwas zweifelhaft ist).

Mein Interesse ließe sich auf andere Art besser ausdrücken: War (oder ist) die charakteristische stalinistische Ideologie, die dazu bestimmt war (oder ist), das stalinistische System sozialer Organisation zu rechtfertigen, eine legitime (wenn auch nicht die einzige mögliche) Interpretation der marxistischen Geschichtsphilosophie? Dies ist die mildere Version meiner Frage. Die härtere Version lautet: Führt jeder Versuch, die Grundwerte des Marxschen Sozialismus zu erfüllen, dazu, eine politische Organisation zu schaffen, die unverwechselbar analoge Kennzeichen zum Stalinismus besäße? Ich will beide Fragen bejahen, wobei es klar ist, daß das Ja auf die erste Frage nicht logisch ein Ja auf die zweite einschließt (es ist logisch vereinbar, zu behaupten, daß der Stalinismus eine von mehreren möglichen Varianten des Marxismus war, und zu verneinen, daß der gesamte Inhalt der marxistischen Philosophie diese spezielle Version stärker begünstigt hätte als irgendeine andere).

2. *Wie läßt sich »Stalinismus« identifizieren?*

Es ist von keiner großen Bedeutung, ob wir das Wort Stalinismus benutzen, um damit eine genaue lokalisierbare Periode einer Ein-Mann-Despotie in der Sowjetunion (rund von 1930 bis 1953) zu bezeichnen oder um jedes System, das klar erkennbar ähnliche Züge besitzt, damit zu erfassen. Nichtsdestoweniger ist die Frage, wie weit die nachstalinschen sowjetischen und sowjet-ähnlichen Staaten im wesentlichen nur Ausweitungen des gleichen Systems sind, augenscheinlich keine terminologische. Es gibt jedoch gute Gründe dafür, daß die weniger historische und mehr abstrakte Konzeption, die die Kontinuität des Systems ins Auge faßt, zweckmäßiger ist.

Wir können den *Stalinismus* als eine (nahezu perfekte) totalitäre Gesellschaft auf der Basis des Staatseigentums an den Produktionsmitteln charakterisieren. Ich verwende das Wort *totalitär* in einem allgemein gebräuchlichen Sinn als ein politisches System, in dem alle sozialen Beziehungen vollständig durch eine staatliche Zwangsorganisation ersetzt sind und wo dementsprechend alle Gruppen und Individuen nur für Ziele handeln, die zugleich Ziele des Staates sind und als solche vom Staat festgelegt sind. Mit anderen Worten: Ein ideales totalitäres System besteht in der vollständigen Zerstörung der bürgerlichen Gesellschaft, während zugleich der Staat und seine organisatorischen Instrumente die einzigen Formen des sozialen Lebens bilden; jede Art menschlicher Tätigkeit – sei sie ökonomisch, intellektuell, politisch, kulturell – ist erlaubt und befohlen (wobei die Unterscheidung zwischen erlaubt und befohlen immer mehr verschwindet), nur sofern sie im Dienste der staatlichen Ziele steht (die wiederum vom Staat definiert werden). Jeder einzelne (die Herrscher eingeschlossen) wird als Eigentum des Staates betrachtet.

Das so definierte Konzept – und mit dieser Definition glaube ich mich in Übereinstimmung mit den meisten Autoren, die sich mit diesem Problem auseinandersetzen – verlangt einige erläuternde Bemerkungen.

Erstens: Um die perfekte Form zu erreichen, erfordert ein totalitäres Organisationsprinzip die staatliche Kontrolle über die Produktionsmittel. Mit anderen Worten: Ein Staat, der einige wichtige Teile der Produktionstätigkeit in den Händen von Einzelpersonen und damit Teile der Gesellschaft vom Staat wirtschaftlich unabhängig sein läßt, kann die ideale Form nicht erreichen. Deshalb besitzt der Totalitarismus die besten Chancen, sein Ideal in der sozialistischen Wirtschaft zu erfüllen.

Zweitens: Es muß erwähnt werden, daß ein absolut perfektes totalitäres System nie existiert hat. Wir kennen aber Gesellschaften mit einer starken, ständig wirksamen, gesicherten Tendenz, alle Formen des menschlichen Gemeinschafts- und Privatlebens zu »nationalisieren«. Die sowjetische und die chinesische Gesellschaft sind oder waren in bestimmten Perioden diesem Ideal sehr nahegekommen. So war es auch in Nazi-Deutschland, auch wenn es nicht lang genug dauerte, um sich voll zu verwirklichen, und sich mit der zwangsweise untergeordneten wirtschaftlichen Tätigkeit unter die Staatsziele begnügte, statt alles zu verstaatlichen. Andere faschistische

Staaten waren (oder sind) auf diesem Wege weit hinter Deutschland zurück. Ebensowenig haben die europäischen sozialistischen Staaten je den sowjetischen Grad an Totalitarismus erreicht trotz ihres unablässigen und noch immer wirksamen Bemühens in dieser Richtung.

Es ist unwahrscheinlich, daß die Entelechie des Totalitarismus in ihrer reinen Form je verwirklicht werden könnte. Es gibt Lebensformen, die sich dem Aufbau des Systems energisch widersetzen: darunter fallen familiäre, emotionale, sexuelle Beziehungen. Sie wurden jeder Art von staatlichem Druck unterworfen, jedoch nie mit vollem Erfolg (zumindest in der Sowjetunion; vielleicht wurde in China mehr erreicht). So steht es mit dem individuellen und dem Kollektivgedächtnis, die das totalitäre System ständig aufzulösen versucht durch Umformung, Umschreiben und Verfälschen der Geschichte entsprechend den jeweiligen politischen Bedürfnissen. Es ist offensichtlich leichter, Betriebe und Arbeit zu verstaatlichen als die Gefühle und leichter Hoffnungen als Erinnerungen. Der Widerstand gegen das Staatseigentum an der geschichtlichen Vergangenheit ist ein wichtiger Bestandteil der antitotalitären Bewegungen.

Drittens: Die obige Definition schließt ein, daß irgendein despotisches oder terroristisches Herrschaftssystem nicht notwendig totalitär sein muß. Manche, sogar die blutigsten, können beschränkte Ziele haben und nicht alle Formen menschlicher Tätigkeit innerhalb der staatlichen Ziele absorbieren wollen. Die schlimmsten Formen der Kolonialherrschaft in ihren schlimmsten Perioden waren gewöhnlich nicht totalitär. Das Ziel bestand darin, unterworfene Länder wirtschaftlich auszubeuten, und da viele Lebensbereiche unter diesem Gesichtspunkt indifferent blieben, konnte man sie mehr oder weniger unberührt lassen. Umgekehrt muß ein totalitäres System nicht dauernd terroristische Unterdrückungsmittel anwenden.

Totalitarismus in seiner perfekten Form ist eine einzigartige Form der Sklaverei ohne Herren. Er verwandelt alle Menschen in Sklaven und trägt dabei gewisse egalitäre Züge.

Ich bin mir darüber klar, daß die Anwendung des Konzepts des Totalitarismus und die Gültigkeit dieses Konzepts in letzter Zeit zunehmend als »überholte« oder »widerlegte« Theorie bezeichnet wurden. Mir ist aber weder eine begriffliche noch eine historische Analyse bekannt, die sie tatsächlich widerlegt, im Gegensatz zu manchen früheren Analysen, die recht hatten (so sagte Proudhon voraus, daß der Kommunismus das Staatseigentum an den menschlichen Personen bedeuten würde; daß dies in der Sowjetgesellschaft Tatsache wurde, ist später von so vielen bekannten Autoren aufgezeigt und beschrieben worden – ob dabei das Wort »Totalitarismus« verwendet wurde oder nicht –, daß es eine sinnlose Pedanterie wäre, sie hier zu zitieren).

3. Die wichtigsten Stufen des stalinistischen Totalitarismus

Die sowjetische Variante der totalitären Gesellschaft reifte durch viele Jahre heran, ehe sie ihre Vollendung erreichte. Die bekannten Hauptstufen ihrer Entwicklung brauchen hier nur kurz erwähnt zu werden:

Auf der ersten Stufe wurden die Elemente der repräsentativen Demokratie beseitigt: Parlament, Wahlen, politische Parteien, freie Presse.

Die zweite Stufe (die sich mit der ersten überlappte) ist unter dem irreführenden Namen »Kriegskommunismus« bekannt. Der Name suggeriert, daß die Politik dieser Periode als eine Summe vorübergehender und außergewöhnlicher Maßnahmen zu verstehen sei, um mit den ungeheuren Schwierigkeiten fertig zu werden, die Bürgerkrieg und ausländische Intervention mit sich brachten. In Wahrheit kann man leicht aus den diesbezüglichen Schriften der Führer – besonders Lenin, Trotzki und Bucharin – erfahren, daß sie alle diese ökonomische Politik (Abschaffung des freien Handels, Zwangsrequisitionen des landwirtschaftlichen »Überschusses«, d. h. was die örtliche Führung als Überschuß ansah, allgemeine Rationierung, Zwangsarbeit) als eine dauernde Errungenschaft der neuen Gesellschaft angesehen hatten und daß diese Politik nur endlich geändert wurde als Ergebnis der wirtschaftlichen Katastrophe, die sie verursacht hatte, und nicht wegen der Beendigung der Kriegssituation. Trotzki wie Bucharin versicherten emphatisch, daß die Zwangsarbeit ein organischer Teil der neuen befreiten Gesellschaft sei.

Wichtige Teile der totalitären Ordnung, die in dieser Periode eingeführt wurden, sind zu dauernden Komponenten der Sowjetgesellschaft geworden. Eine solche dauernde Errungenschaft war als erstes die Zerstörung der Arbeiterklasse als politische Kraft (Abschaffung der Sowjets als Repräsentanz der unabhängigen Initiative des Volkes; Ende der unabhängigen Gewerkschaften und sozialistischen Parteien). Eine andere war die – noch nicht endgültige – Unterdrückung des demokratischen Prinzips innerhalb der Partei selbst (Verbot von Fraktionstätigkeit). Während der gesamten NEP-Ära wurden die totalitären Züge des Systems zunehmend stärker trotz der Tatsache, daß freier Handel zugelassen war und die Mehrheit der Gesellschaft, d. h. die Bauern, vom Staat ökonomisch unabhängig waren. Politisch wie kulturell bedeutete NEP den wachsenden Druck des Partei-Staates auf alle noch nicht staatseigenen (oder nur halbstaatlichen) Zentren des Handelns und der Initiative, obwohl erst die nächste Entwicklungsstufe in dieser Hinsicht zum vollen Erfolg führte.

Die dritte Stufe war die Zwangskollektivierung, die zur Zerstörung der letzten noch nicht verstaatlichten sozialen Klasse führte und dem Staat die volle Macht gab, das Wirtschaftsleben zu kontrollieren (was nicht bedeutet, daß der Staat dadurch schon in der Lage gewesen wäre, eine wirkliche ökonomische Planung aufzubauen).

Auf der vierten Stufe wurde die Partei selbst als eine mögliche (wenn auch längst nicht mehr wirkliche) nichtverstaatlichte Macht durch Säuberungen zerstört. Es ging dabei nicht darum, daß rebellische Kräfte in der Partei überlebt hätten, sondern daß viele Mitglieder, insbesondere die älteren, der traditionellen Parteiideologie die Treue hielten. So gehorsam sie auch sein mochten, wurden sie doch zu Recht verdächtigt, ihre Loyalität gegenüber dem jetzigen Führer und dem ererbten ideologischen Wertsystem zu teilen, mit anderen Worten: gegenüber dem Führer potentiell illoyal zu sein. Die Partei wurde zu dem Glauben erzogen, daß der Führer im jeweiligen Augenblick bestimmt, was Ideologie sei, und die Massaker führten diese Erziehungsarbeit erfolgreich durch. Sie waren das Werk eines ideologischen »Führers« und nicht eines Wahnsinnigen.

4. Das Gesicht des reifen Stalinismus

Das Ergebnis dieses Prozesses, bei dem alle Phasen mit Überlegung festgelegt und organisiert, wenn auch nicht alle im voraus geplant waren, war eine vollkommen staatseigene Gesellschaft, die dem Ideal einer perfekten Einheit sehr nahe kam, zementiert durch Partei und Polizei. Ihre Integration war identisch mit ihrer Desintegration. Sie war insofern perfekt integriert, als alle Formen des kollektiven Lebens vollständig einem Herrschaftszentrum unterworfen und von ihm überwacht waren. Und sie war aus dem gleichen Grund völlig desintegriert: die bürgerliche Gesellschaft war faktisch zerstört, und die Bürger standen in allen ihren Beziehungen zum Staat als isolierte und ohnmächtige Individuen einem allmächtigen Apparat gegenüber. Die Gesellschaft war auf die Position eines »Kartoffelsacks« reduziert (um die Wendung von Marx aufzugreifen, mit der er im »18. Brumaire« die französischen Bauern charakterisierte).

Diese Situation – ein einheitlicher Staatsorganismus gegenüber atomisierten Individuen – kennzeichnet alle wesentlichen Züge des stalinistischen Systems. Sie sind in vielen Büchern ausführlich beschrieben. Wir wollen hier nur ein paar davon erwähnen, soweit sie für unser Thema von besonderer Bedeutung sind.

Zunächst: die Abschaffung des Rechts. Das Recht blieb natürlich in dem Sinne bestehen, als es Verfahrensregeln in öffentlichen Angelegenheiten geben muß. Es wurde hingegen völlig abgeschafft (und nie wieder eingeführt) im Sinn von Regeln, die in irgendeinem Punkt die Staatsallmacht gegenüber einzelnen einschränken könnten. Mit anderen Worten: Vom Recht wurde verlangt, daß es nie den Grundsatz einschränken dürfe, daß die Bürger Eigentum des Staates sind. Das totalitäre Recht muß in den entscheidenden Punkten vage und ungenau sein, so daß seine praktische Anwendung von den unumschränkten und wechselnden Entscheidungen der ausführenden Organe abhängt und daß jeder Bürger zu jedem Augenblick als Verbrecher angesehen werden kann. Die bekanntesten Beispiele dafür sind die politischen Verbrechen, wie sie in den Strafgesetzbüchern definiert sind. Sie sind so konstruiert, daß es für einen Bürger praktisch unmöglich ist, nicht fast täglich Verbrechen zu begehen. Wie weit diese Verbrechen tatsächlich verfolgt werden oder wieviel Terror angewendet wird, ist eine Angelegenheit der politischen Entscheidung der Führung. In dieser Hinsicht hat sich in der nachstalinschen Periode nichts geändert: sowohl der Wechsel vom Massenterror zum selektiven Terror wie auch die genauere Beachtung von prozessualen Regeln sind in bezug auf das Fortbestehen des totalitären Rechts irrelevant, solange sie nicht die effektive Macht des Staates über die Leben der einzelnen begrenzen. Man kann die Menschen wegen politischer Witze einsperren oder auch nicht; man kann die Kinder mit Gewalt den Eltern wegnehmen, wenn diese sie nicht im kommunistischen Geist (was immer das heißt) erziehen, wozu sie gesetzlich verpflichtet sind. Die totalitäre Rechtlosigkeit besteht nicht darin, daß äußerste Maßnahmen immer und überall angewendet werden, sondern darin, daß die einzelnen keinen Schutz im Recht besitzen gegen irgendwelche Formen der Unterdrückung, die der Staat in irgendeinem Augenblick anwenden will. Es handelt sich um das Verschwinden des Rechts als eines vermittelnden Instruments zwischen dem Staat und dem einzelnen und seine Verkehrung in ein dem Staat völlig gefügiges Instrument. In dieser Hinsicht ist das stalinistische Prinzip bis heute nicht abgeschafft worden.

Zweitens: Die Ein-Personen-Herrschaft. Sie scheint ein natürliches, »logisches« Ergebnis des vollkommenen Einheitsprinzips gewesen zu sein, das die treibende Kraft bei der Entwicklung des totalitären Staates war. Wenn dieser Staat seine vollkommene Form erlangen wollte, brauchte er einen und nur einen Führer, der mit unbegrenzter Macht ausgestattet ist. Dies war schon in der Gründung der leninistischen Partei mitenthalten – gemäß der oft zitierten Prophetie Trotzkis von 1903 (die der Prophet bald vergessen sollte). Die ganze Entwicklung des Sowjetsystems in den zwanziger Jahren bestand in der schrittweisen Verkleinerung jenes Forums, auf dem Interessenkonflikte, Ideen und politische Trends geäußert werden konnten. Eine kurze Zeit lang konnten sie noch öffentlich vorgebracht werden, dann wurde das Feld der Äußerungen auf die Partei begrenzt, dann auf den Parteiapparat, weiter auf das Zentralkomitee und schließlich auf das Politbüro. Da jedoch die Ursachen der sozialen Konflikte an ihrer Äußerung gehindert, jedoch nicht beseitigt waren, war es Stalins wohlbegründete Überzeugung, daß sogar in diesem engsten Parteigremium Meinungsverschiedenheiten, wenn man sie zuließe, Ausdruck der noch nicht ausgerotteten Meinungsverschiedenheiten innerhalb der Gesellschaft widerspiegelten. Deshalb konnte die Zerstörung der bürgerlichen Gesellschaft so lange nicht als abgeschlossen betrachtet werden, als verschiedene Tendenzen oder Gruppenmeinungen sich artikulieren konnten, sei es auch nur im höchsten Parteiorgan.

Der Wandel, der nach Stalins Tod im Sowjetsystem erfolgte – der Wechsel von der Tyrannei des einen Mannes zur Oligarchie –, scheint in diesem bedeutenden Punkt am deutlichsten zu sein. Er war das Ergebnis eines unlösbaren Widerspruchs im System selbst: die perfekte Einheit der Führung, wie sie das System verlangte und wie sie im Despotismus eines Mannes Gestalt gewann, war unvereinbar mit dem Bedürfnis eines Minimums an Sicherheit der anderen Führer. Sie wurden unter Stalins Herrschaft auf die gleiche elende Sklavenstellung degradiert wie die übrige Bevölkerung, und alle ihre riesigen Privilegien schützten sie nicht vor plötzlichem Sturz, Gefängnis und Tod. Die oligarchische Herrschaft nach Stalin wurde eine Art gegenseitiger Sicherheitspakt des Parteiapparats. Dieser Vertrag, soweit er wirklich praktiziert wird, läuft dem Prinzip der Einheit zuwider. In diesem Sinne könnte man die Jahrzehnte nach Stalins Tod mit Recht als kränklichen Stalinismus bezeichnen.

Es ist nichtsdestoweniger unwahr, daß die Sowjetgesellschaft selbst in den schlimmsten Zeiten von der Polizei beherrscht worden ist. Stalin regierte das Land und auch die Partei mit der Polizeimaschine, doch er regierte als ein Parteiführer und nicht als ein Polizeichef. Die Partei hat, ein Vierteljahrhundert mit Stalin identisch, niemals ihre allumfassende Herrschaft verloren.

Drittens: das System der universalen Spionage als Prinzip der Herrschaft. Daß die Menschen ermutigt und gezwungen wurden, einander zu bespitzeln, war keineswegs ein Mittel des Staates, sich gegen wirkliche Gefahren zu verteidigen, sondern das Prinzip des Totalitarismus aufs äußerste voranzutreiben. Als Bürger hatten sie in der perfekten Einheit der Ziele, Wünsche und Gedanken zu leben, wie sie durch den Mund des

Führers ausgesprochen wurden. Als Individuen hatten sie einander zu hassen und in ewiger gegenseitiger Feindschaft zu leben. Nur so konnte die Isolierung der Individuen voneinander den Grad der Perfektion erreichen. Das unerreichbare Ideal des Systems scheint zu sein, eine Situation herbeizuführen, in der alle Menschen zur gleichen Zeit Gefangene von Konzentrationslagern und Agenten der Geheimpolizei sind.

Viertens: die scheinbare Allmacht der Ideologie. In allen Diskussionen über den Stalinismus ist dies der Punkt, in dem es mehr Verwirrung und Widerspruch gibt als anderswo. Wir können es sehen, wenn wir den Meinungswechsel zu diesem Thema bei Solschenizyn und Sacharow verfolgen. Solschenizyns Standpunkt lautet, grob gesagt: Der ganze Sowjetstaat – sowohl in der Innen- wie in der Außenpolitik, in wirtschaftlichen wie in politischen Fragen – steht unter der übermächtigen Herrschaft der falschen marxistischen Ideologie, und eben diese Ideologie ist für alles Elend von Gesellschaft und Staat verantwortlich. Sacharow antwortet, daß die offizielle Staatsideologie tot sei und daß sie niemand mehr ernstnehme. Deshalb sei es töricht, sie für eine wirkliche Kraft zu halten, die die praktische Politik führt und formt.

Beide Beobachtungen scheinen mit bestimmten Einschränkungen Gültigkeit zu haben. Der Sowjetstaat hatte von Anfang an in sein Fundament eine Ideologie als das eine und einzige Prinzip seiner Legitimität eingebaut. Wahr ist, daß die bolschewistische Partei in Rußland unter ideologischen Fahnen mit nicht spezifisch sozialistischen oder gar marxistischen Devisen die Macht ergriff (Frieden und Land für die Bauern). Aber sie konnte ihre monopolistische Herrschaft nur auf dem leninistischen ideologischen Prinzip aufrichten, d. h. als eine Partei, die durch Definition der einzige legitime Sprecher der Arbeiterklasse und aller »arbeitenden Massen«, ihrer Interessen, Wünsche und Bedürfnisse war (mögen diese ihnen selbst auch unbekannt sein), und sie verdankte ihre Fähigkeit, den Willen der Massen »auszudrücken«, der »richtigen« marxistischen Ideologie. Unter einer Partei versteht man gemeinhin eine freiwillige Organisation, die durch ideologische Bindungen zusammengehalten ist. Eine Partei, die nach despotischer Macht strebt, kann nicht auf eine Ideologie verzichten, die diese Macht rechtfertigt und die für sie, da sie weder freie Wahlen noch die monarchische Erbfolge als Legitimation hat, die einzige Grundlage der Legitimität bildet. Die Ideologie ist in diesem Herrschaftssystem absolut unverzichtbar, gleichgültig wer und wieviele wie ernsthaft an sie glauben, und es bleibt dies auch dann noch gültig, wenn es – wie dies heute in den europäischen sozialistischen Staaten der Fall ist – praktisch überhaupt keine Gläubigen unter den Herrschern und den Beherrschten mehr gibt. Die Führer können die wirklichen und notorischen Prinzipien ihrer Politik nicht äußern, ohne den völligen Zusammenbruch des Machtsystems zu riskieren. Die von niemand geglaubte Staatsideologie muß für alle verbindlich sein, wenn nicht der ganze Staatsbau zusammenbrechen soll.

Das bedeutet nicht, daß ideologische Überlegungen, die zur Rechtfertigung eines jeden Schritts in der praktischen Politik zitiert werden, eine wirkliche und unabhängige Kraft darstellen, vor der sich Stalin und andere Führer beugten. Doch wäre es ungerecht zu behaupten, daß sie dieser Politik nicht bis zu einem bestimmten Maß eine Grenze setzen. Das Sowjetsystem unter und nach Stalin hat als Großmacht immer eine Realpolitik verfolgt, und die Ideologie mußte immer vage genug sein, um jede spezielle Politik zu segnen – NEP oder die Kollektivierung, die Freundschaft mit den Nazis und den Krieg gegen sie, die Freundschaft zu China oder dessen Verurteilung, die Unterstützung Israels oder die von Israels Feinden, den Kalten Krieg oder die Entspannungspolitik, Tauwetter oder Frost in der Innenpolitik, Personenkult oder dessen Aburteilung. Trotzdem bleibt es wahr, daß die Ideologie es ist, die den sowjetischen Staat aufrechterhält und seine Integrität bewahrt.

Oft ist dargelegt worden, daß das sowjetische totalitäre System nicht begreifbar wäre ohne den historischen Hintergrund Rußlands mit seinen stark hervorstechenden totalitären Merkmalen. Die Autonomie des Staates und seine überwältigende Vorherrschaft über die bürgerliche Gesellschaft wurden von russischen Historikern des 19. Jahrhunderts immer hervorgehoben, ein Gesichtspunkt, der auch von russischen Marxisten – wie von Plechanow in seiner *Geschichte des russischen sozialen Denkens* oder von Trotzki in seiner *Geschichte der russischen Revolution* – mit Begrenzungen angenommen wurde. Dieser

Hintergrund wurde nach der Revolution wiederholt als die eigentliche Quelle des russischen Kommunismus bezeichnet, so von Berdjajew. Viele Autoren – Kucharzewski war einer der ersten – sahen in der Sowjetunion eine geradlinige Fortsetzung des zaristischen Regimes, einschließlich seiner expansionistischen Politik und seinem unersättlichen Hunger nach neuen Gebieten samt der »Nationalisierung« aller Einwohner und der Unterordnung aller menschlichen Aktivitäten unter die Ziele des Staates. Mehrere Historiker veröffentlichten sehr überzeugende Studien über dieses Thema (so jüngst R. Pipes und T. Szamuely), und ich will ihre Befunde nicht in Frage stellen. Aber dieser Hintergrund kann die besondere Funktion der marxistischen Ideologie für die sowjetische Ordnung nicht hinreichend erklären. Selbst wenn wir so weit gingen (wie Amalrik), zuzugestehen, daß die Bedeutung des Marxismus in Rußland letztlich darin bestand, einem gebrechlichen Reichskörper frisches ideologisches Blut zuzuführen, das ihm ein Weiterleben ermöglichte, bevor es endgültig verschied, hätten wir damit doch noch keine Antwort auf die Frage: Wie hat sich der Marxismus für diese Aufgabe geeignet? Wie konnte die marxistische Geschichtsphilosophie mit ihren nachweisbaren Hoffnungen, Zielen und Werten den totalitären, imperialistischen und chauvinistischen Staat mit ideologischen Waffen aufrüsten?

5. *Stalinismus als Marxismus*

Bei dieser Frage gehe ich davon aus, daß Marx' Denken seit 1843 von ein und derselben wertgebundenen Idee getragen war, für die er nach immer besseren Formen des Ausdrucks suchte. Ich teile darin die Meinung derer, die die strenge Kontinuität in der geistigen Entwicklung von Marx betonen und nicht an einen mehr oder weniger harten Bruch in der Entwicklung seiner Grundideen glauben. Ich kann hier zu dieser kontroversen, aber keineswegs originellen Streitfrage nicht Stellung nehmen.

In den Augen von Marx war die Ursünde des Menschen, seine *felix culpa*, die für die menschlichen Errungenschaften wie für das menschliche Elend verantwortlich ist, die Arbeitsteilung mit der von ihr untrennbaren Entfremdung der Arbeit. Die extreme Form entfremdeter Arbeit ist der Tauschwert, der den ganzen Produktionsprozeß in den Industriegesellschaften beherrscht. Es sind nicht die menschlichen Bedürfnisse, es ist die endlose Anhäufung von Tauschwert in Geldform, die die Haupttriebkraft aller Produktionsanstrengungen ist. Dies führte zur Umwandlung der menschlichen Individuen, ihrer persönlichen Eigenschaften und Fähigkeiten in Waren, die nach den anonymen Gesetzen des Marktes innerhalb eines Systems der Lohnarbeit gekauft und verkauft werden. Es schuf das entfremdete institutionalisierte Gerüst der modernen politischen Gesellschaften, es verursachte eine unvermeidbare Spaltung zwischen dem persönlichen, selbstsüchtigen Leben der Menschen in der privaten Sphäre und ihrer künstlichen und mystifizierten Gemeinschaft in der politischen Sphäre. Als Ergebnis erlitt das Bewußtsein des Menschen eine ideologische Verzerrung: statt das menschliche Leben zu bestätigen und seine eigene Funktion als einen »Ausdruck« des Lebens zu begreifen, schuf es sich ein illusionäres eigenes Königreich, das bestimmt war, die bestehende Spaltung zu verewigen. Indem sie die Entstehung des Privateigentums und mit ihm die Teilung der Gesellschaft in feindliche Klassen bewirkt hatte, die um die Verteilung des Mehrwerts kämpften, führte die Entfremdung der Arbeit schließlich zum Entstehen der Klasse, die als das Konzentrat dieser Enthumanisierung bestimmt ist, sowohl das Bewußtsein zu entmystifizieren als auch die verlorene Einheit der menschlichen Existenz wiederherzustellen. Der revolutionäre Prozeß beginnt mit der Zerschlagung der institutionellen Einrichtungen, die die bestehenden Arbeitsbedingungen schützen, und er endet in einer Gesellschaft, in der alle grundlegenden Ursachen des sozialen Konflikts beseitigt sind und der soziale Prozeß dem kollektiven Willen der vereinten einzelnen untergeordnet ist. Sie werden dann fähig sein, alle ihre individuellen Möglichkeiten zu entfalten, nicht gegen die Gemeinschaft, sondern zu ihrer Bereicherung. Die notwendige Arbeit wird dabei Schritt für Schritt geringer, und die freie Zeit kann für kulturelle Kreativität und hochwertige Formen der Unterhaltung genutzt werden.

Der ganze Sinn der vergangenen Geschichte und der gegenwärtigen Kämpfe offenbart sich in der romantischen Vision einer vollkommen vereinten Menschheit der Zukunft. In dieser Einheit brauchen die Menschen keine Zwischeninstanzen, die die einzelnen von der Gattung als ganzer trennen. Der revolutionäre Akt, der die »Vorgeschichte« der Menschheit abschließen wird, ist ebenso unvermeidbar wie vom freien Willen getragen. Die Unterscheidung zwischen Freiheit und Notwendigkeit ist verschwunden im Bewußtsein des Proletariats, einer Klasse, die die alte Ordnung im Prozeß des Bewußtwerdens der eigenen historischen Aufgabe zerstört.

Ich vermute, daß beides – Marx' Vorwegnahme einer vollkommenen Einheit der Menschheit und seine Mythologie vom privilegierten proletarischen Bewußtsein – dafür verantwortlich war, daß seine Theorie in eine Ideologie der totalitären Bewegung verwandelt werden konnte: nicht weil er sie sich in solchen Begriffen vorgestellt hätte, sondern weil seine grundlegenden Werte kaum auf andere Weise hätten verwirklicht werden können. Der Theorie von Marx fehlt es sicher nicht an einer Vision der Zukunftsgesellschaft. Aber selbst seine mächtige Vorstellungskraft war nicht in der Lage, die Überführung der »Vorgeschichte« in die »genuine Geschichte« im Blick zu behalten und eine geeignete soziale Technologie vorzuzeichnen, die die erste in die zweite verwandeln könnte. Diese Lücke mußte von Praktikern ausgefüllt werden, und das bedeutete notwendigerweise, daß die ererbte Doktrin ergänzt und verfeinert werden mußte.

Im Traum von der vollkommen vereinten Menschheit war Marx – grob gesagt – kein Rousseauist. Rousseau glaubte nicht daran, daß die verlorene spontane Identität jedes Individuums mit der Gesellschaft je wiederhergestellt werden könnte und daß das Gift der Zivilisation in der Zukunft aus dem menschlichen Gedächtnis ausgelöscht werden könnte. Genau daran glaubte Marx: nicht als ob eine Rückkehr zum primitiven Glück der Barbarei und das Überbordwerfen der Zivilisation möglich oder wünschenswert wären, sondern daß der unaufhaltsame Fortschritt der Technologie letztlich (dialektisch) seine eigene Zerstörungskraft überwinden und der Menschheit eine neue Einheit garantieren würde, begründet mehr auf der Freiheit von Wünschen als auf der Unterdrückung von Bedürfnissen (in dieser Hinsicht teilt er die Hoffnungen der Saint-Simonisten).

Marx' befreite Menschheit braucht keine Maschinerien, wie

sie von der bourgeoisen Gesellschaft eingerichtet wurden, um Konflikte zwischen den Individuen untereinander und zwischen dem einzelnen und der Gesellschaft zu befrieden oder zu regeln, und das heißt: Recht, Staat, repräsentative Demokratie und negative Freiheit, wie sie in der Deklaration der Menschenrechte entwickelt und verkündet werden. Alle diese Einrichtungen sind typisch für eine Gesellschaft, die wirtschaftlich vom Markt beherrscht wird, aus isolierten Individuen mit antagonistischen Interessen zusammengesetzt ist und die ihre Stabilität mit Hilfe dieser Instrumente aufrechtzuerhalten sucht. Der Staat und sein Rechtssystem schützen das bürgerliche Eigentum mit Zwangsmitteln und setzen Regeln für Konflikte fest. Ihre ganze Existenz setzt eine Gesellschaft voraus, in der die menschlichen Handlungen und Wünsche notwendig miteinander zusammenstoßen. Das liberale Konzept der Freiheit besagt, daß »meine« Freiheit unvermeidbar die Freiheit meines Mitmenschen einschränkt, wie es tatsächlich der Fall ist, wenn der Bereich der Freiheit mit dem des Eigentums zusammenstößt. Sobald das System des Gemeineigentums die bourgeoise Ordnung ersetzt, verlieren diese Einrichtungen ihren Boden: die Einzelinteressen konvergieren mit den allgemeinen, es gibt keinen Grund mehr, das unstabile Gleichgewicht der Gesellschaft durch ein Regelsystem zu halten, das die Grenzen der Freiheit des einzelnen definiert. Doch nicht nur die »rationalen« Instrumente der liberalen Gesellschaft können beseitigt werden. Auch Stammes- und Nationalbindungen, die aus der Vergangenheit überkommen sind, werden im gleichen Prozeß bald verschwinden, und in dieser Hinsicht ebnet die kapitalistische Ordnung den Weg zum Kommunismus. Die alten irrationalen Loyalitäten zerbröckeln gleichermaßen unter der kosmopolitischen Macht des Kapitals und als Ergebnis des internationalistischen Bewußtseins des Proletariats. Das Ende dieser Entwicklung wird eine Gemeinschaft sein, in der es nichts gibt als die Individuen und die menschliche Gattung als Ganzes, und die Individuen werden ihr eigenes Leben, ihre Fähigkeiten und ihre Tätigkeiten unmittelbar als soziale Kräfte begreifen. Um diese Identität zu erfahren, werden sie keiner Vermittlung durch politische Institutionen oder überlieferter nationaler Bindungen bedürfen.

Wie könnte dies erreicht werden? Gibt es irgendeine Technik für diese soziale Verwandlung? Marx hat die Frage nicht beantwortet, und es scheint, daß von seinem Gesichtspunkt aus die Frage falsch gestellt war. Es ging ihm nicht darum, nach einer sachgerechten Technik für ein soziales *engineering* zu suchen, nachdem er ein arbiträres Bild einer wünschenswerten Gesellschaft gezeichnet hat, sondern soziale Kräfte herauszufinden und theoretisch zu erklären, die schon am Werk waren und in Richtung auf eine solche Gesellschaft wirkten. Und sie zu erklären bedeutete praktisch, ihre Wirksamkeit zu stärken, sie mit unverzichtbarem Selbstbewußtsein auszustatten, sie ihrer selbst bewußt werden zu lassen.

Eine praktische Auslegung der Botschaft von Marx hat verschiedene Möglichkeiten angeboten, je nachdem welche Werte als für die Doktrin fundamental angesehen wurden und welche Formulierungen als Schlüssel für das Ganze genommen wurden. Es scheint nicht so, daß an der Interpretation etwas falsch war, die zur leninistisch-stalinistischen Version des Marxismus werden sollte und die man folgendermaßen rekonstruieren könnte:

Marxismus ist eine gebrauchsfertige Doktrin, die dem Klassenbewußtsein des Proletariats in seiner reifen und theoretisch entwickelten Form entspricht. Der Marxismus ist wahr sowohl wegen seines »wissenschaftlichen« Werts als auch, weil er die Wünsche der »fortschrittlichsten« sozialen Klasse artikuliert. Die Unterscheidung zwischen »Wahrheit« im genetischen und im gängigen Sinn des Wortes ist in der Doktrin immer dunkel geblieben. Es wurde als bewiesen genommen, daß das »Proletariat« dank seiner historischen Sendung eine bevorzugte erkenntnismäßige Stellung einnimmt und daß so seine Vision der sozialen »Ganzheit« zwangsläufig richtig ist. Und ebenso war das, was als »fortschrittlich« angenommen wurde, automatisch auch »wahr«, ob nun diese Wahrheit mit allgemein anerkannten wissenschaftlichen Methoden verifiziert werden konnte oder nicht. Es war dies eine vereinfachte Form des Marxschen Konzepts des Klassenbewußtseins. Gewiß war der Anspruch der Partei, der monopolistische Eigentümer der Wahrheit zu sein, nicht automatisch aus diesem Konzept abzuleiten. Eine solche Gleichung erforderte zusätzlich den spezifisch leninistischen Begriff der Partei. Es war in diesem Begriff jedoch nichts Antimarxistisches enthalten. Wenn es stimmt, daß Marx keine Theorie der Partei ausgearbeitet hat, so hatte er doch das Konzept einer Avantgarde, die das verborgene Bewußtsein der Arbeiterklasse auszusprechen vermochte, und er hielt seine eigene Theorie für einen Ausdruck dieses Bewußtseins. Daß das »echte« revolutionäre Bewußtsein der Arbeiterklasse von außen her in die spontane Arbeiterbewegung eingeflößt werden müsse, war eine von Lenin bei Kautsky aufgegriffene Idee, die er mit einer wichtigen Ergänzung versah: Da in einer durch den Klassenkampf zwischen Bourgeoisie und Proletariat zerrissenen Gesellschaft nur zwei Grund-Ideologien existieren können, folgt daraus, daß eine Ideologie, die nicht proletarisch ist, d. h. nicht identisch mit der Ideologie der das Proletariat führenden Partei, notwendigerweise eine bourgeoise ist. Wenn man weiter beachtet, daß die Arbeiter unfähig sind, aus eigener Kraft ihre eigene Klassenideologie zu finden, müssen sie notwendigerweise eine bourgeoise entwickeln. Mit anderen Worten: was das empirische »spontane« Bewußtsein der Arbeiter schaffen kann, ist wesentlich eine bourgeoise Weltanschauung. So ist folgerichtig die Partei einerseits das einzige Organ der Wahrheit und andererseits völlig unabhängig von dem empirischen (und durch Definition bourgeoisen) Bewußtsein der Arbeiter (mit Ausnahme der Tatsache, daß die Partei bisweilen taktische Konzessionen machen muß, um dem Proletariat nicht zu weit voranzulaufen, wenn sie auf die Unterstützung durch seine Stimmen angewiesen ist). Das gleiche bleibt auch nach der Machtergreifung gültig. Als alleiniger Besitzer der Wahrheit darf die Partei (außer aus taktischen Gründen) das unvermeidlich unreife empirische Bewußtsein der Massen vollständig aufdecken, wenn sie nicht ihre historische Aufgabe verraten will. Sie kennt die »Gesetze der historischen Entwicklung« und die echten Zusammenhänge zwischen »Basis« und »Überbau«. Daher vermag sie vollkommen zu unterscheiden, was im realen empirischen Bewußtsein der Menschen als ein »Überrest«, ein Relikt der vergangenen historischen Epoche zerstört werden muß. Nicht nur religiöse Ideen fallen augenfällig unter diese Kategorie, sondern auch alles, was das Denken der Menschen vom Denken der Führer unterscheidet. Die Diktatur über die

Gedanken ist im Begriff des proletarischen Bewußtseins völlig gerechtfertigt. Die Partei weiß wirklich besser als die Gesellschaft, was die wirklichen (gegenüber den empirischen) Wünsche, Interessen und Gedanken der Gesellschaft sind. Sobald der Geist der Partei einmal sich vollkommen in einem Führer (als höchstem Ausdruck der Einheit der Gesellschaft) verkörpert hat, haben wir die höchste denkbare Gleichung: Wahrheit = proletarisches Bewußtsein = Marxismus = Partei-Ideologie = Gedanken der Parteiführer = Entscheidungen des obersten Chefs. Die Theorie, die für das Proletariat eine Art erkenntnismäßigen Privilegs beansprucht, gipfelt in der Feststellung, daß Genosse Stalin niemals unrecht hat. Und nichts in dieser Gleichung ist unmarxistisch.

Das Konzept, daß die Partei der alleinige Träger der Wahrheit ist, wurde natürlich kräftig unterstützt durch die Wendung »Diktatur des Proletariats«, die Marx zwei- oder dreimal ohne weitere Erklärung benutzt hat. Kautsky, Martov und andere Sozialdemokraten konnten gut argumentieren, daß das, was Marx mit »Diktatur« meinte, nicht eine Herrschaftsform, sondern ein Klassen-Begriff war und daß er »Diktatur« nicht in Gegensatz zum demokratischen Staat gestellt habe. Aber Marx hat in diesem Zusammenhang nichts Genaues gesagt, und so ergab sich nichts offensichtlich Falsches, wenn man das Wort »Diktatur« in seinem offenen Wertinhalt nahm, der genau das sagt, was Lenin meinte und nachdrücklich aussprach: eine Herrschaft begründet ausschließlich auf Gewalt und nicht begrenzt durch Recht.

Nach der Frage des »historischen Rechtes« der Partei, ihren Despotismus über alle Bereiche des sozialen Lebens zu errichten, wurde die Frage nach dem Inhalt dieses Despotismus grundsätzlich gelöst, indem man an Marxschen Voraussagen festhielt. Die befreite Menschheit würde den Unterschied zwischen bürgerlicher Gesellschaft und Staat beseitigen, sie würde alle vermittelnden Einrichtungen abschaffen, die die Individuen daran hinderten, ihre vollkommene Identität mit dem »Ganzen« zu erreichen, sie würde sich von der bourgeoisen Freiheit befreien, die den Antagonismus privater Interessen voraussetzte, und das System der Lohnarbeit zerstören, das die Arbeiter zwang, sich selbst als Ware zu verkaufen. Aber Marx sagte nicht exakt, wie man diese Einheit erreichen könnte mit der Ausnahme eines unbestreitbaren Punktes: der Expropriation der Expropriateure, d. h. der Beseitigung des Privateigentums an den Produktionsmitteln. Sobald dieser historische Akt der Expropriation stattgefunden hat, sind alle übrig bleibenden sozialen Konflikte nichts als Ausdruck einer rückständigen (bourgeoisen) Mentalität, die die alte Gesellschaft überlebt hat. Die Partei aber weiß, was der Inhalt der richtigen Mentalität ist, die den neuen Produktionsverhältnissen entspricht, und sie ist selbstverständlich dazu berufen, alle davon abweichenden Erscheinungen zu unterdrücken.

Welche Technik ist tatsächlich angemessen, diese ersehnte Einheit zu erreichen? Ihre ökonomische Grundlage wurde festgelegt. Man könnte behaupten, daß für Marx die private Sphäre nicht vom Staat unterdrückt oder ersetzt werden sollte, sondern daß eher der Staat absterben würde. Politische Herrschaft sollte überflüssig sein und nur die »Verwaltung der Dinge« bleiben. Aber sobald laut Definition der Staat ein Instrument der Arbeiterklasse auf ihrem Weg zum Kommunismus ist, kann er laut Definition seine Gewalt nicht gegen die »ausgebeuteten Massen« richten, sondern nur gegen die Relikte der kapitalistischen Gesellschaft. Und wieso konnte die »Verwaltung der Dinge« oder die ökonomische Leitung nicht Gebrauch und Verteilung der Arbeitskraft, d. h. der arbeitenden Menschen, einschließen? Lohnarbeit, und das heißt freier Markt der Arbeitskraft, sollte beseitigt werden und wurde es. Was aber, wenn die Menschen nicht allein aus kommunistischer Begeisterung arbeiten wollen? Wenn sie es nicht tun, bedeutet dies zweifellos, daß sie im bourgeoisen Bewußtsein gefangen sind, das zu zerstören die Aufgabe des Staates ist. Deshalb ist der gangbare Weg für die Abschaffung der Lohnarbeit, sie durch Zwang zu ersetzen. Wie können wir die Einheit von privater und politischer Gesellschaft herstellen, wenn nur noch die politische Gesellschaft den »richtigen« Willen der Menschen ausdrückt? Was immer sich gegen diesen Willen stellt, ist laut Definition Widerstand der kapitalistischen Ordnung; so ist die Zerstörung der privaten Gesellschaftssphäre durch den Staat der richtige Weg zur Einheit. Wer sagt, daß die Menschen erst dazu erzogen werden sollten, freiwillig und ohne Zwang zusammenzuarbeiten, müßte erst die Frage beantworten: wann und wie kann eine solche Erziehung erfolgreich sein? Es läuft gewiß der Theorie von Marx zuwider, anzunehmen, daß diese Erziehung innerhalb einer kapitalistischen Gesellschaft möglich sei, wo die arbeitenden Menschen unter dem übermächtigen Einfluß der bourgeoisen Ideologie stehen (hat Marx nicht gesagt, daß die Ideen der herrschenden Klasse die herrschenden Ideen sind? Ist es nicht eine reine Utopie, auf eine totale moralische Verwandlung der Gesellschaft in einer kapitalistischen Ordnung zu hoffen?). Und nach der Machtergreifung ist die Erziehung die Aufgabe des aufgeklärtesten Vortrupps der Gesellschaft. Der Zwang wird nur gegen das »Überleben des Kapitalismus« ausgeübt. Und so braucht man nicht zwischen der Schaffung des »neuen Menschen« des Sozialismus und der reinen Zwangsgewalt zu unterscheiden. Folgerichtig wird der Unterschied zwischen Befreiung und Sklaverei völlig verwischt.

Die Frage der Freiheit (im »bourgeoisen« Sinn) wird in der neuen Gesellschaft bedeutungslos. Hat nicht Engels gesagt, daß die wahre Freiheit definiert werden muß als das Maß, in dem Menschen fähig wären, sich die natürliche Umwelt zu unterwerfen und ihre sozialen Entwicklungen bewußt zu ordnen? Wenn dem so ist, dann ist erstens eine Gesellschaft um so freier, je technologisch fortgeschrittener sie ist, und zweitens, je mehr das soziale Leben in Richtung auf die Einheit gebracht ist. Von freien Wahlen und anderen bourgeoisen Einrichtungen dieser Art hat Engels in diesem Zusammenhang nichts erwähnt. Es gibt keinen Grund zu behaupten, daß eine ganz von einem Zentrum despotischer Gewalt gelenkte Gesellschaft in diesem besonderen Sinn vollkommen nicht frei sei. Und es gibt viele Äußerungen von Marx und Engels darüber, daß während der menschlichen Geschichte der »Überbau« im Dienste der entsprechenden Beziehungen des Eigentums in einer gegebenen Gesellschaft gestanden ist; daß der Staat »nichts anderes« sei als ein Werkzeug, die bestehenden Produktionsverhältnisse aufrechtzuerhalten; daß das Recht nichts anderes sei als eine Waffe der Klassenmacht. Der Schluß ist danach nicht falsch, daß die gleiche Situation bleiben wird, solange nicht der Kommunismus in seiner absoluten Form die Erde vollständig beherrscht. Mit anderen Worten ist das Recht ein Instrument der politischen

Macht des »Proletariats«, und da das Recht lediglich eine Technik ist, Macht auszuüben, und da es sehr oft seine Hauptaufgabe ist, Gewalt zu verschleiern und das Volk zu betrügen, bedeutet es keinen Unterschied, ob die siegreiche Klasse mit oder ohne Recht herrscht. Was zählt, ist der Klassen-»Inhalt« der Macht und nicht ihre »Form«. Überdies scheint der Schluß völlig richtig, daß der neue »Überbau« der neuen »Basis« zu dienen hat, was u. a. bedeutet, daß das kulturelle Leben als ganzes den politischen »Aufgaben« unterzuordnen ist, wie sie die »herrschende Klasse« durch den Mund ihres bewußtesten Teils definiert. Deshalb kann man sagen, daß die vollständige Servilität als Leitprinzip des kulturellen Lebens im stalinistischen System eine richtige Ableitung aus der »Basis-Überbau«-Theorie gewesen ist. Dasselbe gilt für die Wissenschaften. Hat nicht wiederum Engels gesagt, daß die Wissenschaften sich nicht selbst überlassen bleiben dürfen ohne die theoretische philosophische Führung, wenn sie nicht in alle Arten empiristischer Absurditäten verfallen sollen? Dies war tatsächlich der Grund für viele sowjetische Philosophen und Parteiführer, von Anfang an für die Philosophie – und das heißt, für die Partei-Ideologie – das Recht zu fordern, alle Wissenschaften (nach ihrem Inhalt und nicht nur nach dem Interessengebiet) zu kontrollieren. In den zwanziger Jahren hat bereits Karl Korsch auf den auffälligen Zusammenhang zwischen den Ansprüchen der Philosophie als Vorrang und dem sowjetischen System ideologischer Tyrannei über die Wissenschaften hingewiesen.

Viele kritische Marxisten pflegten zu sagen: »Das war eine Karikatur des Marxismus.« Das will ich nicht leugnen. Doch würde ich hinzufügen, daß man sinnvoll über »Karikatur« nur soweit sprechen kann, als sie an das Original erinnert, wie es in diesem Fall geschieht. Ich würde auch nicht die handgreifliche Tatsache leugnen, daß Marx' Denken viel reicher, differenzierter und subtiler war, als dies auf Grund der wenigen Zitate vermutet werden kann, die in der leninistisch-stalinistischen Ideologie endlos wiederholt werden, um das sowjetische Machtsystem zu rechtfertigen. Doch würde ich sagen, daß diese Zitate nicht wesentlich verzerrt waren; daß das dürre Gerüst des Marxismus, all seiner Komplexität beraubt, von der sowjetischen Ideologie als ein stark vereinfachter, aber nicht verfälschter

Fahrplan für die Errichtung einer neuen Gesellschaft genommen wurde.

Marx hat wirklich fest daran geglaubt, daß die menschliche Gesellschaft nicht »befreit« werden könnte, ohne die Einheit zu erlangen. Und außer dem Despotismus gibt es keine uns bekannte Technik, eine Einheit der Gesellschaft zu erreichen; keinen anderen Weg, die Spannung zwischen privater und politischer Sphäre zu unterdrücken, als die Unterdrückung der privaten Sphäre; kein anderes Mittel, die Konflikte zwischen Individuum und dem »Ganzen« zu beseitigen, als die Vernichtung des Individuums; keinen anderen Weg zur »höheren«, »positiven« Freiheit, im Gegensatz zur »negativen«, »bourgeoisen« Freiheit, als die Liquidierung der letzteren. Und wenn es so wäre, daß das Ganze der menschlichen Geschichte in Klassenbegriffen verstanden werden muß, daß alle Werte, alle politischen und rechtlichen Institutionen, Ideen, moralischen Normen, religiösen und politischen Glaubenssätze, künstlerischen Kreativitäten usw. »nichts anderes« sind als Instrumente im Dienst »realer« Klasseninteressen (und es gibt in den Schriften von Marx viele Hinweise in dieser Richtung), dann ist es konsequent, daß die neue Gesellschaft ihren Weg mit dem gewaltsamen Bruch der kulturellen Kontinuität mit der alten Gesellschaft beginnen mußte. (Die Kontinuität kann in Wirklichkeit nicht vollständig gebrochen werden, und in der sowjetischen Gesellschaft wurde von Anfang an eine selektive Kontinuität akzeptiert. Die radikale Forderung einer »proletarischen Kultur« war nur eine kurzlebige Extravaganz, die von der Führung nie wirklich unterstützt wurde. Der Druck der selektiven Kontinuität nahm mit der Entwicklung des Sowjetstaates zu, hauptsächlich als Ergebnis seines wachsenden nationalistischen Charakters.)

Ich vermute, daß die Utopien (die bedeutungsvollen Visionen einer vollkommen geeinten Gesellschaft) nicht bloß unpraktikabel sind, sondern in dem Augenblick antiproduktiv werden, sobald wir sie mit institutionellen Mitteln zu verwirklichen versuchen; und dies deshalb, weil die institutionalisierte Einheit und die Freiheit einander entgegengesetzt sind und weil eine Gesellschaft, die um ihre Freiheit gebracht ist, nur in dem Sinn vereinheitlicht werden kann, daß das Äußern der Konflikte unterdrückt wird, nicht aber die Konflikte beseitigt sind, folglich ist eine solche Gesellschaft überhaupt nicht geeinigt.

Ich übersehe nicht die Wichtigkeit der Veränderungen, zu denen es nach Stalins Tod in den sozialistischen Ländern gekommen ist, auch wenn ich behaupte, daß die politische Verfassung dieser Länder davon unberührt geblieben ist. Es geht nur darum, daß, wenn man heute – wenn auch zögernd – einen begrenzten Einfluß des Marktes auf die Produktion zuläßt und wenn man die strenge ideologische Kontrolle auf bestimmten Gebieten des Lebens aufgibt oder lockert, dies auf einen Verzicht gegenüber der Marxschen Vision der Einheit hinausläuft. Alle diese Veränderungen enthüllen eher die Unmöglichkeit, diese Vision zu verwirklichen, als daß man sie als Symptome einer Rückkehr zum »genuinen« Marxismus deuten könnte, gleichgültig was Marx »dazu sagen würde«.

Ein zusätzliches, gewiß nicht entscheidendes Argument zugunsten der oben gegebenen Interpretation liegt in der Geschichte des Problems. Es wäre völlig falsch, zu sagen, niemand hätte ein solches Ergebnis des Marxschen humanistischen Sozialismus voraussagen können. In Wirklichkeit wurde von anarchistischen Schriftstellern lange vor der sozialistischen Revolution vorausgesagt, daß eine auf Marx' ideologischen Grundsätzen beruhende Gesellschaft Sklaverei und Despotismus produziert. Wenigstens in dieser Hinsicht kann sich die Menschheit nicht beschweren, daß die Große Geschichte sie mit unvorhersehbaren Zusammenhängen der Dinge getäuscht und überrascht habe.

Die Frage, die wir diskutiert haben, ist ein Fall von »Erb- und Umweltfaktoren« in der sozialen Entwicklung. Es ist sogar sehr schwer, die jeweilige Rolle dieser Faktoren in einer genetischen Untersuchung zu unterscheiden, wenn die untersuchten Eigenschaften nicht genau definiert werden können oder wenn sie mehr geistigen als physischen Charakter haben (z. B. Intelligenz). Dies trifft noch viel mehr zu, wenn man das jeweilige Gewicht von »Erb-« und »Umwelt-«Faktoren im sozialen Erbe untersucht (eine ererbte Ideologie versus zufällige Bedingungen, unter denen Menschen sie verwirklichen wollen). Es ist eine Binsenwahrheit, daß in jedem einzelnen Fall beide Faktoren wirksam sind und daß wir keine Methode haben, um ihren relativen Einfluß zu berechnen und in quantitativen Begriffen auszudrücken. Zu sagen, daß die »Gene« (die ererbte Ideologie) allein verantwortlich für den wirklichen Gehalt des Kindes seien, wäre ebenso töricht wie die Behauptung, daß diese Gestalt allein der »Umwelt« zugerechnet werden müsse, d. h. den zufälligen historischen Ereignissen (im Falle des Stalinismus werden diese beiden unzulässigen extremen Interpretationen ausgedrückt entweder in der Ansicht, daß der Stalinismus »nichts anderes war als« Marxismus in Aktion, oder »nichts anderes war als« die Fortsetzung des zaristischen Reiches). Wenn wir auch keine Berechnung durchführen und jeder Gruppe von Faktoren den »gerechten Anteil« zuweisen können, dürfen wir vernünftigerweise lediglich fragen, ob die reife Form in den »genetischen« Bedingungen vorgezeichnet war.

Die Kontinuität, die ich vom Stalinismus zurück zum Marxismus aufzuspüren suchte, erscheint in einer noch schärferen Linie, wenn wir über den Übergang vom Leninismus zum Stalinismus reden. Da wurde nicht nur gleich nach 1917 die allgemeine Tendenz des Bolschewismus von nichtbolschewistischen Gruppen (den Menschewiken, ganz zu schweigen von den Liberalen) klar analysiert und ihr weiterer Weg ziemlich genau vorausgesagt, es wurde der despotische Charakter des neuen Systems bald auch innerhalb der Partei verurteilt, lange bevor der Stalinismus sich endgültig durchgesetzt hatte (»Arbeiter-Opposition«, dann die Linke Opposition, z. B. Rakowsky). Trotzkis späte Erwiderung an die Menschewiken, die ihre Voraussagen in den dreißiger Jahren erfüllt sahen (»wir haben es so gesagt«), ist miserabel und nicht überzeugend. Er argumentierte, sie hätten zwar vorausgesagt, was geschehen würde, und hätten doch völlig unrecht. Sie hätten geglaubt, daß der Despotismus als Resultat der bolschewistischen Herrschaft kommen würde. Nun ist er gekommen, aber als Ergebnis eines bürokratischen Putsches. *Qui vult decipi, decipiatur.*

30. Jahrestag der Neuen Ordnung in Europa

Heute sind es auf den Tag genau 30 Jahre, seit die Nazi-Armeen nach der Eroberung von Rußland und Großbritannien endgültig die Neue Ordnung der Wahren Freiheit in Europa errichtet haben. Es ist dies ein guter Anlaß für einen Augenblick der Reflexion. Nach dem letzten freundschaftlichen Treffen von Präsident Gerald Ford mit dem Großkanzler des Dritten Reichs Joseph Goebbels (der – trotz seines Alters – in bemerkenswert guter Verfassung und bei guter psychischer Stimmung ist) und nach den zahlreichen Begegnungen zwischen unserem Außenminister Staatssekretär Henry Kissinger mit dem Reichsminister des Auswärtigen Baldur von Schirach können wir ganz klar erkennen, wie die neue kreative Atmosphäre der Detente, der Entspannung, endgültig den Sieg davongetragen hat über die bedauerlichen und gefährlichen Überbleibsel des Kalten Krieges.

Rufen wir uns dies ins Gedächtnis zurück: Nachdem Herr Adolf Hitler, der Schöpfer, Erbauer und erste Großkanzler der Neuen Ordnung der Wahren Freiheit, 1953 gestorben war, setzte fast unmittelbar darauf die neue Ära der sogenannten Enthitlerisierung des Nazismus ein, obwohl für sehr lange Zeit sowohl die Politiker als auch die Wissenschaftler Amerikas die echte und tiefgreifende Bedeutung dieses Ereignisses nicht zu begreifen vermochten. Erst in jüngster Zeit, nach Jahren der größten Irrtümer, haben es amerikanische Staatsmänner und Historiker mit Erfolg vermocht, sich von den zahllosen überholten, ewig gestrigen und vulgären Anti-Nazi-Klischees zu befreien, die auf simpelste Weise den Nazismus mit dem Hitlerismus identifizierten und uns daran hinderten, beides zu begreifen, nämlich sowohl die Komplexität der Nazi-Geschichte als auch den historischen Sinn der Neuen Ordnung der Wahren Freiheit in Europa.

Neue Forschungen von sehr vielen redlichen Gelehrten, die von den primitiven Vorurteilen einer vorangegangenen Generation frei sind, haben ein völlig anderes, differenziertes und – wie wir fest überzeugt sind – weit gerechteres Bild der letzten Dekaden der europäischen Geschichte uns gezeigt und nahegebracht. Wir dürfen hier ein paar (gewiß viel zu wenige) Punkte dieser so lange schon nötig gewesenen Revision nennen.

Beginnen wir mit der nüchternen Feststellung: Niemand von uns leugnet einige bedauerliche Punkte in der Politik des späten Herrn Hitler und auch – wenn wir dies in unserem freien Lande so sagen dürfen – einige Aktionen, die ohne allzu große Übertreibung sogar als Verbrechen bezeichnet werden könnten. Die Tatsache, daß es keinem Juden in Europa erlaubt war, sein Leben fortzusetzen, daß die Hälfte der Bevölkerung von Polen, der Ukraine und der Tschechoslowakei und ein Drittel der russischen Bevölkerung usw. nicht dazu ermutigt wurden, am Leben zu bleiben, mußte einen Schatten auf die Neue Ordnung in den Augen nicht weniger, ja sogar sehr vieler Menschen werfen. In der Tat scheint Herr Hitler den Schaden nicht erkannt zu haben, den er seinem eigenen Land zugefügt hat. Und die jüngsten Untersuchungen amerikanischer Wirtschaftswissenschaftler haben ohne Zweifel nachgewiesen, daß die starke Konzentration der europäischen Industrie auf die Errichtung von Gaskammern und Krematorien Europas metallurgische Fähigkeiten von wichtigeren Aufgaben abhielt und auf solche Weise den wirtschaftlichen Wiederaufbau des Kontinents in der Nachkriegszeit verzögerte.

Doch »die Vergangenheit ist vorüber«, wie der alte Herr Himmler, Ehrenpräsident der Gesellschaft für amerikanisch-europäische Freundschaft, gestern in Berlin während eines Banketts zu Ehren von Henry Kissinger weise festgestellt hat. In der Tat: die Vergangenheit ist vorüber – aber das muß uns nicht daran hindern, manchmal in ihre verworrenen und oft mißverstandenen Geheimnisse hineinzugucken.

Wir dürfen nicht vergessen, daß als Ergebnis der zutiefst dialektischen Bewegung der Geschichte die gleiche Politik, obwohl sie in mancher Hinsicht unerfreulich gewesen sein mag, nicht auch ihre helleren und positiveren Seiten gehabt, sondern auch enorm zu dem dynamischen und imponierenden Fortschritt seit damals beigetragen hat sowohl auf wirtschaftlichem wie auf kulturellem Gebiet. Es gibt keine Juden mehr in Europa, aber als Folge davon ist auch der Antisemitismus aus Europa im wesentlichen verschwunden, was – wir sollten das offen eingestehen – in den USA nicht der Fall ist. Die europäische Bevölkerung hat unerhört viel an Mobilität gewonnen; so ist zum Beispiel die gesamte Bevölkerung von Holland zum Holzfällen in Nordostschweden, während übervölkerte Gebiete Bayerns nach Holland verlegt worden sind; die Tschechen sind im Bergbau des ehemaligen Nordrußland tätig, während die Deutschen in der Landwirtschaft von Arbeitern aus Polen und der Ukraine abgelöst worden sind. Wer wollte leugnen, daß die Mobilität der Bevölkerung eines der am besten untersuchten Kennzeichen für sozialen Fortschritt ist? Und werfen wir einen Blick in die Statistik der industriellen Entwicklung: Belgiens Stahlproduktion hat sich seit 1939 verdreifacht, die Holzindustrie in Finnland hat sogar – vornehmlich dank dem Einsatz italienischer Arbeitskräfte – den gewaltigen Sprung von 600 % gegenüber der Vorkriegsproduktion machen können. »Was offensichtlich ist, ist offensichtlich«, hat Präsident Ford bei dem Dinner mit Minister Ribbentrop eingestanden, das anläßlich der Unterzeichnung des historischen Vertrages über die gegenseitige unverbrüchliche Liebe (Mutual-Passionate-Love-Treaty) stattfand.

Der entscheidende Punkt ist, daß viele Propagandisten des Kalten Krieges nicht nur Jahre hindurch absurderweise die Exzesse des Hitlerismus mit dem Nazismus gleichsetzten, sondern – was viel schlimmer ist – törichte Vergleiche zwischen dem Nazismus und dem kriminellen, mörderischen Regime Stalins, das glücklicherweise von den Naziarmeen im Mai 1945 beseitigt worden ist. Um diese Identifikation zu rechtfertigen, erfanden diese Phantasten sogar das Wort »totalitär«, was es ihnen ermöglichte, mit einem bequemen Instrument ihre antiwissenschaftlichen Ideen einer amerikanischen Zuhörerschaft zu verkaufen. Jüngste Forschungen haben dieses unsinnige Konzept nun vollständig und endgültig als solches entlarvt. Ebenso zurückgewiesen ist die naive Ansicht, die einige Gelehrte bis unlängst vertreten haben, daß nämlich der Nazismus von Anfang an sozusagen eine im System gelegene Tendenz besessen habe, die in der bizarren Politik von Herrn Hitlers späten Jahren hätte notwendig zur Explosion kommen müssen. Wir wissen heute, daß es keine »Prä-Determination« solcher Art gegeben hat. Nehmen wir das jüdische Problem. Herrn Hitlers frühes Programm ist – darüber besteht kein Zweifel – antijüdisch, aber es sagt kein Wort über die Notwendigkeit, alle Juden in Gaskammern zu töten; auch allergründlichste Forschungen haben diese Idee in irgendeiner frühen Nazischrift nicht aufzufinden vermocht! Und später, in den sogenannten Nürnberger Gesetzen, wurden die Juden lediglich daran gehindert, Arier zu heiraten – zum Schutze der Erhaltung der rassischen Reinheit. Man mag diese gesetzliche Aktion kritisieren (obwohl zugegeben werden muß, daß damit eine klare gesetzliche Ordnung geschaffen worden ist nach einer Periode des Chaos und der Unsicherheit), aber wiederum hatte dies nichts zu tun mit Gaskammern. Gewiß wurden den Juden einige Rechte genommen, und wir mögen auch daran Kritik üben, obwohl wir seit dem großen Nietzsche wissen, wie wenig Bedeutung das vielgerühmte Wahlrecht hat. Später, im Jahre 1940, wurde den Juden lediglich befohlen, in Gettos zu leben; wiederum gelingt es der historischen Forschung nicht, irgendeine Idee von Gaskammern in dieser Periode nachzuweisen. Erst einige Jahre später kam es zu dieser bedauerlichen Entscheidung. Es wäre aber töricht und völlig unhistorisch, das Gaskammerkonzept in Herrn Hitlers *Mein Kampf* nachweisen zu wollen, wo es völlig fehlt. Dies zu tun hieße, die Gegenwart in die Vergangenheit zu projizieren in dem Glauben, daß alles bereits vor-geplant gewesen sei. In Wirklichkeit gab es viele Stufen in der Nazipolitik gegenüber den Juden, und auf jeder Stufe waren alle Optionen offen – nichts war bestimmt durch die geheimnisvollen Kräfte der Ideologie, die angeblich von Anfang an in der Nazibewegung am Werke gewesen seien.

Im Lichte dieser Forschung erweist sich das ganze Konzept eines sogenannten »Hitlerismus« immer mehr als unbrauchbar. Wir haben es mit vielen Jahren eines komplexen historischen Prozesses zu tun, von denen sich ein jedes von dem vorangegangenen und dem folgenden unterscheidet. Was ist nun aber eigentlich »Hitlerismus«? Und wie kann er definiert werden? Was Herrn Hitler selbst betrifft, was für ein simplifiziertes Bild von ihm ist uns geblieben nach Jahren der Kalten-Krieg-Propaganda! Wir sind geneigt zu vergessen, daß er zum

Beispiel Filme gefördert hat, die – auch wenn wir nicht immer mit ihrem Inhalt übereinstimmen mögen – künstlerisch hervorragend waren. Er befahl die Veröffentlichung der Werke von Goethe und Schiller. Er baute Straßen und eindrucksvolle öffentliche Gebäude, wobei er viele dieser Projekte mit seinen Architekten sorgfältig diskutierte (einige von ihnen waren seine Freunde), er beseitigte die Arbeitslosigkeit in Deutschland und später in Europa, während wir heute in den USA sieben Millionen Menschen ohne Arbeit haben. Seien wir also etwas bescheidener und beweisen wir *common sense*, eine Eigenschaft, die glücklicherweise auf dem Wege zum Siege ist.

Aus »Der Himmelsschlüssel« und »Lailonische Fabeln«

Bileam oder das Problem der objektiven Schuld

Bileam, der Sohn Beors, unternahm im Auftrage Gottes in wichtigen Staatsgeschäften eine Dienstreise, und er ritt auf einer Eselin. Gott jedoch gefiel der Weg nicht, den er gewählt hatte, und er schickte einen Engel, um Bileam aufzuhalten. Er bewirkte jedoch, daß der Engel mit dem bloßen Schwert nur der Eselin sichtbar war – was übrigens häufig geschieht. Als sie das Hindernis sah, handelte die Eselin vernünftig und verließ den Weg; Bileam, der den Engel nicht sah, verhielt sich ebenfalls vernünftig und schlug sie mit dem Stock, um sie zur Rückkehr auf den Weg zu zwingen. Die Sache wiederholte sich dreimal, bis Gott schließlich der Eselin Sprache verlieh und sie laut schrie:

»Was habe ich dir getan, daß du mich geschlagen hast nun dreimal?«

Bileam, über ihre Sprache nicht sonderlich verwundert, denn zu jener Zeit geschahen noch ganz andere Dinge, erwiderte wütend:

»Du machst dich lustig über mich! Schade, daß ich kein Schwert habe, sonst würde ich dich anders hernehmen.«

Gott, der durch das Maul des einfachen und untertänigen Viehs sprach, zögerte lange, dem Reiter zu sagen, worum es gehe. Viel lieber stritt er mit Bileam herum, der schon weiß war vor Wut. Schließlich hatte er Mitleid mit beiden und machte den Engel auch für Bileam sichtbar. Und da begriff dieser die Situation sofort. Der Engel jedoch begann zu schimpfen:

»Warum schlugst du das unglückliche Tier? Diese Eselin«, schrie er, »rettete dir das Leben. Wäre sie weitergegangen, hätte ich dich mit diesem Eisen vernichtet, aber sie hätte ich leben lassen.«

»Gnädiger Herr«, verteidigte sich Bileam, »wie hätte ich dich sehen können, wo du mir gar nicht erschienen bist?«

»Ich frage dich nicht, ob du mich gesehen hast«, schrie der Engel, »ich frage dich, warum du das unschuldige Tier geschlagen hast?«

»Aber mein Wohltäter«, sagte stotternd Bileam, »ich schlug sie, weil sie mir nicht gehorchte, jeder andere hätte das getan an meiner Stelle.«

»Schiebe die Schuld nicht auf die ›anderen‹«, tobte der Engel weiter, »wir sprechen von dir und nicht von den ›anderen‹. Sie widersetzte sich dir, weil ich ihr das befahl. Indem du sie schlugst, widersetztest du dich mir, der ich dein Vorgesetzter bin, und auch Gott, der mich gesandt hatte und der ein noch höherer Vorgesetzter ist.«

»Aber verehrter, geliebter, geehrter Herr«, jammerte Bileam, »ich habe dich doch nicht gesehen, also wie konnte ich . . .?«

»Du sprichst wieder über ein anderes Thema«, unterbrach ihn der Engel, »ihr seid alle gleich. Jeder sündigt und sagt, er habe nichts gesehen. Man müßte die Hölle schließen, wenn man solchen Ausflüchten Glauben schenken wollte. Du hast objektiv gesündigt, verstehst du? Du hast dich Gott objektiv widersetzt.«

»Ich verstehe«, sagte Bileam traurig und demütig. Er stand auf dem Weg, klein, fett, unglücklich und wischte sich den Schweiß vom kahlen Kopf. »Ich verstehe, ich bin ein objektiver Sünder, also überhaupt ein Sünder. Ich habe erstens gesündigt, weil ich dich nicht sah. Ich habe zweitens gesündigt, weil ich das unschuldige Tier schlug. Ich habe drittens gesündigt, weil ich entgegen Gottes Verbot weiterreiten wollte. Ich habe viertens gesündigt, weil ich mit dir stritt. Ich bin ein Gefäß der Sünde, unreiner Abfall, für den die Hölle noch eine Wohltat wäre. Ich habe sehr gesündigt, Herr. Habe Mitleid, Herr. Alles kommt von dieser verdammten Heftigkeit.«

»Na gut, hör schon auf mit deinen Rechtfertigungen«, brummte der Engel, schon ruhiger geworden, »reite jetzt weiter.«

»In welche Richtung, Herr?« fragte Bileam.

»In die gleiche, in die du rittest«, erwiderte der Engel.

Bileam stöhnte auf und weinte: »Du wolltest mich doch gerade aufhalten, Herr.«

»Das habe ich schon, und jetzt kannst du weiterreiten«, erwiderte der Engel.

»Wozu hast du mich dann angehalten, Herr?«

»Hör auf zu philosophieren, Sünder; Gott wollte es so.«

Resigniert setzte Bileam sich auf die Eselin, die sogleich lostrottete und sagte:

»Im Endeffekt bin ich die am meisten Geschädigte; mein Herr hat lediglich eine moralische Unannehmlichkeit erfahren, aber mir tut der Buckel weh.«

Dann entfernten sich die beiden.

Diese Geschichte läßt viele moralische Schlußfolgerungen zu, aber wir werden nicht alle anführen. Es muß nur folgendes erwähnt werden: Wäre der Engel für Bileam sichtbar gewesen, hätte dieser die Eselin gewendet, die sicher gehorsam vom Wege abgewichen wäre. Aber dann hätte er keine verdienstvolle Handlung begehen können – denn was ist es für ein Verdienst, einem sichtbaren Hindernis auszuweichen? Ein Verdienst ist es nur, einem unsichtbaren auszuweichen. Das jedoch wollte er eben nicht tun. Erste Moral: Schätzen wir die Stimme eines Tieres nicht gering – denn es weiß gelegentlich etwas besser als wir.

Zweite Moral: Unwissenheit ist eine Sünde, und indem wir uns mit Unwissenheit rechtfertigen, fügen wir den alten Sünden eine neue hinzu.

Dritte Moral: Es spricht gegen den gesunden Menschenverstand, den gesunden Menschenverstand zum Streit mit dem absoluten Verstand zu benutzen.

Vierte Moral: Von der objektiven Schuld kann uns nicht einmal Gott befreien.

Fünfte Moral: So sind die Folgen, wenn zwei sich vernünftig verhalten, aber jeder von anderen Voraussetzungen ausgeht.

Die Buckel

Als Ajio, ein Steinhauer, der beim Straßenbau beschäftigt war, an einem Buckel erkrankte, fanden sich vier Ärzte ein und erörterten den Fall. Man braucht deshalb nicht anzunehmen, daß sich in Lailonien, wenn ein Steinhauer erkrankte, immer gleich vier Ärzte versammelten; gewöhnlich ließ sich kein einziger blicken. Und diesmal waren es auch nicht etwa deswegen vier, weil Ajio erkrankt oder weil er Steinhauer war. Der Grund, weshalb sie sich herbeibemüht hatten, war einfach. Ajios Krankheit selbst, denn sie war eine recht seltene Krankheit, und, wie alle Menschen, betrachteten auch Ärzte Absonderliches ganz gern. Das Eigenartige an der Krankheit lag nicht allein am Buckel, denn ein Buckel ist an sich noch nichts Ungewöhnliches, ja, er ist etwas durchaus Normales. Das hier aber war kein einfacher, sondern ein wunderlicher Buckel, ein Buckel mit Seltenheitswert, ein Buckel, wie er in ganz Lailonien nur einmal in hundertacht Jahren vorkam oder noch seltener. Während er nämlich wucherte und aufquoll, entwuchsen ihm alsbald verschiedene außergewöhnliche Verästelungen und Beulen, die prall anschwollen und im Laufe der Zeit sich zu Teilen eines menschlichen Körpers entwickelten: zu Händen, Füßen, Kopf, Hals, Bauch und Hinterteil. (Zudem, und dies will erwähnt sein, war es ein sogenannter kryptogener Buckel, was so viel heißt wie eine bestimmte, absonderliche Art von Buckel, von der die Ärzte nicht zu ergründen vermögen, woher sie kommt.) Als sich die Doktoren in einem eigens dafür vorgesehenen Kabinett eingefunden hatten (Ajio war dort, das versteht sich, nicht anwesend), berieten sie darüber, ob man den Kranken von diesem Buckel heilen könne.

»Meine Herren«, tat ein alter Arzt dem Konsilium kund, »geben wir doch offen zu, daß die heutige Medizin in diesem Falle machtlos ist. Vor hundertacht Jahren beschrieb unser großer Vorgänger, der Chirurg Kopf-oh-weh, einen ähnlichen Fall. Auch er konnte ihn nicht heilen. Und wenn man diesen Buckel schon vor hundertacht Jahren nicht heilen konnte, wissen wir selbstverständlich heute erst recht keine Abhilfe, da ja die Menschen früher viel klüger gewesen sind.«

Als er geendet, ergriff ein junger Arzt das Wort: »Was sollen wir tun?« fragte er, irgend etwas müssen wir unternehmen, sonst wird man uns für unfähig halten.«

»Was tun?« wunderte sich der alte Arzt. »Den Kranken behandeln!«

»Wenn aber keinerlei Aussichten bestehen? . . .«

»Das Behandeln eines Kranken, lieber Freund, hat mit den Aussichten auf seine Genesung nichts zu tun«, sagte der ältere Arzt. »Darin beruht das Hauptprinzip unserer Kunst. Das Ziel der Behandlung ist das Behandeln selbst, gleichwie das Ziel des Singens das Singen und das des Spielens das Spielen ist.«

»Ich neige zu der Ansicht«, meinte der dritte Arzt, »daß wir den Kranken wenigstens teilweise heilen könnten. Wir können, denke ich, den Buckel zwar nicht ganz beseitigen, aber immerhin sein weiteres Wachstum aufhalten, wenn wir ihn in Gips legen, damit er sich nicht mehr vergrößert und so bleibt, wie er ist; außerdem, daß die Menschen vor hundertacht Jahren klüger gewesen sein sollen als heute, ist keineswegs bewiesen.«

»Ich finde das empörend«, schrie der vierte Arzt. »Wenn wir den Buckel schon nicht völlig kurieren können, sollten wir ihn ganz in Ruhe lassen!«

»Aber warum denn?«

»Das ist doch klar! Weil man ihn eben nicht heilen kann.«

»Ganz nicht, aber teilweise.«

»Das heißt nichts anderes, als daß man ihn nicht kurieren kann. So oder so wird der Buckel bleiben, und wir sollten uns nicht der Täuschung hingeben, daß hier noch etwas zu machen ist.«

Lange stritten sich die Ärzte, der Buckel aber gedieh indes immer schneller. Die verschiedenen Körperteile, die ihm entwuchsen, traten mit jedem Mal deutlicher hervor und nahmen die ihnen eigene Gestalt an. Auf dem Kopf bildeten sich Haare, Augen, Nase, Ohren und Mund konnte man schon deutlich unterscheiden. Die Hände wurden immer länger und länger, und die Beine reichten bald bis zur Erde hinunter. Ehe man sich's versah, war aus dem Buckel eine vollständige menschliche Gestalt geworden, ein zweiter Ajio, der – am Rücken mit dem ersten verwachsen – seinem Gastgeber wie ein Ei dem andern glich; auch hub er gleichentags zu sprechen an.

Der erste Ajio, der echte, hatte von Anfang an seine liebe Not damit, denn er machte sich große Sorgen um seine Krankheit. Doch als er sah, daß ihm auf dem Rücken ein Doppelgänger gewachsen war, geriet er in solches Entsetzen, daß er nicht mehr wußte, wie aus noch ein. Ajio war ein ruhiger, redlicher Mensch, ein gewissenhafter Arbeiter, allseits beliebt und geschätzt. Nun aber konnten die Menschen nicht mehr unterscheiden, welcher von den beiden nun der echte Ajio und welcher der dem Buckel entsprossene war. Schlimmer als das alles war jedoch die Tatsache, daß die völlige Ähnlichkeit der beiden, die zuweilen auch Ajios Gemahlin in Verlegenheit brachte, offenbar nur äußerlich galt. Der zweite Ajio hatte nämlich einen ganz anderen Charakter als der erste. Kaum konnte er seine Stimme gebrauchen, als er ein Geschrei erhob, sich über jede Kleinigkeit aufregte und jeden beschimpfte, der ihm in die Quere kam. Insbesondere aber ließ er seinen Groll am ersten Ajio aus. Er sah sich auch keineswegs gehalten zu arbeiten, sondern beleidigte, wen er nur konnte, und klagte, der erste Ajio erlaube ihm nicht einmal zu gehen. Dies entsprach insofern der Wahrheit, als beide am Rücken miteinander verwachsen waren und daher die Beine nicht mehr nach Belieben gebrauchen konnten: wollte der eine nämlich vorwärts, mußte der andere rückwärts laufen und umgekehrt. Das war sehr unbequem. Aber es war noch nicht das Schlimmste. Viel schlimmer war, daß der zweite Ajio, sobald er ganz ausgewachsen war und man ihn nicht mehr vom ersten unterscheiden konnte, zu schreien anfing, er sei eigentlich der erste Ajio, nämlich der, der am Anfang war, der andere aber sei der Buckel, ihm entwachsen, und hätte daher auch nichts mit einem echten Menschen zu tun.

»Schneidet mir diesen verfluchten Buckel ab«, fauchte er die Ärzte und jeden an, der des Weges kam. »Soll ich denn ewig dieses abscheuliche Gewächs auf meinem Rücken herumtragen? Was für Ignoranten, diese Ärzte. Nichts können sie.«

Die Bekannten, denen Ajio auf der Straße begegnete, wunderten sich. »Bist du denn wirklich der echte Ajio?« fragten sie den Buckel. Und der schrie aus vollem Halse: »Freilich bin ich der echte Ajio! Wer denn sonst? Wo habt ihr eure Augen? Seht ihr nicht, daß ich es bin? Ihr kennt mich doch schon seit Jahren. Was für ein Elend!«

Um aber sicher zu gehen, befragten sie für alle Fälle auch den ersten Ajio:

»Und du, wer bist denn du eigentlich?«

»Ich bin Ajio«, sagte der andere, aber leise, denn er war bescheiden und schüchtern.

Als der zweite Ajio dies hörte, brach er in höhnisches Gelächter aus und schimpfte laut vor sich hin: »Da, seht ihn an, ein Buckel will ein Mensch sein! Nicht zu glauben! Dieser schäbige Buckel hat die Stirn, den Leuten einzureden, daß er gar kein Buckel sei! Was bist du denn sonst, du Ledersack?!« schrie er, »Mensch, wo bleibt da der Verstand? Der Buckel da will Ajio sein! Das halte ich nicht aus! Schneidet mir das Gewächs ab, sonst platze ich vor Wut! Und du, schweig, du Kreatur! Laßt dieses Ungeheuer bloß nicht reden!«

So spie der knurrige Buckel nach jeder schüchternen Regung des Ajio, der in einer Anwandlung von Verzweiflung versicherte, daß er der richtige Ajio sei, einen Schwall von Schimpfwörtern und Lügen aus und bekräftigte so laut und so viele Male, man werde noch einsehen, wie sehr er im Recht sei, daß bald die Leute, die Ärzte und die Freunde Ajios, sogar seine Frau, überhaupt alle den Kopf verloren und schließlich glaubten, der echte Ajio müsse sein, der am lautesten schreie, daß er der echte Ajio sei. Der ursprüngliche Ajio dagegen, immer mehr verzweifelt und eingeschüchtert, immer unsicherer, sprach nur noch leise vor sich hin; allmählich aber begann er zu stottern, und so verzichtete man schließlich ganz und gar darauf, seiner zu achten. Der neue Ajio aber entpuppte sich als gemeiner Schreihals, der sich um jede Kleinigkeit stritt.

»Hat sich dieser Ajio geändert«, meinten besorgt die Bekannten. »Er ist kaum noch zu erkennen. Früher war er so gütig, alle hatten ihn gern, und heute? – Es ist nicht zum Aushalten mit ihm.«

Andere wieder verübelten ihm sein Verhalten nicht. »Was wollt ihr denn?« entgegneten sie. »Er hat doch jetzt einen

Buckel. So ein Unglück macht sich bemerkbar, kein Wunder.«

Alsdann erinnerten sie daran, daß sich angesichts großen Unglücks und schwerer Krankheit doch auch andere Menschen sehr geändert hätten, und weil jeder zur Genüge von solchen Vorfällen zu berichten wußte, war Ajio bald vergessen.

Die Ärzte indessen hatten die Zeit nicht ungenutzt verstreichen lassen. Tag und Nacht saßen sie eifrig über den Büchern und forschten so lange, bis, nach vielen Monaten, ihre Mühe schließlich belohnt ward und sie ein Mittel gegen den Buckel gefunden hatten. Es handelte sich um ein bestimmtes Pulver, das dreimal täglich einzunehmen war. Es schmeckte bitter und sehr unangenehm, doch wer achtet schon darauf, wenn es darum geht, sich von einem Buckel heilen zu lassen. Die Ärzte erprobten ihre Arznei zunächst an zahlreichen Buckligen, doch an solchen, die nur gewöhnliche Buckel hatten. Die Wirkung läßt sich kaum beschreiben. Zu ihrer größten Genugtuung stellten sie fest, daß sämtliche mit Buckel behaftete Menschen gesund wurden und mit der Arznei höchst zufrieden waren.

Kein Wunder also, daß die Ärzte ihre Erfindung auch Ajio antrugen. Als sie bei Ajio erschienen, klagte dieser begreiflicherweise (nicht der echte, sondern der andere) wie immer und erklärte, er könne die Pein nicht länger ertragen und verlange, daß man sofort handle und ihn heile. Ohne zu säumen, erboten sich die Ärzte, ihn aus der Bedrängnis zu befreien, und priesen das ausgezeichnete Mittel gegen den Buckel. Der erste Ajio, der echte, fing an zu winseln und pochte darauf, daß immerhin er der Mensch sei, der andere hingegen nur seine Krankheit. Doch wer mochte ihn schon ernst nehmen? Außerdem wurde er vom anderen Ajio niedergeschrien und fürchterlich beschimpft. Nur der kleine Ajio, der Sohn des echten, sagte laut heulend, daß der erste Ajio sein Vater sei, der andere aber irgendein fremder Herr. Niemand hörte auf ihn, denn der Verstand kleiner Kinder, so meint man, reicht nicht aus, besser als Erwachsene zu unterscheiden, was echt ist und was nicht.

Nach einer kurzen Besprechung verabreichten die Ärzte dem Kranken, das heißt dem anderen Ajio, dem Buckel, das Pulver. Gierig griff der falsche Ajio danach. Freilich verzog er sein Gesicht ein wenig, als er das Pulver schluckte, denn es war bitter. In leicht vorwurfsvollem Ton fragte er die Ärzte, weshalb sie denn kein süßes Pulver oder gar ein Mittel mit Orangengeschmack erfunden hätten. Es kam, wie zu erwarten gewesen war. Sobald der falsche Ajio das Pulver zu schlucken begonnen hatte, schrumpfte der echte Ajio zusammen und wurde kleiner und kleiner, bis er sich schließlich in einen echten Buckel auf dem Rücken des falschen Ajio verwandelt hatte. Da das Pulver aber noch weiterwirkte, wurde der Buckel so klein, daß er verschwand und der falsche Ajio – einst Buckel – kerzengerade und zufrieden dastand, ohne auf dem Rücken noch etwas zu haben. Somit war der echte Ajio aus der Welt geschafft. Die Ärzte hegten samt und sonders die Überzeugung, daß damit auch jeglicher Zweifel an der Echtheit des Ajio behoben sei, weil sich ja nur jener in einen Buckel verwandeln und dann verschwinden kann, der auch von Anfang an nichts anderes als ein Buckel gewesen ist. Nur der kleine Sohn Ajios weinte bitterlich und klagte, man habe ihm den Vater geraubt. Aber der falsche Ajio schlug ihn mit dem Gürtel windelweich, um ihm von Anfang an zu zeigen, daß er sein Vater sei und der Kleine sich nicht unterstehen solle, Dummheiten zu reden.

Nach dieser Geschichte wurde Ajio ein berühmter Mann: so etwas passiert nicht jedem. Die Leute mochten ihn zwar nicht, da er gehässig war und wem er nur konnte Schaden zufügte, sie fürchteten ihn aber, und, wie es scheint, aus keinem anderen Grunde.

Ajio wollte es auf keinen Fall dabei bewenden lassen, daß er Sieger geblieben war. Mit der Zeit legte er ein seltsames Verhalten an den Tag. Traf er Bekannte, fragte er sie aus heiler Haut: »Wann wollt ihr endlich mal eure Buckel loswerden? Wo es doch jetzt so wirksame Mittel dagegen gibt! Ihr solltet gleich mal zum Arzt gehen!«

»Was soll das heißen? Ich hab' doch keinen Buckel«, entgegnete man ihm, erstaunt über diesen Scherz. Ajio aber lachte giftig.

»Du und keinen Buckel?!« rief er. »Das bildest du dir nur ein! Du bist bucklig, mein Lieber, und wie! Ihr seid alle bucklig, verstehst du? Alle! Nur ich allein, ich (hier klopfte er sich mit den Händen auf die Schenkel), ich allein habe keinen Buckel.

Alle Menschen hier sind entsetzlich bucklig und wollen sich nur aus Dummheit nicht heilen lassen.«

Diesen und jenen hatte Ajio in der Stadt bereits so angesprochen, als die Bevölkerung ein Grauen überkam. Bald trat ein jeder heimlich vor den Spiegel und prüfte, ob ihm auf dem Rükken nicht doch ein Buckel wachse. Obwohl sie allesamt wußten, daß sie nicht bucklig waren, hatten sie keine ruhige Minute mehr und ließen nicht ab, sich immer wieder im Spiegel zu betrachten. Am Ende war keiner mehr sicher, ob er nicht etwa doch bucklig sei. Die Angst hatte zur Folge, daß sich die Einwohner gegenseitig mieden. Geduckt schlichen sie wie auf weichen Pfoten an den Häuserwänden entlang und warfen einander heimlich prüfende Blicke zu. Nur Ajio schritt selbstsicher und stolz wie ein Pfau einher und geißelte sie mit Spott: »Ihr seid alle bucklig«, kreischte er, »ihr habt entsetzliche Buckel! Wie kann euch das verborgen bleiben! Ihr seid bestimmt blind.«

Als eine gewisse Zeit verstrichen war, sann Ajio auf neue Methoden. Nun begann er den Menschen nimmermüde einzureden, sie seien nicht nur im bekannten Sinne bucklig, sondern selber Buckel und einst Menschen entwachsen, denen dasselbe zugestoßen sei wie seinerzeit ihm. Ihn, Ajio, indessen habe man mit einem Wundermittel geheilt. Doch damit nicht genug. Sie hätten als Buckel sogar die ursprünglichen Menschen aufgefressen, und daher gebe es auf der ganzen Welt außer ihm nicht einen echten Menschen mehr, nur Buckel. »Du bist ein Buckel«, zischte er jeden an, der auf ihn zukam. »Verstehst du? Du bist ein Buckel und kein Mensch! Du täuscht nur einen Menschen vor, in Wirklichkeit aber hast du ihn aufgefressen und willst mir jetzt was vormachen. Aber nur ich allein bin ein echter Mensch!«

Die Zähne bleckend, fauchend und allen einredend, sie seien samt und sonders Buckel, und nur er allein ein Mensch, wiederholte er dies so lange, bis alle zu glauben begannen, sie seien in der Tat Buckel und müßten unverzüglich Schritte unternehmen, um die echten Menschen, die sie als Buckel verschlungen hätten, dem Leben zurückzugeben. Zuweilen schämten sie sich sogar, und man sah, wie peinlich ihnen die Vorstellung war, daß sie anderen Ungerechtigkeit hatten widerfahren lassen.

Und so erinnerte sich eine immer größer werdende Zahl des

Mittels, durch das Ajio damals so erfolgreich seinen Buckel losgeworden war, und glaubte, daß es sich vielleicht doch lohne, von dem Pulver zu kosten. Allesamt kauften sie das Wundermittel in großen Mengen und schütteten es in weit größerer Dosis, als erforderlich gewesen wäre, in sich hinein. Sogar jene, die vordem bucklig gewesen waren und dank des Pulvers ihre Buckel verloren hatten, schlossen sich ihnen an.

Weil aber keiner von ihnen einen wirklichen Buckel hatte, konnte er ihn auch nicht verlieren. Alle mußten bald zu ihrem Erstaunen gewahren, daß sich, o Wunder, Entgegengesetztes ereignete, als sie erwartet hatten: Nun begannen ihnen nämlich wirkliche Buckel aus dem Rücken zu wachsen, Buckel, die ebenso wucherten wie einst der Buckel des echten Ajio. Und auch sonst geschah dasselbe mit ihnen: Körperteile wuchsen heraus, aus denen sich Doppelgänger bildeten. Es zeigte sich, daß dasselbe Pulver, welches bei Buckligen die Buckel entfernte, bei Nichtbuckligen Buckel hervorrief. Bis die Menschen dies erkannten, war es bereits zu spät. Schon waren auf aller Rücken Doppelgänger gewachsen, die, wie einst Ajio, sofort laut schreiend zu verkünden begannen, daß sie die echten Menschen, die anderen aber die Buckel seien.

Nun strahlte Ajio. Jetzt sah er sich von einer Menge Kollegen umgeben, von seinesgleichen, auch wenn sie noch mit den früheren Menschen-Doppelgängern verwachsen waren. Sie glichen Ajio auch darin, daß sie zänkisch, gemein und schreierisch waren und, wie einst er, sofort ihre Buckel, das heißt die ursprünglichen Menschen, denen sie entwachsen waren, loswerden wollten. Kaum daß sie sich herausgebildet hatten, behaupteten sie dreist, die anderen seien Buckel, und zankten sich mit ihnen. Sie verspotteten erbarmungslos all jene, die sie angeblich als Buckel auf dem Rücken tragen müßten. Unter den Buckeln selbst herrschte Eintracht. Bald erklärten sie auch einstimmig, sie hätten genug und wollten nicht mehr länger bucklig sein; schließlich nahmen sie das Wundermittel ein.

So entstand in Lailonien eine Stadt der Buckel, in der allerdings kein Buckliger zu sehen war. Weiteres ist nicht überliefert, doch wie wir wissen, gibt es die Stadt noch heute.

Zu erwähnen bleibt, daß man auch den kleinen Sohn Ajios zur Einnahme des Pulvers gedrängt hat, um aus ihm einen Bukkel zu machen. Aber er gab nicht nach. Eines Tages floh er heimlich aus der Stadt, weil er kein Buckel werden wollte.

Wenn er einmal groß ist, will er wieder zurückkehren und mit den Buckeln abrechnen. Dennoch ist er noch immer sehr traurig.

Übersetzernachweis und Quellennachweis

I. Übersetzernachweis

Erasmus und sein Gott
aus dem Polnischen von Bernhard Nieradzik und Gerhard M. Martin

Intellektuelle kontra Intellekt
aus dem Englischen

Erkenntnistheorie des Strip-tease
aus dem Polnischen von Peter Lachmann

Der Mythos in der Kultur der Analgetika
aus dem Polnischen von Peter Lachmann

Neutralität und akademische Werte
aus dem Englischen von Leonhard Reinisch

Des Teufels Pressekonferenz
aus dem Polnischen von Janusz Pilecki

Ist der bürokratische Sozialismus reformierbar?
aus dem Polnischen von Edda Werfel

Marxistische Wurzeln des Stalinismus
aus dem Englischen von Leonhard Reinisch

30. Jahrestag der Neuen Ordnung in Europa
aus dem Englischen von Leonhard Reinisch

Bileam
aus dem Polnischen von Wanda Bronska-Pampuch

Die Buckel
aus dem Polnischen von Nikolaj Dutsch

Die Erstfassungen der übrigen Texte in deutscher Sprache von L. K.

II. Quellennachweis

Erasmus und sein Gott
aus L. K. »Geist und Ungeist christlicher Tradition«, Kohlhammer, Stuttgart 1971, S. 44 ff.

Zum Begriff der Gegenreformation
Bisher unveröffentlichter Vortrag, polnisch 1968, deutsch Berlin 1977.

Spinoza: Selbstmord oder Selbsterhaltungsmetaphysik
Bisher unveröffentlichter Vortrag, Frankfurt 1977

Intellektuelle kontra Intellekt
aus L. K. »Der revolutionäre Geist«, Kohlhammer, Stuttgart 1972, S. 57 ff.

Erkenntnistheorie des Strip-tease
aus L. K. »Traktat über die Sterblichkeit der Vernunft«, Piper, München 1967, S. 33 ff.

Der Mythos in der Kultur der Analgetika
aus L. K. »Die Gegenwärtigkeit des Mythos«, Piper, München 1973, S. 106 ff.

Das Suchen nach der Gewißheit
aus »Information und Imagination«, Piper, München 1973, S. 121 ff.

Neutralität und akademische Werte
aus »Neutrality and Impartiality«, Cambridge University Press 1975.

Die sogenannte Krise des Christentums
Erstveröffentlichung in der Frankfurter Allgemeinen Zeitung 17. 4. 1976, Nr. 91.

Kann der Teufel erlöst werden?
Erstveröffentlichung im MERKUR, Heft 12, 28. Jg., Dez. 1974.

Des Teufels Pressekonferenz
aus L. K. »Gespräche mit dem Teufel«, Piper, München, Neuausgabe 1975.

Die sogenannte Entfremdung
Bisher unveröffentlichter Vortrag, Wien 1976.

Ist der bürokratische Sozialismus reformierbar?
aus L. K. »Marxismus – Utopie und Anti-Utopie«, Kohlhammer, Stuttgart 1974, S. 117 ff.

Marxistische Wurzeln des Stalinismus
aus »Stalinism«, hrsg. von Robert Tucker, Norton, New York 1977.

30. Jahrestag der Neuen Ordnung in Europa
Erstveröffentlichung in »New York Times«, 8. 5. 1975.

Bileam – oder das Problem der objektiven Schuld und
Die Buckel
aus L. K. »Der Himmelsschlüssel«, Piper, München 1966, S. 37 ff. und S. 119 ff.